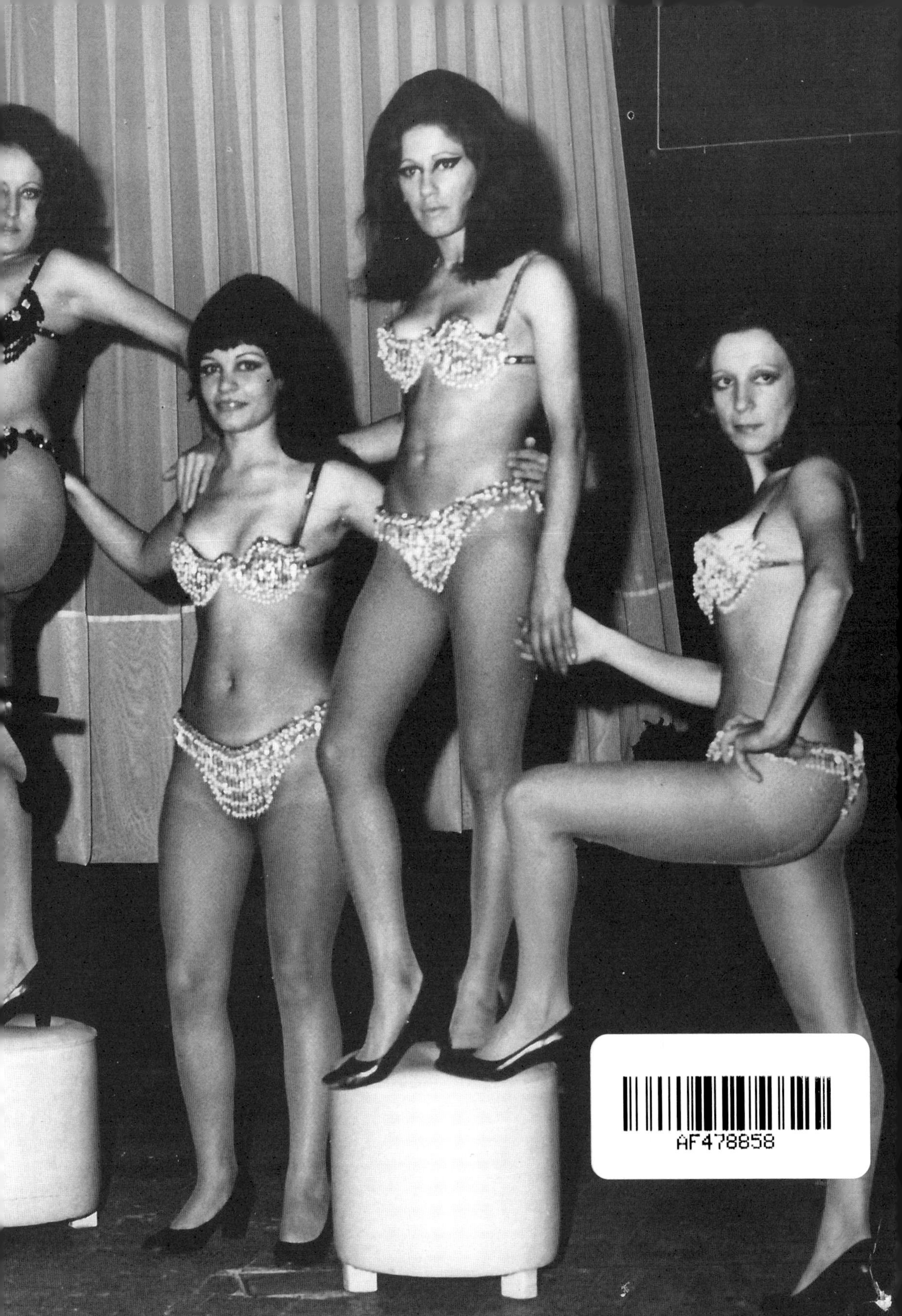
AF478858

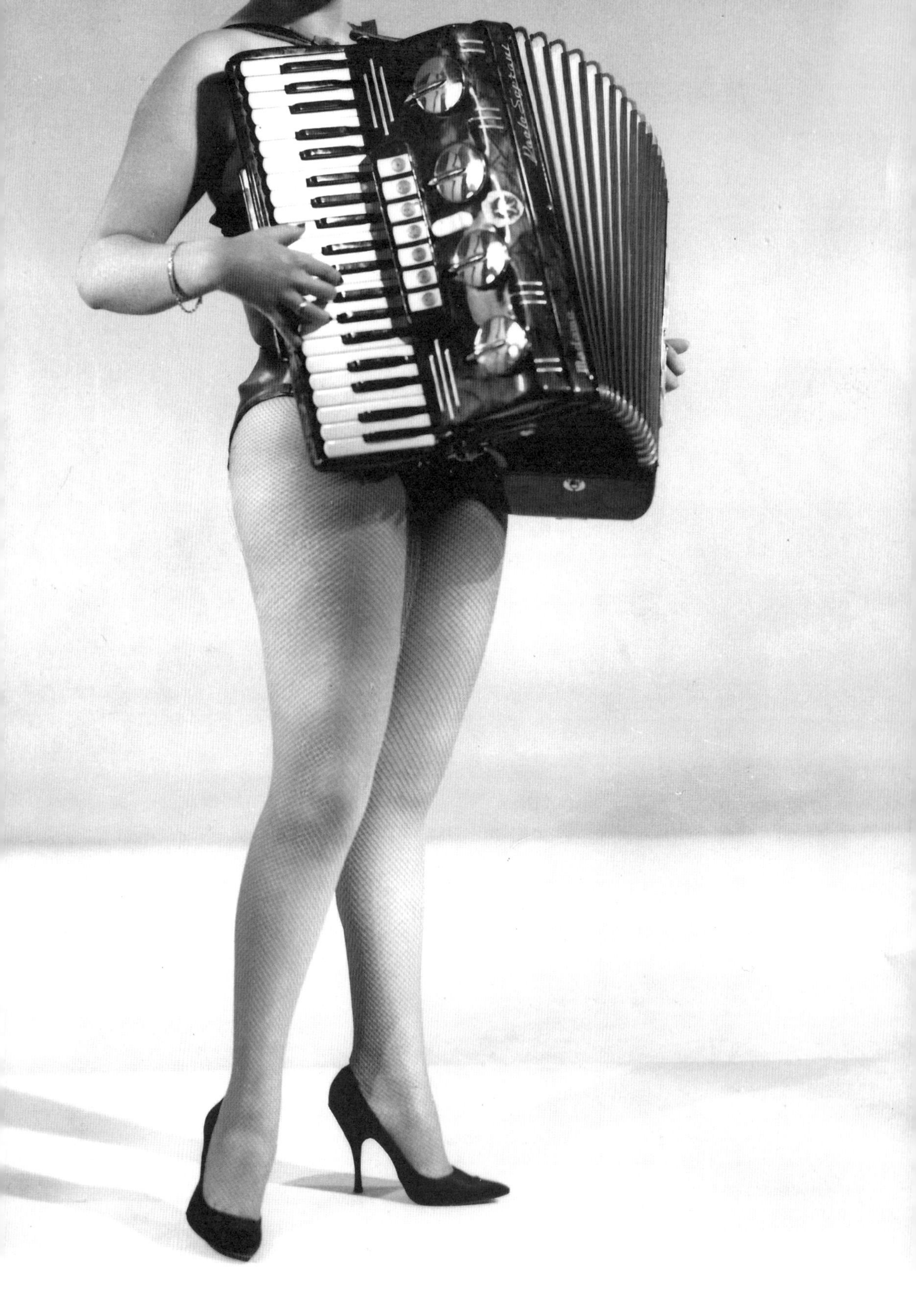
Paolo Soprani

Para Olvido, para Alaska

LA FABRICA

Edición / Edition
La Fábrica

Dirección / Director
Rafael Doctor Roncero

Coordinación / Coordinator
Guillermo Espinosa

Diseño gráfico / Graphic designer
Javi al Cuadrado

Traducción / Translations
Lettera: Malcolm Greenwood y Laura Mesanza

Impresión / Printing
Imprymo

Director General / General Manager
Álvaro Matías

Directora editorial / Editorial Content Manager
Camino Brasa

Director de Desarrollo / Development Manager
Fernando Paz

Coordinación / Coordination
Doménico Chiappe

Director de Producción / Production Manager
Rufino Díaz

Distribución / Distribution
Raúl Muñoz

© de esta edición / This edition: La Fábrica, 2015
© de los textos: sus autores / Texts: their authors
© de las imágenes: sus autores / Images: their authors

ISBN
978-84-16248-28-5

Depósito Legal / Legal Deposit
M-22365-2015

La Fábrica
Presidente / President: Alberto Anaut

Verónica, 13
28014 Madrid
T. +34 91 360 13 20
edicion@lafabrica.com
www.lafabrica.com

La tipografía utilizada en este libro es Times New Roman
y ha sido impreso en papel offset y couché de 110 gramos
The typeface used in this book is Times New Roman
and it has been printed on 110 gram offset and coated paper

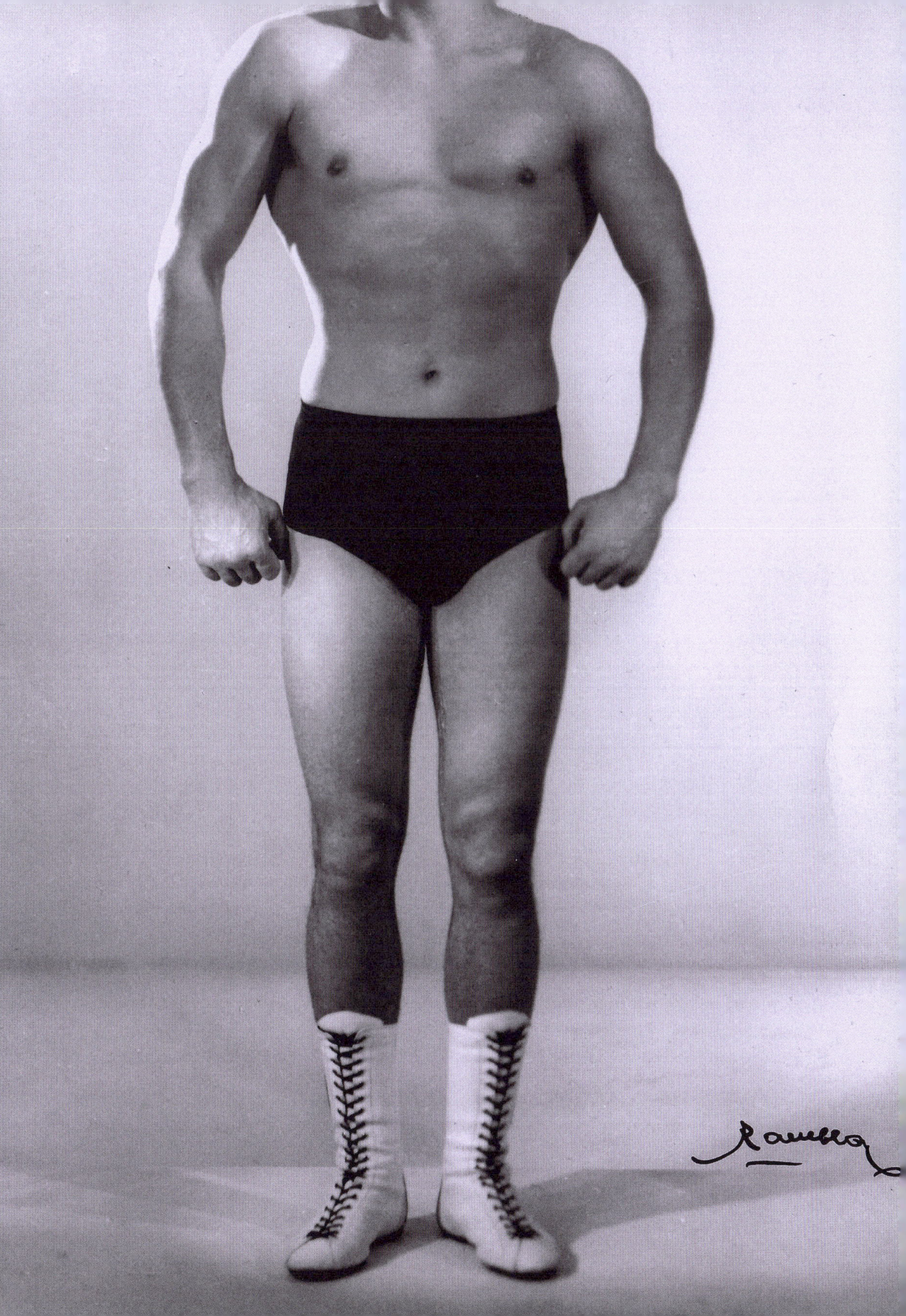

Lambla

En la primavera de 2002 vio la luz *Foto Ramblas*. Boxeadores, luchadores, artistas de *varietés* y otras imágenes de un estudio de Barcelona que operó, fotografiando a los protagonistas de estos espectáculos populares, de 1956 a 1985. Fue un libro que soñamos Santos Montes, descubridor y guardián de ese archivo fotográfico, y yo, que me defino como un amante absoluto de la fotografía en sus diferentes aspectos vivenciales. El libro, publicado por la editorial de Tito Ferreira, T.F. Editores, dentro de la colección T.F. Foto que dirigí, ponía de manifiesto la belleza intrínseca a esa estética especial que los espectáculos de aquellos tiempos proponían, a través de la forma de mirar particular de un estudio de las Ramblas de Barcelona, donde solían recalar todo tipo de protagonistas de las noches de *El Paralelo*.

El libro fue recibido con un entusiasmo insólito, una auténtica sorpresa si valoramos que nuestro punto de partida consistía en dignificar algo que hasta ese momento no había sido valorado ni tenido en cuenta a la hora de estudiar la historia de la fotografía de nuestro país. Posiblemente era la función tan directa de estas fotos, destinadas a un consumo concreto, y su popularidad –presidían las entradas a *cabarets* y salas de fiesta, gimnasios, rings y teatros– lo que dificultó siempre su consideración artística. *Foto Ramblas* vino a demostrar varias cosas pero, esencialmente, que cada estudio de fotografía profesional tenía su propia marca visual y forma de hacer y, en segundo lugar, que el mundo de los espectáculos deportivos y de variedades acarreaba por sí mismo una estética muy peculiar, que se acoplaba fácilmente a la evolución de los géneros y de los nuevos recursos fotográficos. *Foto Ramblas* fue objeto de innumerables reportajes, invadió librerías o espacios tan significativos como Colette, en París, y tuvo inauditos usos: llegó a colarse incluso como una de las bases estéticas de la película *La mala educación*, de Pedro Almodóvar, sin que se le reconociese en créditos la debida mención sobre la procedencia de tan magníficas imágenes.

Ha pasado casi una década y media, y el libro sigue vibrando y siendo objeto vivo y activo en toda biblioteca o espacio donde ha ido recalando con el tiempo. Ahora estamos aquí con un nuevo volumen que podemos considerar como una segunda parte de ese libro anterior, pero esta vez alrededor de un tiempo y un espacio comunes a aquel, viendo a otros artistas reflejados por otros estudios, algunos paralelos en el tiempo al de las Ramblas barcelonesas.

A través de la colección personal de Juan Sánchez y la mía propia, hemos sido capaces de hacer un recorrido por la estética de esa particularísima forma de entender el espectáculo de variedades en nuestro país. Repasando estas imágenes podemos hacer un viaje por los rostros y actitudes de un mundo que brillaba mucho menos de lo que quería aparentar con ellas. *Varietés* es la historia del destello efímero y del fracaso inherente a esta manera de entender el espectáculo. *Varietés* es un homenaje a tantas personas pertenecientes a un mundo que se extingue, en el que la ilusión y la magia de la noche recobraban, reclamaban, una fuerza tan bella como fugaz: un mundo del que apenas quedan restos y al que es difícil seguir la pista.

Este libro se ha realizado gracias a la buena mirada de Juan Sánchez, alguien esencial para comprender y amar esa otra cultura española, popular entonces y marginal hoy, controvertida para el poder y liberadora para muchos, llena de magia y luz pero también de pequeñas miserias y oscuridades. Fue su interés el que logró que yo me involucrase con pasión en este nuevo sueño hecho libro. Señoras y señores, se abre el telón: pasen las páginas despacio y gocen a su propio ritmo, que aquí, ante ustedes, comienza el mejor y más bello espectáculo concebido esta noche para sus ojos y sus mentes.

Rafael Doctor

Spring of 2002 witnessed the debut of 'Foto Ramblas'. Boxers, wrestlers, variety artists and other images from a Barcelona studio which operated photographing the protagonists of these popular spectacles between 1956 and 1985. It was a book which Santos Montes – the discoverer and the guardian of this photographic archive – and myself – I could be defined as a complete fan of photography in all of its many aspects – once dreamed of. The book – which was published by TF Editores, the Tito Ferreira publishing house – was part of the T. F. Foto collection which I was editing and opened up to public view the beauty which is an intrinsic part to the unique aesthetics which spectacles of that era exuded by means of the peculiar view of a studio in Las Ramblas in Barcelona to which all kinds of protagonists of the night-time of El Paralelo flocked.

The book was received with overwhelming enthusiasm which was a real shock when you realise that our starting point was that of showing the dignity of something which until then had not been treated with respect nor considered when the history of photography in Spain came to be studied. It may be that it was the function of these photographs which were intended for a specific consumer, together with their popularity in presiding over the entrance to cabaret venues and banqueting rooms, gymnasiums, boxing clubs and theatres, which preventing their being treated as a form of artistic production. 'Foto Ramblas' demonstrated many things but in essence that every professional photographic study had its own visual brand as well as its own way of operating and secondly that the world of sporting spectacle and variety performances brought their own particular aesthetic which easily linked up with their own development and that of new forms of taking photographs. 'Foto Ramblas' was subject to innumerable reports and invaded bookshops and such important spaces as 'Colette' in Paris and was put to unprecedented uses: it became part of the aesthetic basis for the film 'La Mala Educación' by Pedro Almodóvar although no credits were given not any reference made to the origin of such magnificent imagery.

Almost a decade and a half have passed and the book continues to have an impact while becoming a living and active object in any library or exhibition space where it has made its way over time. We are now presenting the second volume which we consider to be an extension to the previous book but this time on a shared period or space examining other artists reflected by other studios, some of which are parallel to those of Las Ramblas in Barcelona.

Through the personal collection of Juan Sánchez along with my own we have been able to cover the aesthetic of this very particular form of looking at variety shows in Spain. Reviewing these images we take a journey through the faces and the attitudes of a world which actually shone much less than the photographs sought to show. 'Variétés' is the history of the ephemeral flash and the failure which are inherent to this form of understanding the spectacle. 'Variétés' is a tribute to so many people who belonged to a world which is on the way to extinction and where the illusion and the magic of the night claimed to have such a fleeting but beautiful power – a world of which there remains almost nothing and whose trail is difficult to pick up.

This book is thanks to the refined view of Juan Sánchez who has proved himself to be essential to an understanding of and a love for this 'other' Spanish culture which was so popular then and today only marginal, controversial for the powerful and liberating for many, full of magic and light but also of minor misery and darkness. It was its own interest which brought about my own passionate interest in this new dream turned into a book. Ladies and Gentlemen – the curtains open, turn the pages slowly and enjoy the book at your own speed because here, before you, is beginning the finest and most beautiful spectacle conceived tonight for your eyes and your minds.

Rafael Doctor

En el principio, el Hombre creó el género ínfimo…

Importado de Francia en las postrimerías del siglo XIX, este género –definido así por antagonismo con el grande, la ópera, y el chico, la zarzuela– gozó de tanta popularidad en España que se convirtió en todo un fenómeno, dando muchos quebraderos de cabeza a los guardianes de la ley, obligados a atender y controlar los múltiples alborotos que se desataban en los locales por un quítame allá esa pulga…

Después de un baño de honorabilidad, presumiblemente conseguido por el inmenso éxito del cuplé a principios de siglo, surgieron las variedades, espectáculos más selectos y ya no solo aptos para un público masculino, que consistían en una sucesión de números musicales pero también de magia y curiosidades, del humor a los malabarismos, que ahora también podían disfrutar las familias bien avenidas. Como evolución de este género, importado del *music-hall* anglosajón o del *vaudeville* o el *variété* francés, apareció la revista, que se impuso a finales de los años veinte, triunfando clamorosamente entre el público a lo largo de varias décadas.

Este género también llamado «frívolo» se fue haciendo cada vez más atrevido gracias a la permisividad que hubo durante los años de la República, hasta que la Guerra Civil y el nuevo régimen cortan en seco las libertades duramente ganadas y, con su moralidad tan rígida como hipócrita, imponen un nuevo código de censura. Y todo se vuelve mucho más comedido. Llega la época de las vacas flacas para la frivolidad: las faldas se alargan, los escotes se acortan y el dos piezas se une en la cintura para evitar la exhibición de partes consideradas pecaminosas, como el ombligo.

Con la dictadura franquista aparece también la dictadura folclórica. Prevalece lo español y como lo más español parece ser Andalucía, pues ¡viva el folclore andaluz! Los espectáculos se llenan de castañuelas, faralaes y sombreros cordobeses, y de cantos desgarrados, de dramas y tragedias, para deleite de un público que aprende a disfrutar con el sufrimiento que transmiten los artistas mientras cantan las penas de aquellos que casi siempre se enamoran de quien no debieran.

La revista era la vía de escape a todos esos otros espectáculos de moralidad oficial y en ella las *vedettes* y chicas del coro intentaban mantener viva la llama de la frivolidad en medio de una España gris y hambrienta. Era el lugar para soñar con mujeres de carne y hueso frente a un cine que simbolizaba la pura fantasía inalcanzable. En los *cabarets* y salas de fiestas –esos territorios dominio del pecado (dentro de un orden)–, las artistas se acercaban al espectador gracias al alterne. Era el lugar en el que el público masculino podía pasar a la acción con la bella bailarina que, una vez abandonado el escenario, se sentaba con ellos para alegrarles la mesa y, a cambio, aparte de sacarse unas pesetas, podía calmar su sed con una botella de champagne o su apetito con un pollo al ajillo.

Los espectáculos arrevistados eran la alternativa para reunir en un mismo escenario al cantaor más popular del momento y a hermosas chicas pero de escasas cualidades artísticas; a humoristas y a perros caniche que desfilaban vestidos de gitana; a gimnásticos malabaristas y bailaoras de pura sangre… Los teatros portátiles, como el de Manolita Chen, fueron el cielo y el infierno para estos artistas: varias y agotadoras funciones consecutivas hasta altas horas de la madrugada y continuos viajes en tercera para llegar puntuales a la feria de tal o cual ciudad. No eran pocas las artistas que se quedaban en algunas de estas plazas, en las que encontraban a un hombre dispuesto a llevarlas al altar y perdonarles una vida ligeramente alegre.

In the beginning Mankind created this derisory genus …..

Imported from France in the latter part of the 19th century – described in this way for its antagonism to what was grand - the opera – and the tiny – the ´zarzuela` - it enjoyed such popularity in Spain that it became a phenomenon which was the source of many headaches for the protectors of the law who were obliged to attend and control so many disorders which took place in the venues ´get this flea out of my ear`…

After a coat of honourability had been applied and presumably due to the enormous success of the ´cuplé`, which was a risqué form of song popular at the beginning of the 20th century, the variety show arose which were a more select type of show which was now no longer only suitable for a masculine audience which consisted of a series of musical acts interspersed with magic and comedy and acrobatics which were now accessible for the enjoyment of better-off families. As an evolution of this genus imported from the Anglo-saxon musichall or the Gallic vaudeville or variété, came the review which made its presence felt towards the end of the 1920s becoming a great success over several decades.

This genus which was also known as ´frivolous` became increasingly more daring as a result of the permissiveness which came to the fore during the republican period up to the start of the Spanish Civil War when the new regime suppressed the freedoms which had been so hard-won with its rigid and hypocritical morality which produced the new code of censorship when everything became much more restrained. These were the lean years for any frivolity – skirts were much longer, necklines were much more modest while clothing now met at the waist so as to avoid the revealing of parts of the body considered to be sinful such as the navel.

Along with the Franco dictatorship came the folklore dictatorship. Spanish took precedence and it was the region of Andalucia which was the most Spanish of all so 'Long live Andalucian folklore!' Shows were now filled with castanets, flounces and Cordoba sombreros, crazy, wild songs, dramas and tragedies for the enjoyment of a public which learnt to enjoy the suffering characterised by the artists while singing of the suffering of those who almost always fall in love with someone that they shouldn´t.

The review style became the release valve for all of those official morality spectacles where the ´vedettes` and chorus girls sought to keep the flame of frivolity alive in the heart of a grey and hungry Spain. It was the place to go to in order to dream about women of flesh and bones against a cinema which became a symbol of the unachievable fantasy. In the cabarets – territory which was the domain of the sinful in the midst of order – the artists came close to the audience as a result of the ´alterne`. Here was where the masculine audience could go into action with the pretty dancer after they left the stage to sit at the table and, in addition to earning a few extra ´pesetas`, could slake their thirst with a bottle of champagne or their hunger with a plate of garlic-flavoured chicken.

The revista shows were the alternative for bringing together on the same bill the most popular ´cantaor` of the moment with pretty girls with little or no talent, comics and poodles which performed on stage in gypsy costume, skilled and talented acrobats and thoroughbred dancers… Travelling theatres such as that of Manolita Chen were both heaven and earth for these artists with their repeated and exhausting performances every day continuing deep into the night, always on the move in third-class to arrive on time at the festival of this or that city. Many of these artists arrived to stay having found a groom who was willing to marry them in church and forgive their frivolous former life-style.

Creo que mi primer recuerdo de las varietés consistió en el programa de mano de uno de estos espectáculos que llegó a mi pueblo y que mi padre, gran aficionado al cante, no quiso perderse: el elenco lo encabezaba Juanito Valderrama. Pero al lado del cantaor actuaban cantantes de copla y boleros, humoristas, magos y domadores. Es posible que mi fijación por las varietés sea más iconográfica que real, porque muchas de las fotos de estos artistas, usadas en las entradas de las salas o en carteles de diseño muy básico pero efectivo, marcaron toda una época del mundo del espectáculo. Crearon un estilo definido para representar aquello que se esperaba que ocurriera en el escenario.

Si los cuarenta fueron los años más sombríos, marcados por la dura posguerra y por la mayor rigidez censora, en los cincuenta se empieza a vislumbrar una España más jacarandosa. La influencia del turismo comienza a notarse y ya en los sesenta explota, obligando a incorporar a los espectáculos nuevos estilos musicales y por añadidura estéticos. La flamenca acorta la falda y eso facilita que, en sus bailes, pueda dar alegría a un público masculino que gritaba de cuando en cuando: «¡Aire!». A lo que la bailaora respondía con unas vueltas que levantaban su vestido, dejando ver fugazmente unas bragas que estaban lejos de las sofisticadas interioridades femeninas de hoy en día, pero que eran suficientes para disparar la libido de aquel público reprimido a base de leyes retrógradas y sermones religiosos.

Los setenta marcan el inicio del camino hacia una desnudez que terminará de llegar tras la muerte de Franco, a mitad de la década. Hasta entonces los diseñadores de vestuario hacían virguerías para enseñar la mayor cantidad de carne posible sin salirse del ocultamiento de esas otras partes que podían provocar prohibiciones o multas. Los setenta son la década del exceso estético en las variedades: los tacones se transforman en plataformones, el maquillaje se exagera sin ninguna contención y se incorporan elementos y materiales al vestuario en un barroquismo kitsch que parece no tener límites.

En las variedades, el género importa casi más que el artista. Las compañías y las salas de fiestas demandaban un cantante melódico, una bailaora o una canzonetista para cubrir toda la gama de atracciones necesarias para captar masivamente al público. El agente artístico recibía la llamada del empresario y ofrecía lo que tenía. Se da el caso de artistas que, con el fin de aumentar sus posibilidades de contratación, adquieren varias personalidades según el género que ofrecen y, a tono con la picaresca típica española, tampoco faltaba algún espectáculo que incorporaba en su cartel a la misma artista bajo dos nombres y aspectos diferentes, porque las «bellas señoritas» eran el reclamo más efectivo y nunca estaba de más una chica extra, incluso cuando era la misma con otra peluca.

Otro apartado fascinante de las variedades es el de los apelativos de estos artistas. Ya fuera por decisión propia o por la del representante de turno, la siempre crucial elección de un nombre artístico tenía que dar como resultado algo atractivo según el canon de la época: se podían hacer guiños a míticas estrellas de cine o incorporar el nombre de una ciudad o región (no siempre tenía que ser la auténtica de uno), añadir al nombre adjetivos que ensalzaran alguna cualidad específica del intérprete, tirar de nombres y apellidos con sonoridad extranjera... Casi todo valía en ese tortuoso y torturado camino para lograr destacar sobre los demás y, lo que era más importante, llamar la atención del público. Y si no era suficiente con el nombre, siempre se les podía añadir superlativos como «finísima vocalista», «sin igual canzonetista», «monísima y finísima bailarina clásica», «escultural bailarina» o «la gracia y la simpatía hechas canción».

I think my first memory of these variety shows was with the programme in my hand for one of these shows which came to my town and which my father –a great aficionado of flamenco singing– refused to miss with the cast headed by Juanito Valderrama. Before this great singer there were performances by singers of 'coplas' and 'boleros', comedians, magicians and animal trainers. It may be that my affection for variety shows is more iconographical than real as many of the photographs of these artists hanging at the entrance or on hand-made but highly effective posters were symbolic of an era of the world of entertainment. They created a particular style for representing that which could be expected on the stage itself.

If the 1940s were the darkest of times scarred by a post-war of hard times and the rigid censorship, in the 1950s a more colourful Spain began to appear. The influence of tourism started to be noted and in the 1960s it became an explosion which required new and more aesthetical musical styles to be incorporated into the shows. Flamenco saw the hemlines of its skirts become shorter so that during the dances the masculine audience would cry out 'Aire!' from time to time to which the dancer would respond by spinning around faster so that her skirt would rise up to provide an albeit brief sight of her underwear which was then a long way from the sophisticated apparel of today but which was sufficient to trigger the libido of a public repressed by laws which were retrograde and religious imprecations.

The 1970s saw the start along a road towards nudity which would finally arrive at its destination after the demise of Franco in the mid-1970s. Until then costume designers tied themselves in knots to show the greatest amount of flesh possible without crossing the line of keeping hidden those parts of the body which could result in prohibitions and fines and penalties. The 1970s were the decade with the excess of aesthetics in variety shows with high-heel shoes which became platforms, make-up without restrictions and elements and materials incorporated into costumes in a kitsch baroque which appeared not to know any limits.

In variety shows gender was almost as important as the artist. Theatre companies and venues required a melodic singer, a female dancer or singer to cover the range of attractions necessary to attract the mass audience. The agent received the call from the impresario and offered whatever he had available. Some artists, in order to maximise their possibilities, adopted several different characters with similarly distinct appearance in the Spanish 'picaresque' tradition as the 'beautiful señoritas' were the most effective form of appeal and there could never be too many girls even when it was merely the same one with a different wig.

A further fascinating aspect of the variety show was the names given to the artists. Whether at their own initiative or that of their agent, the always crucial choice of a stage name needed to be attractive according to the times with occasional nods towards the mythical stars of the silver screen or the incorporation of the name of a particular city or province (not always the official one), adding adjectives to names to give a property to the artist or the use of foreign-sounding names… almost anything was possible on the tortuous and tortured road to the achievement of fame beyond that of others and even more important to attract the attention of the paying public. If the name wasn't enough then superlatives could be added such as 'fine vocalist', 'singer without equal', 'beautiful and refined classical dancer', 'sculptural dancer' or 'grace and charm made into music'.

Se decía que en el mundo del espectáculo, especialmente en el de las variedades, «solo había putas y maricones»; dicho esto con la peor intención del mundo. Y es cierto que, durante aquellos años, fue refugio de chicas que, con o sin cualidades artísticas, entraban a formar parte de él huyendo de un lugar (generalmente pequeño) donde su honorabilidad había sido puesta en entredicho (y es que, en aquellos tiempos, una mujer no era considerada puta solo porque ejerciera la prostitución). También fue un refugio para homosexuales, que encontraban en aquel ambiente complicidad y hasta halagos a su arte, no siempre todo lo masculino que requería el modelo oficial de macho ibérico. Curiosamente, entre algunos artistas masculinos se fue produciendo una metamorfosis: según avanzaban los años, su aspecto se hacía cada vez más exageradamente femenino. A la pintura de los ojos se le añadían pestañas postizas; al pelo que escaseaba, una apabullante peluca y sus vestuarios se iban llenando de detalles que los alejaban cada vez más de lo oficialmente «masculino».

En la imagen publicitaria de estos artistas y sus espectáculos tienen gran importancia los fotógrafos del momento: ellos incorporaban cada uno su estilo a la hora de retratarlos. Si el famoso Juan Gyenes, húngaro afincado en Madrid en los cuarenta, se limitaba a fotografiar a grandes nombres del espectáculo aunque a veces hiciera concesiones a artistas de menor calado, Vicente Ibáñez, Pérez de León y otros no tuvieron problema en recibir en sus estudios a los más ignotos artistas de los géneros más diversos. Con sus aportaciones escenográficas para las imágenes, crearon una estética a veces surrealista y otras absurda, pero casi siempre llamativa y divertida. Tampoco era raro encontrar fotos caseras, amateurs, especialmente a partir de los años setenta, cuando el uso de la cámara fotográfica se volvió accesible a todos los hogares, lo que terminó por añadir el encanto inesperado de poder disfrutar de esos detalles decorativos coyunturales, propios de una estética espontánea y doméstica, de las casas donde se disparaban las fotos.

Con este libro queremos celebrar la existencia del género ínfimo, el frívolo, el *cabaret*, las varietés o variedades: géneros todos con la manga muy ancha y en los que tuvieron cabida *vedettes* y coristas, folclóricas y modernas, exóticas y raciales y, por descontado, caricatos y cantaores, contorsionistas y bailaores, magos y malabares, cuerpos de baile y equilibristas… Vivan la frivolidad, lo ligero, lo falto de importancia, lo caprichoso y lo efímero pero que tantas cosas nos cuentan sobre una época y unos artistas que, por las razones que fueran, no llegaron a ser lo que soñaron. Estrellas sin demasiada luz que aun así iluminaron noches de espectáculos en locales de categoría dudosa, de alegría impostada y de amores tan fugaces como ese fulgor que ellos irradiaban en la pista o el escenario.

Y es que *Varietés* no es solo un libro de fotografías: es un libro lleno de historias de artistas que llevaban escritos en sus rostros las alegrías y las penurias de sus vidas. En definitiva, «dramas y comedias», la más pura esencia del espectáculo.

Juan Sánchez

It was said in the world of show business and especially in the variety world, that ´there are only whores and poofs` said with the worst possible intentions. It is true that in that period it was a refuge for girls who – with or without talent – joined the entertainment world fleeing from somewhere (usually small) where their honour had been brought into question (and in those days a woman wasn´t only considered to be a whore because she worked as a prostitute). It was also the refuge of homosexuals who found a complicit environment and flattery of their talent which often didn´t match the official pattern of Iberian maleness. Strangely, certain male artists began a metamorphosis as the years went by as their appearance became increasingly and exaggeratedly feminine. The application of eye make-up was accompanied by false eyelashes and any lack of hair was substituted by an extravagant wig with costumes which took them further and further away from what was officially masculine.

The latest photos are of great importance in the publicity images for these artists and their shows because their individual style was incorporated into their portrait. If in the 1940s, the Hungarian based in Madrid Juan Geynes restricted himself to photographing the biggest names in show business and only occasionally deigned to portray lesser artists, Vicente Ibáñez, Pérez de León and other contemporaries had no hesitation in receiving the lowliest artists of all kinds in their studios. With the use of studio scenery an almost surreal aesthetic was created which at times appeared absurd but always attractive and interesting. It was not uncommon at times to discover home-made and amateur photographs in particular from the 1970s onwards when cameras became a common household object which tended to add the unexpected charm of the enjoyment of these decorative details which are proper to a spontaneous and domestic aesthetic from the houses where the photographs were shot.

Through this book we hope to celebrate the existence of this derisory genus, the frivolous, the cabaret, the variety theatres with loose sleeves with room enough to host ´vedettes` and chorus girls, both traditional and contemporary, exotic and ethnic along with accompanists and singers, contortionists, dancers male and female, magicians and acrobats, dance troupes and tightrope walkers. Experience the frivolity, the light-heartedness, the lack of importance, the fancifulness and the ephemeral which tell us so much about an era and its artists who for whatever reason never achieved their dream. Stars with little sparkle who all the same lit up the night with shows at questionable venues with a feigned joy and love as fleeting as the light which they briefly radiated from the stage or the floor.

In the final analysis ´Variétés` is not just a book of photographs but is rather a book filled with the stories of artists who had the joy and the suffering of their lives written all over their faces. Definitively – drama and comedy – the purest essence of show business.

Juan Sánchez

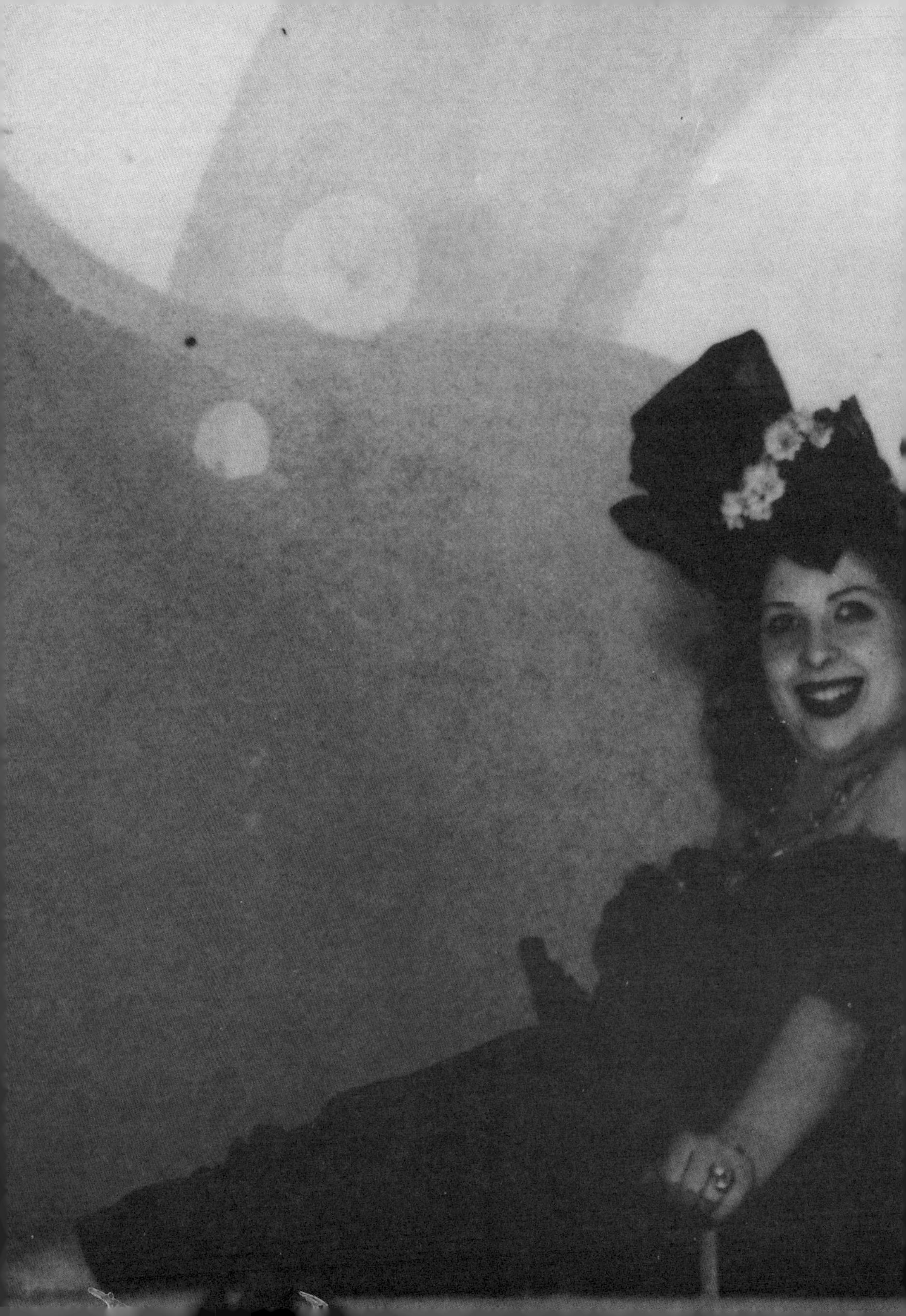

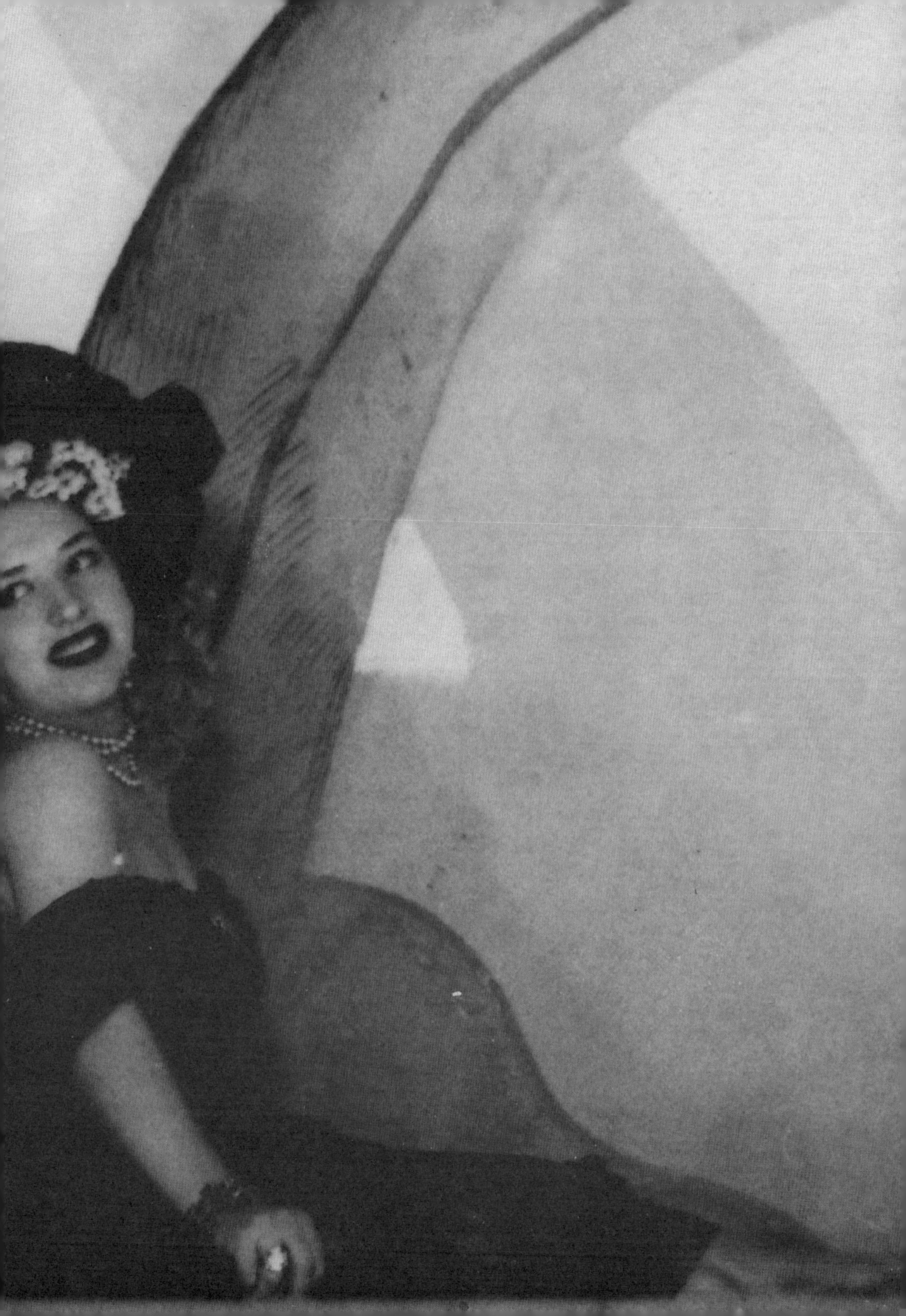

Para Esterlina mi única
y berdadera amiga.
Adelita
26-8-35

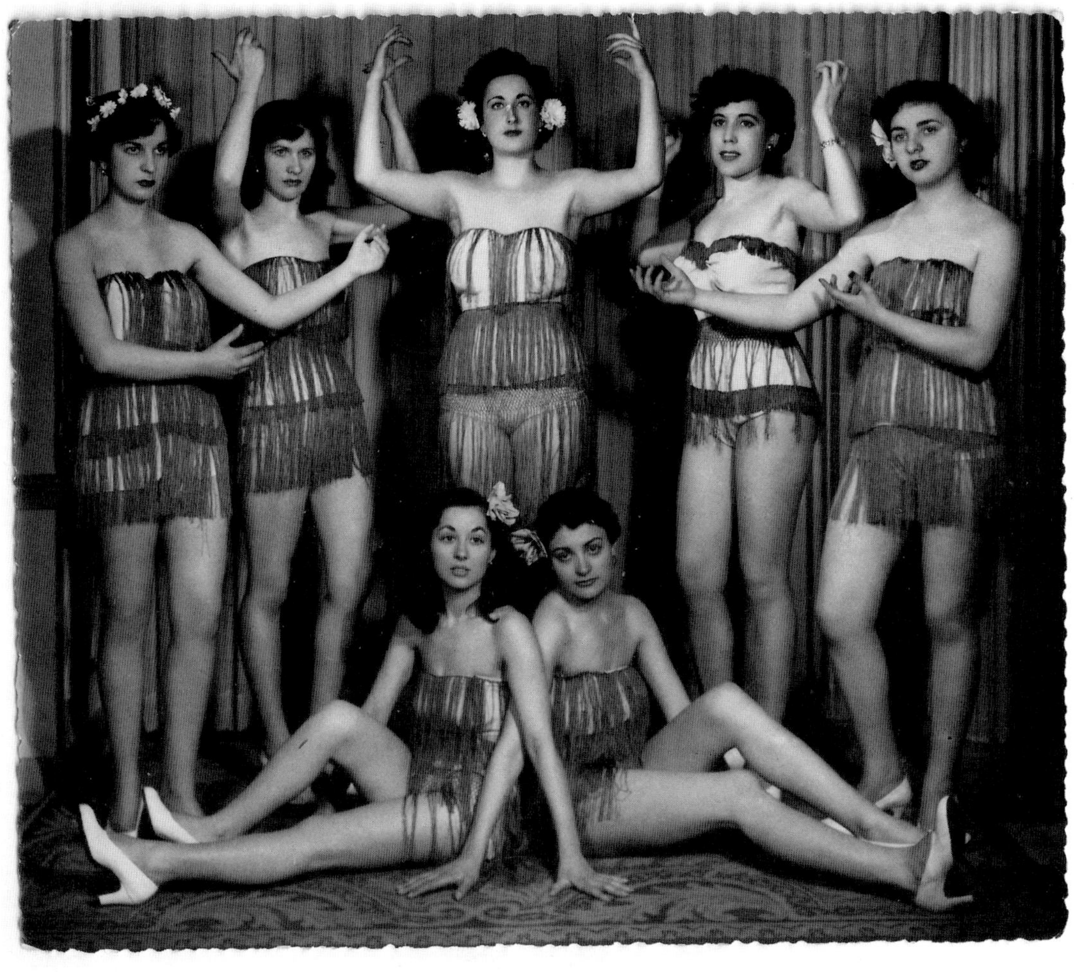

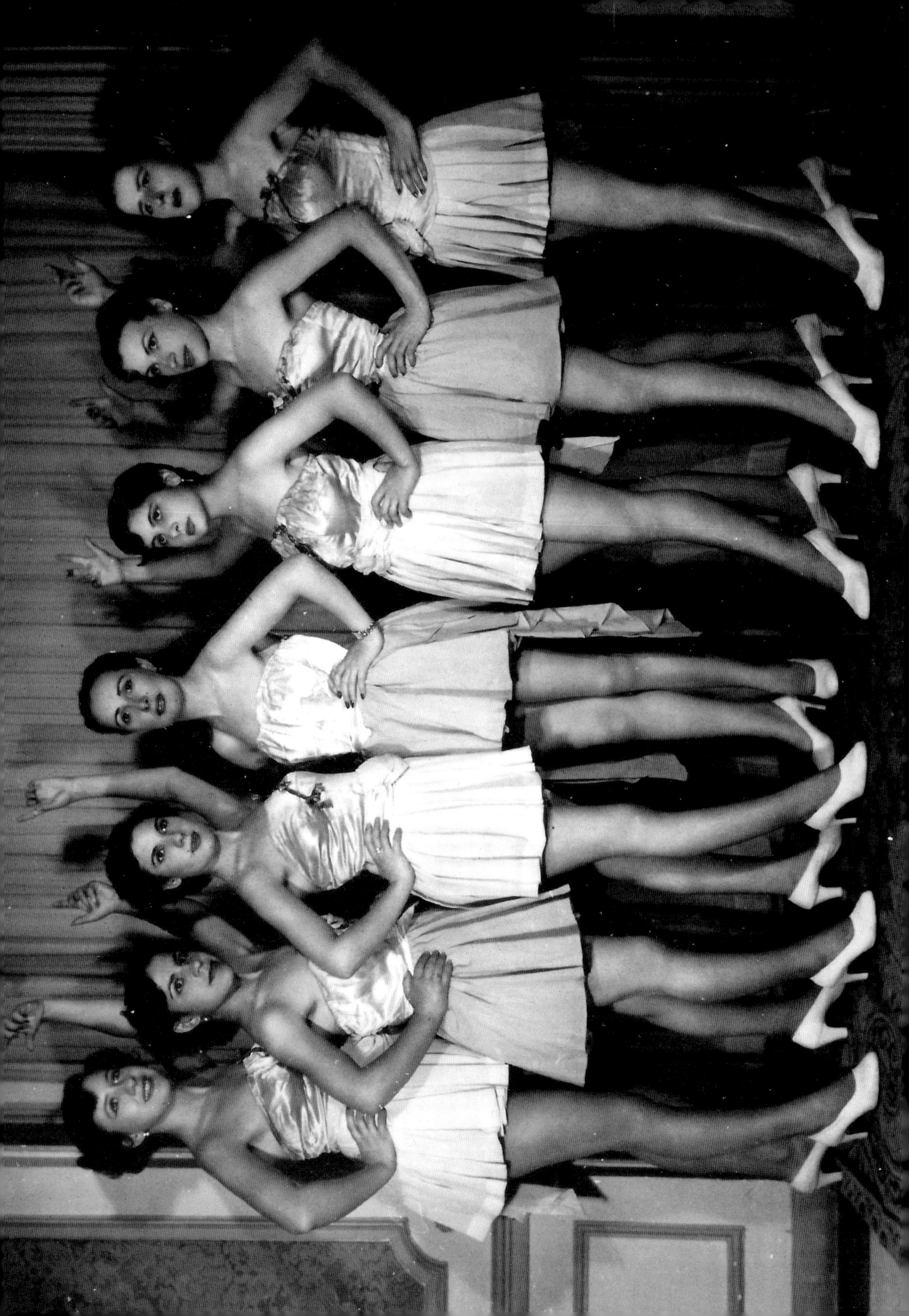

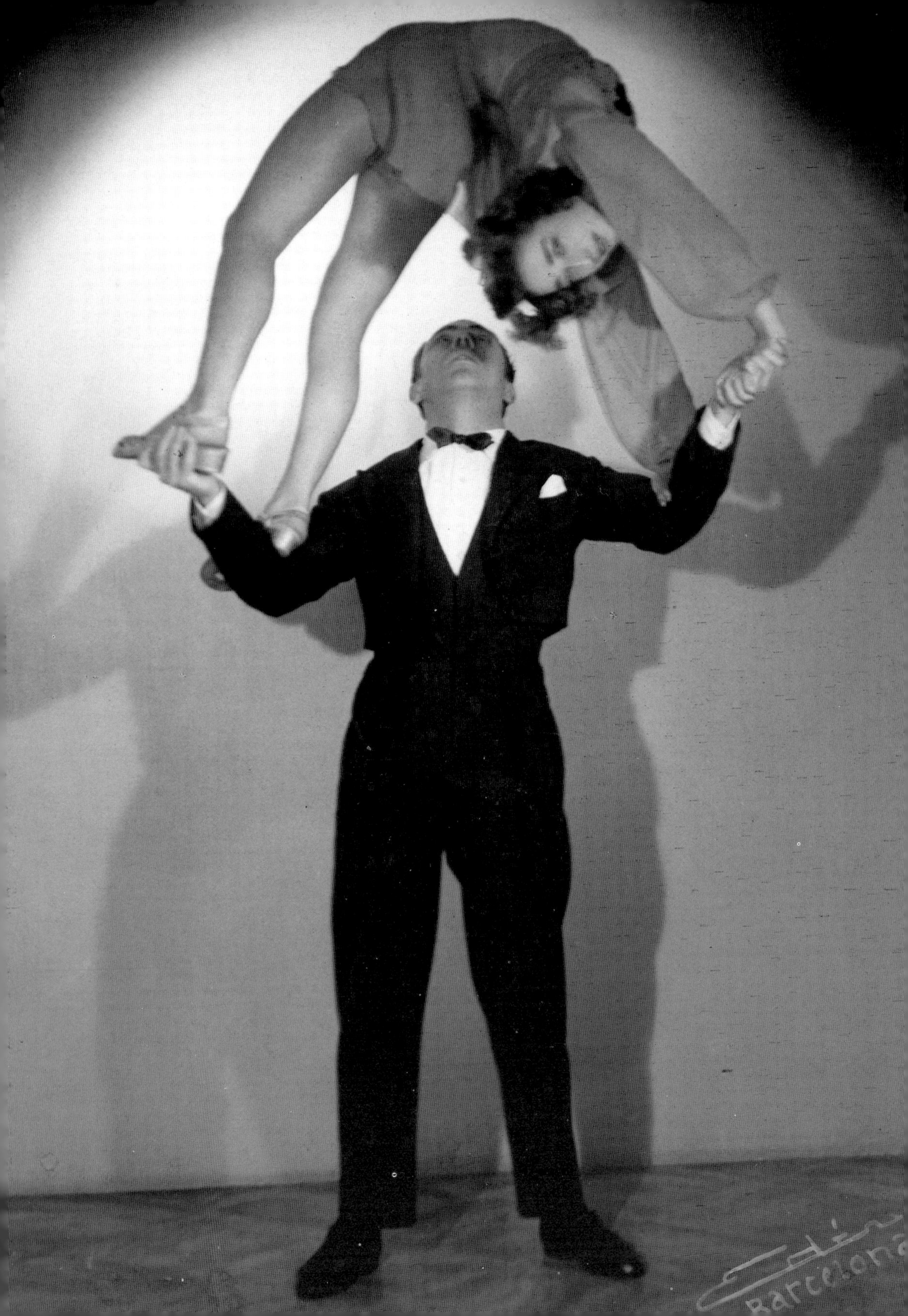
Barcelona

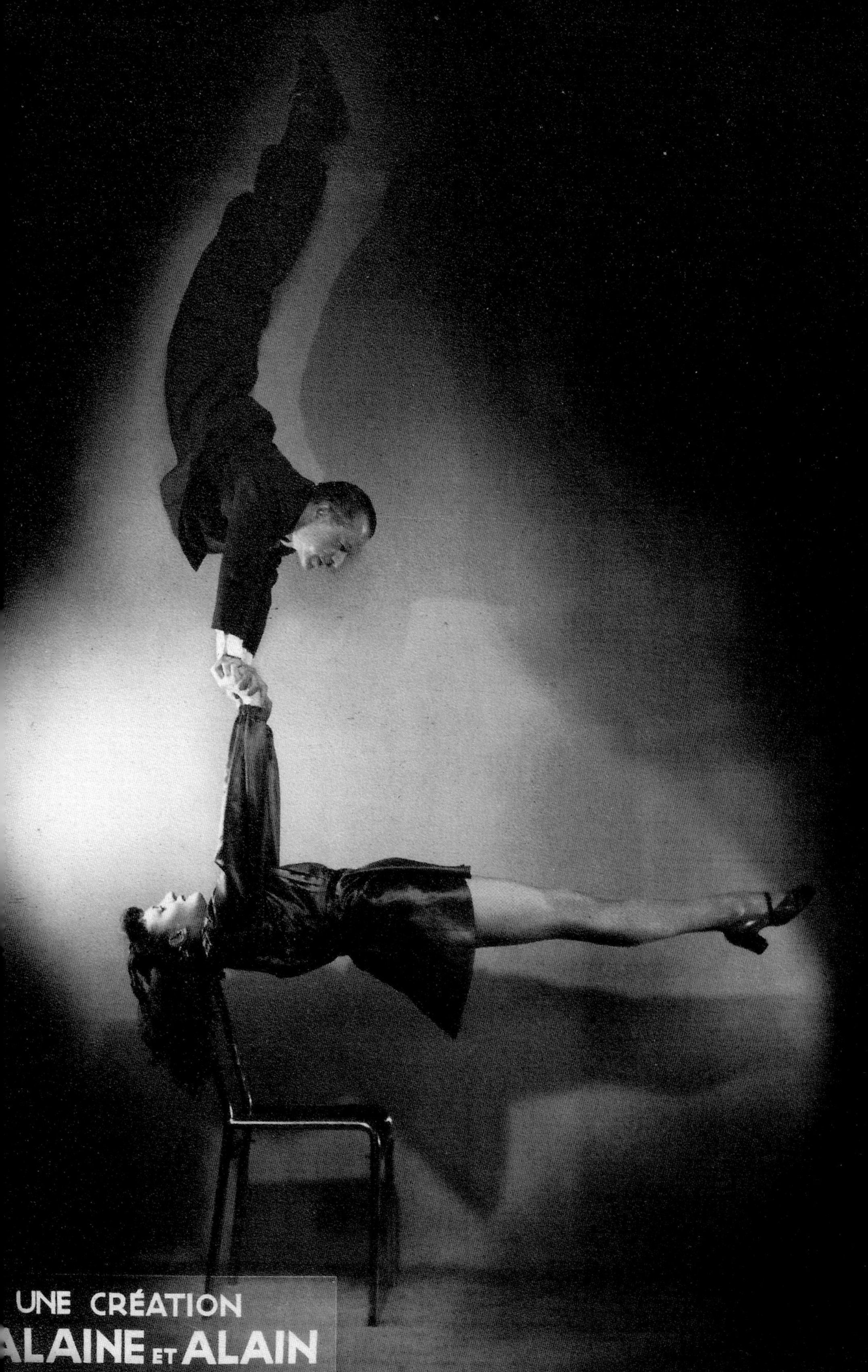

UNE CRÉATION
ALAINE ET ALAIN

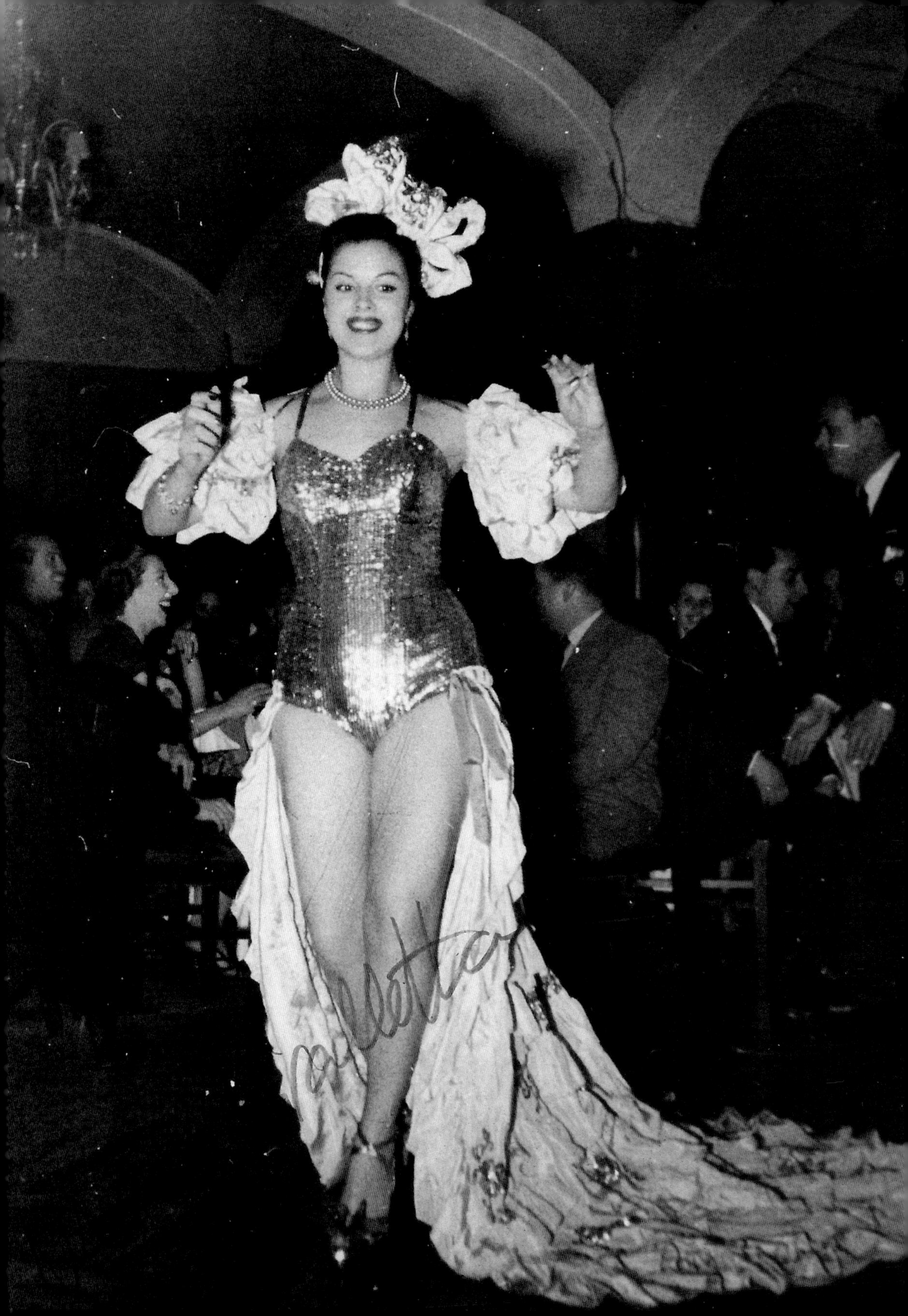

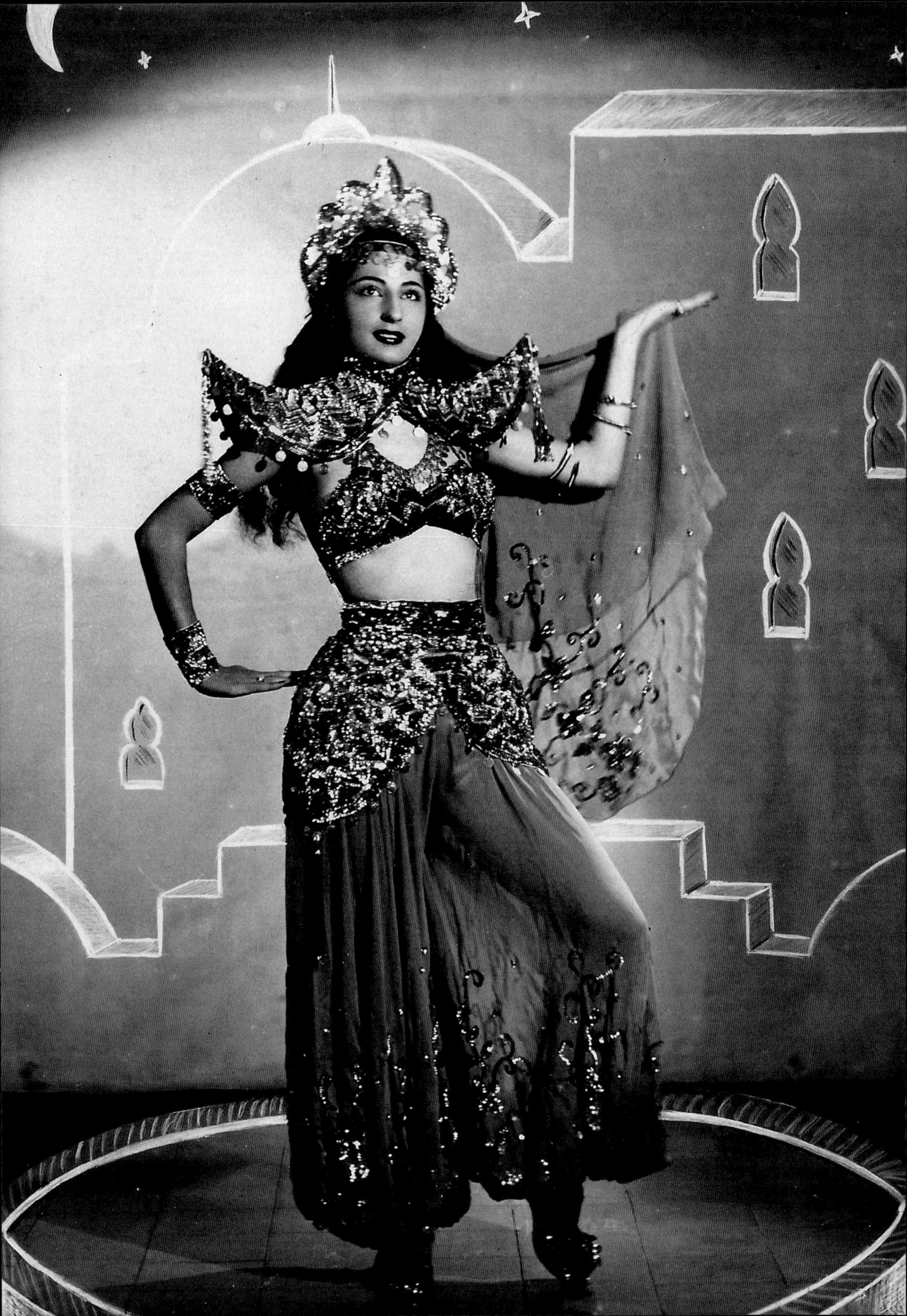

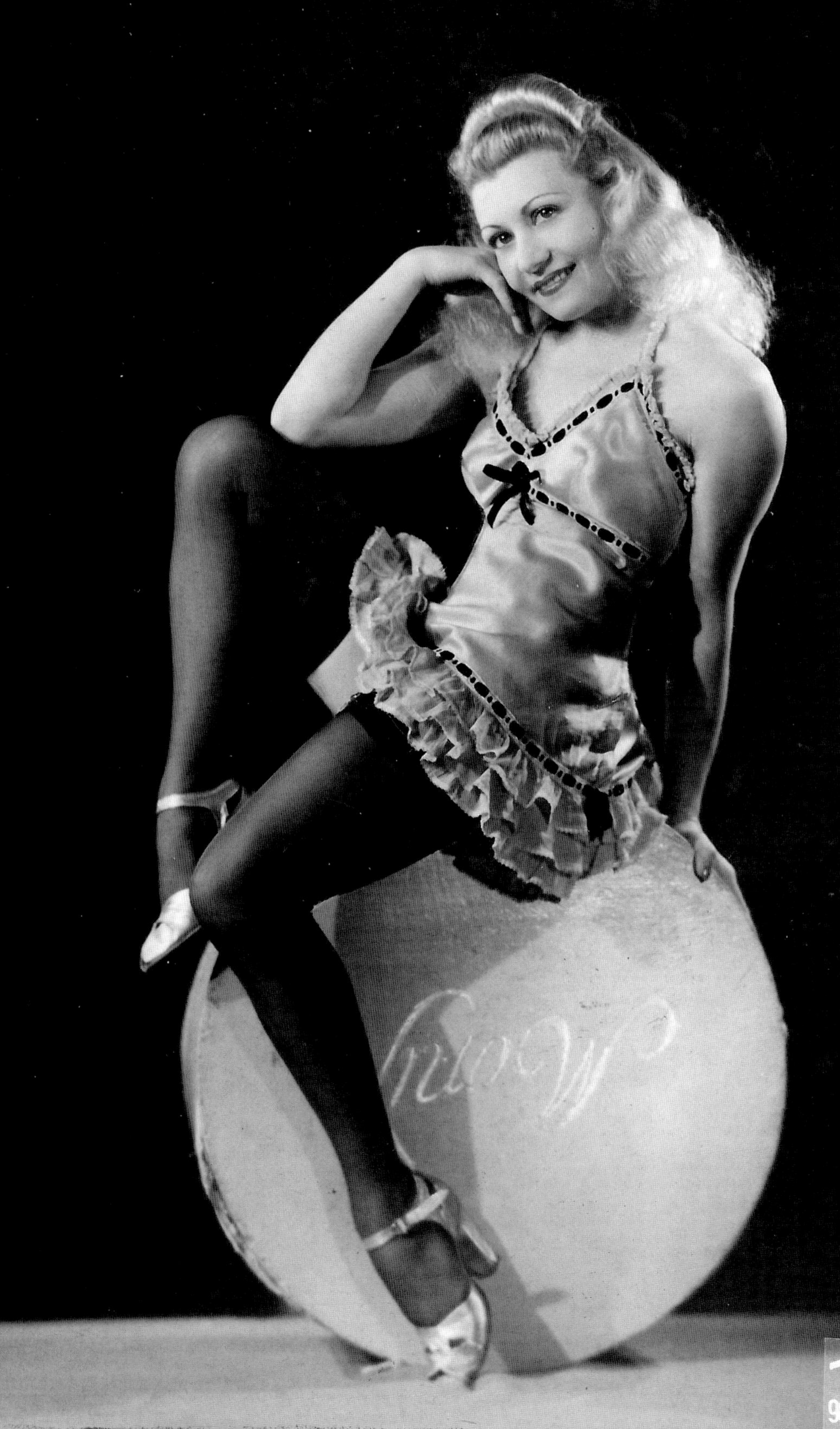
STUDIO
90 Hollywo

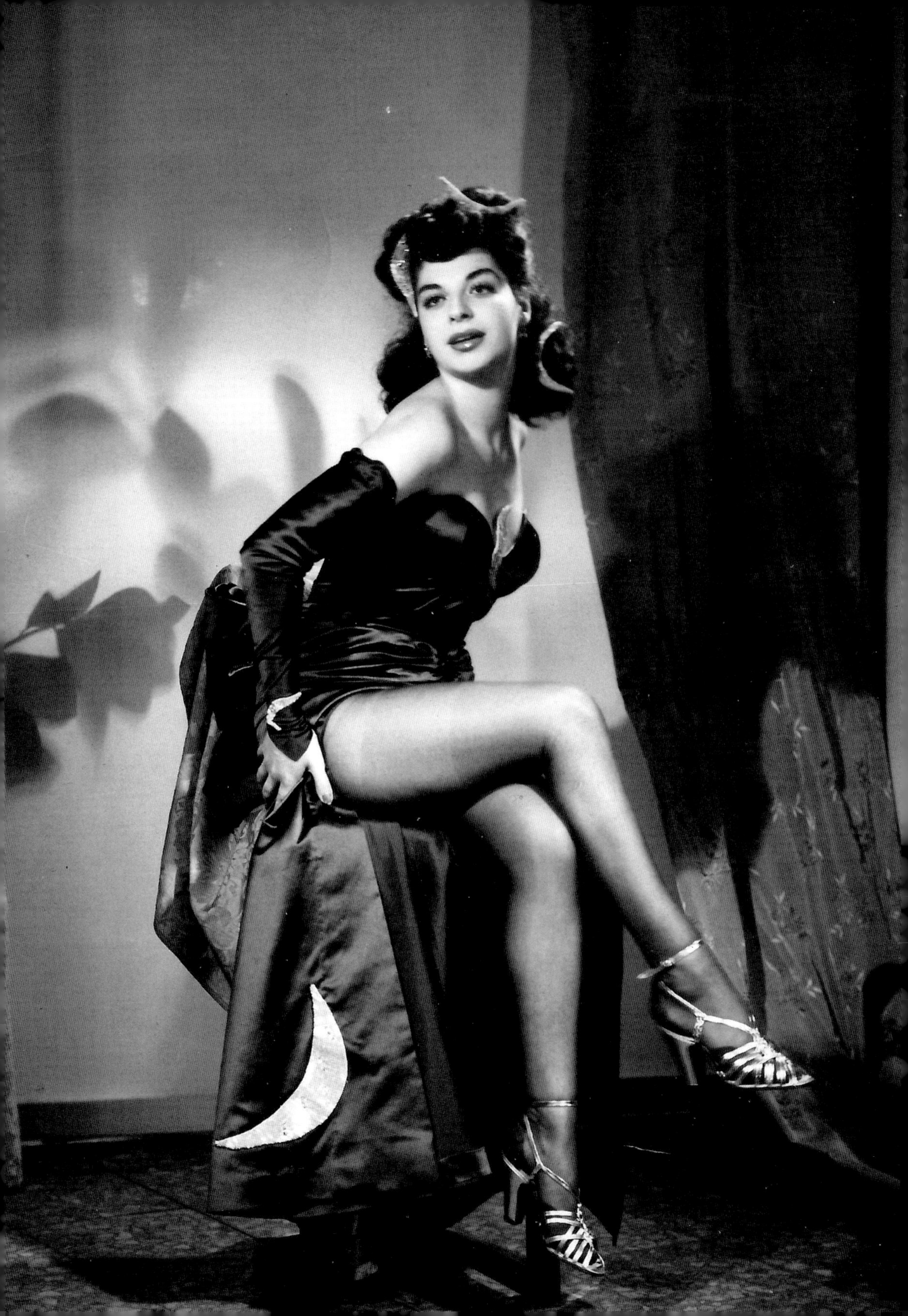

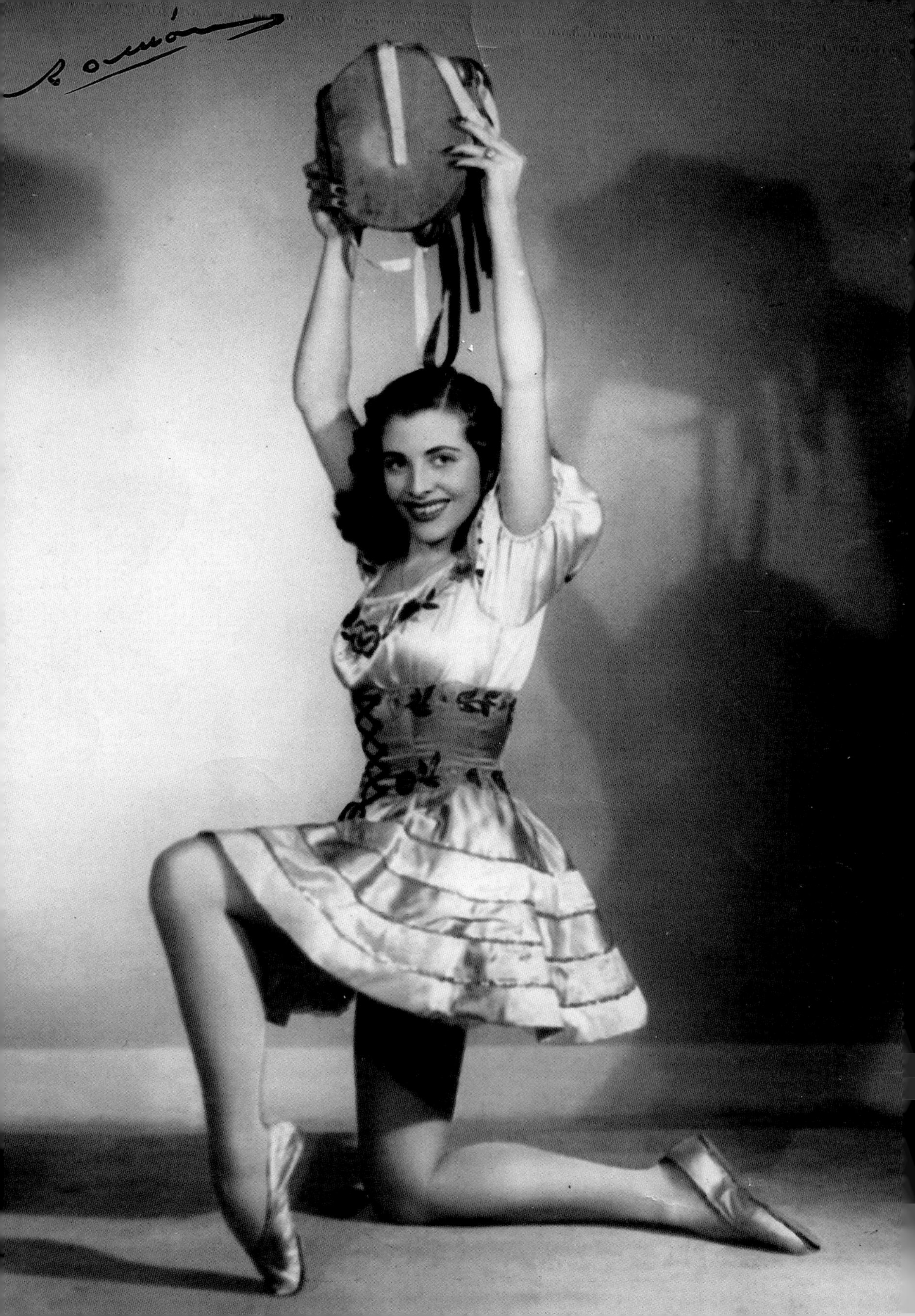

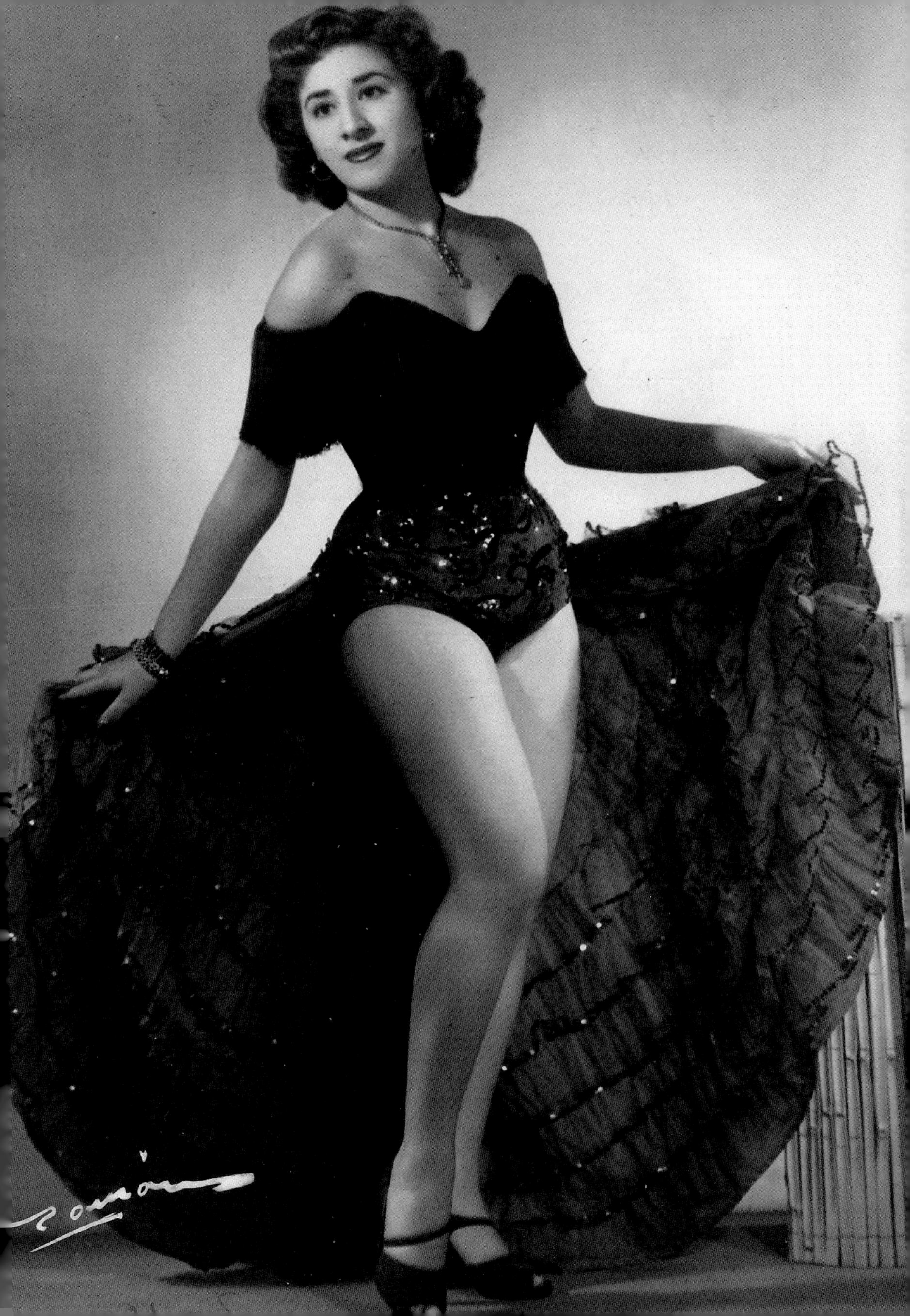

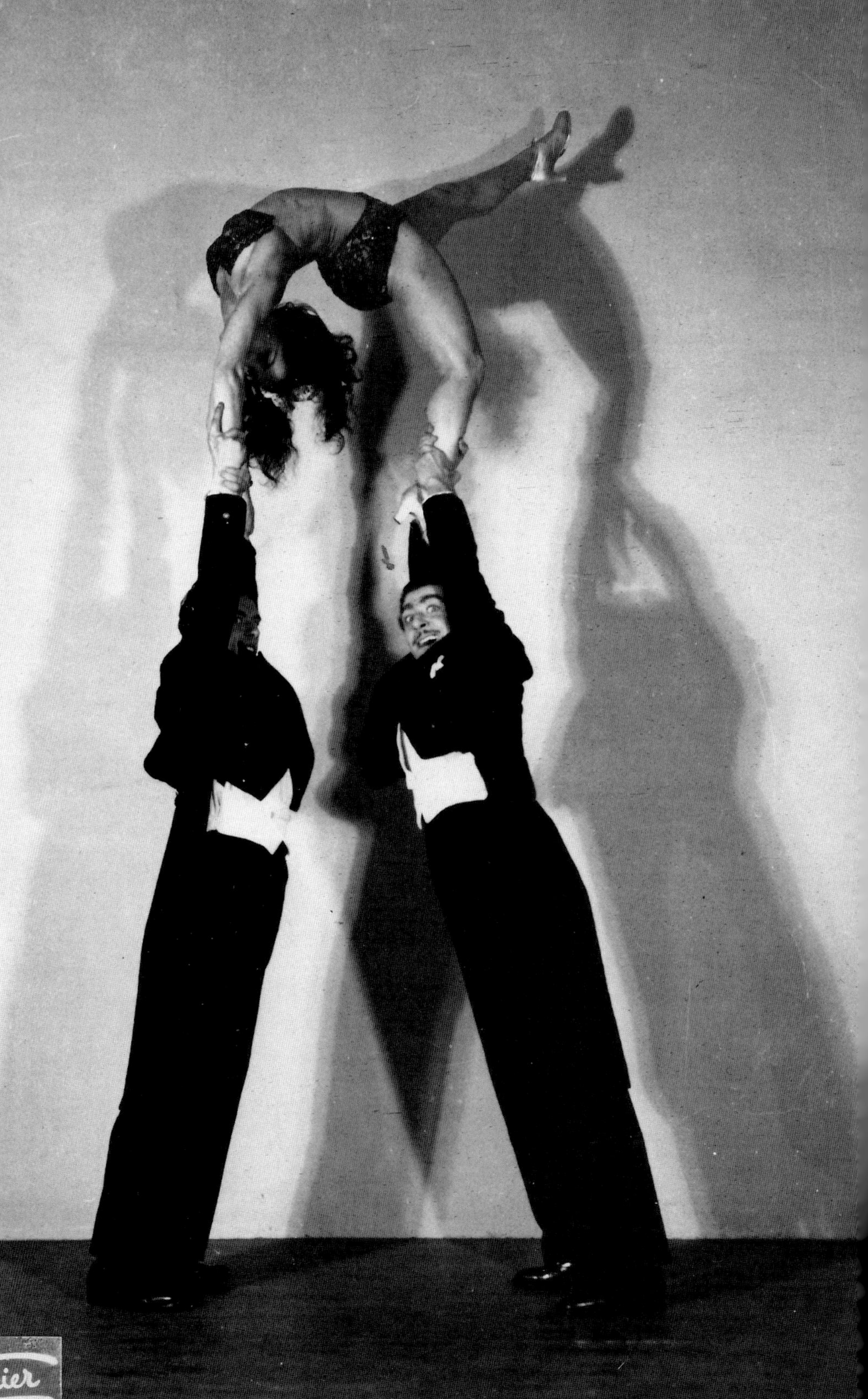
STUDIO
Jacques Verrier
PARIS

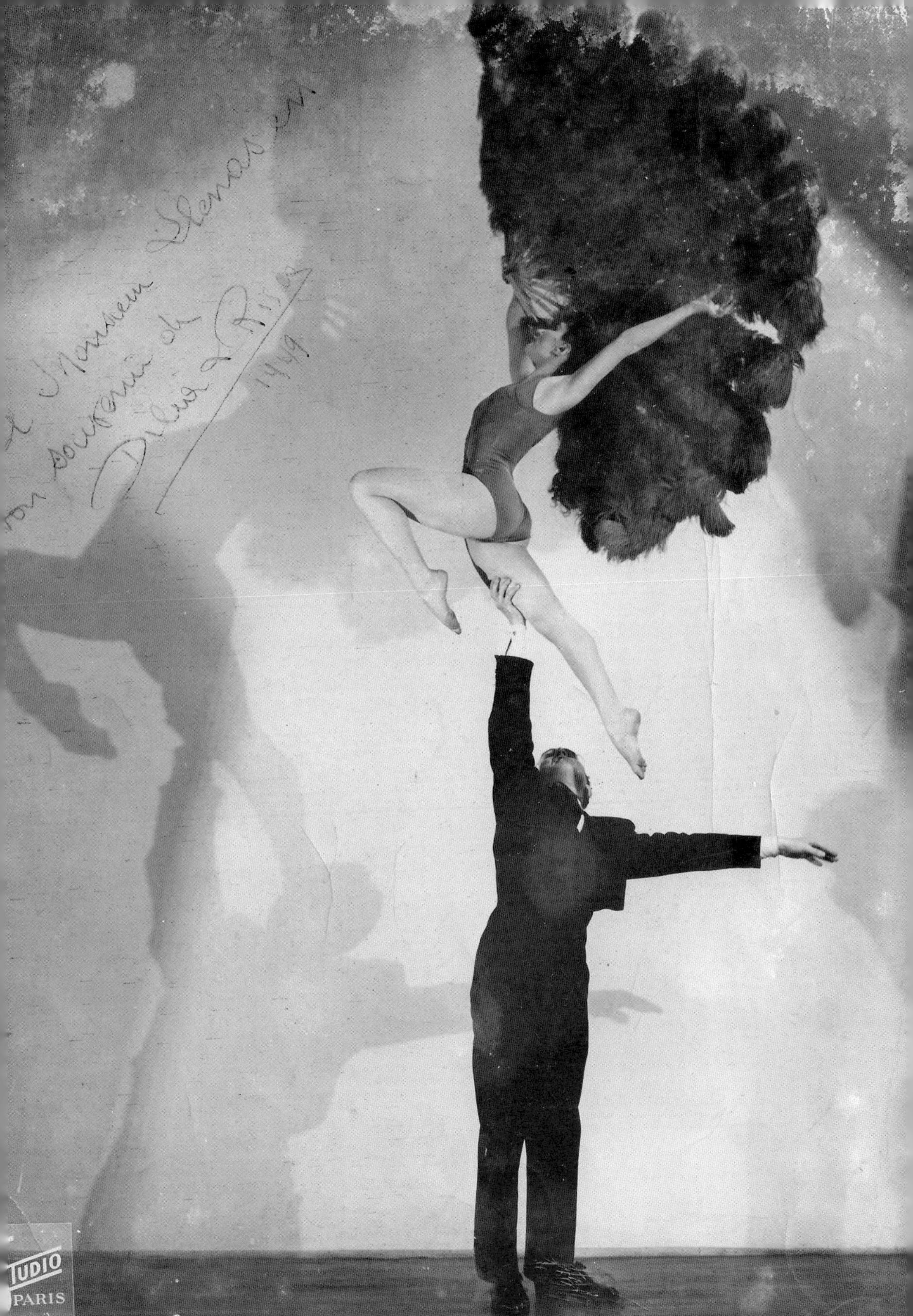
A Monsieur Llenas
en souvenir ok
Dilio & Rios
1949
TUDIO
PARIS

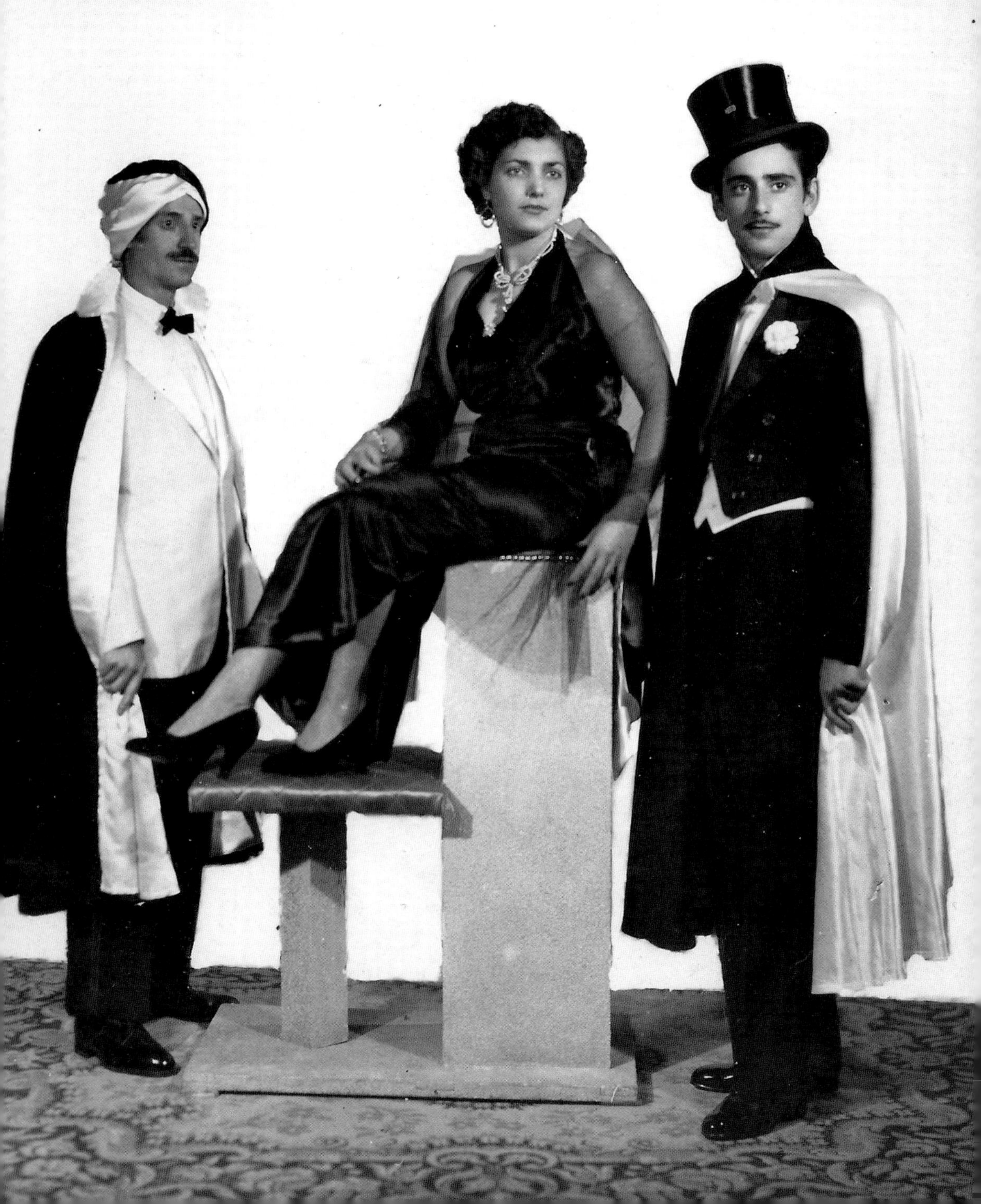

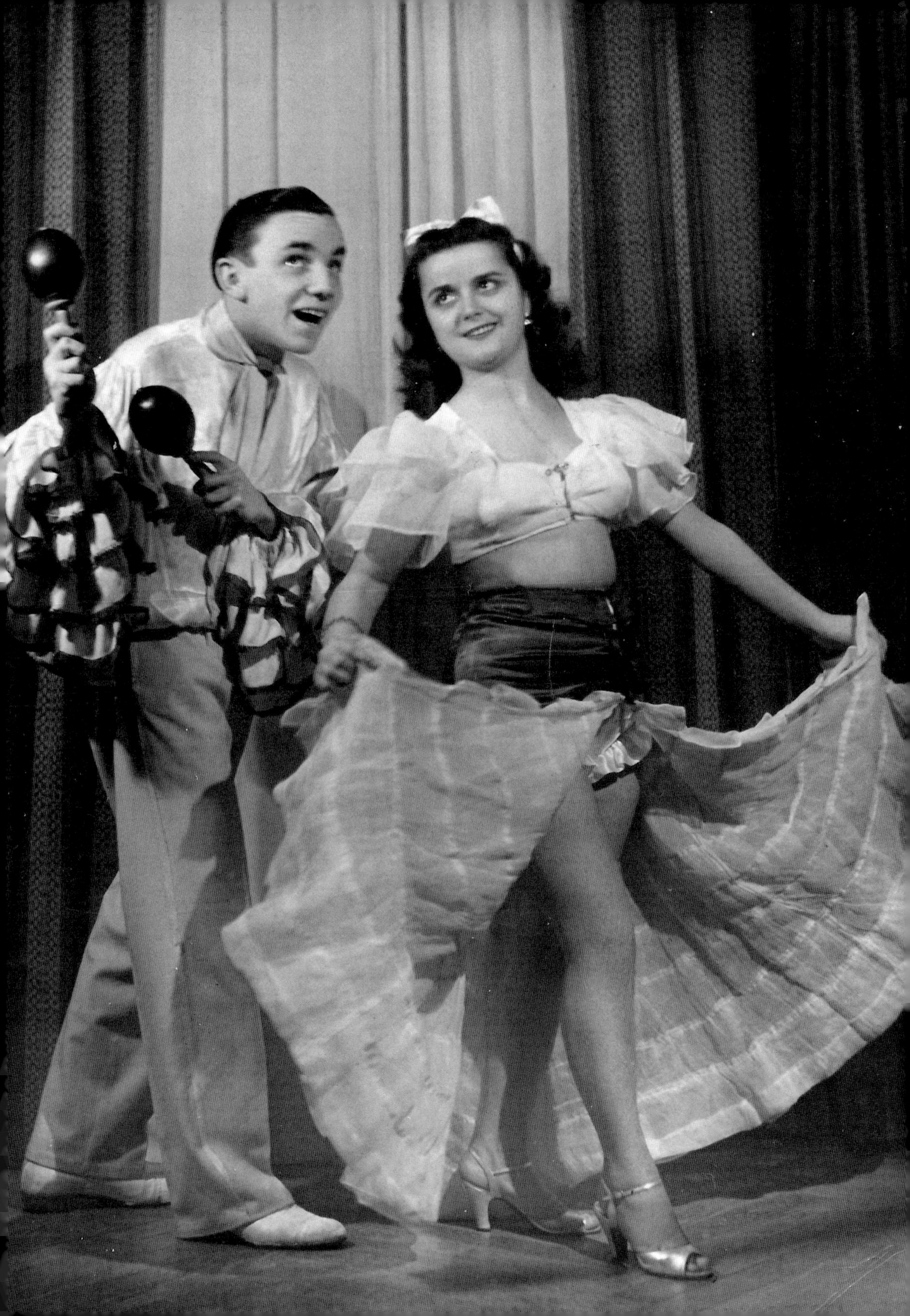

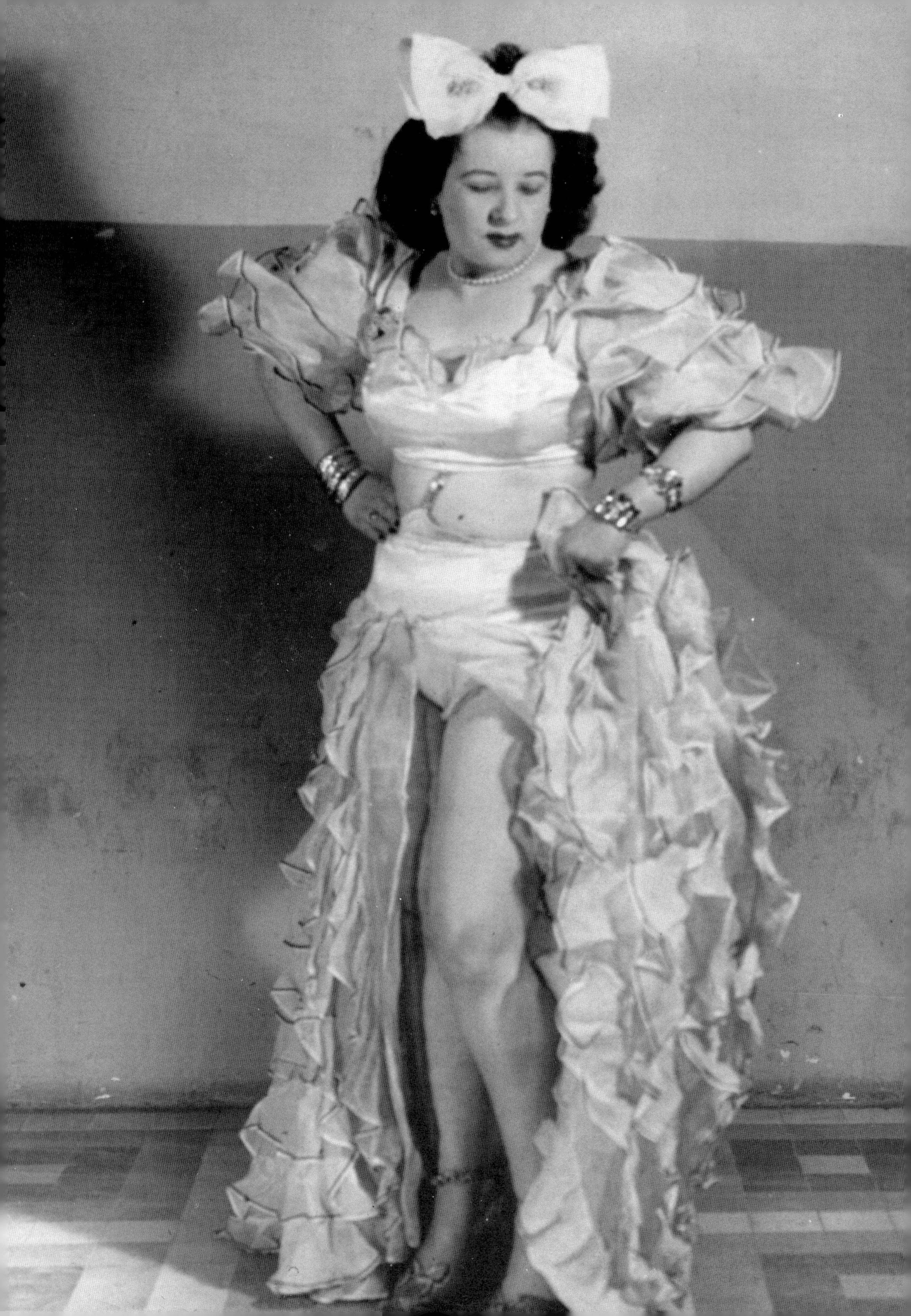

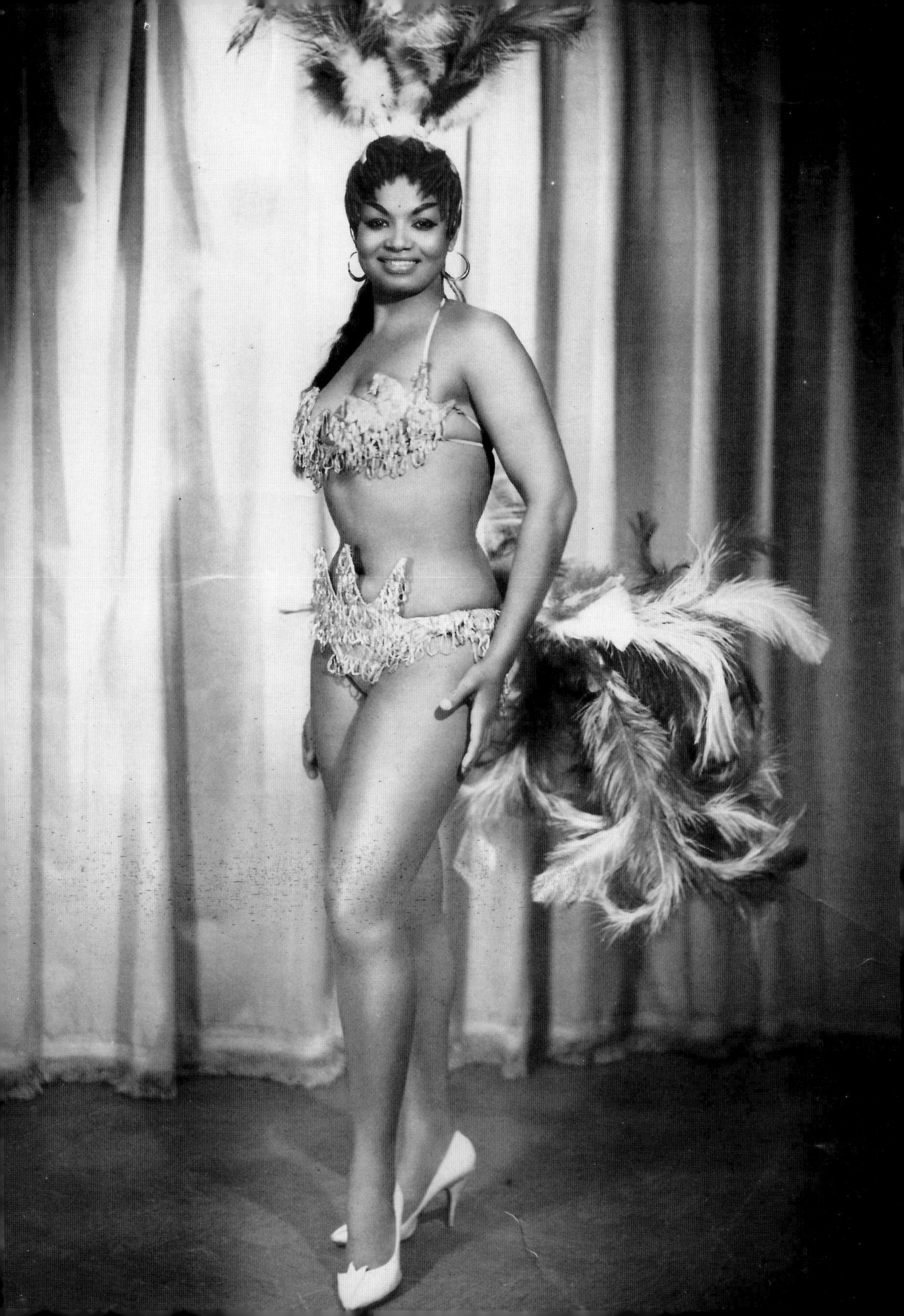

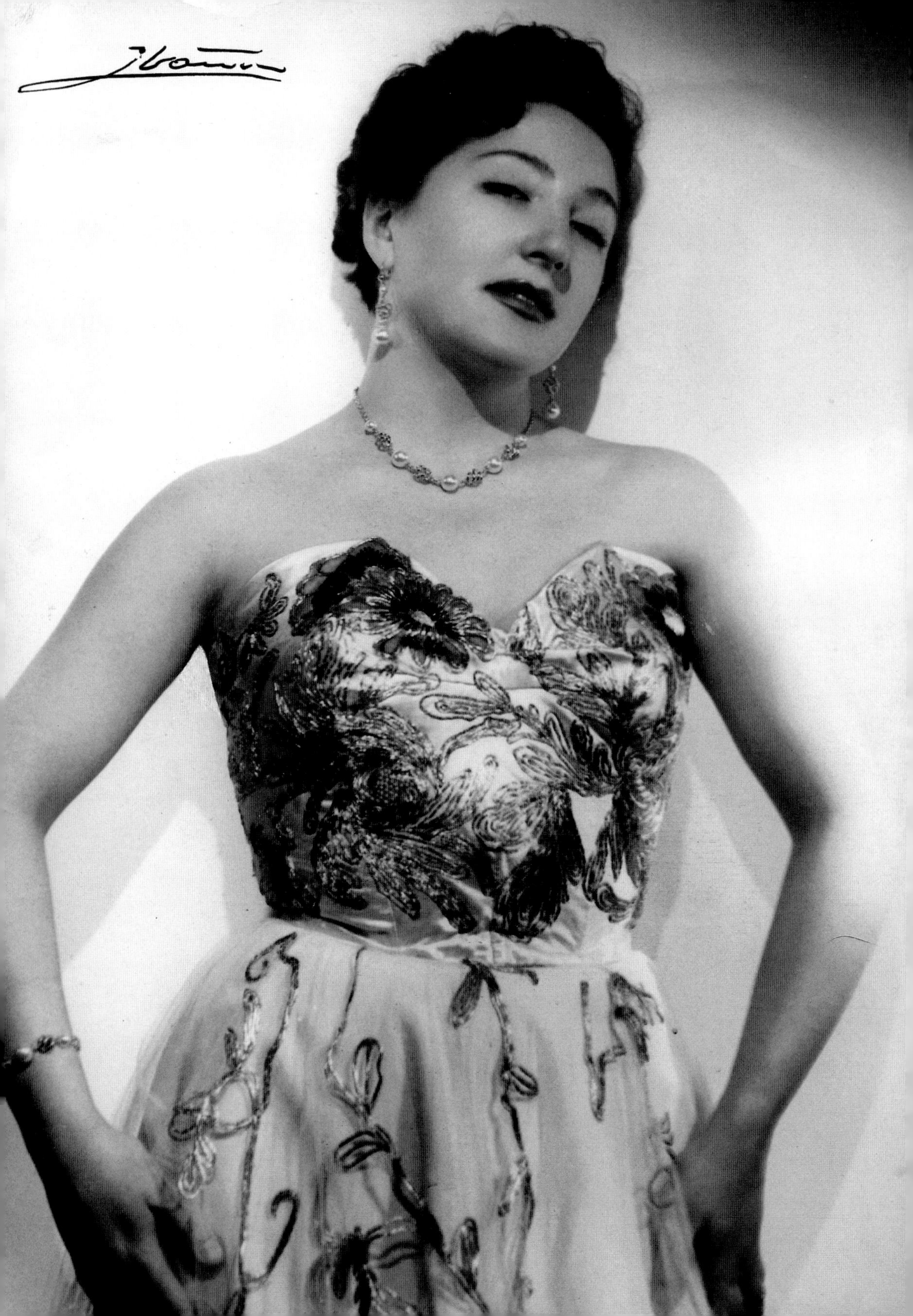

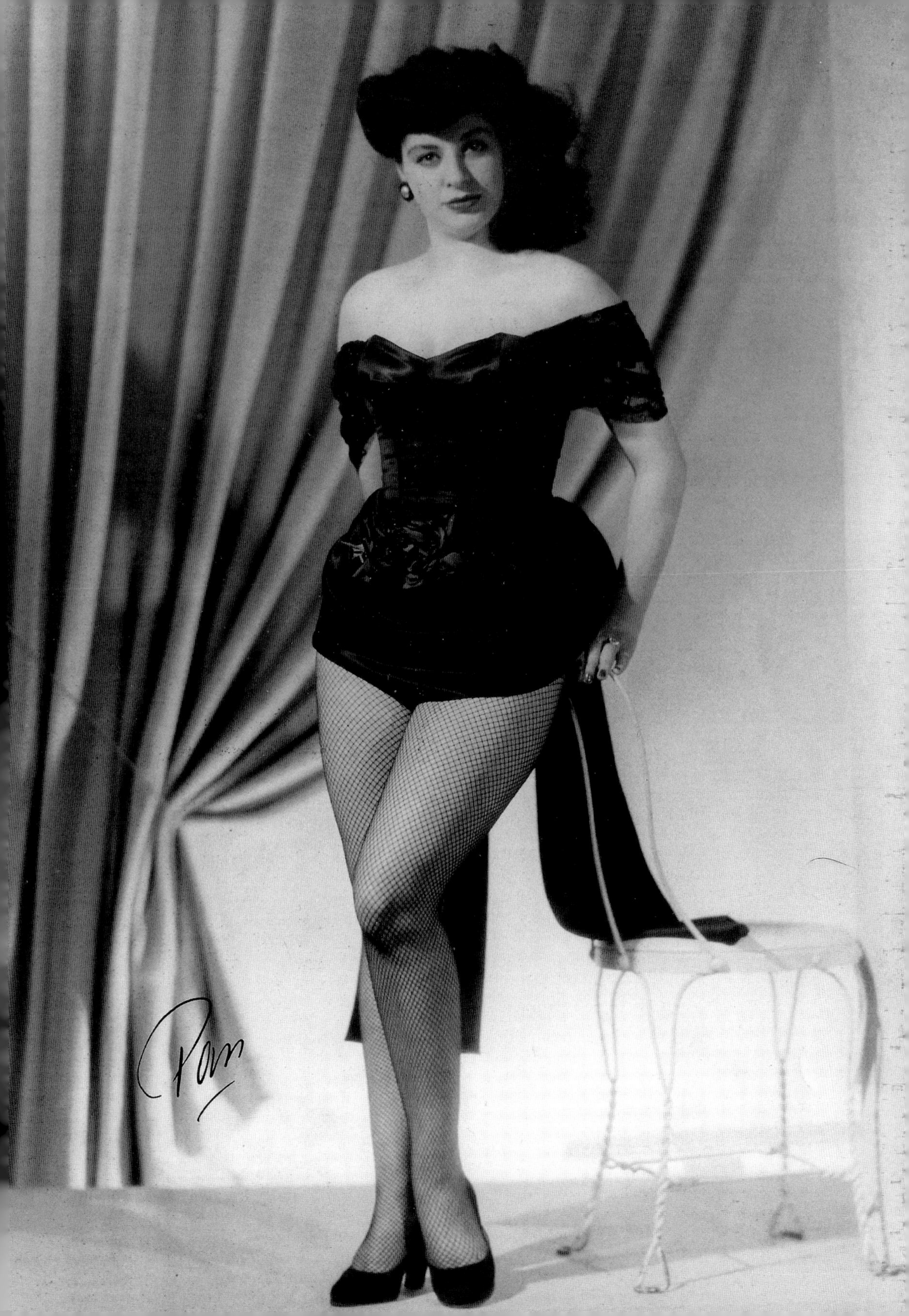
Pam

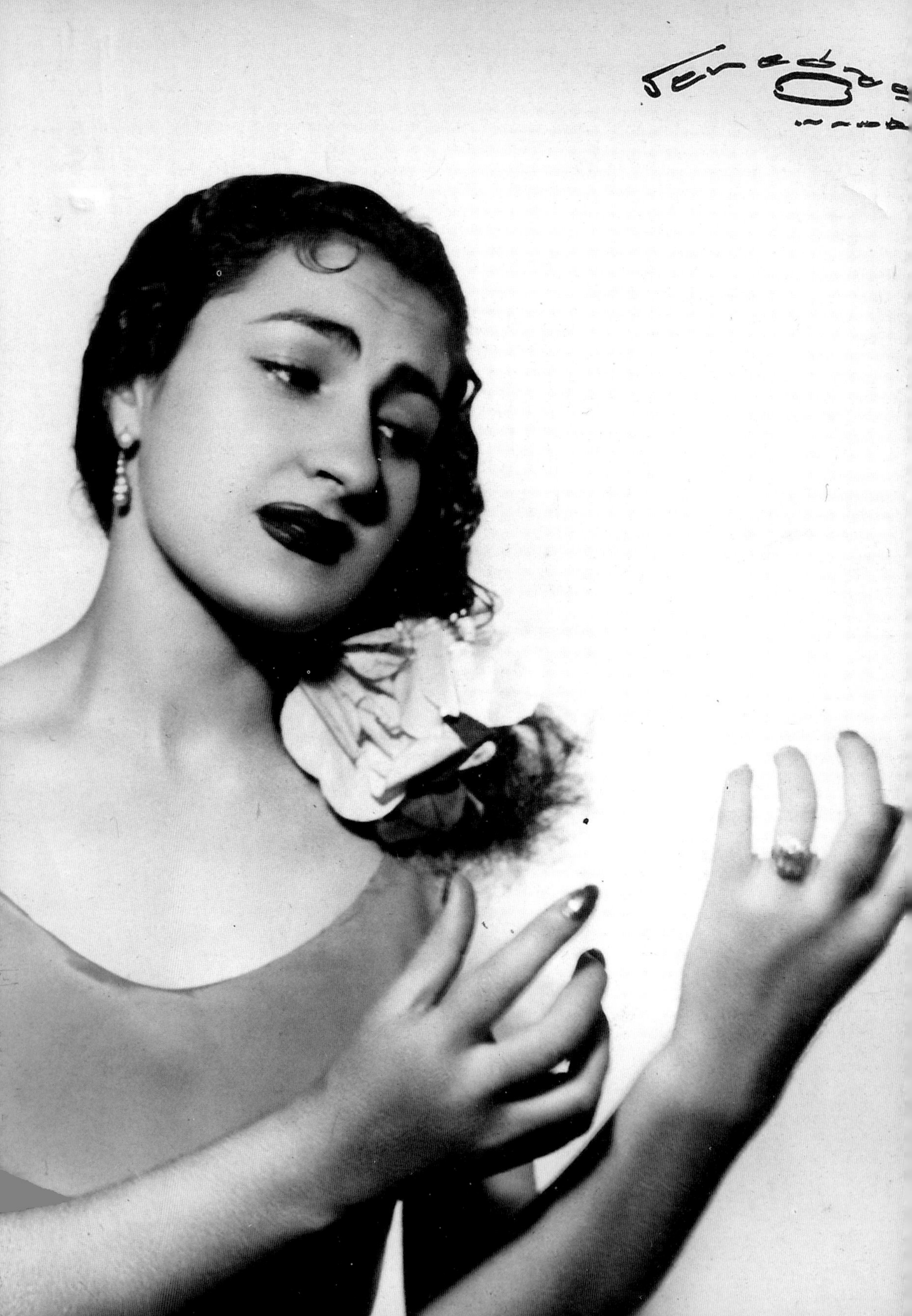

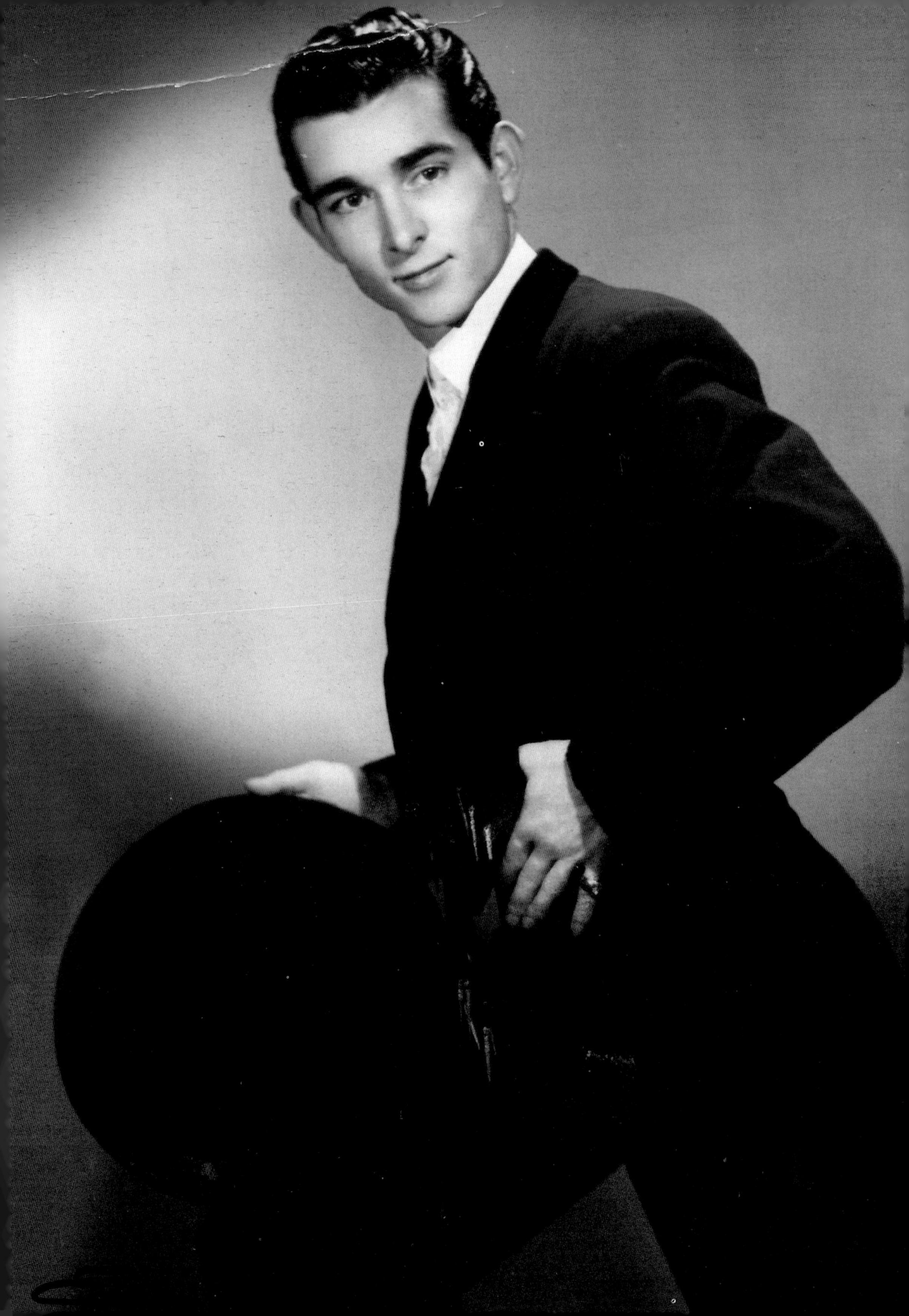

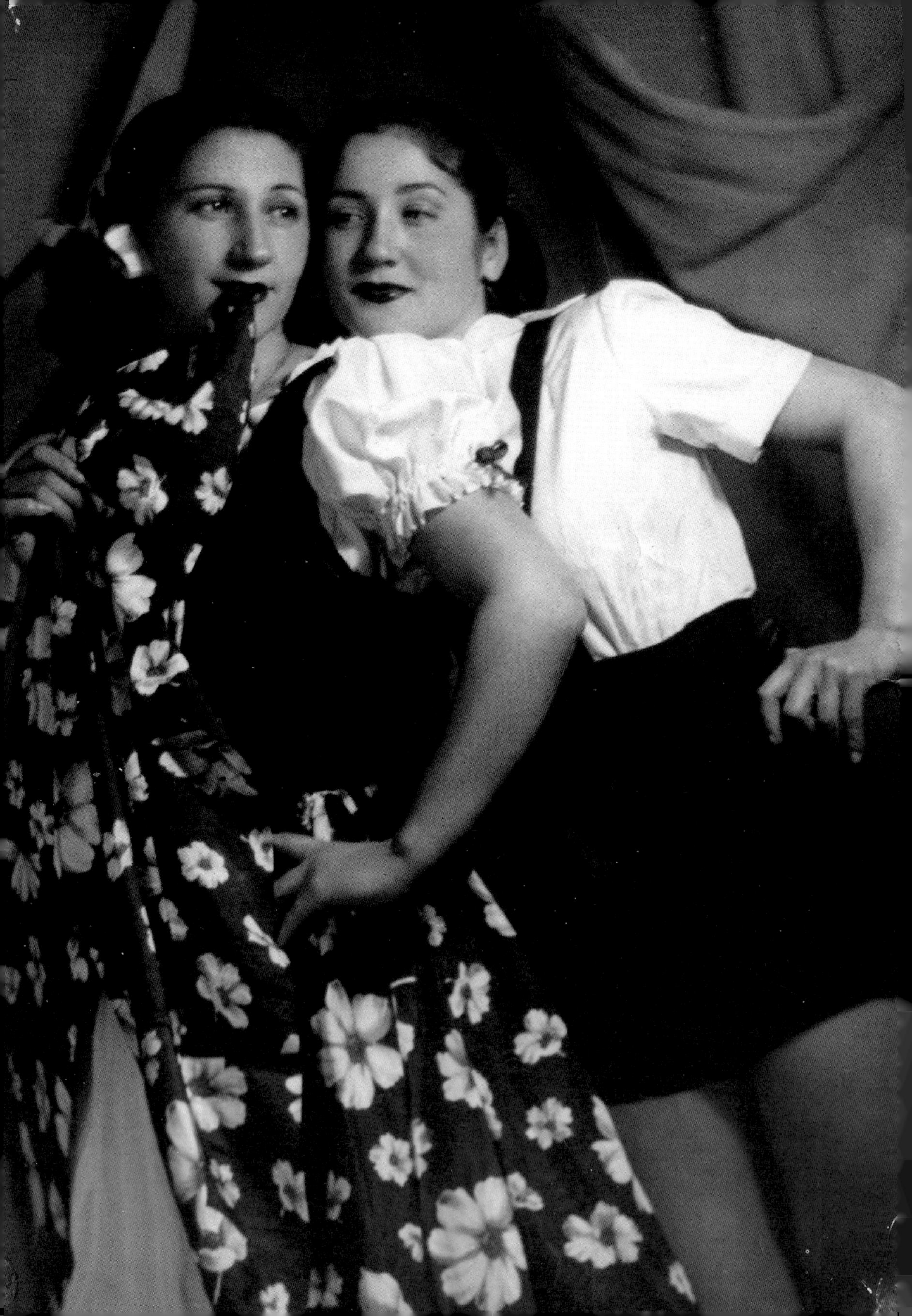

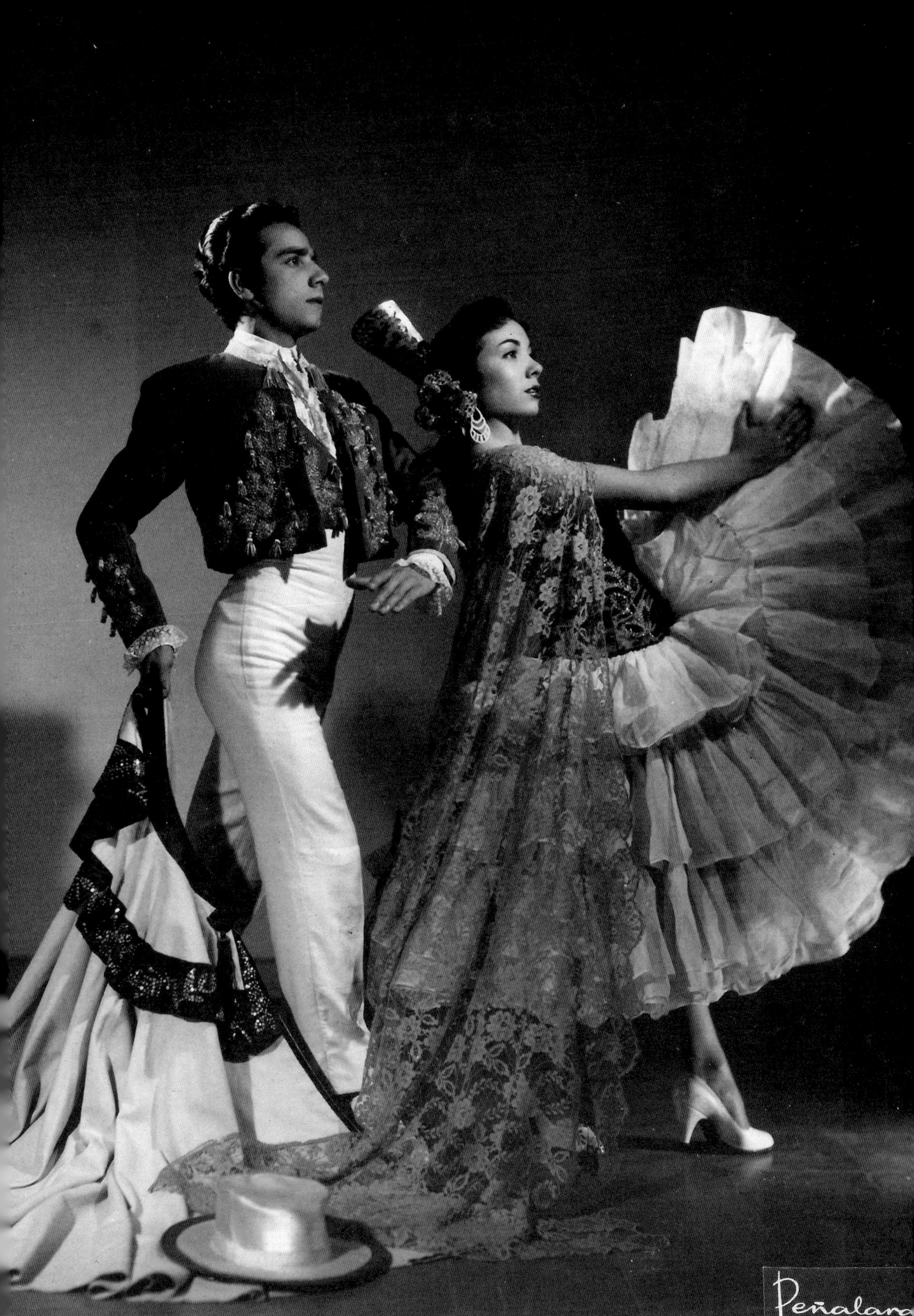
Peñalara

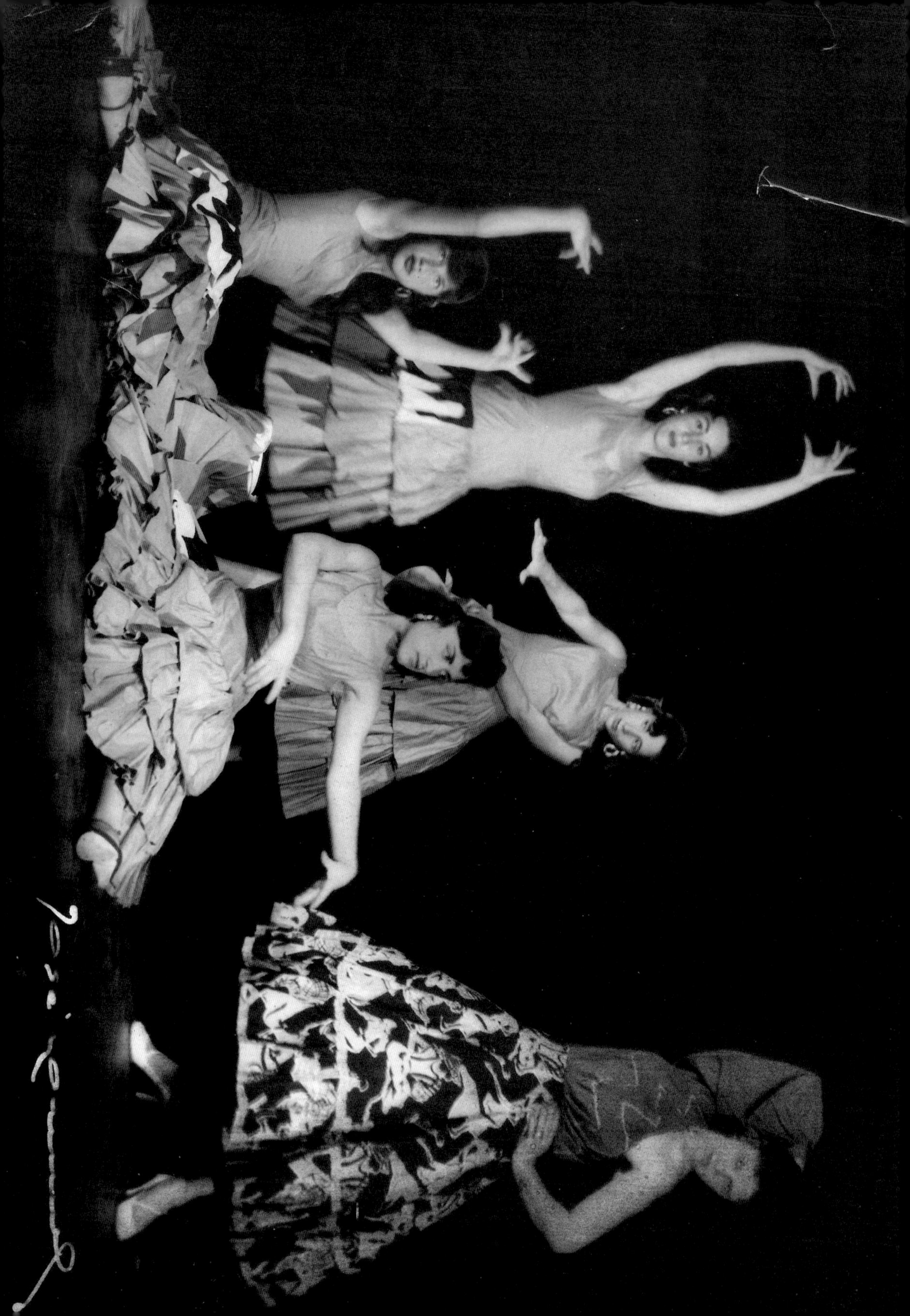

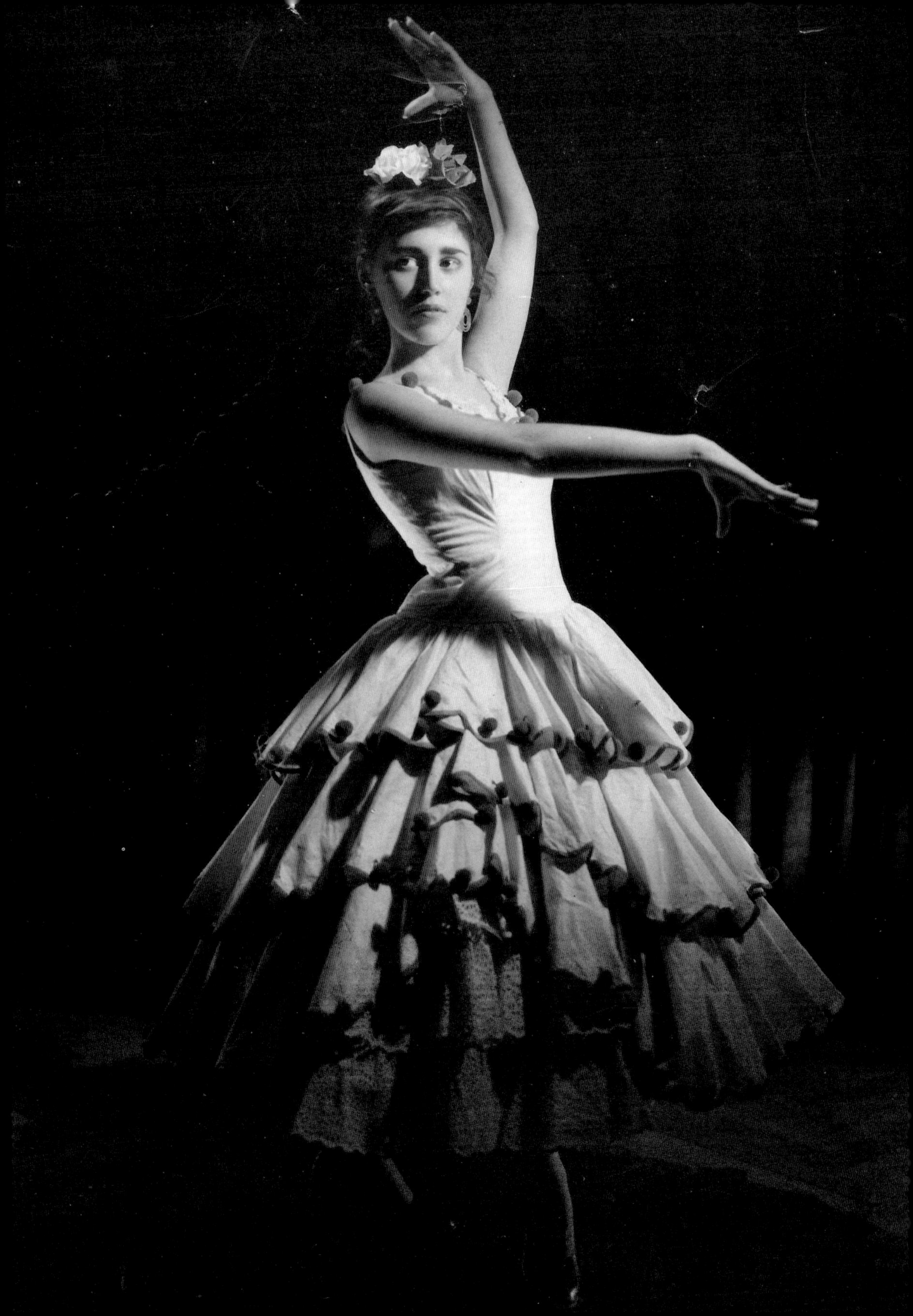

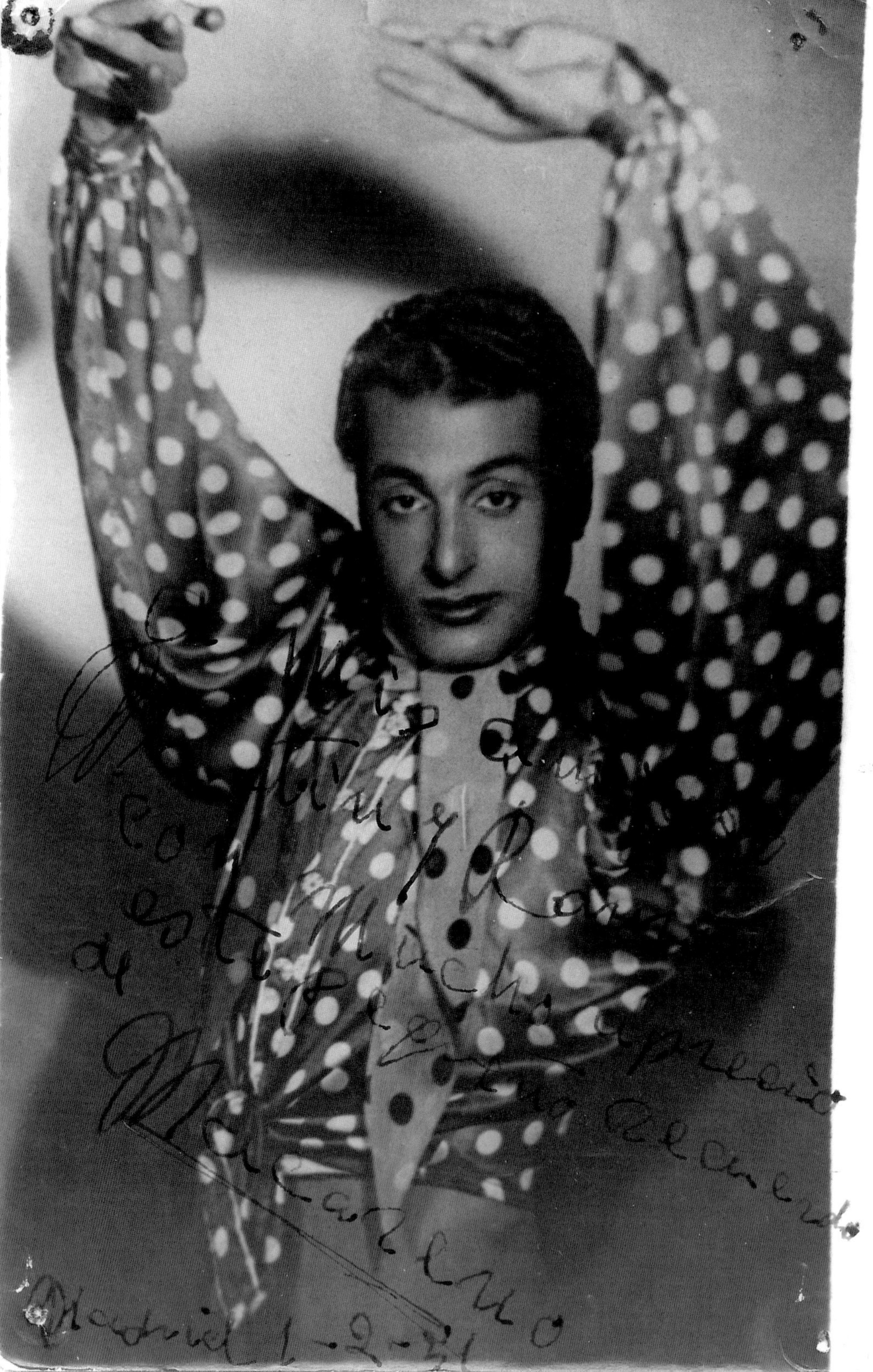

Madrid 1-2-41

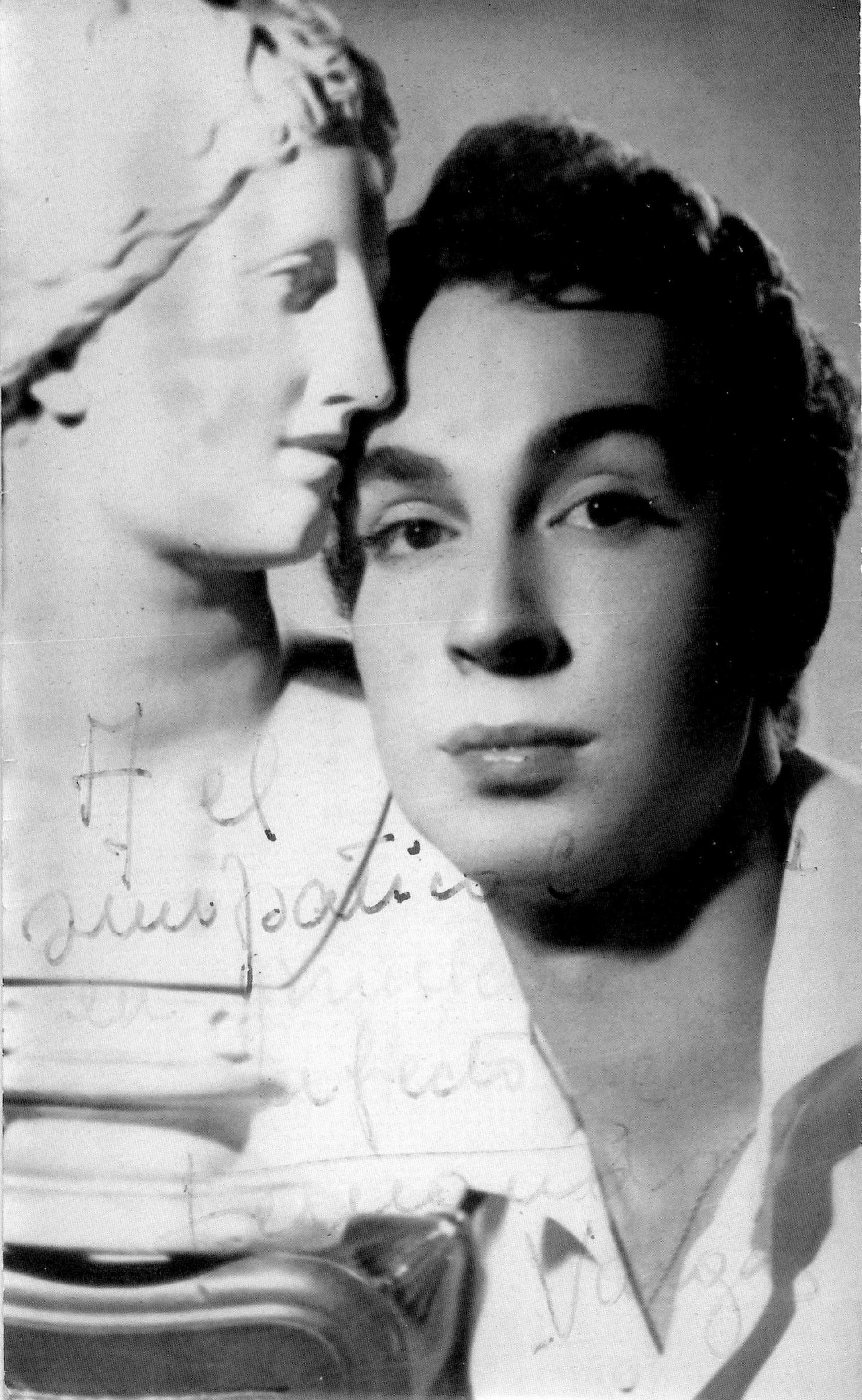

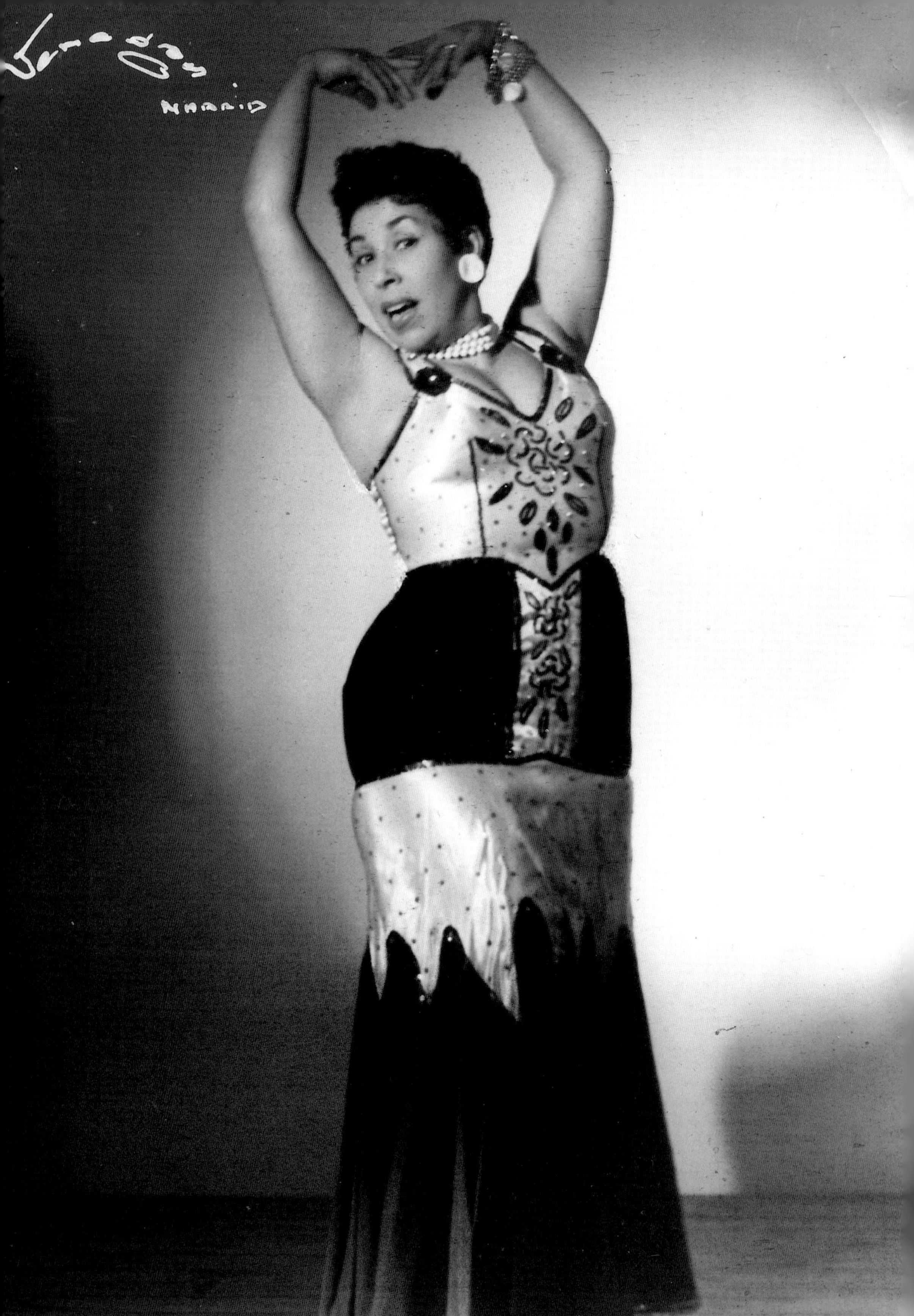

MADRID

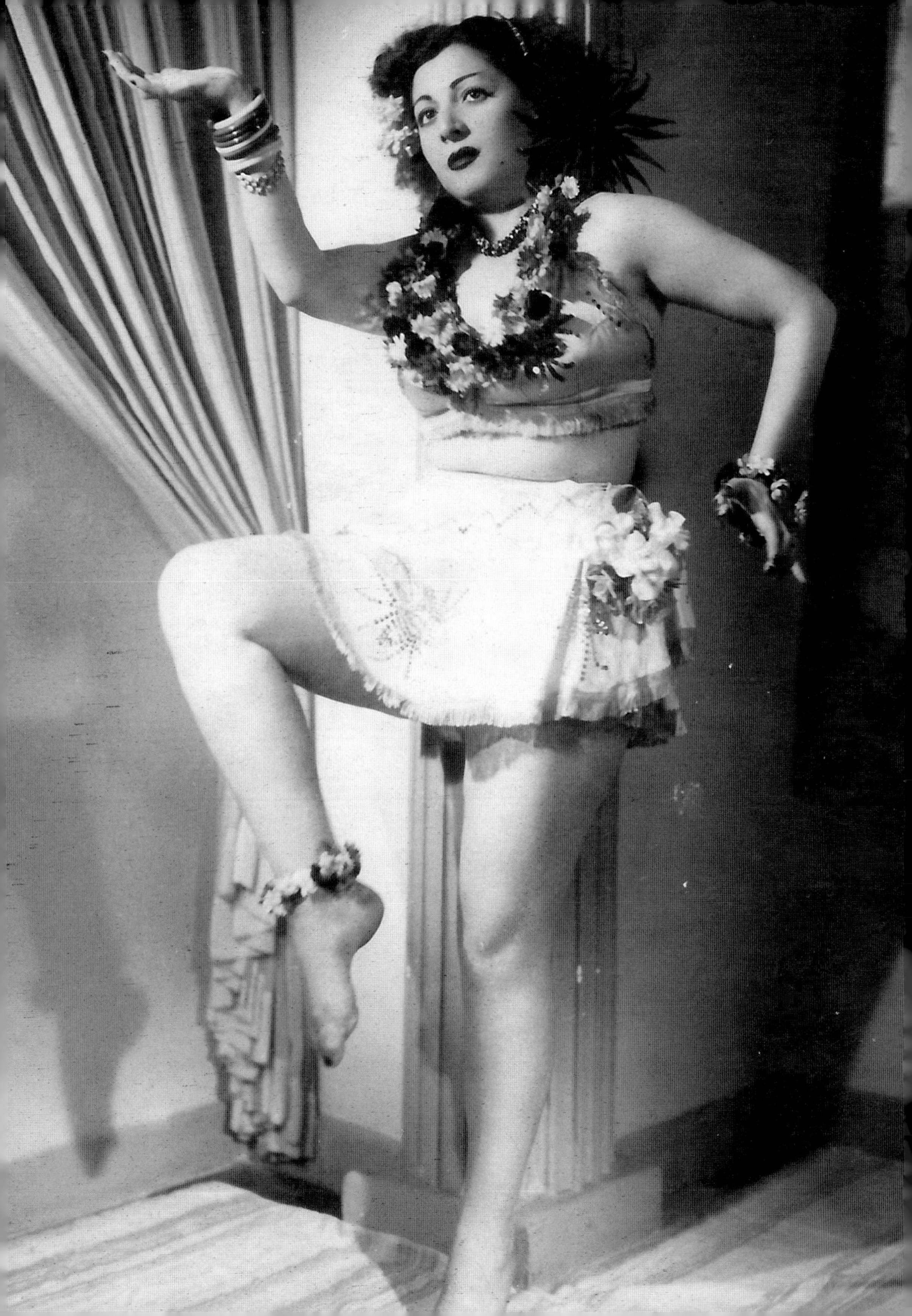

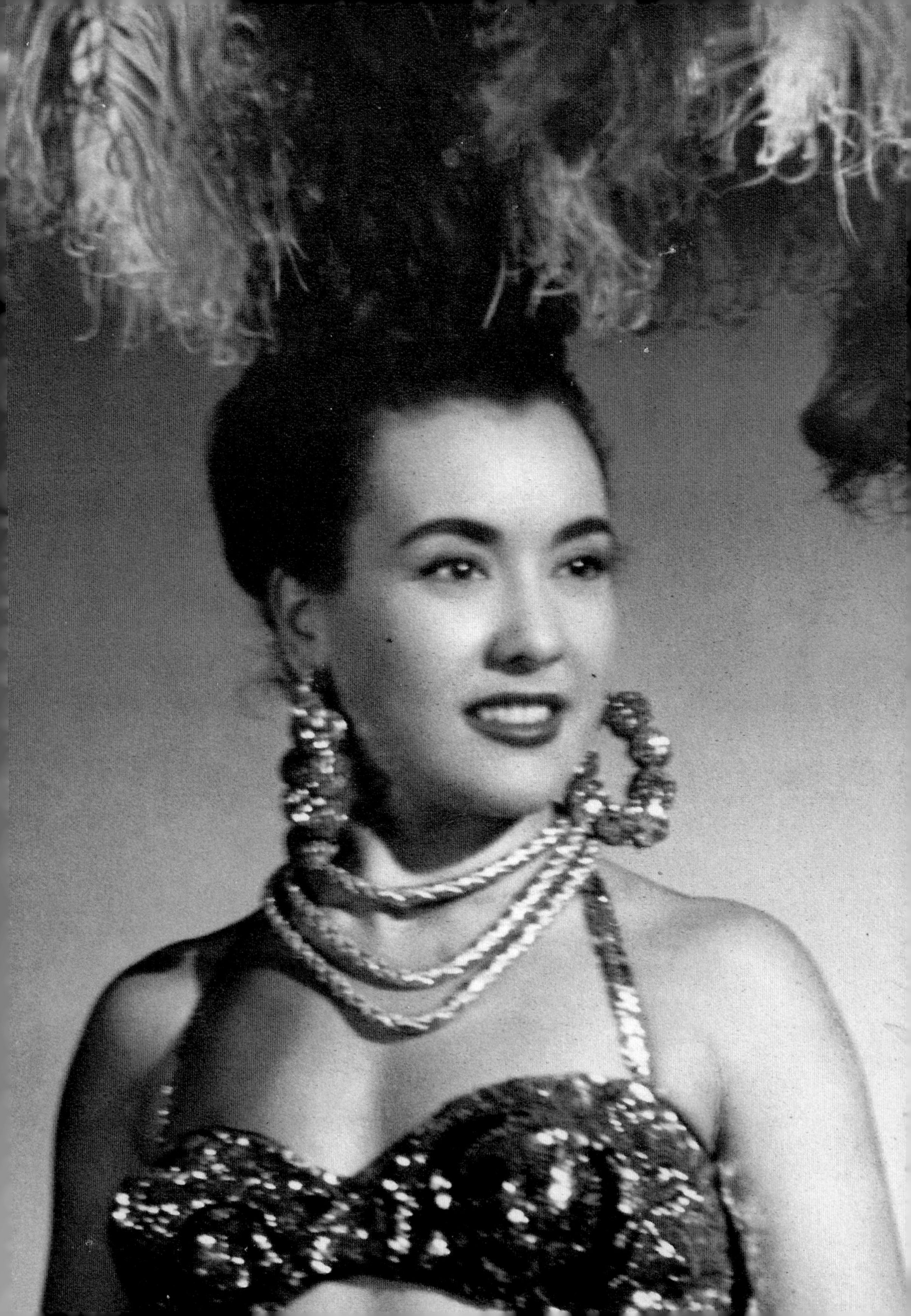

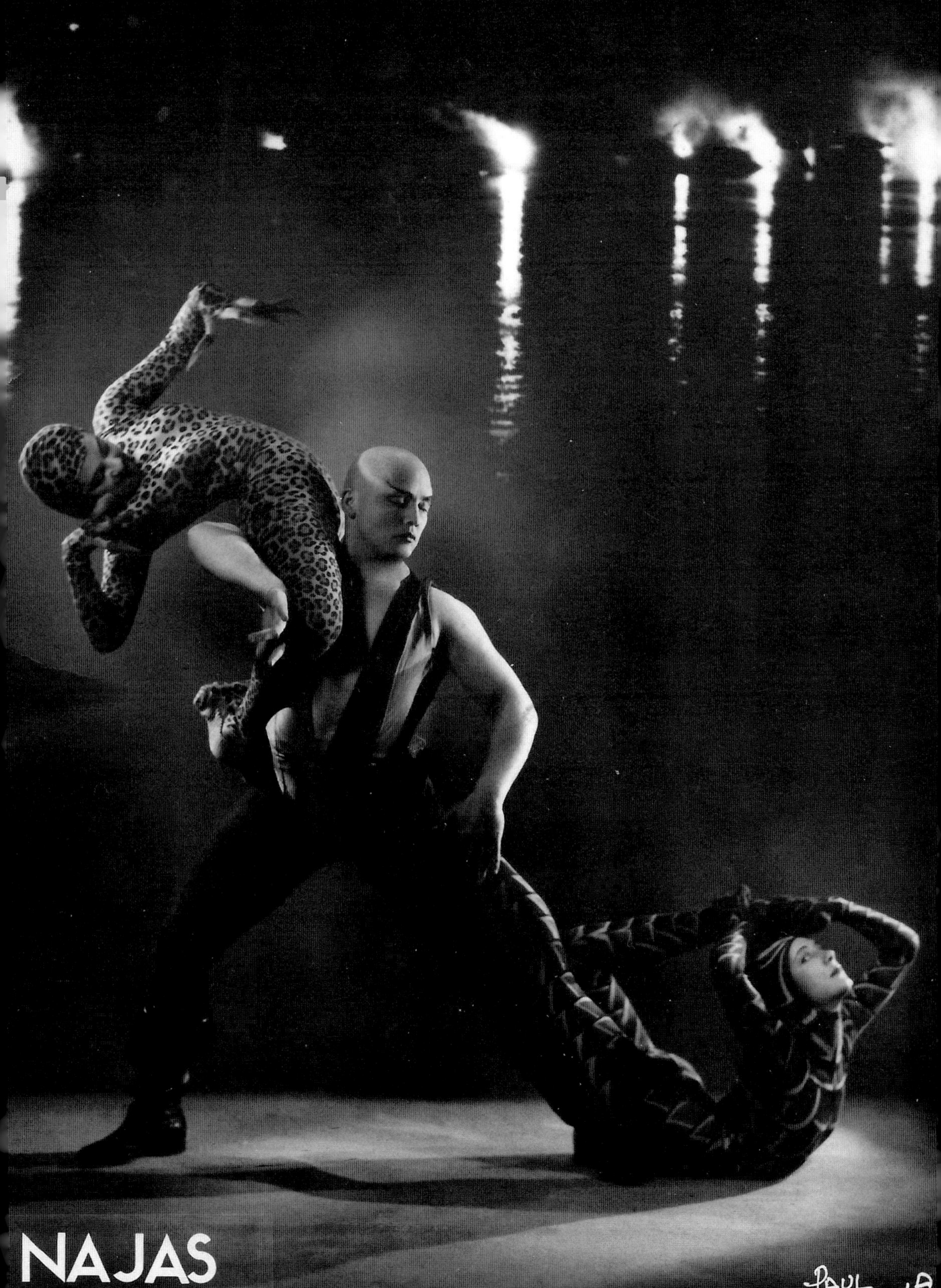
NAJAS
COMEDIAN'S
PAUL
KORWA
PARi

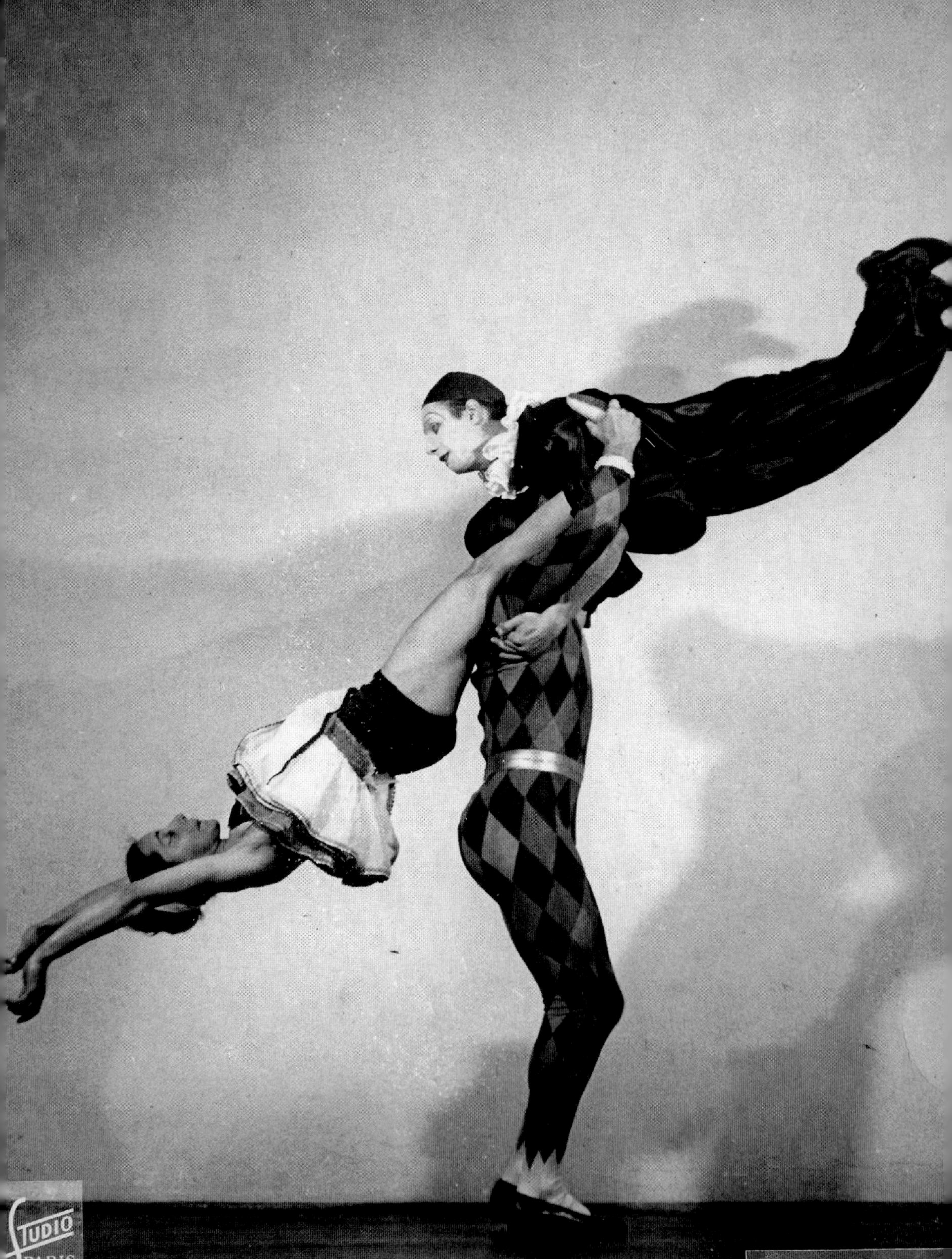

TRIO RIVAL

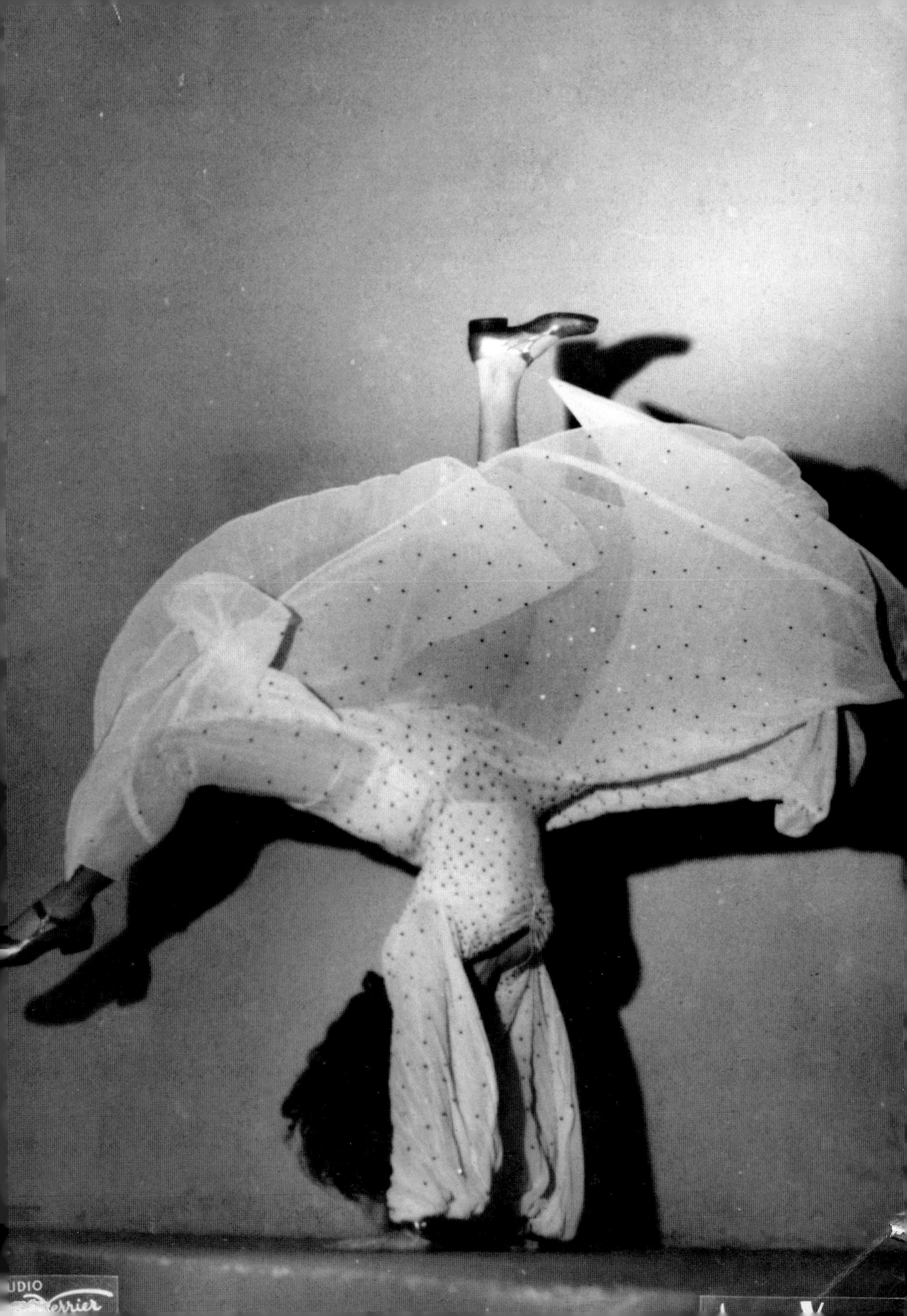
UDIO
errier

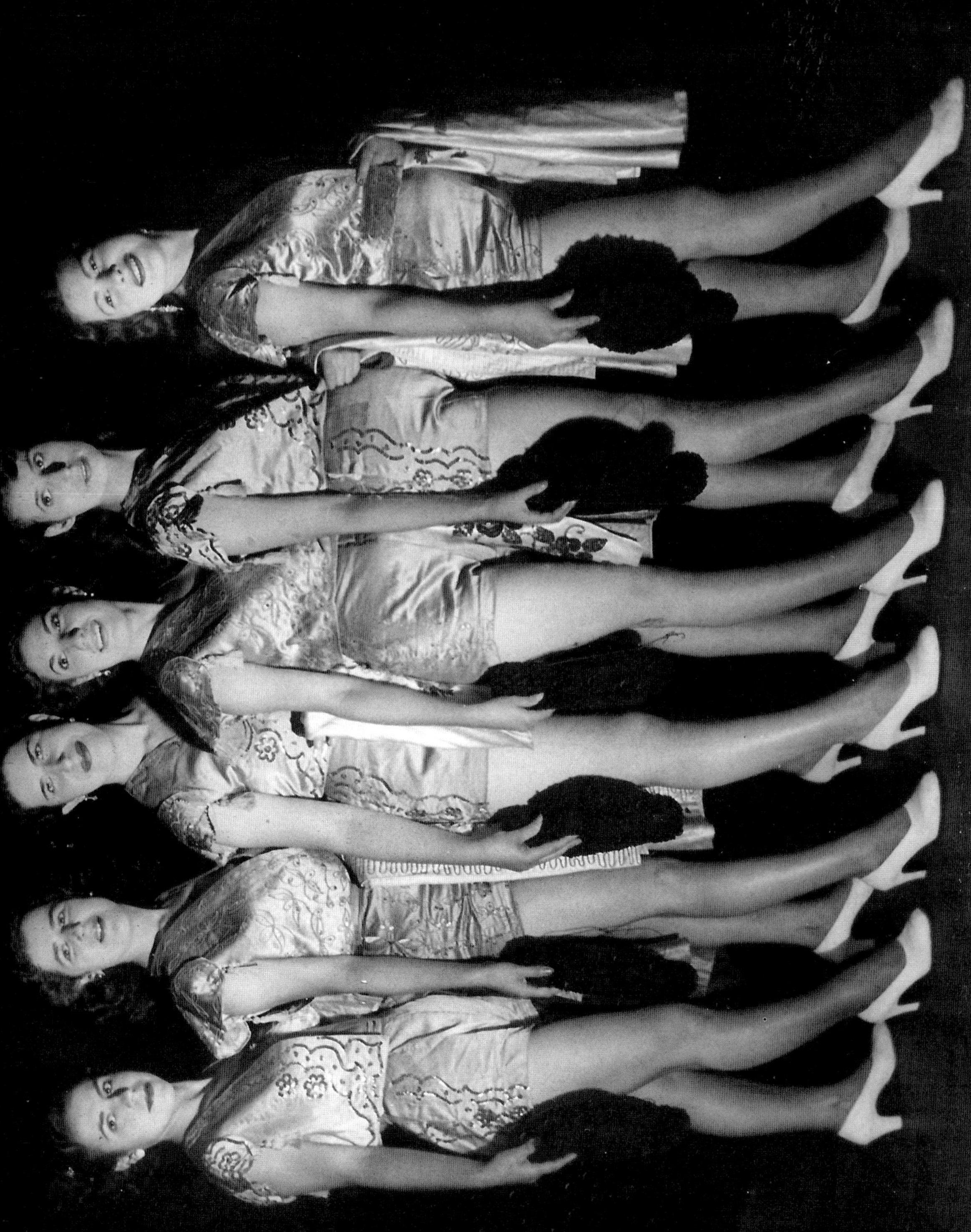

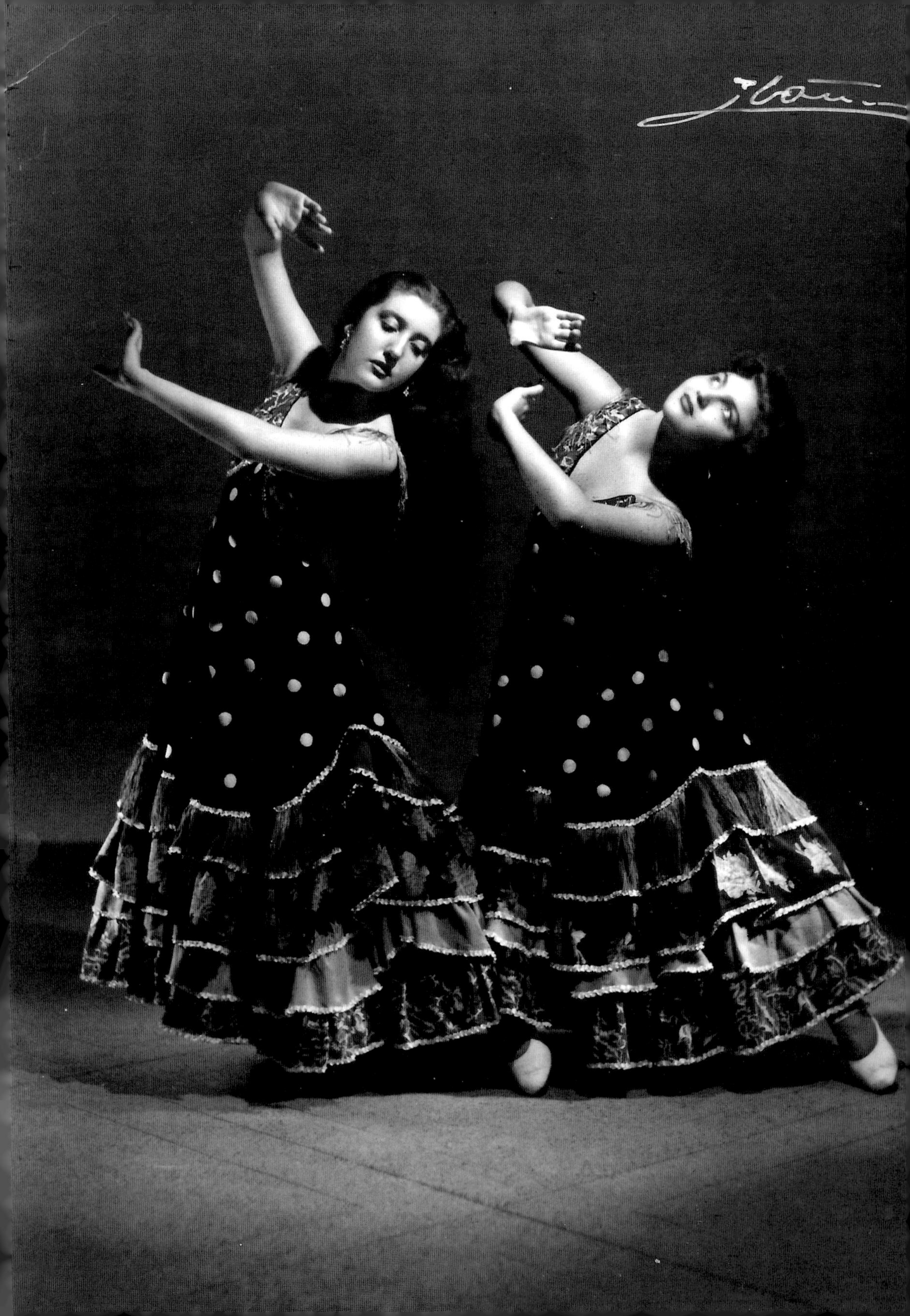

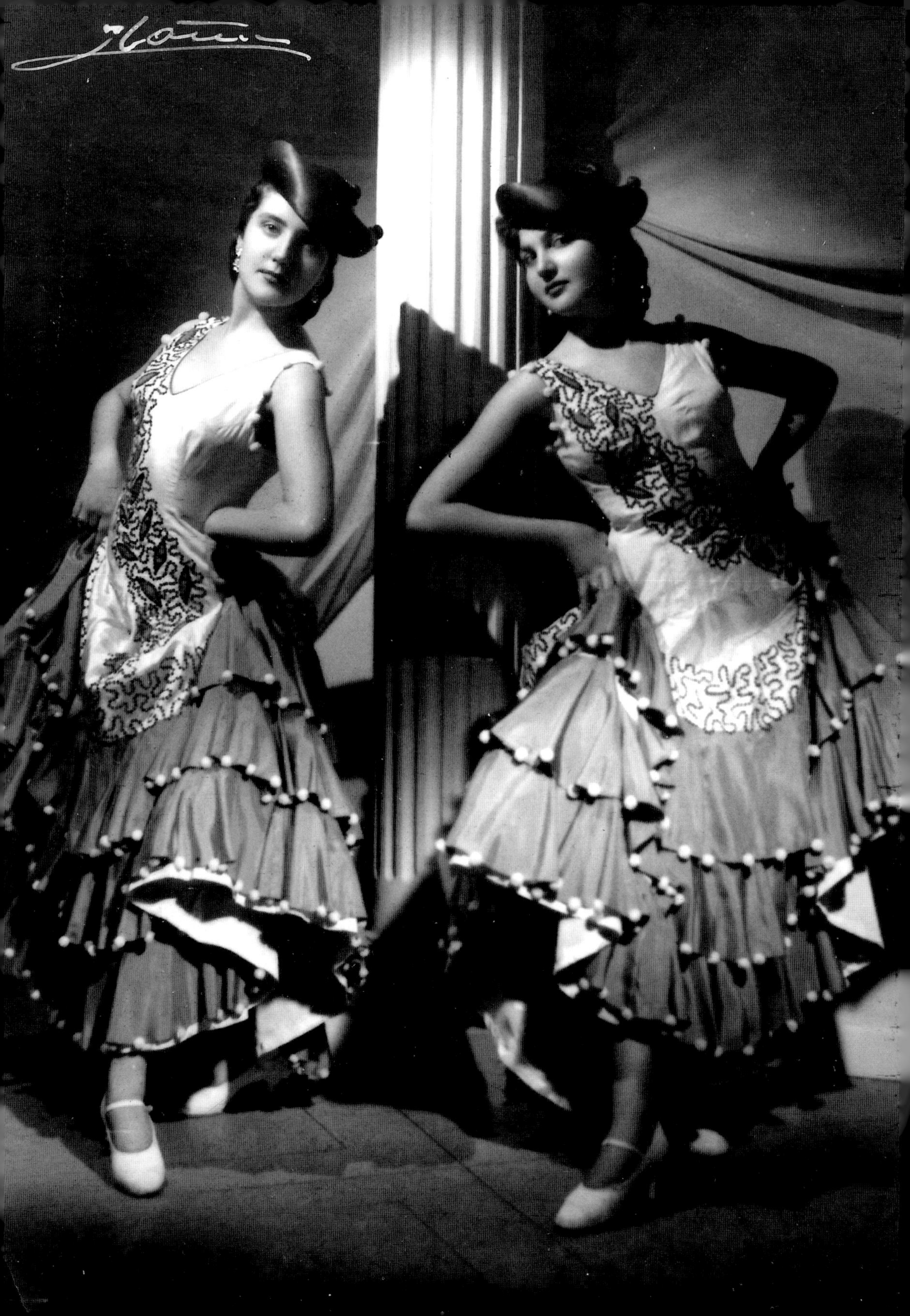

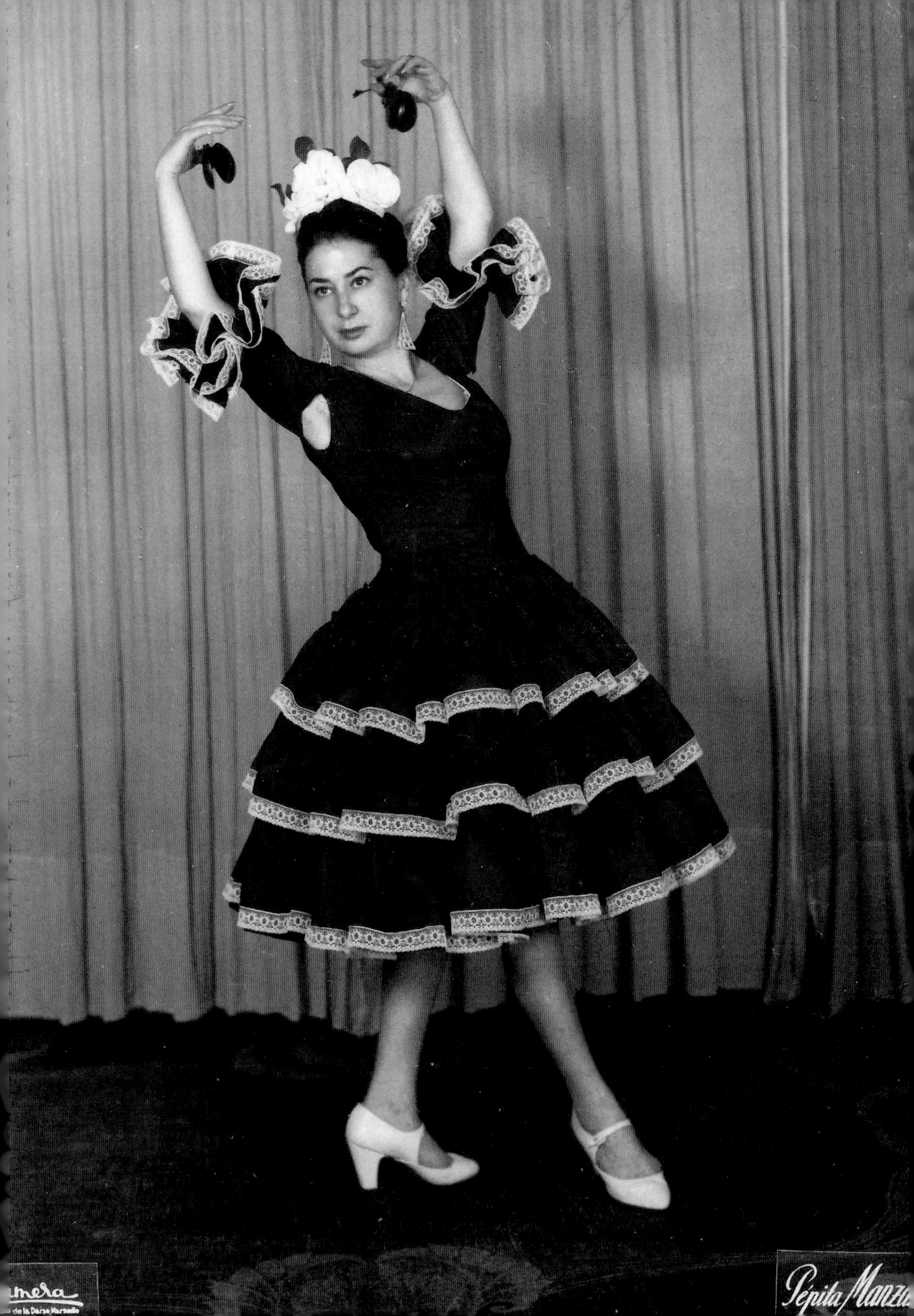
Pepita Manzis

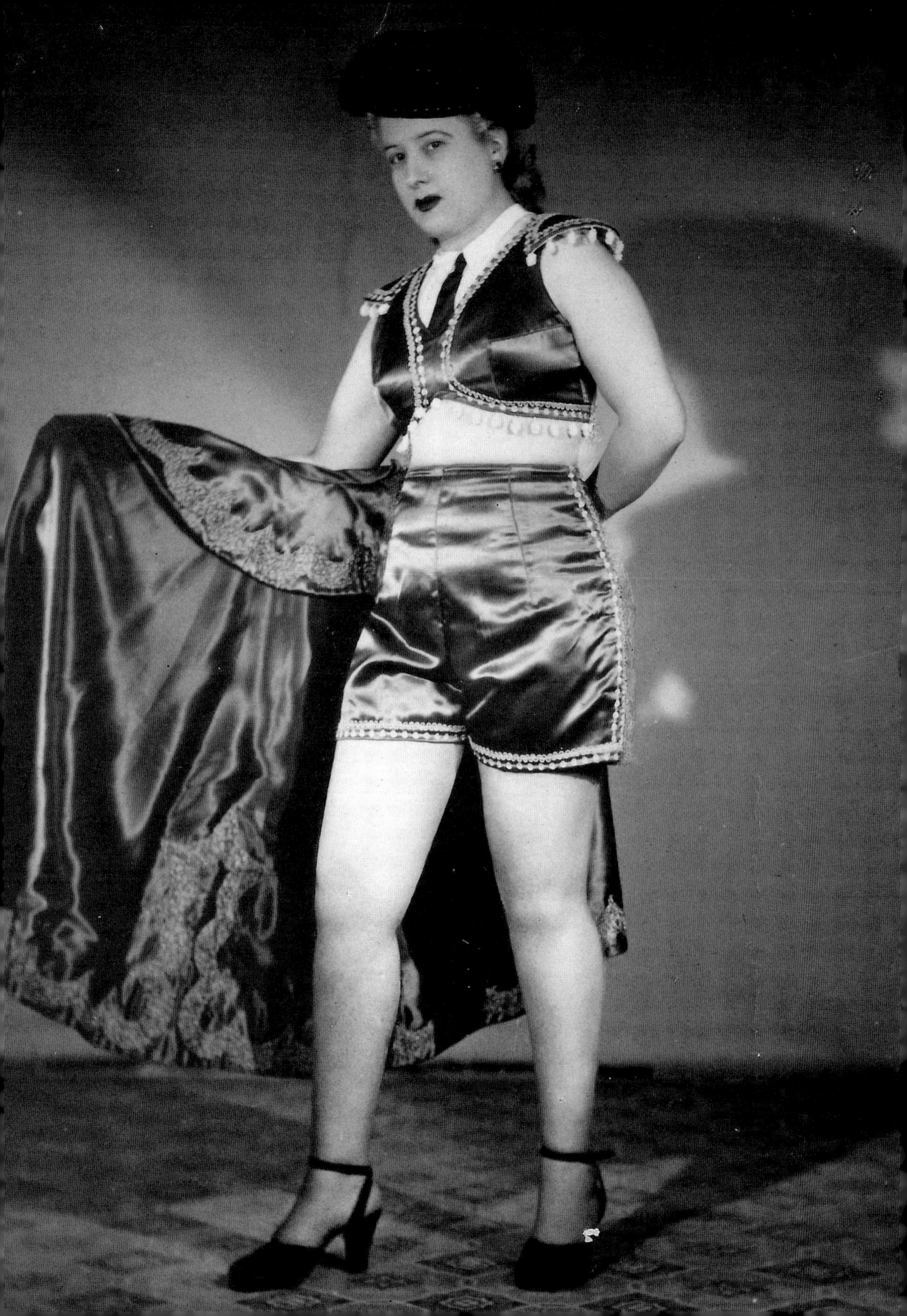

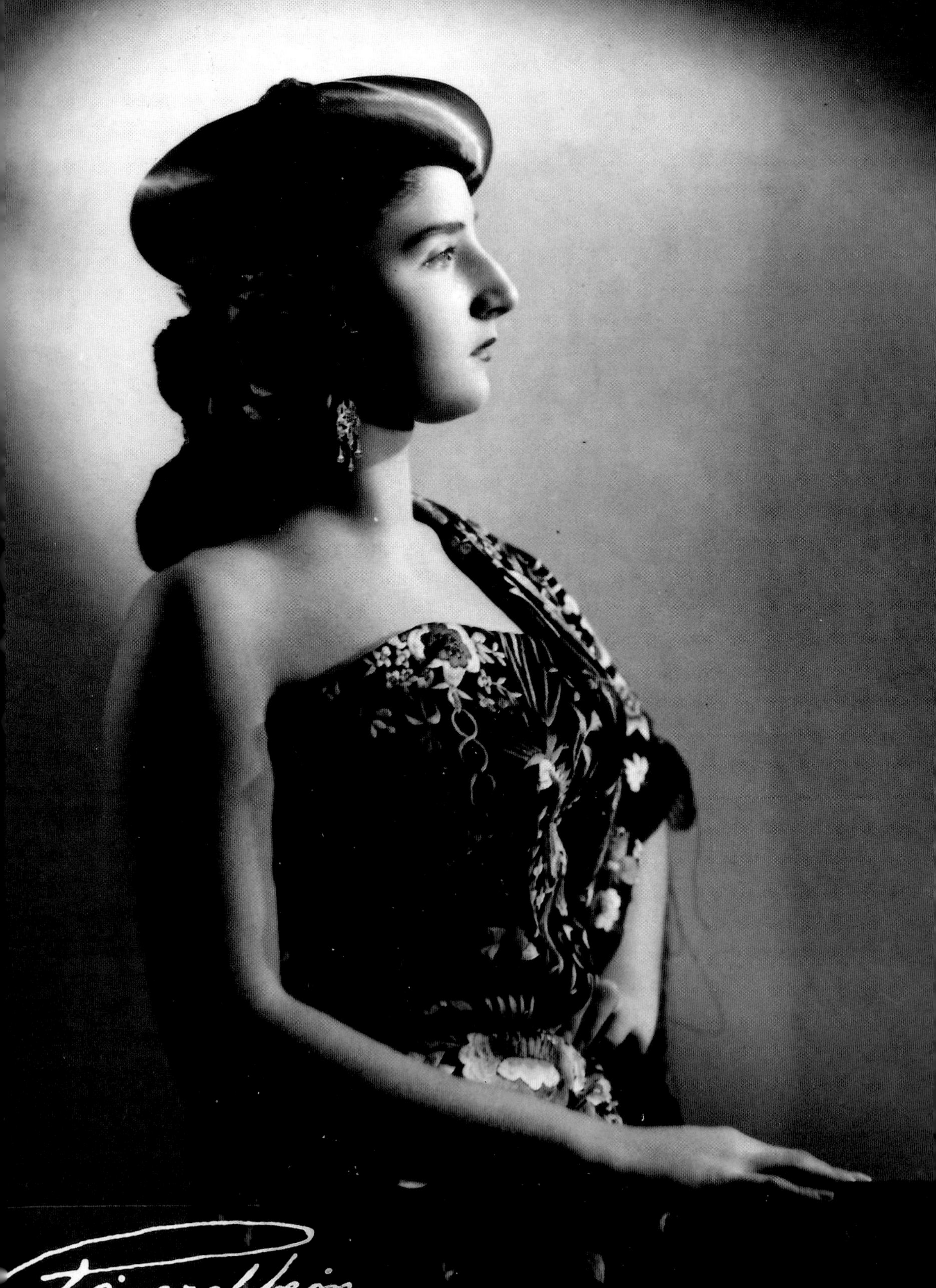
Pérez de León
Madrid

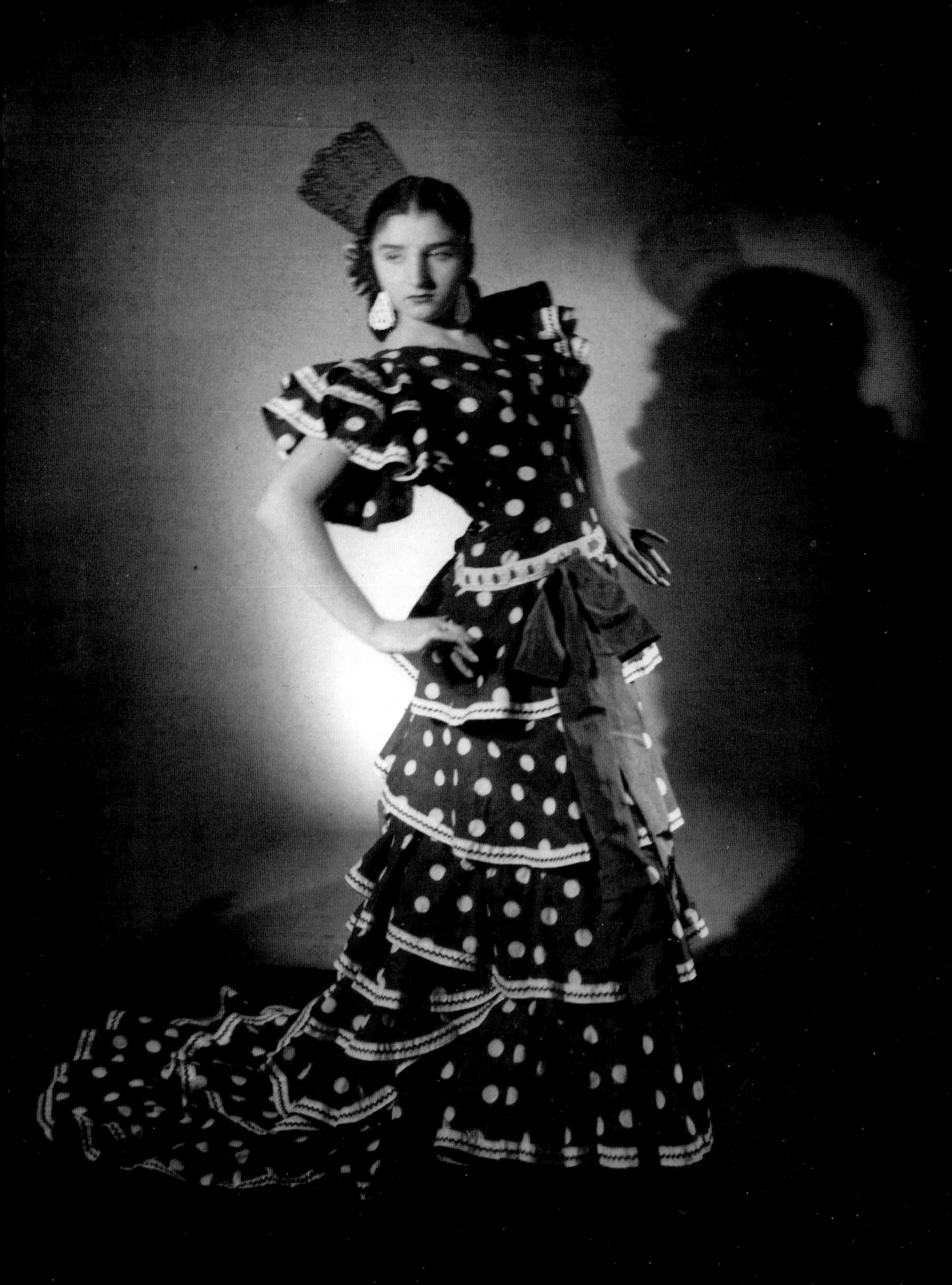

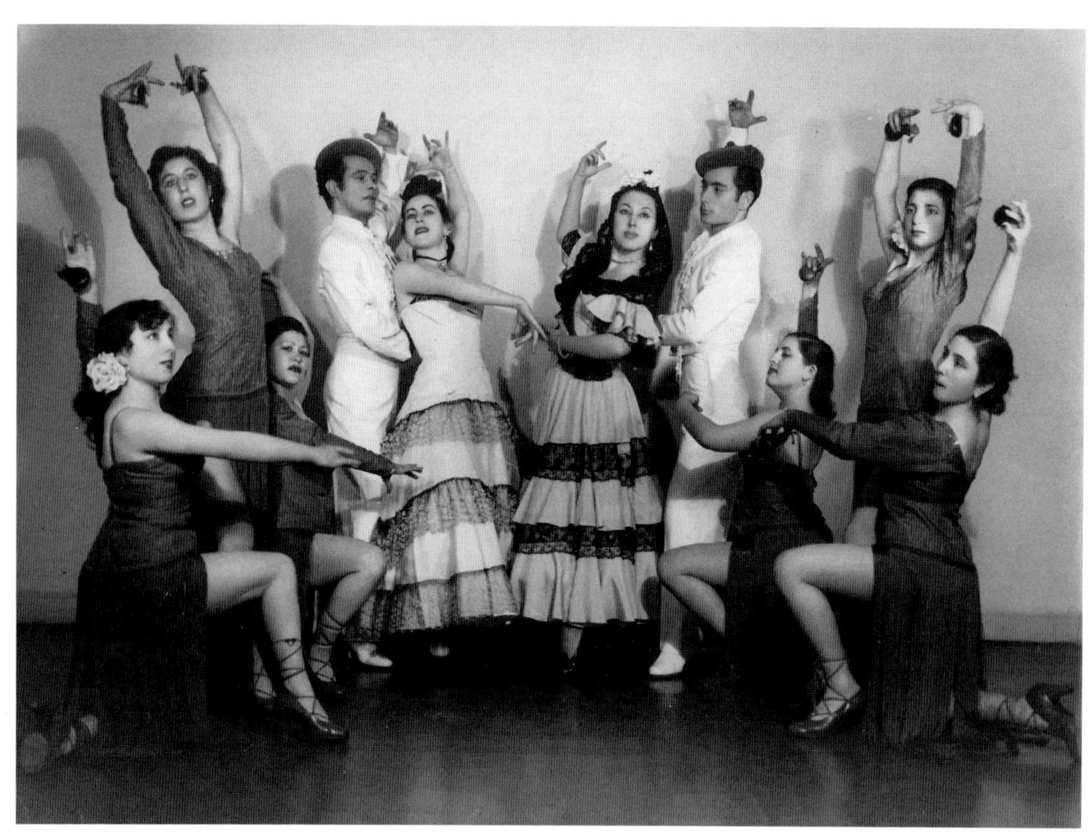

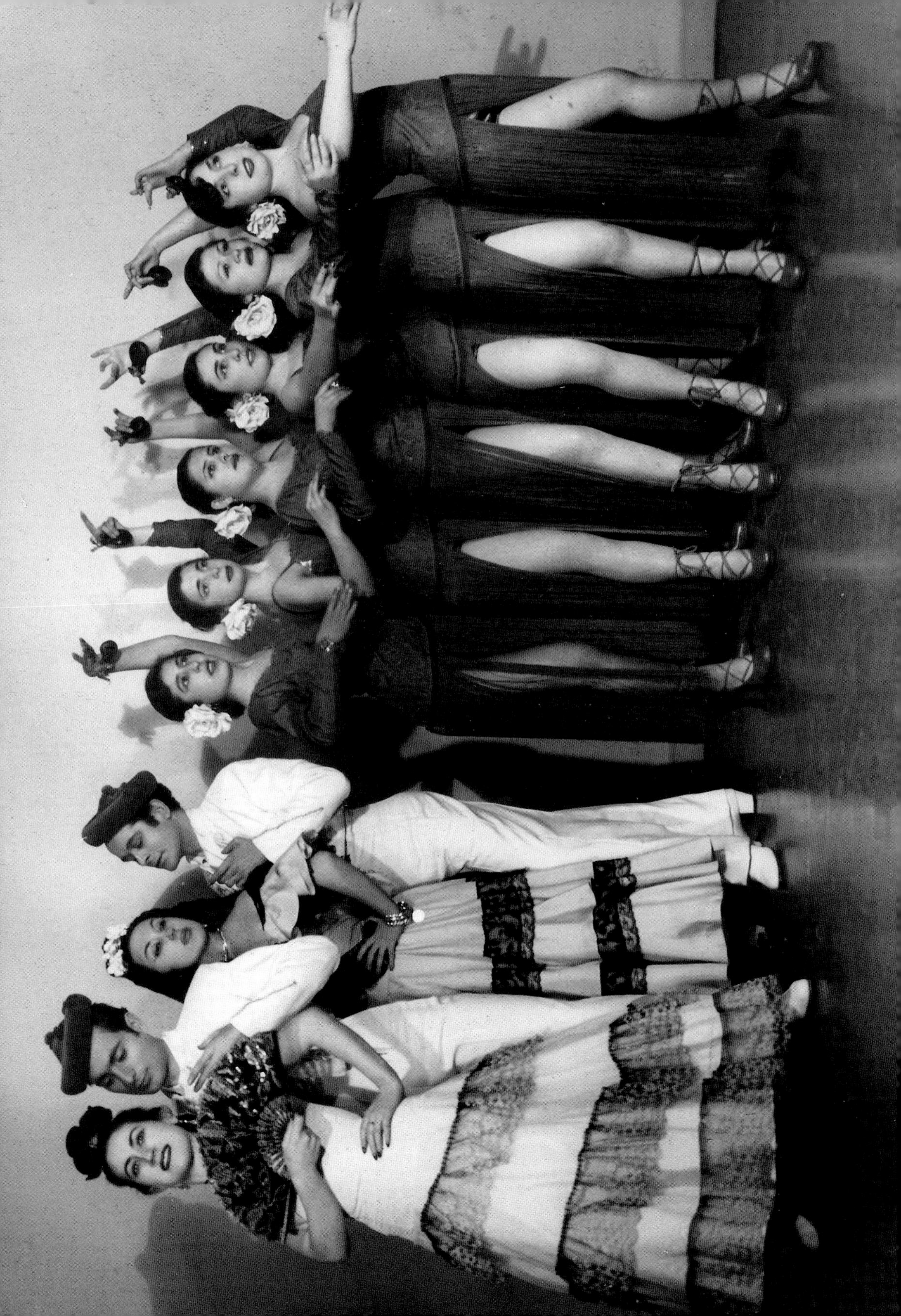

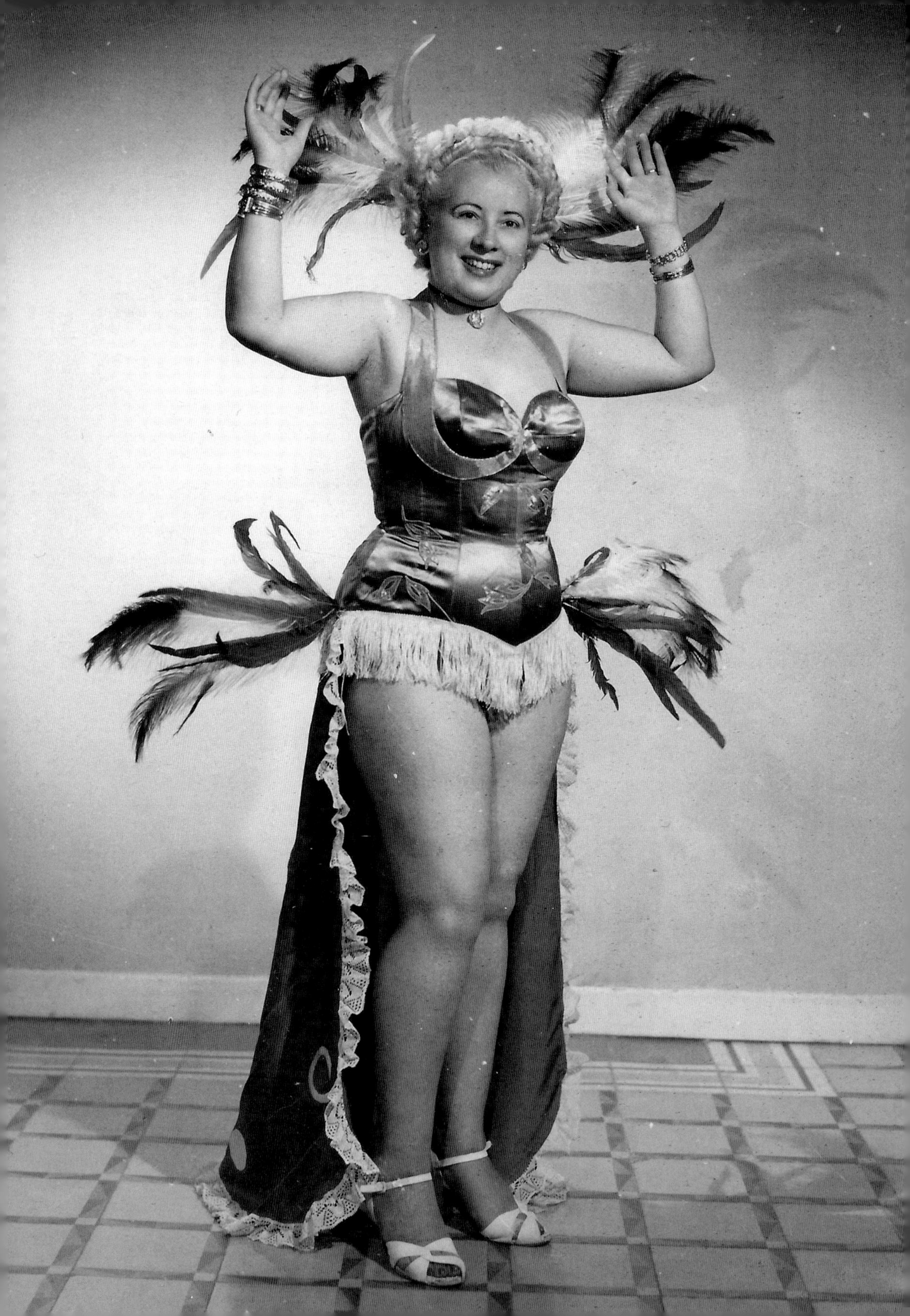

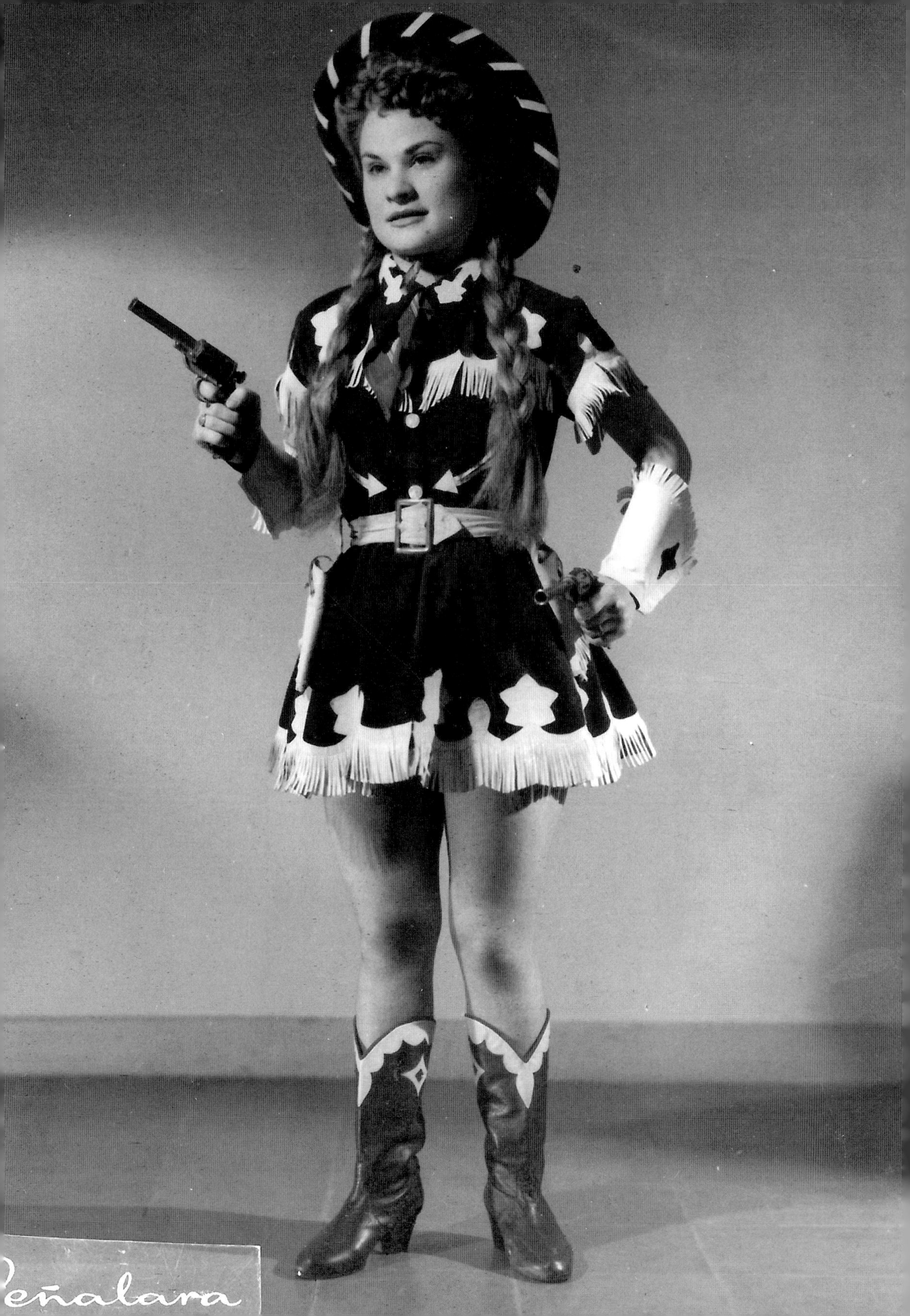

Peñalara

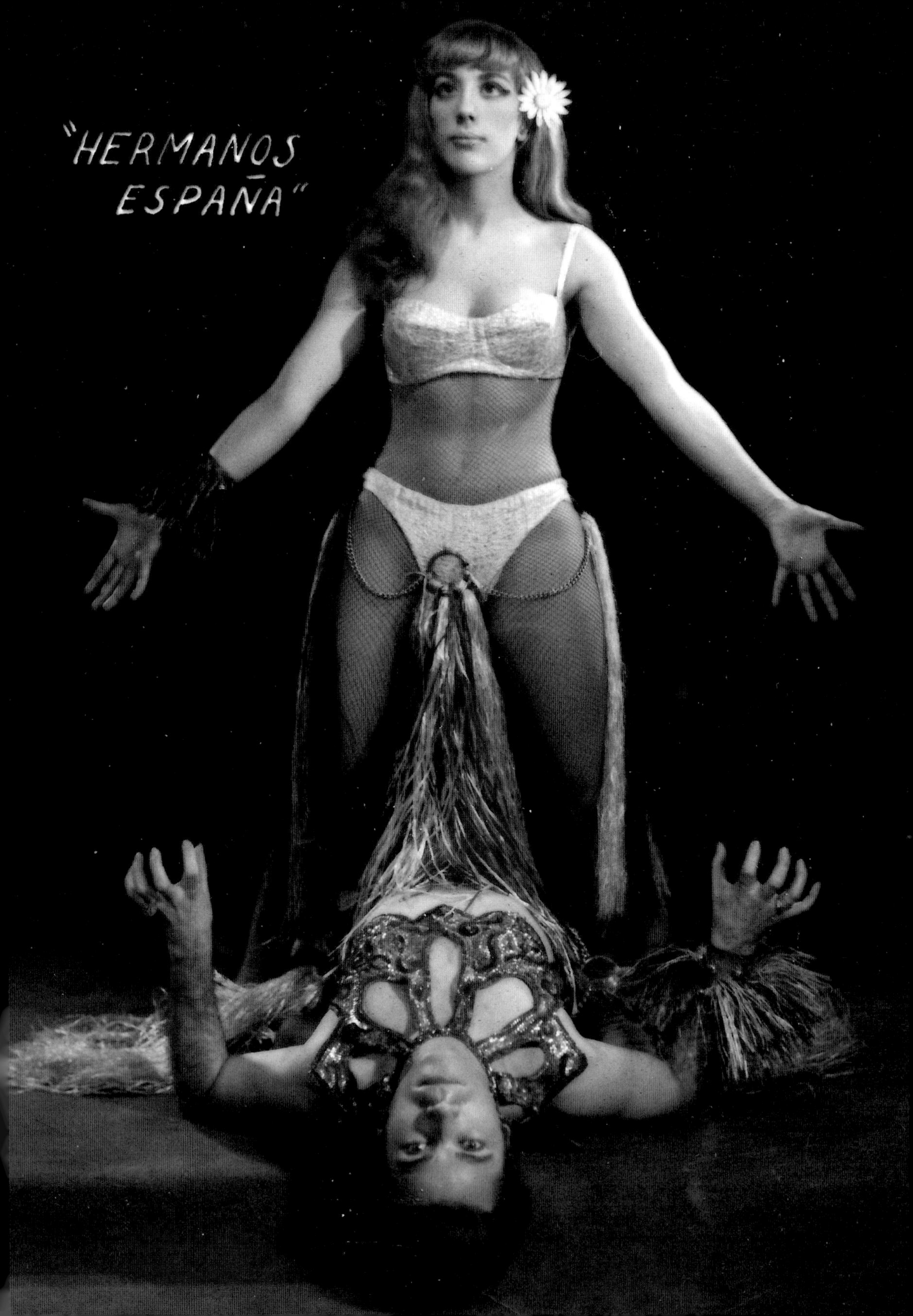

"HERMANOS
ESPAÑA"

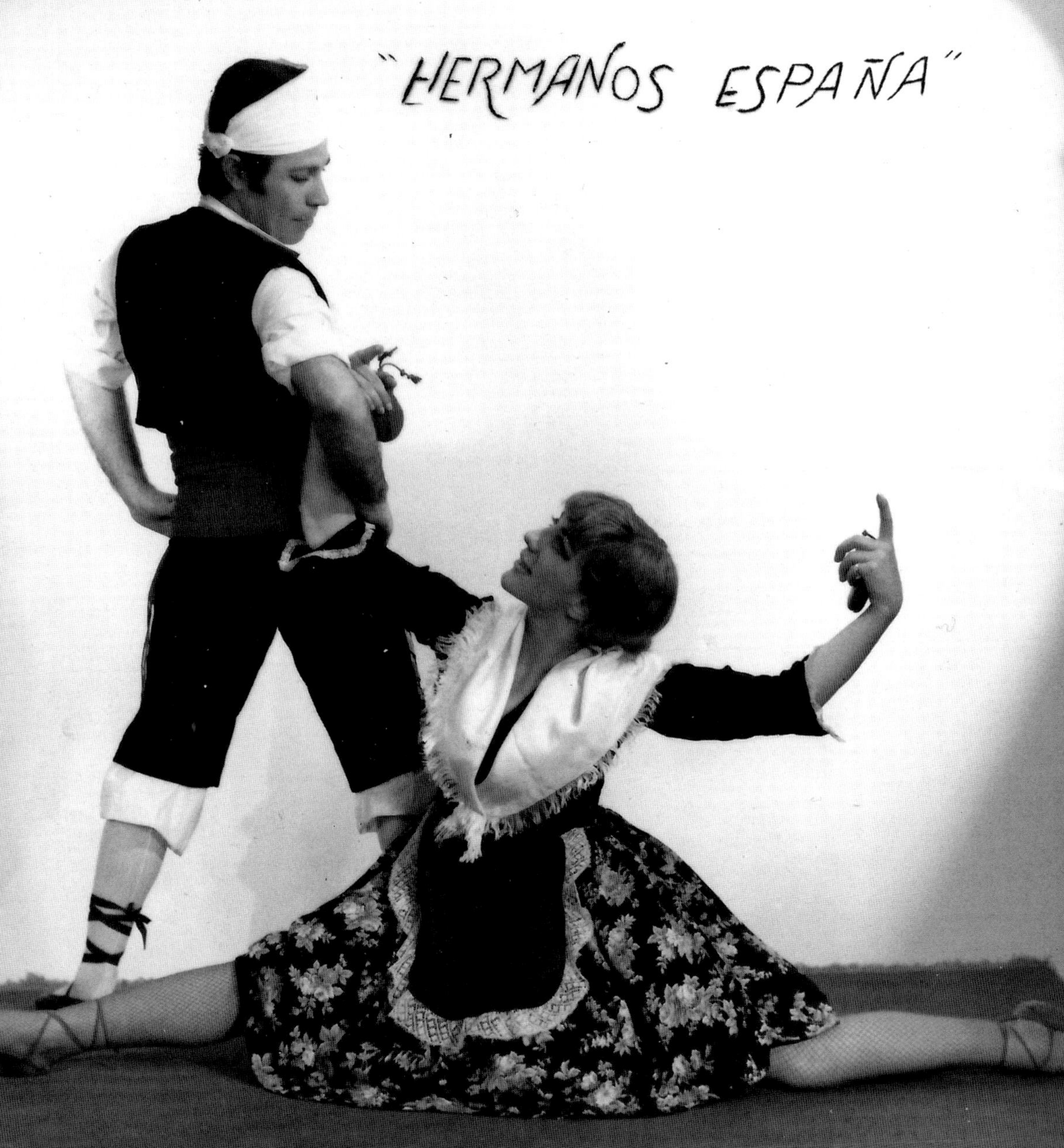
"HERMANOS ESPAÑA"

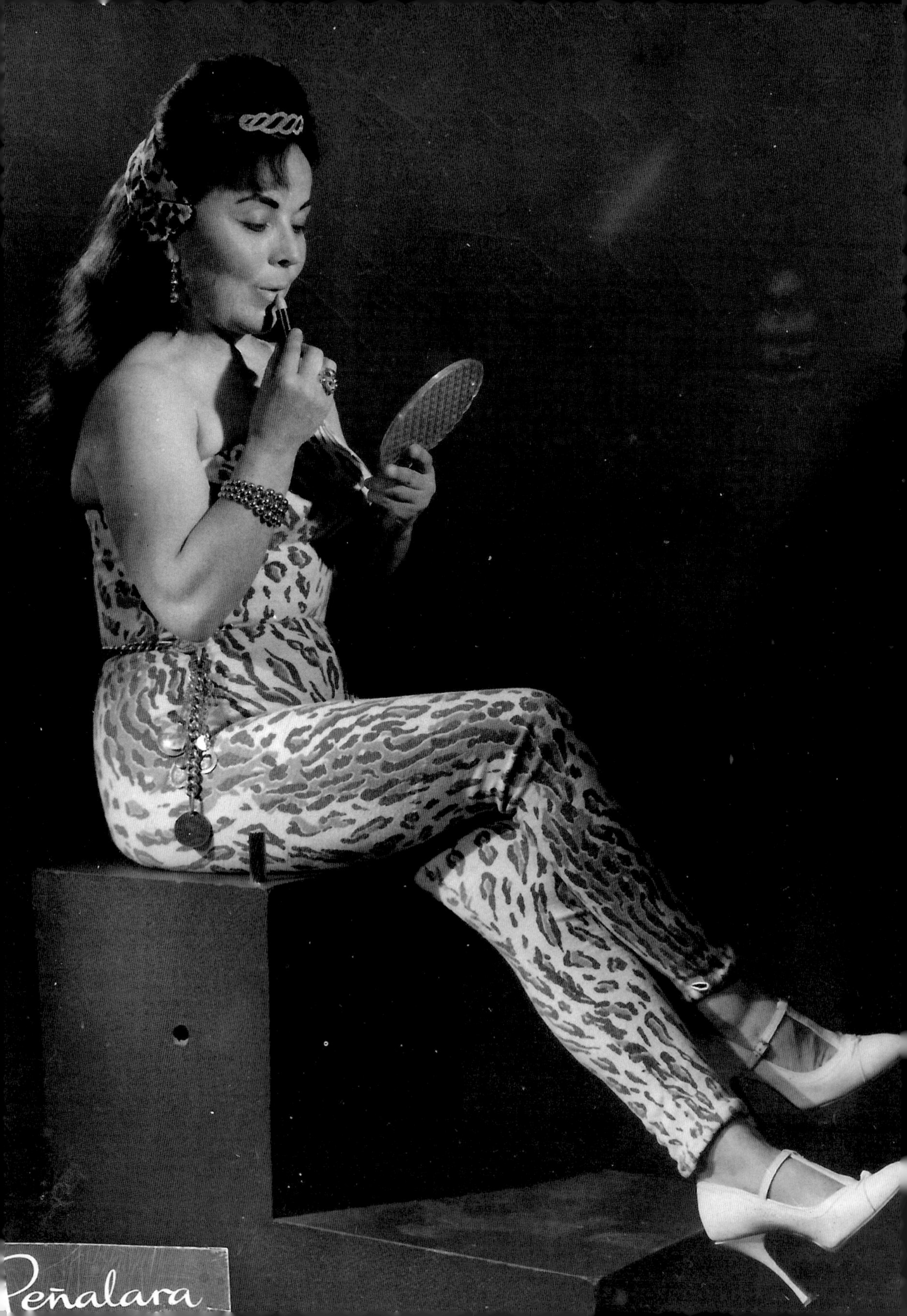

Peñalara

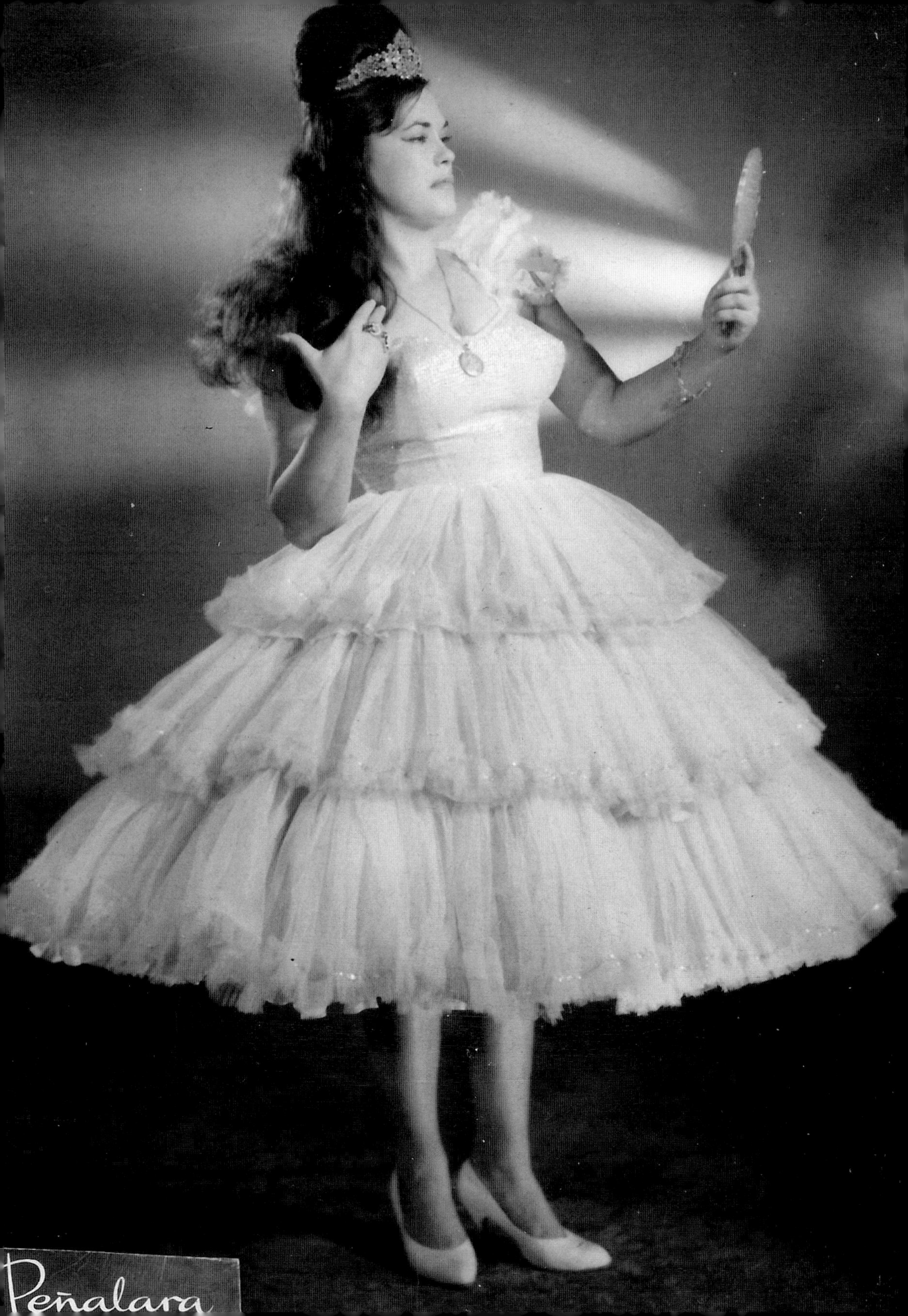
Peñalara

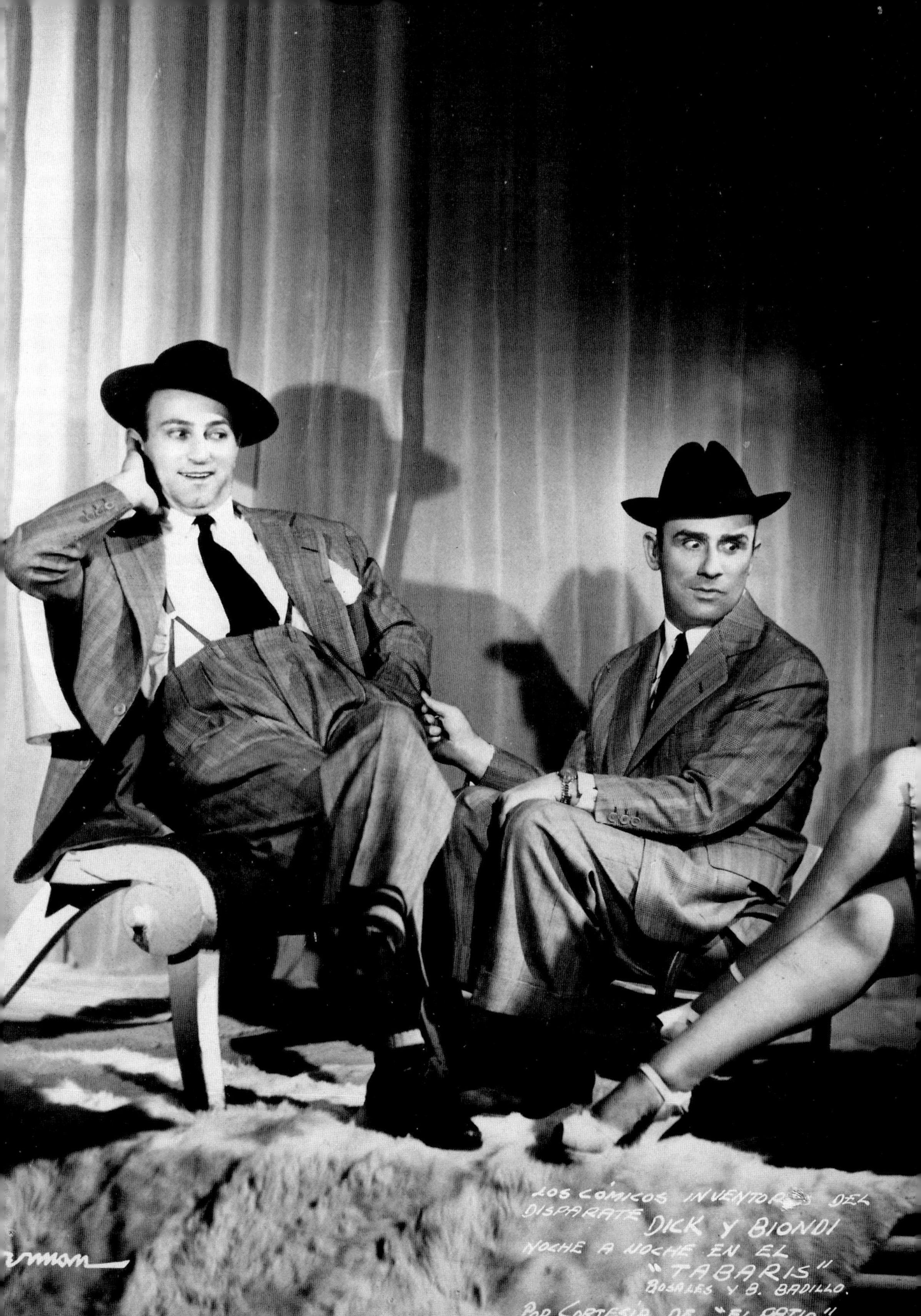

LOS CÓMICOS INVENTORES DEL
DISPARATE DICK Y BIONDI
NOCHE A NOCHE EN EL
"TABARIS"
ROSALES Y B. BADILLO.
POR CORTESÍA DE "EL PATIO."

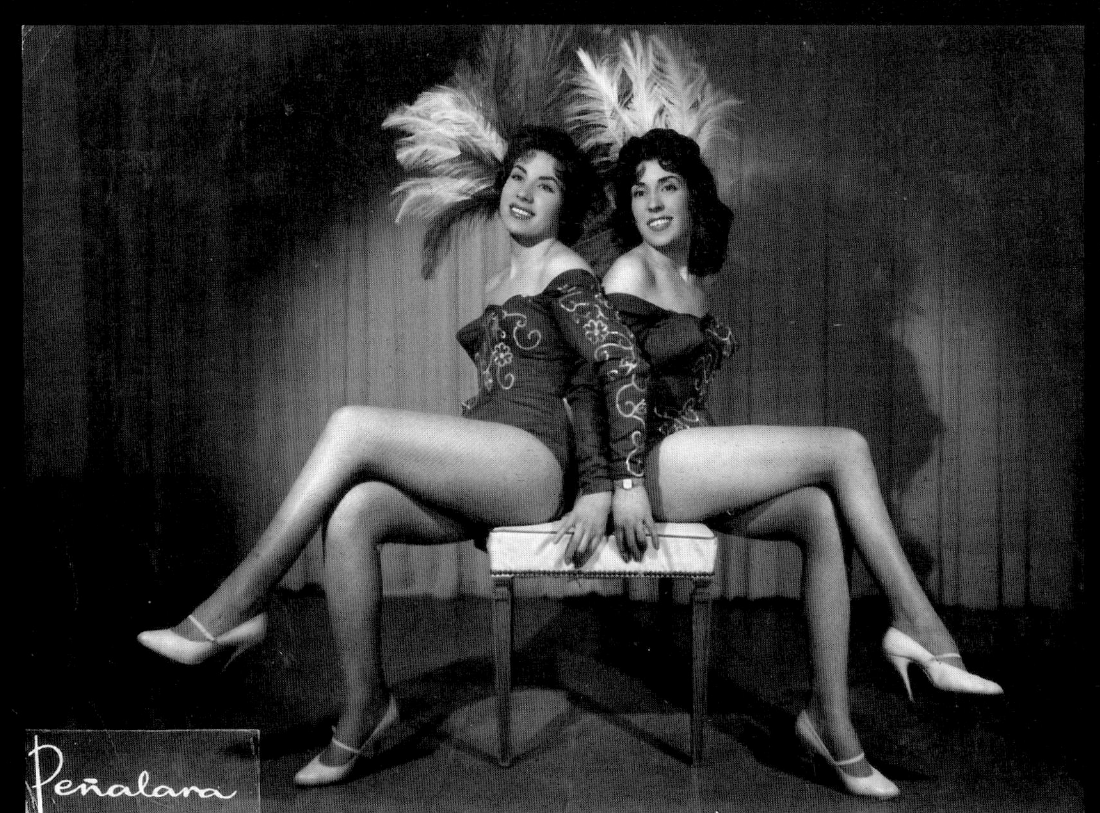

Peñalara

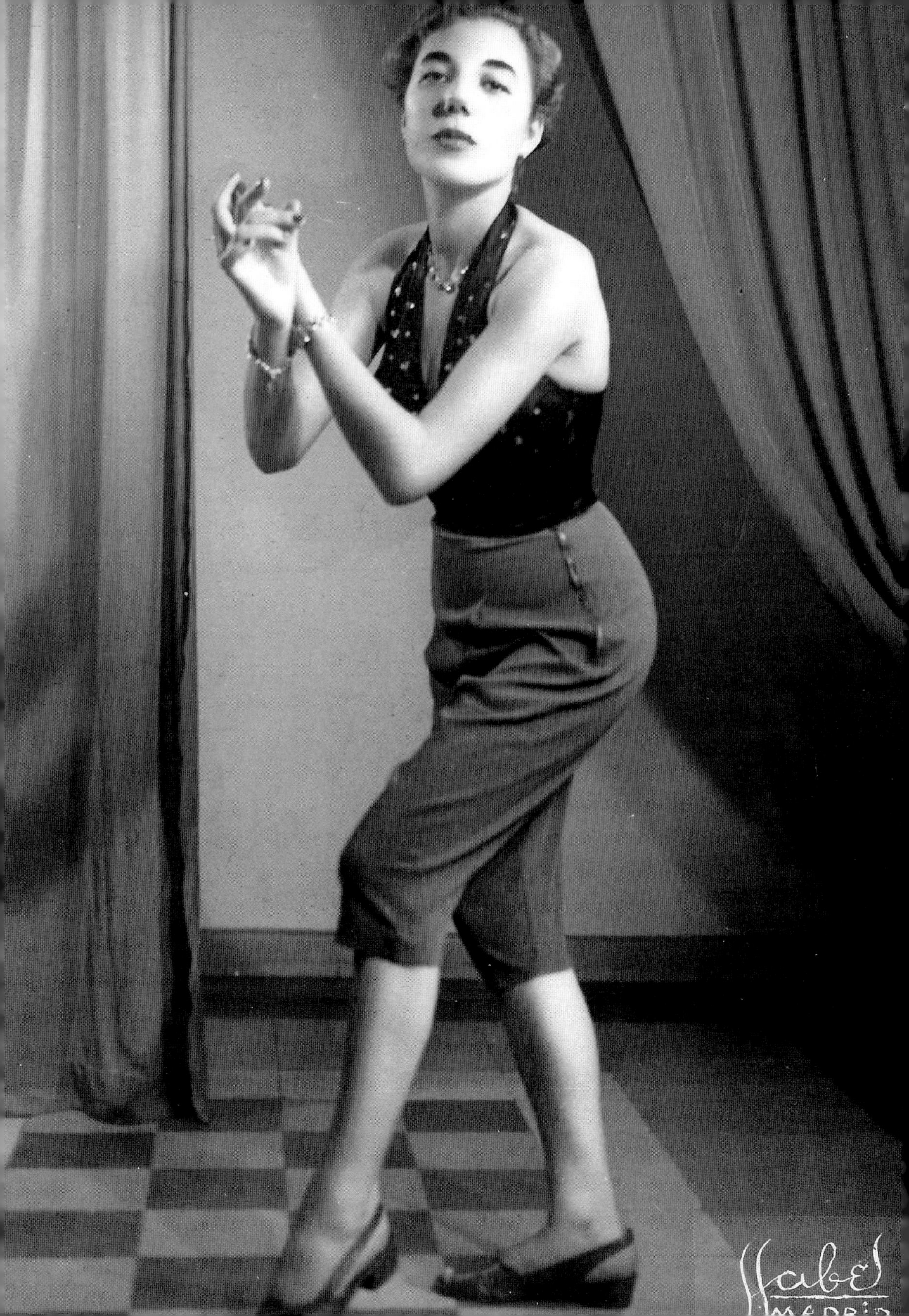
Habes
MADRID

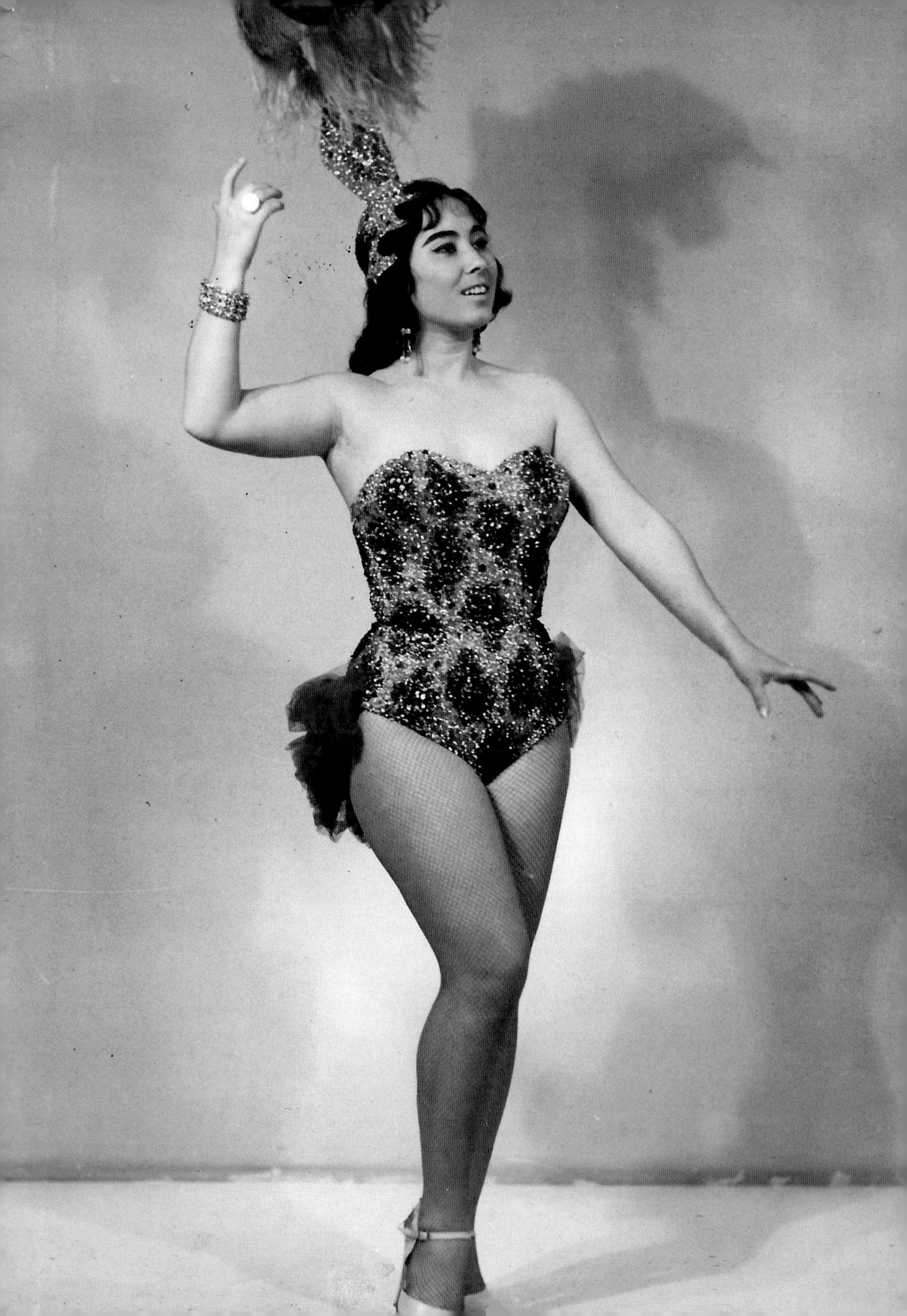

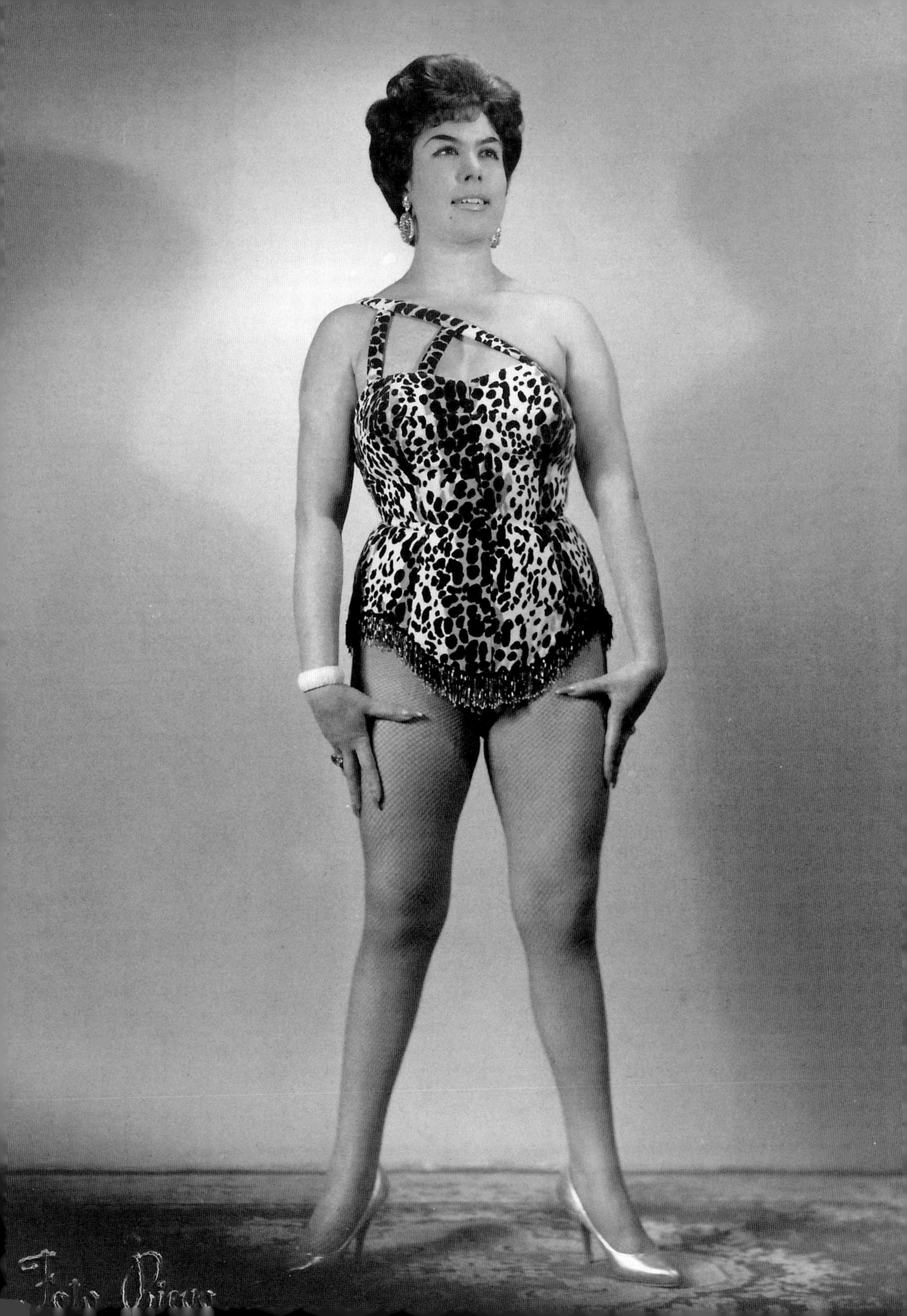
Foto Picou

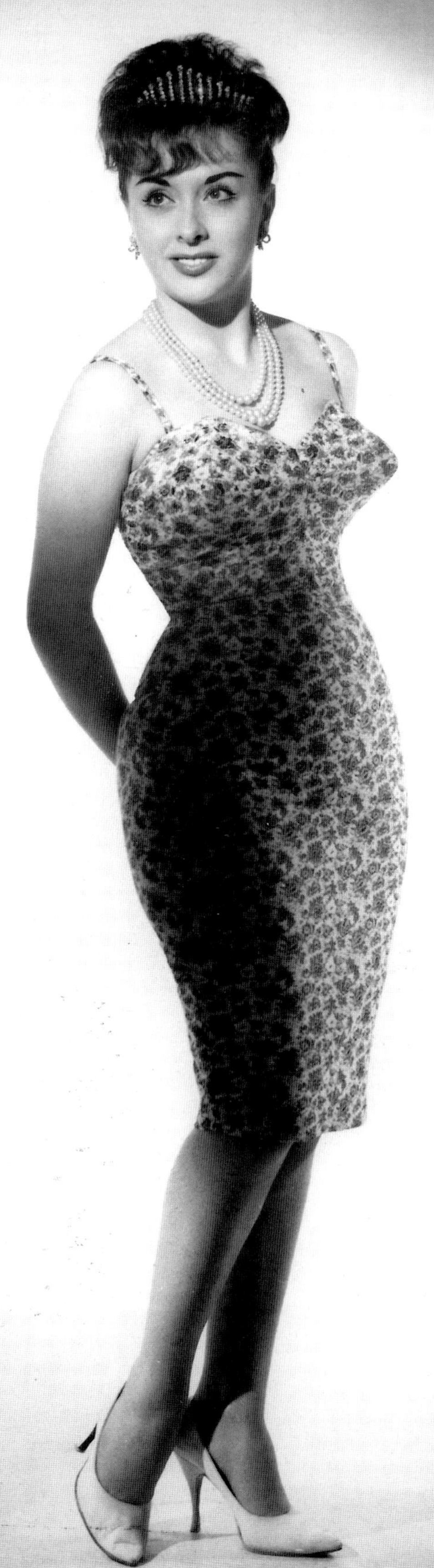

MADRID

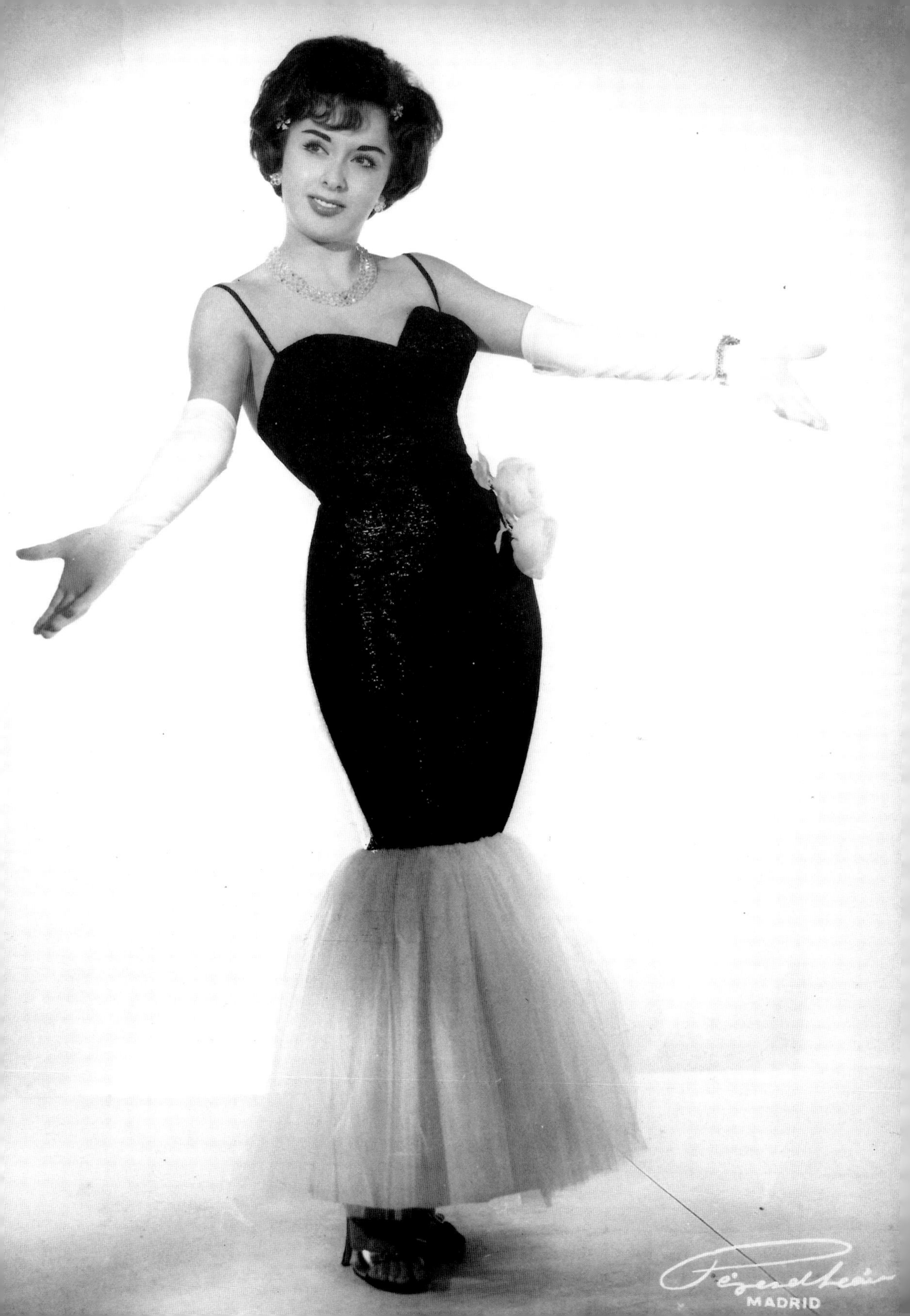
MADRID

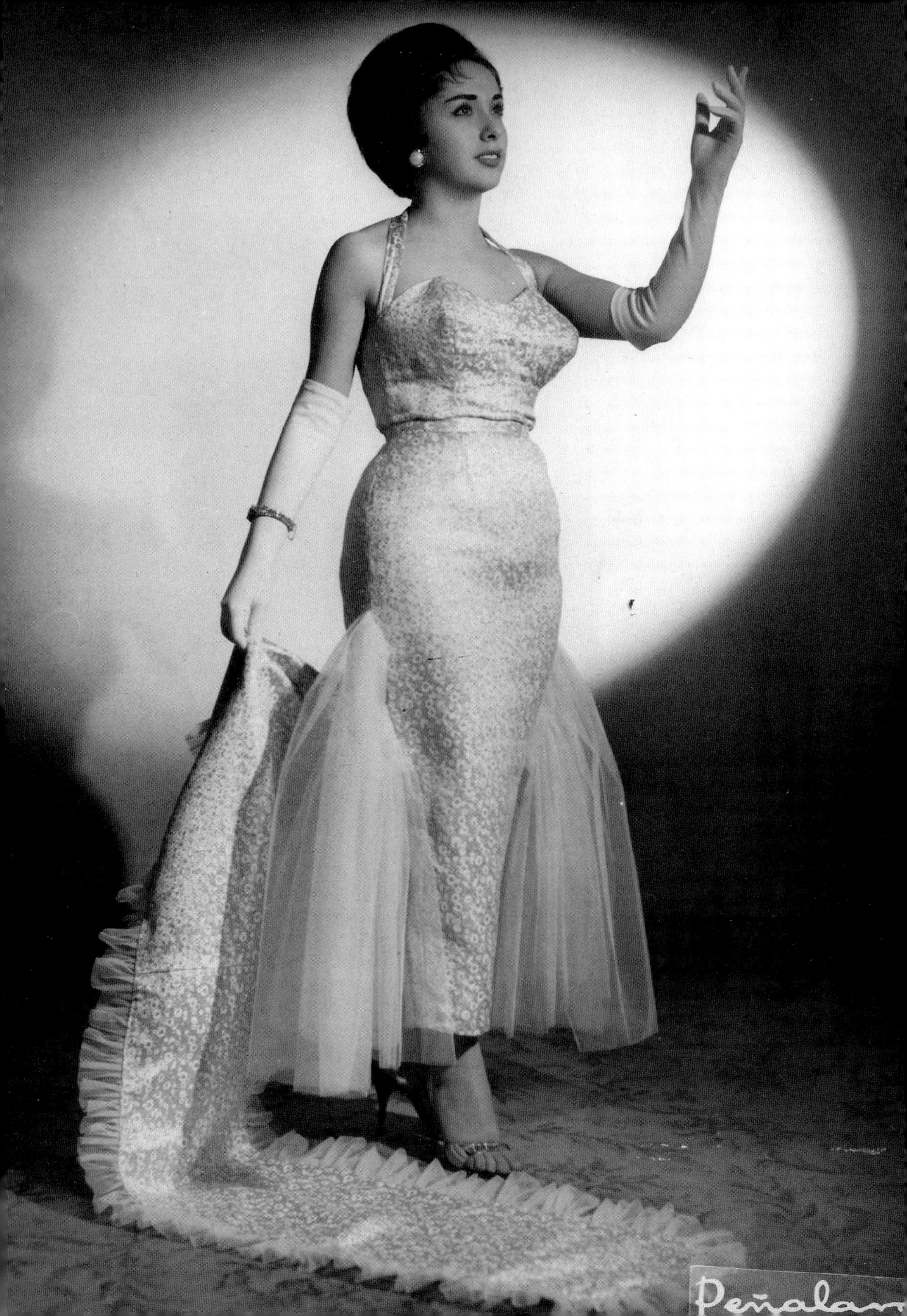

Peñala

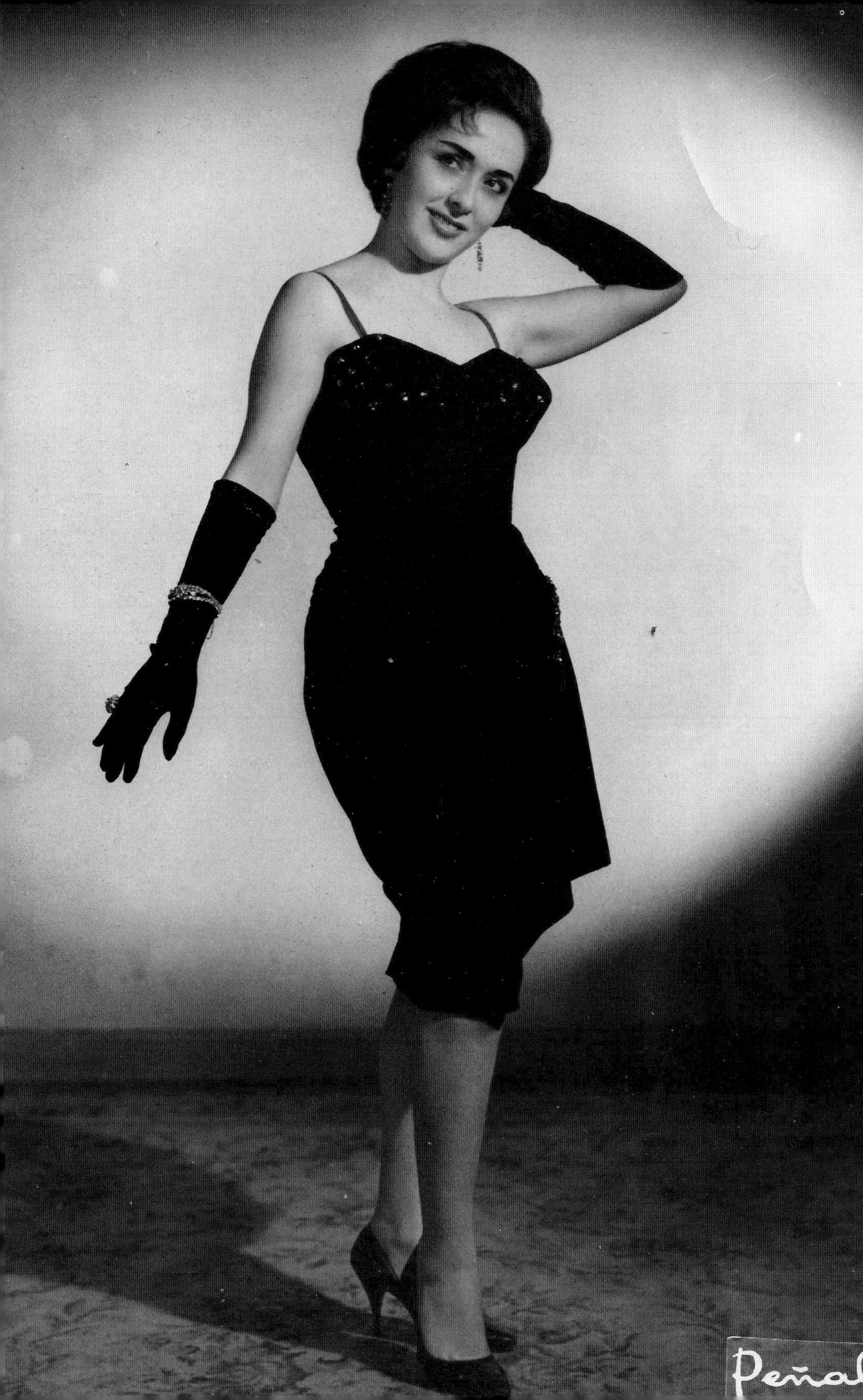
Peñalara
MADRID

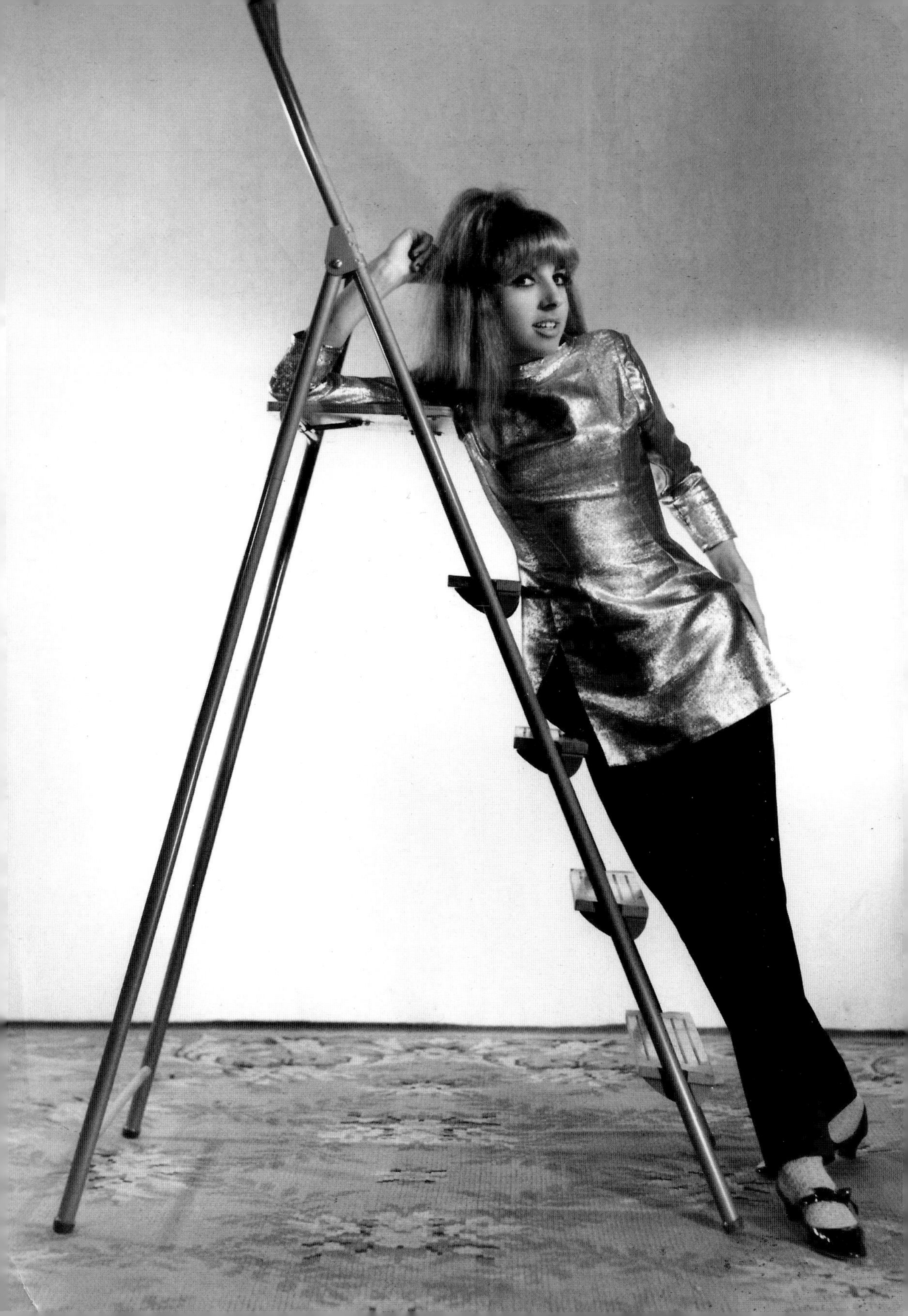

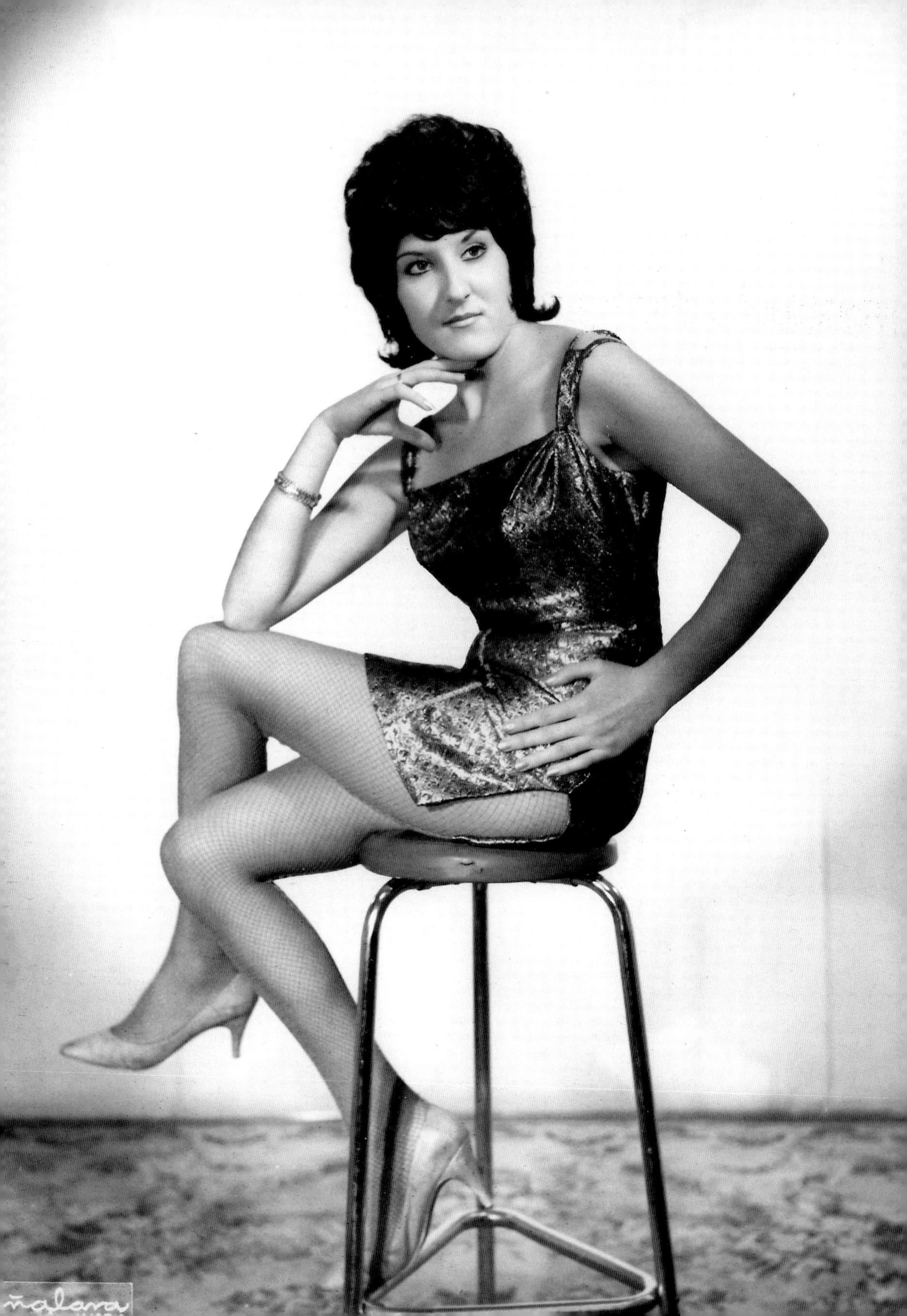

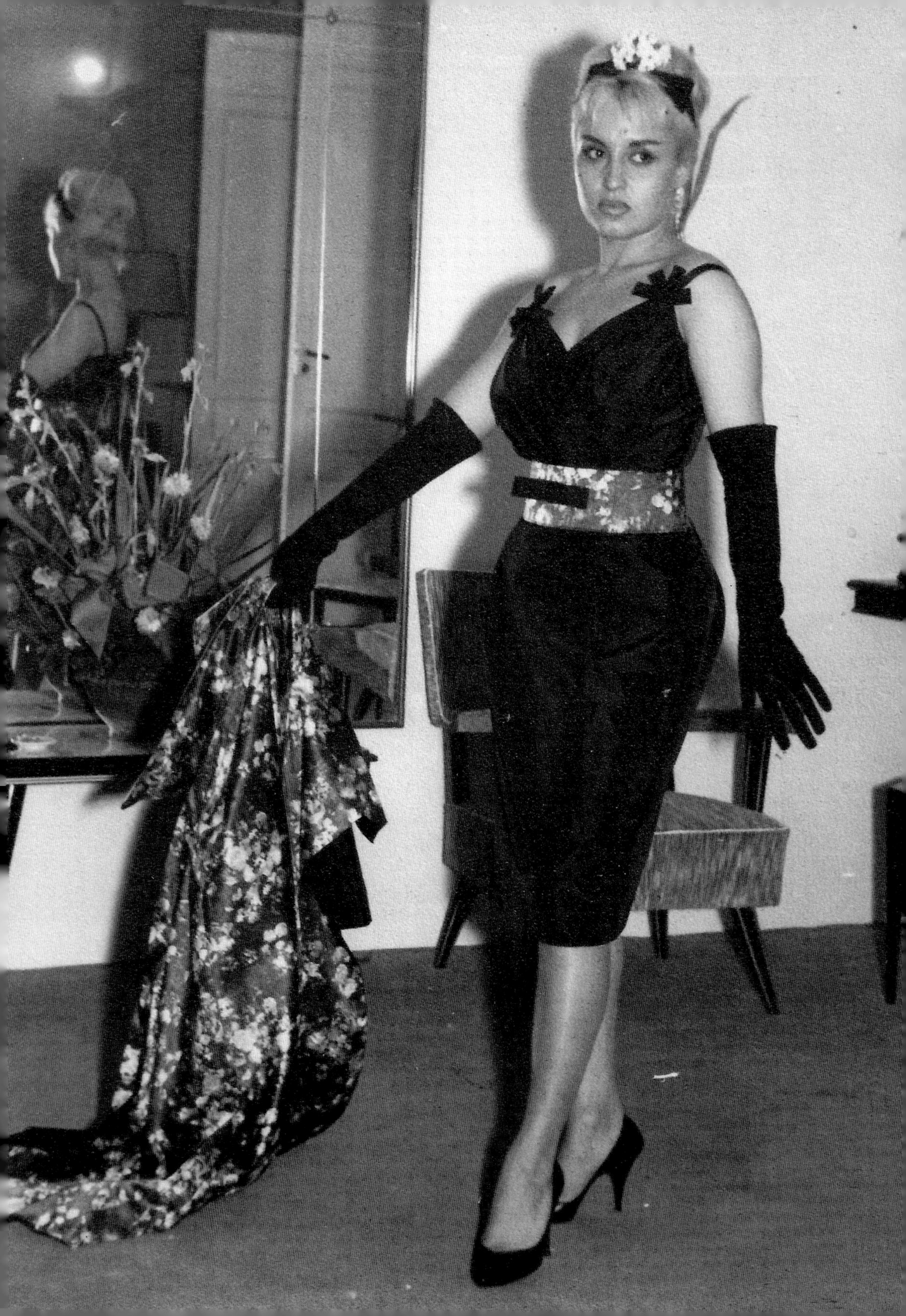

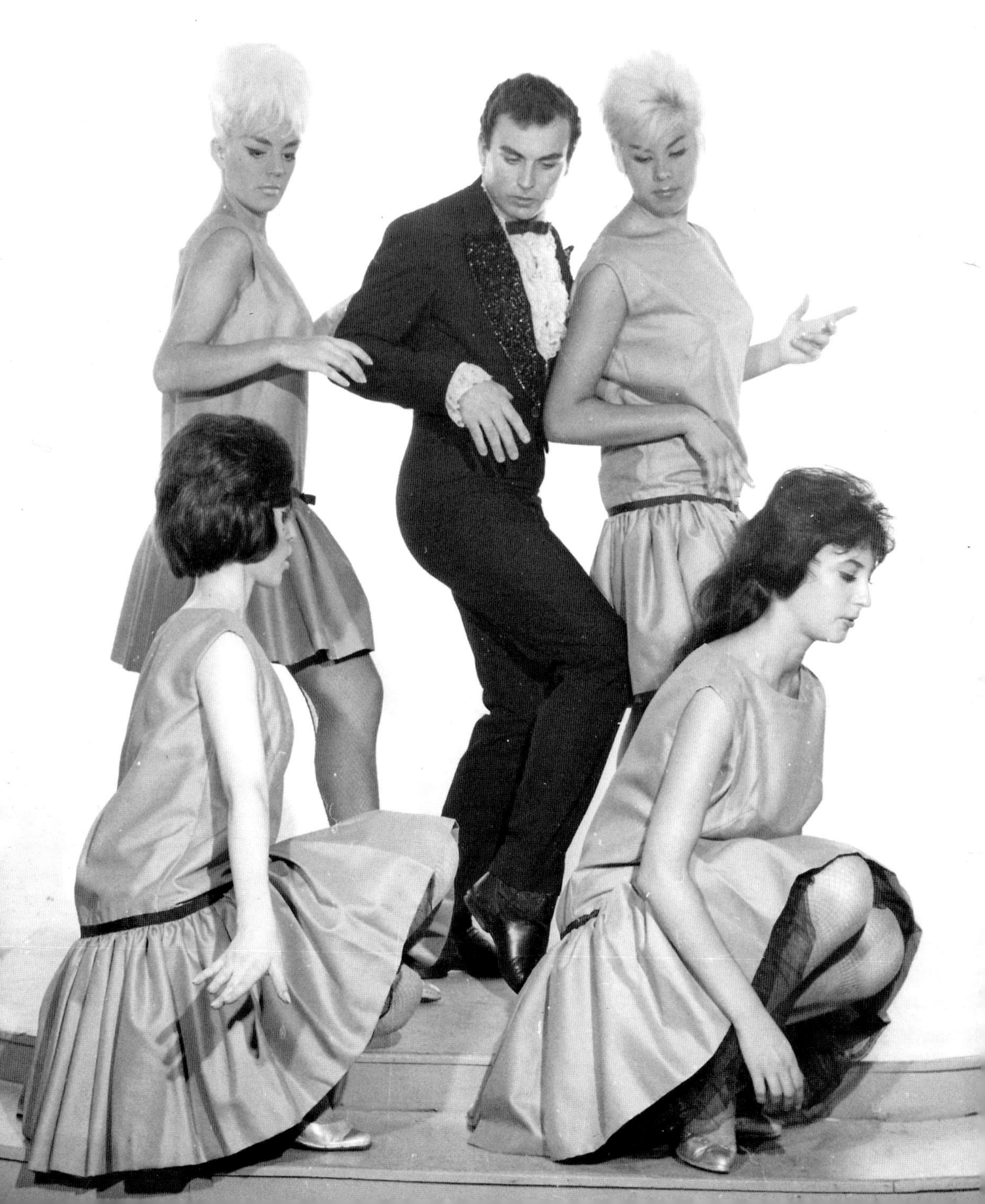

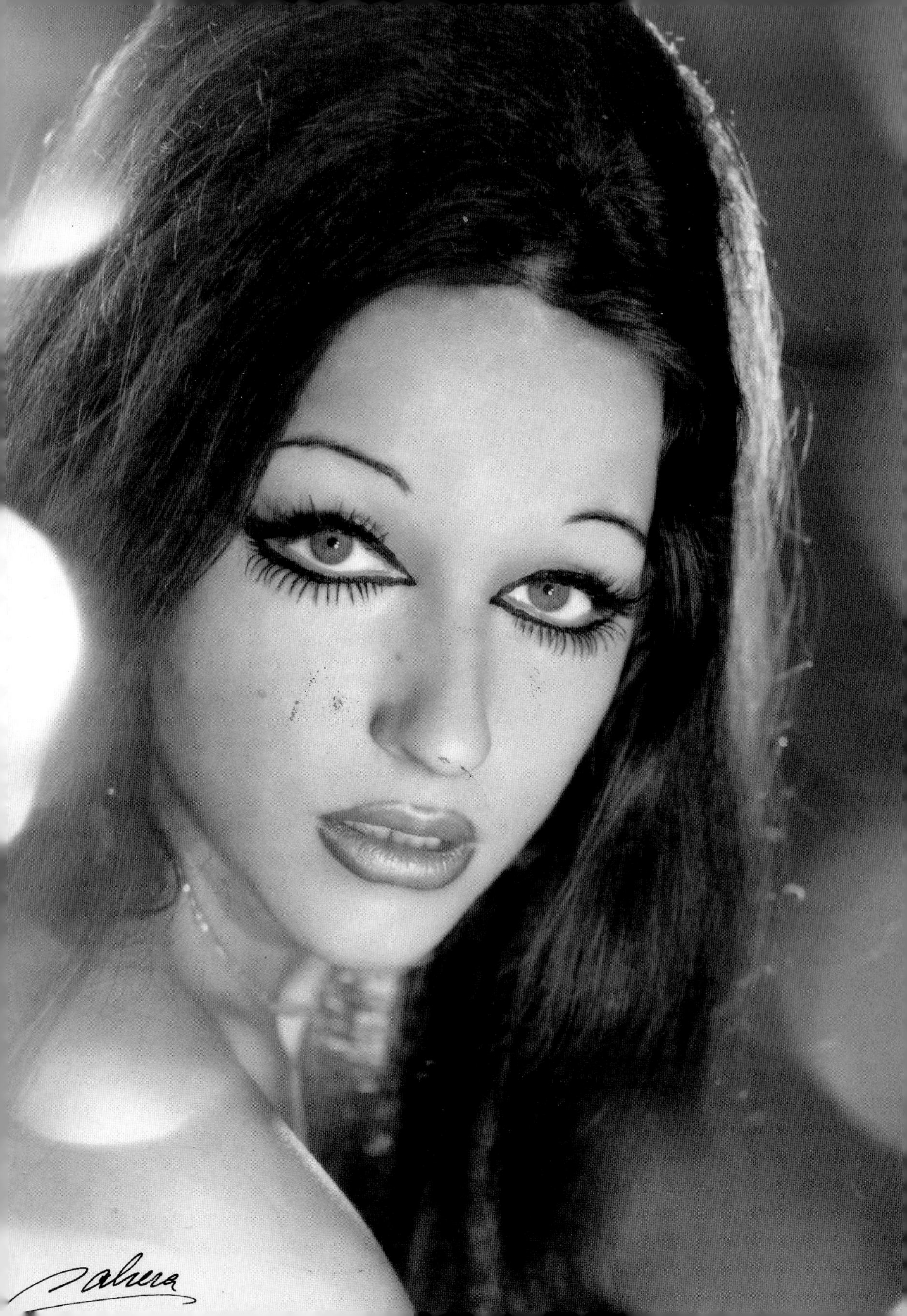
Sabena

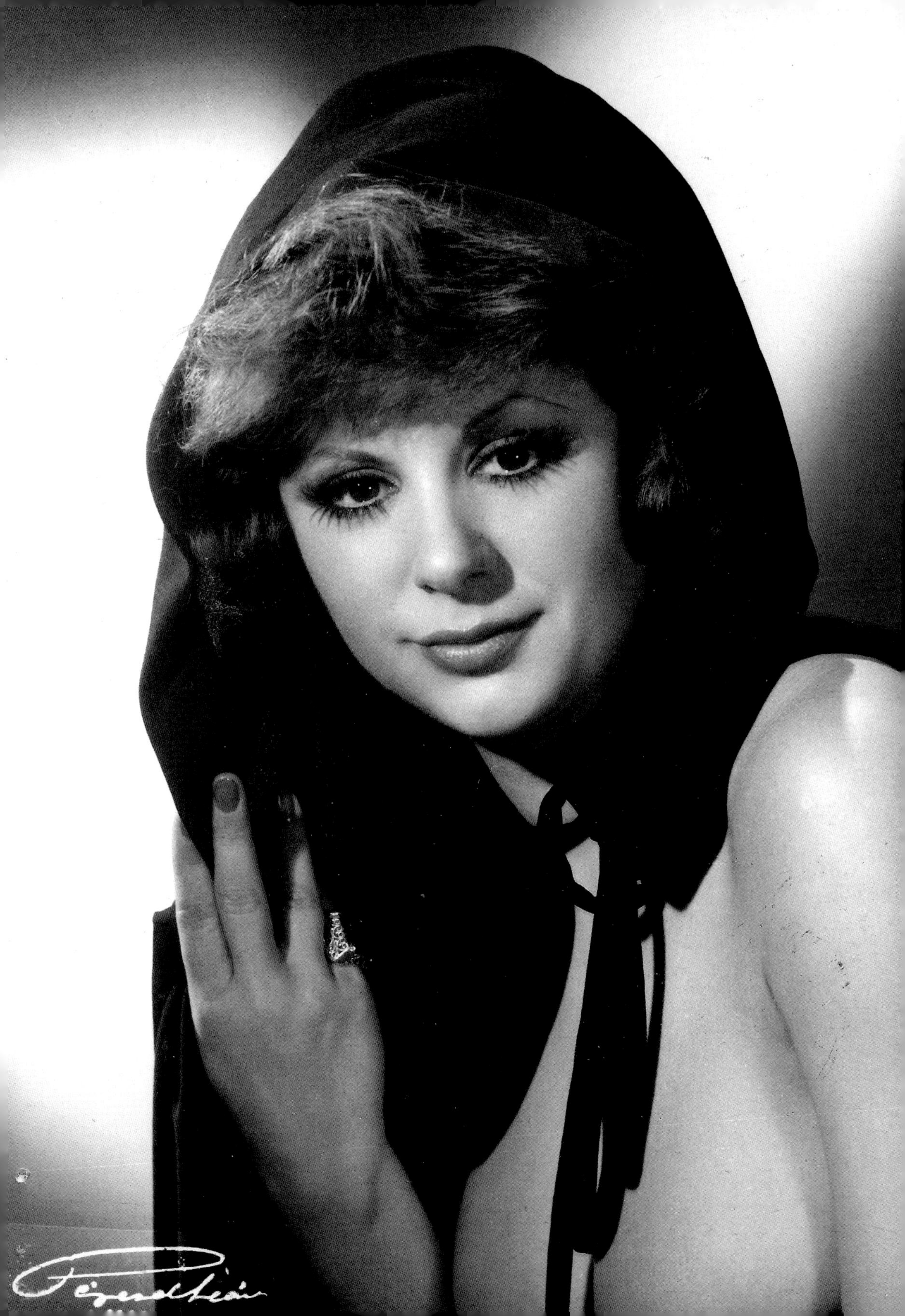

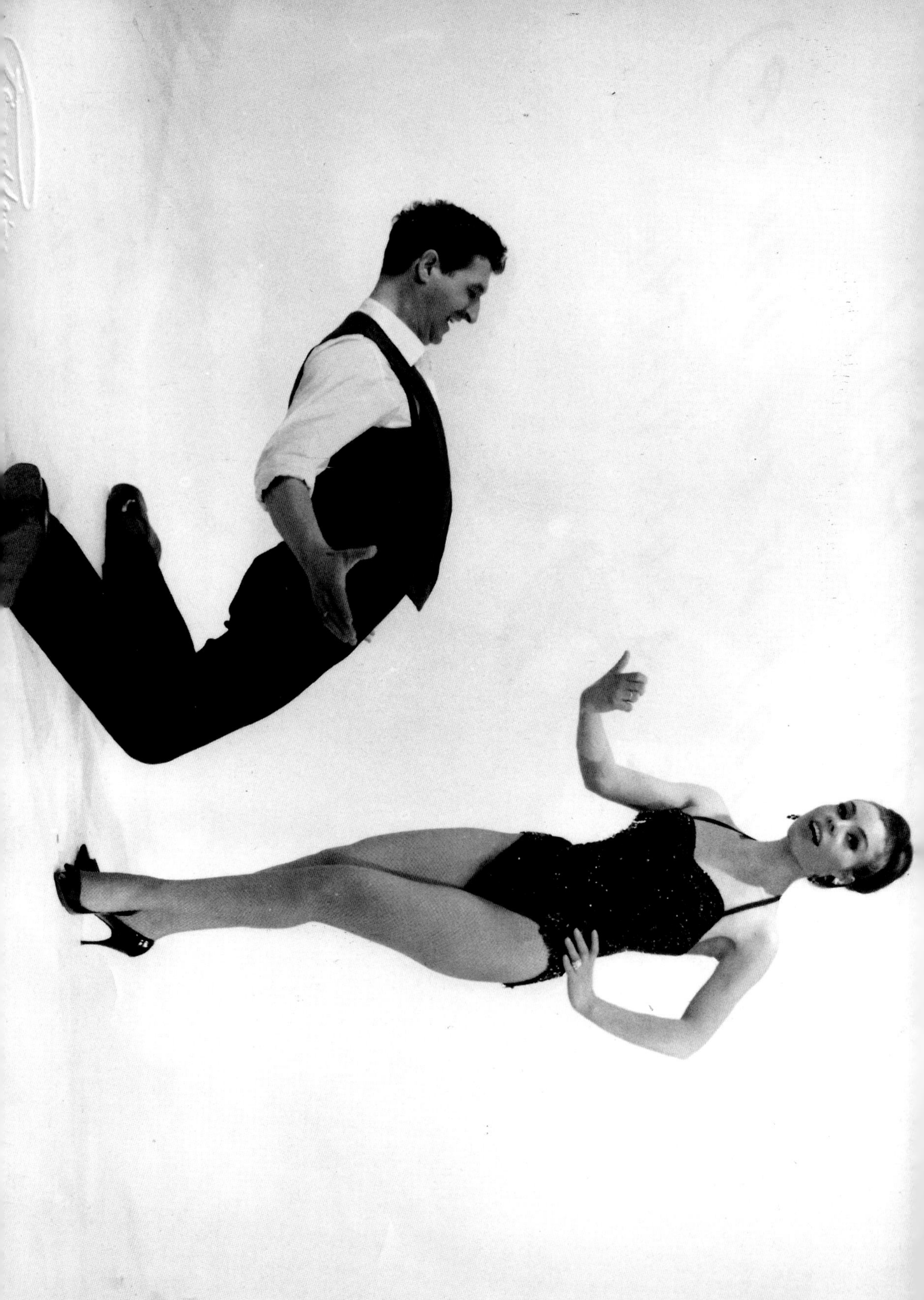

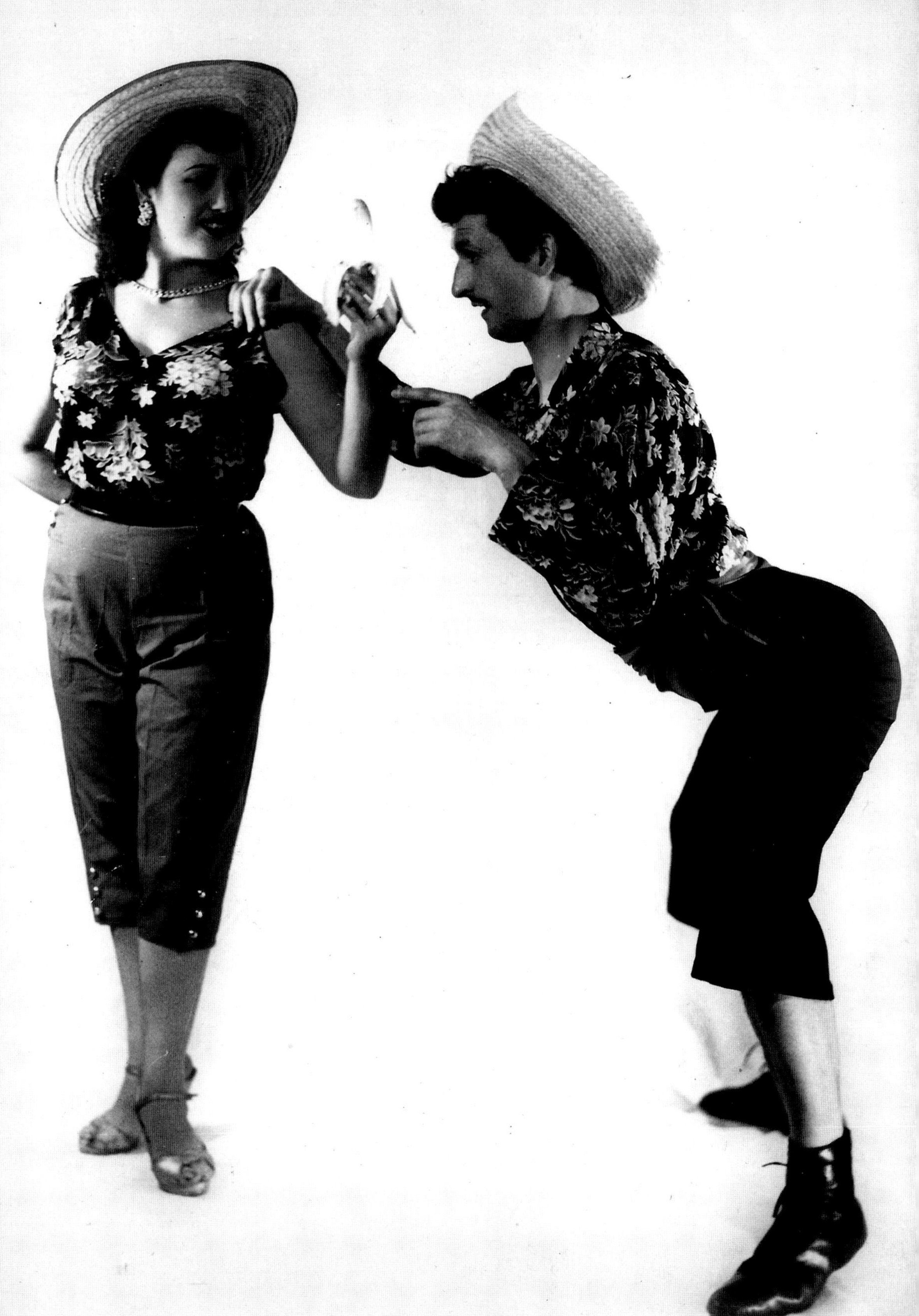

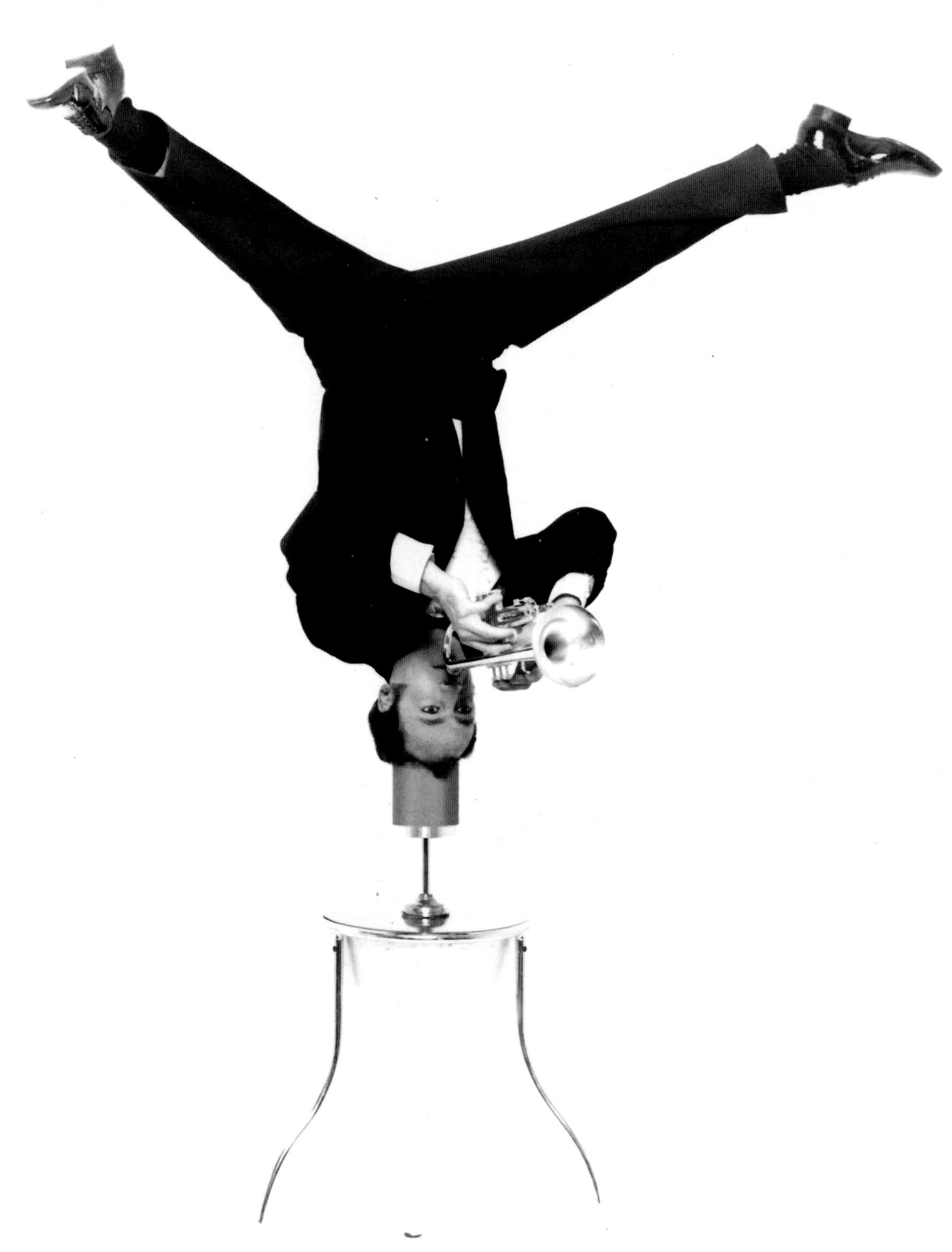

UDO BOLAY

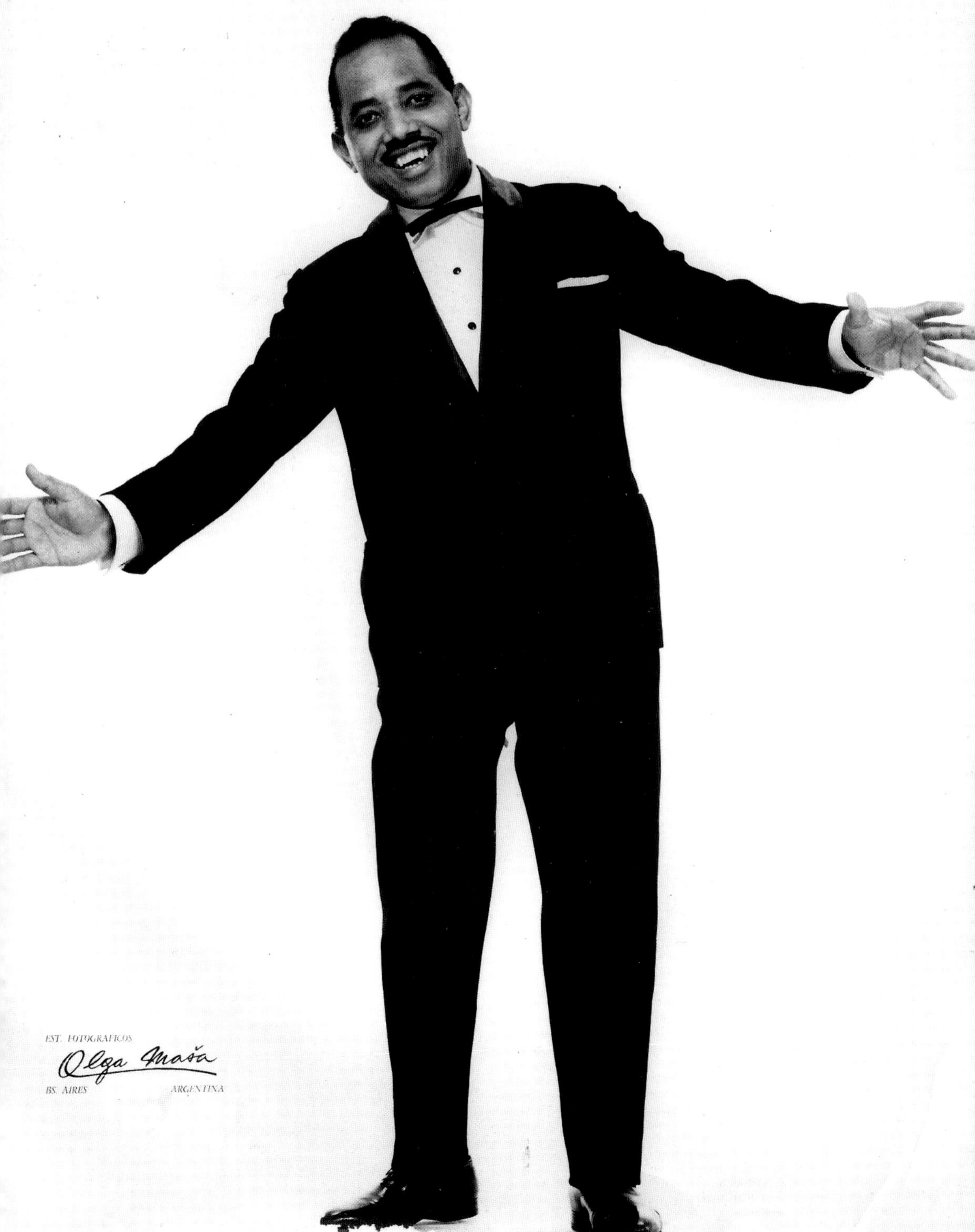
EST. FOTOGRAFICOS
Olga Maša
BS. AIRES   ARGENTINA

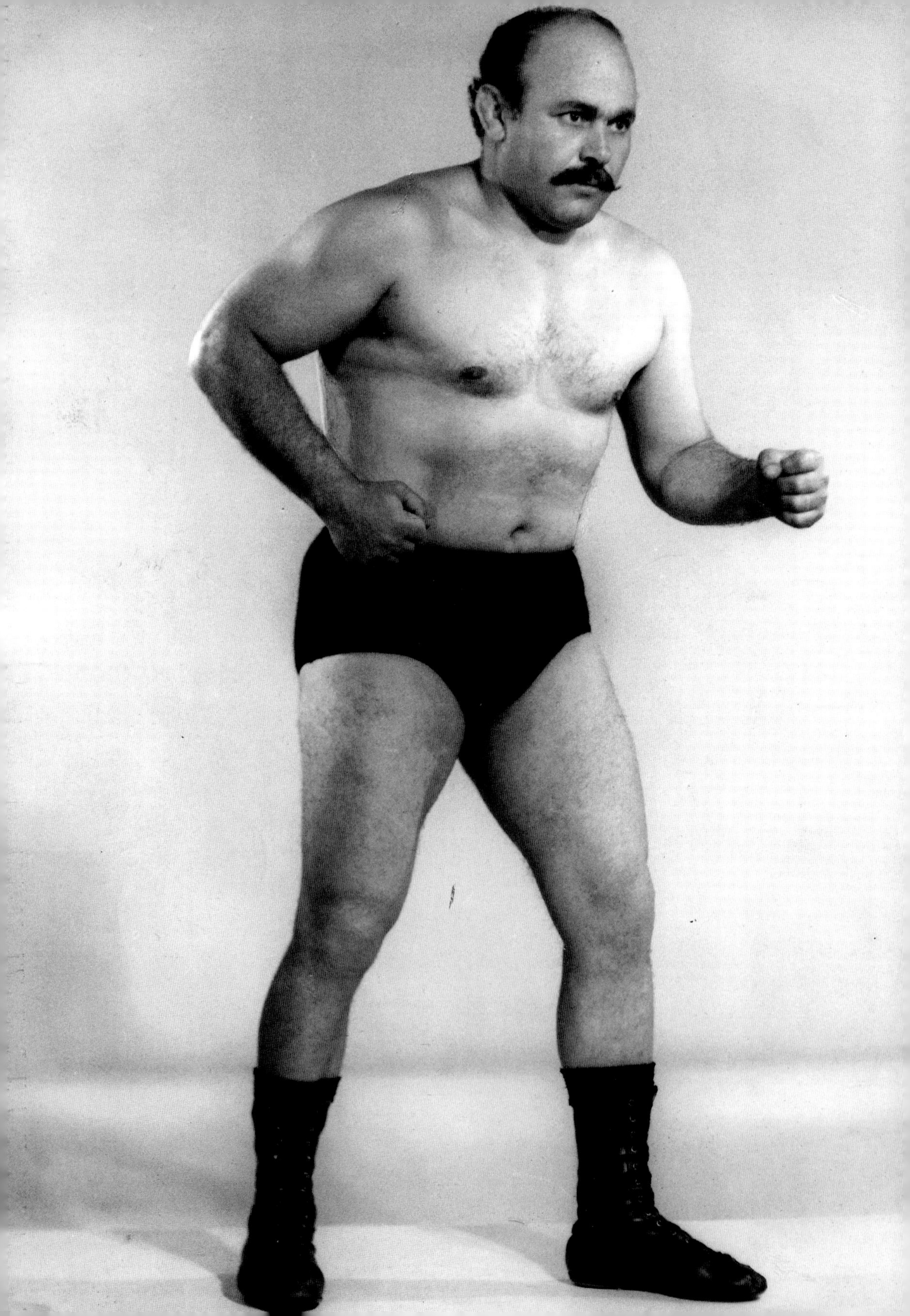

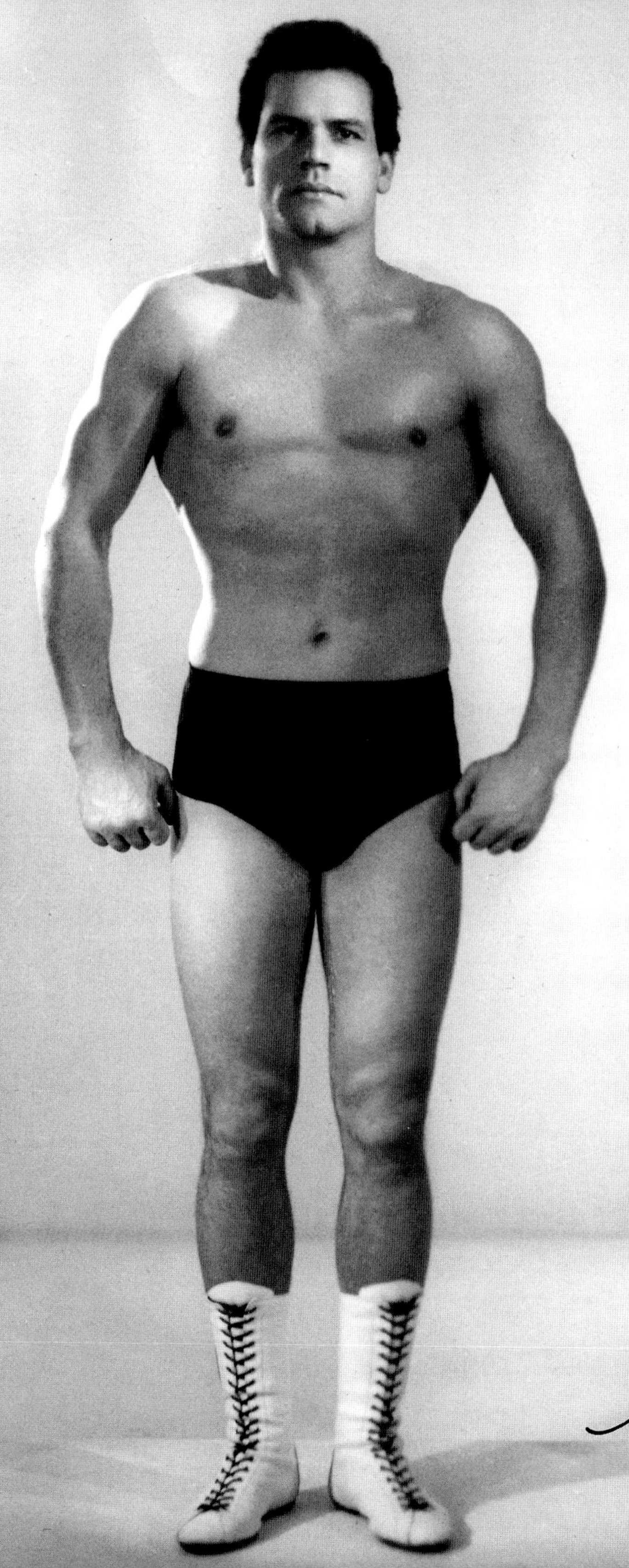

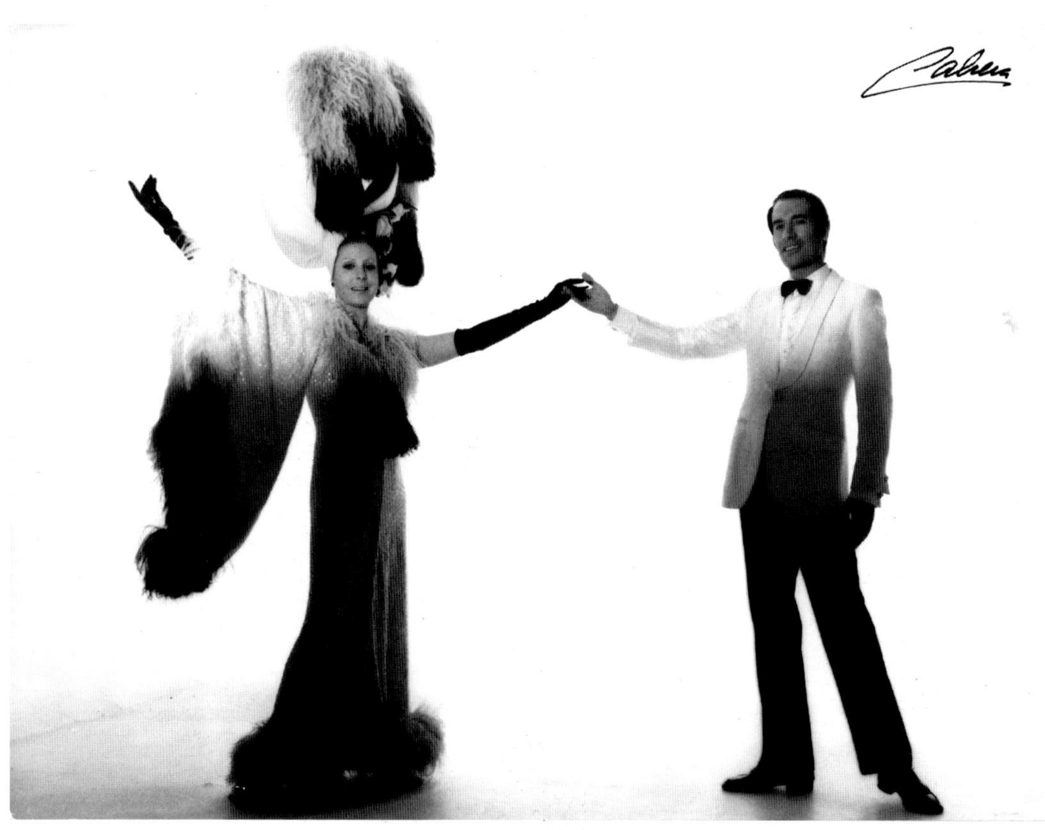

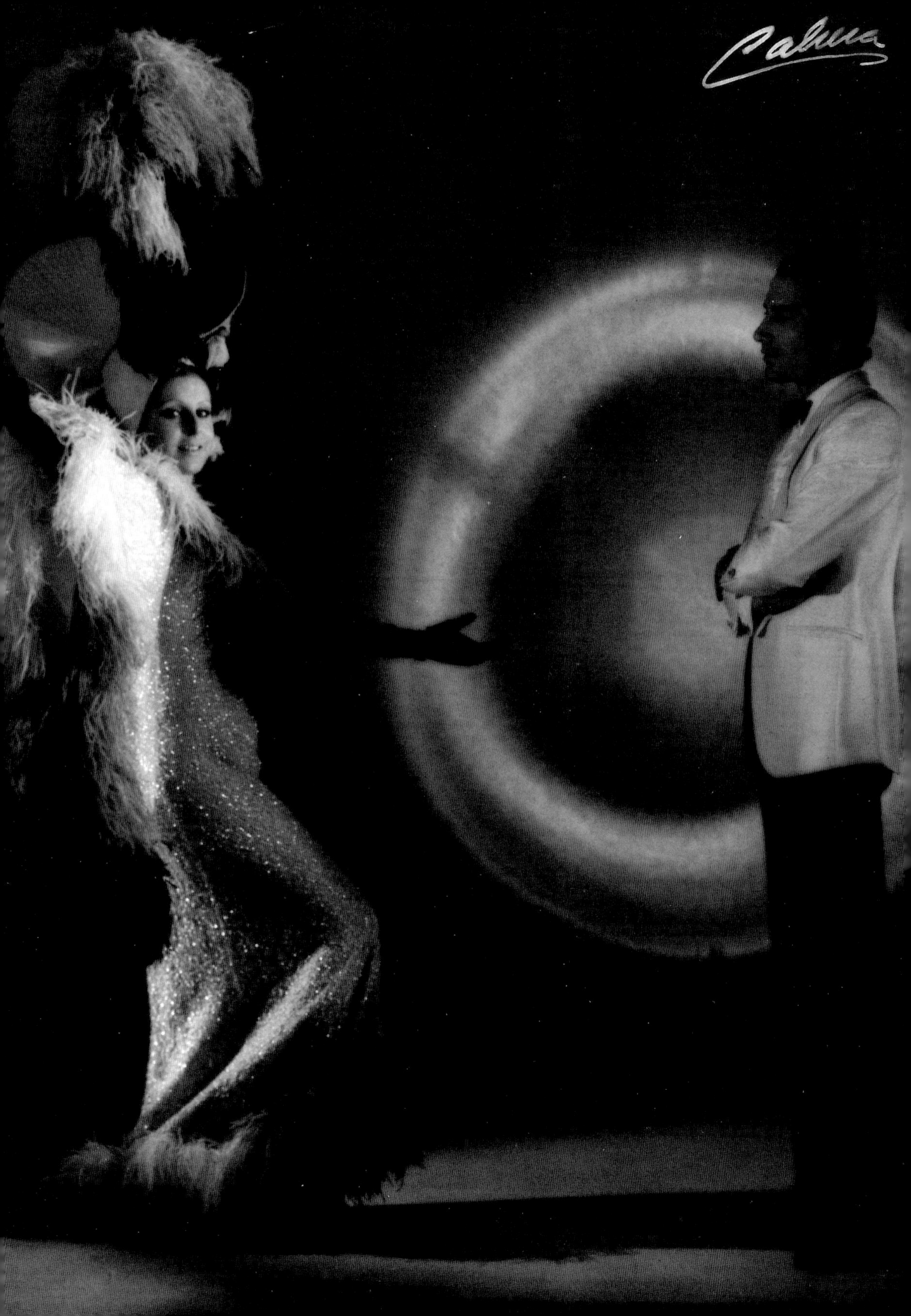
Cabúa

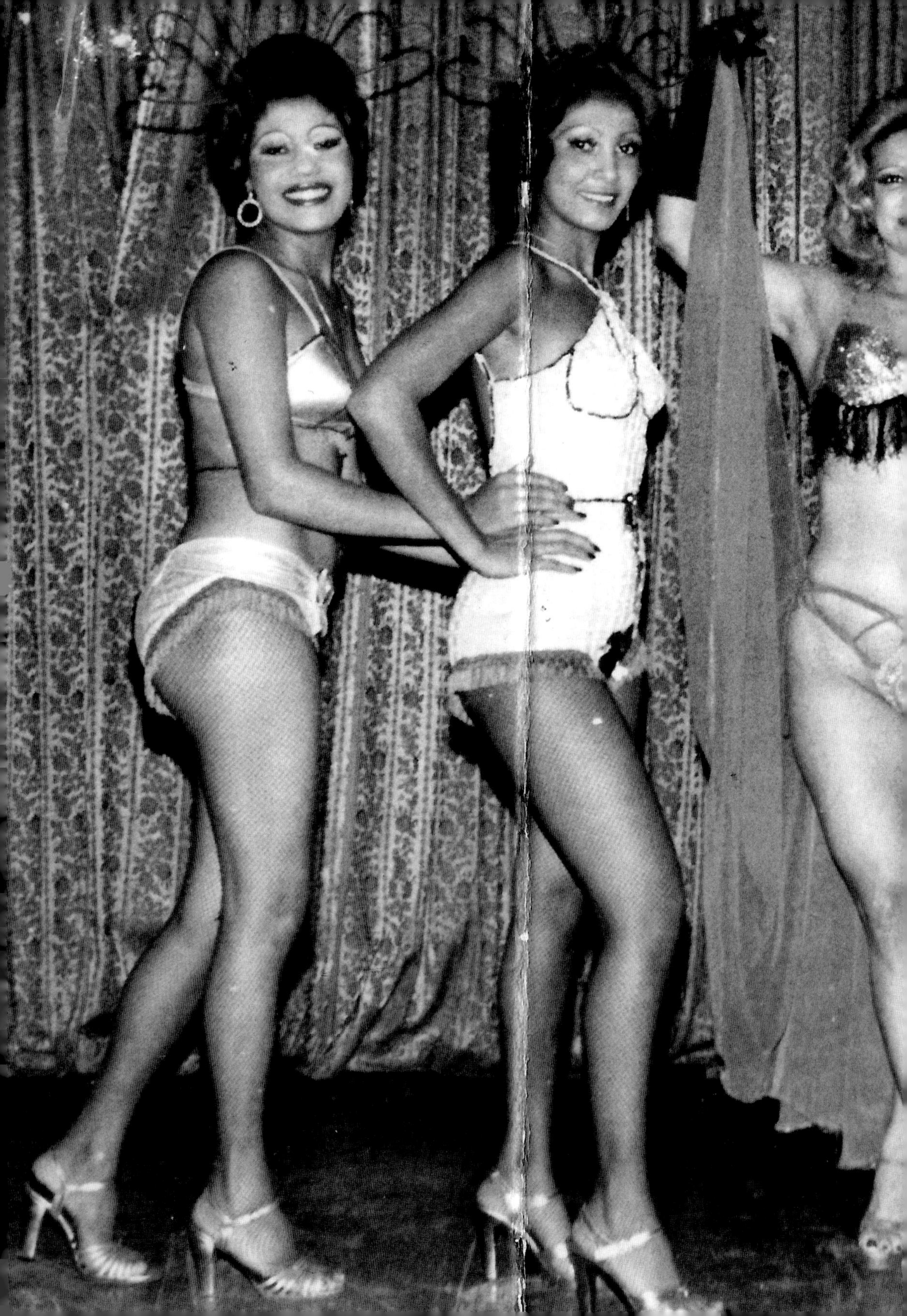

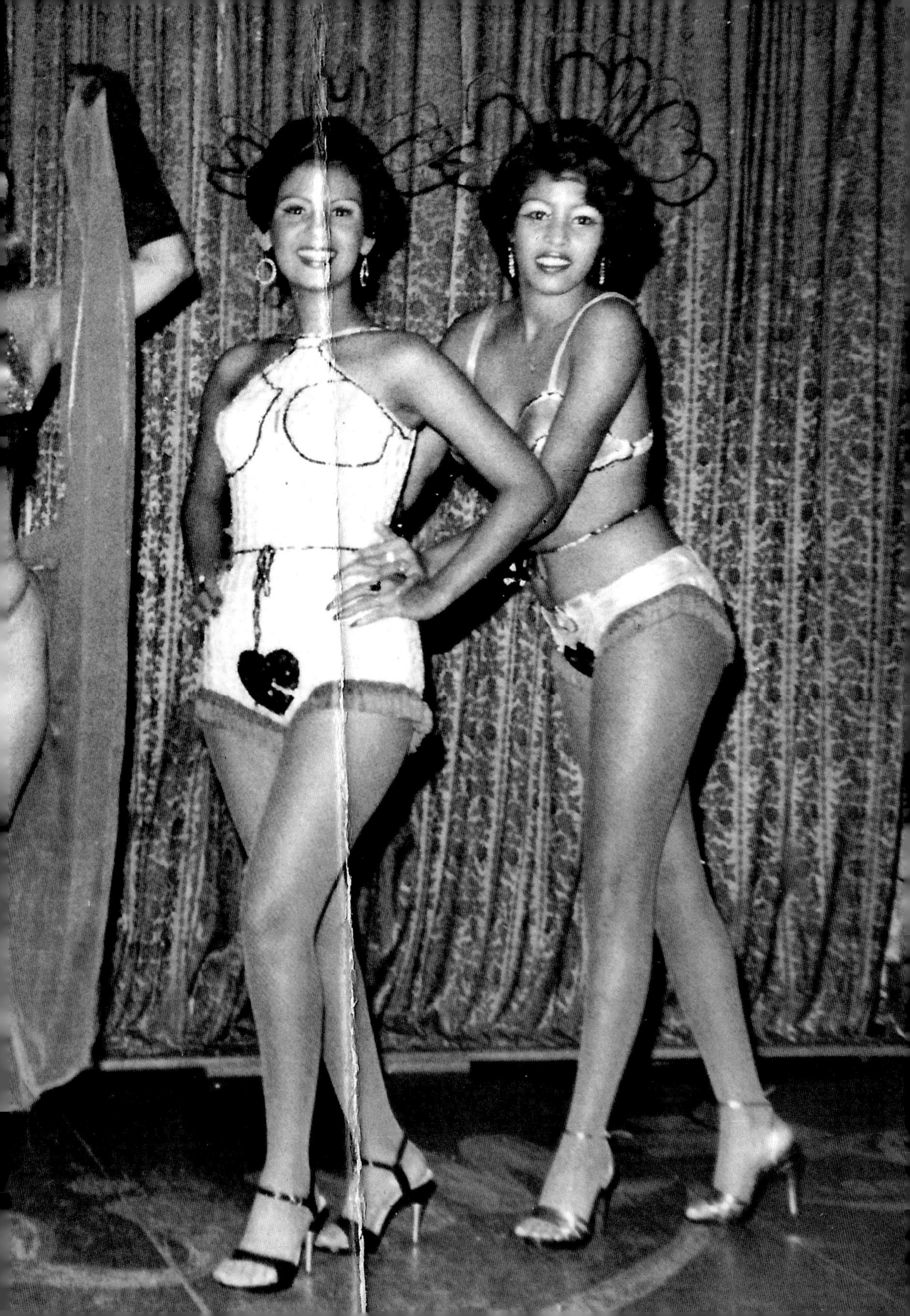

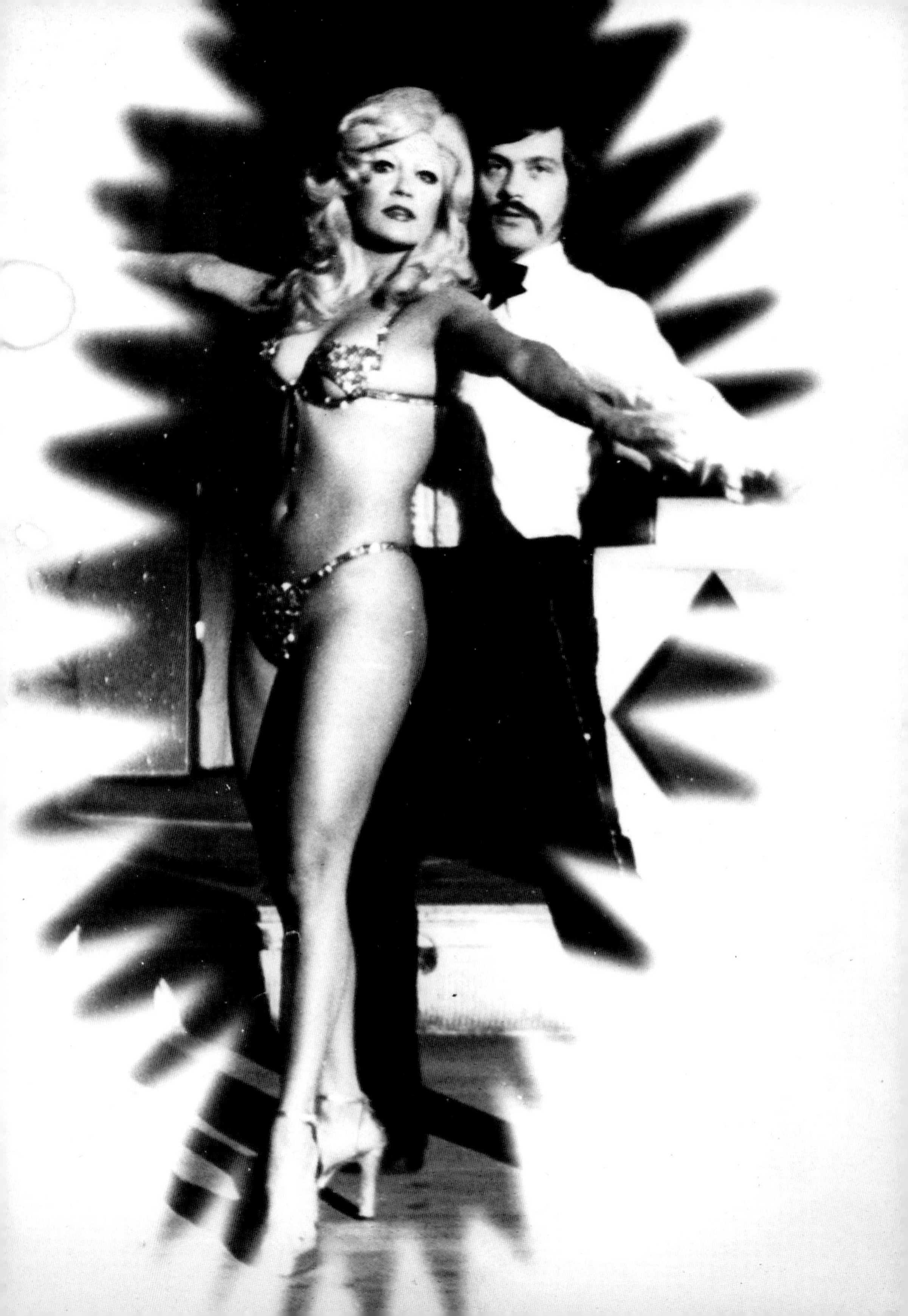

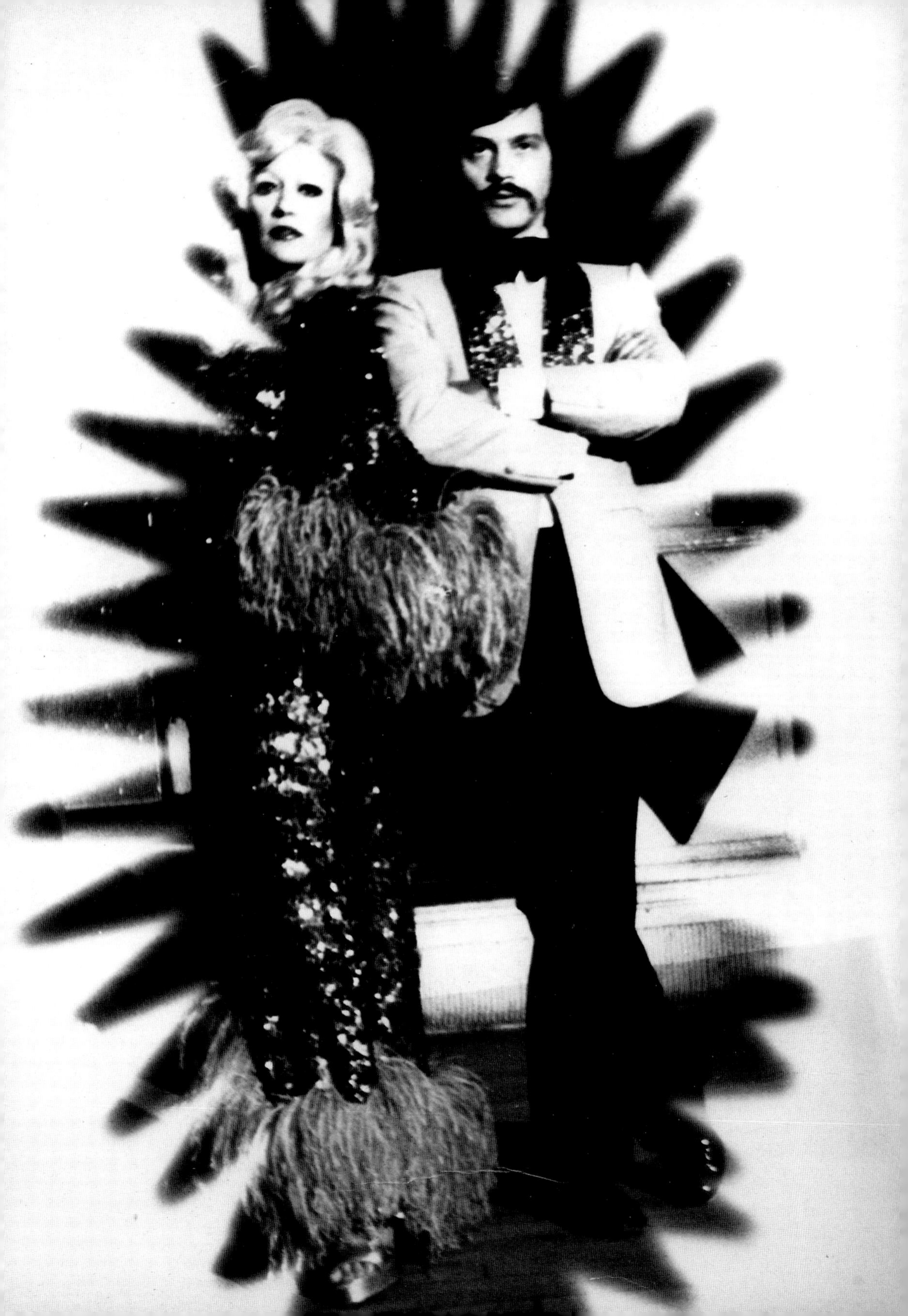

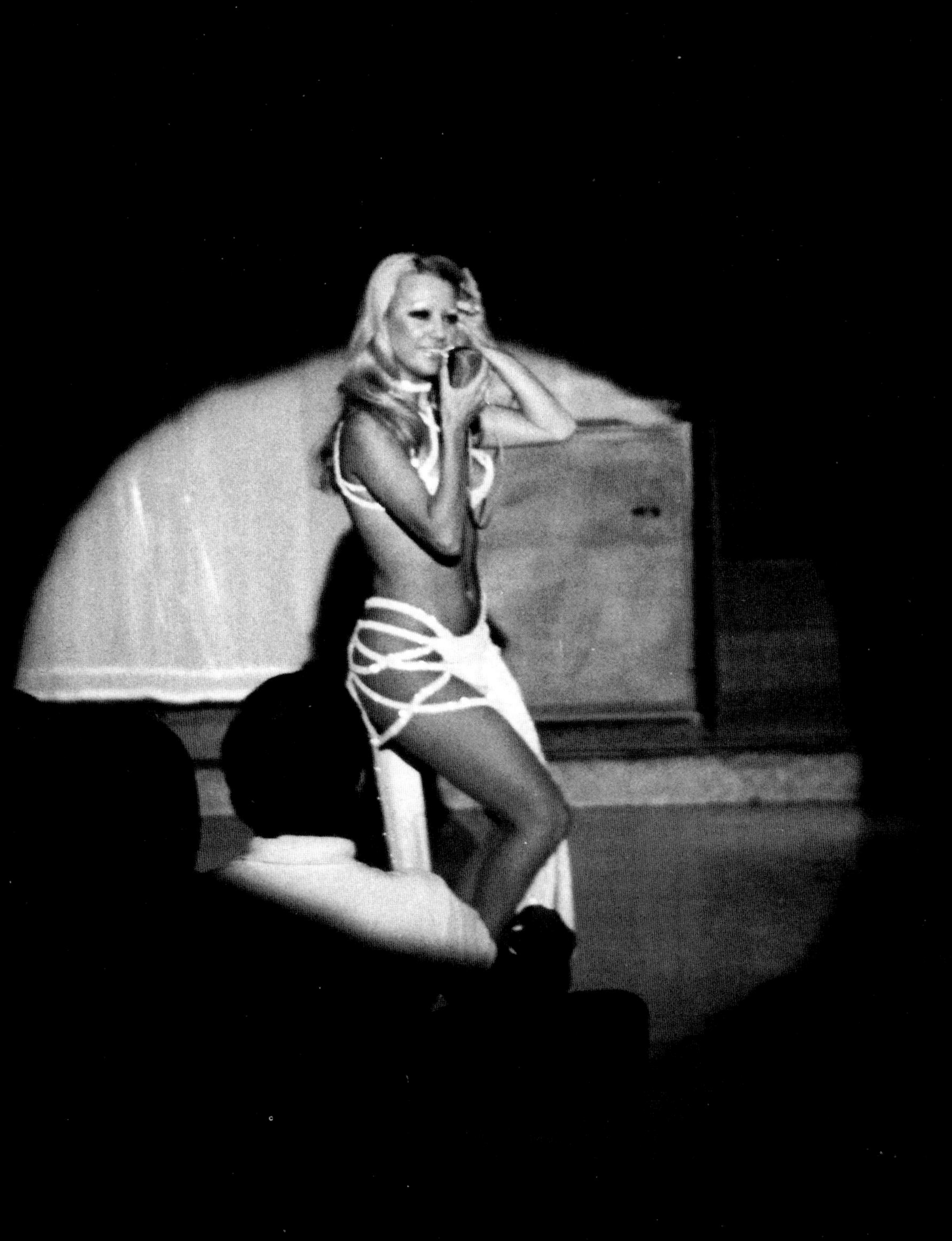

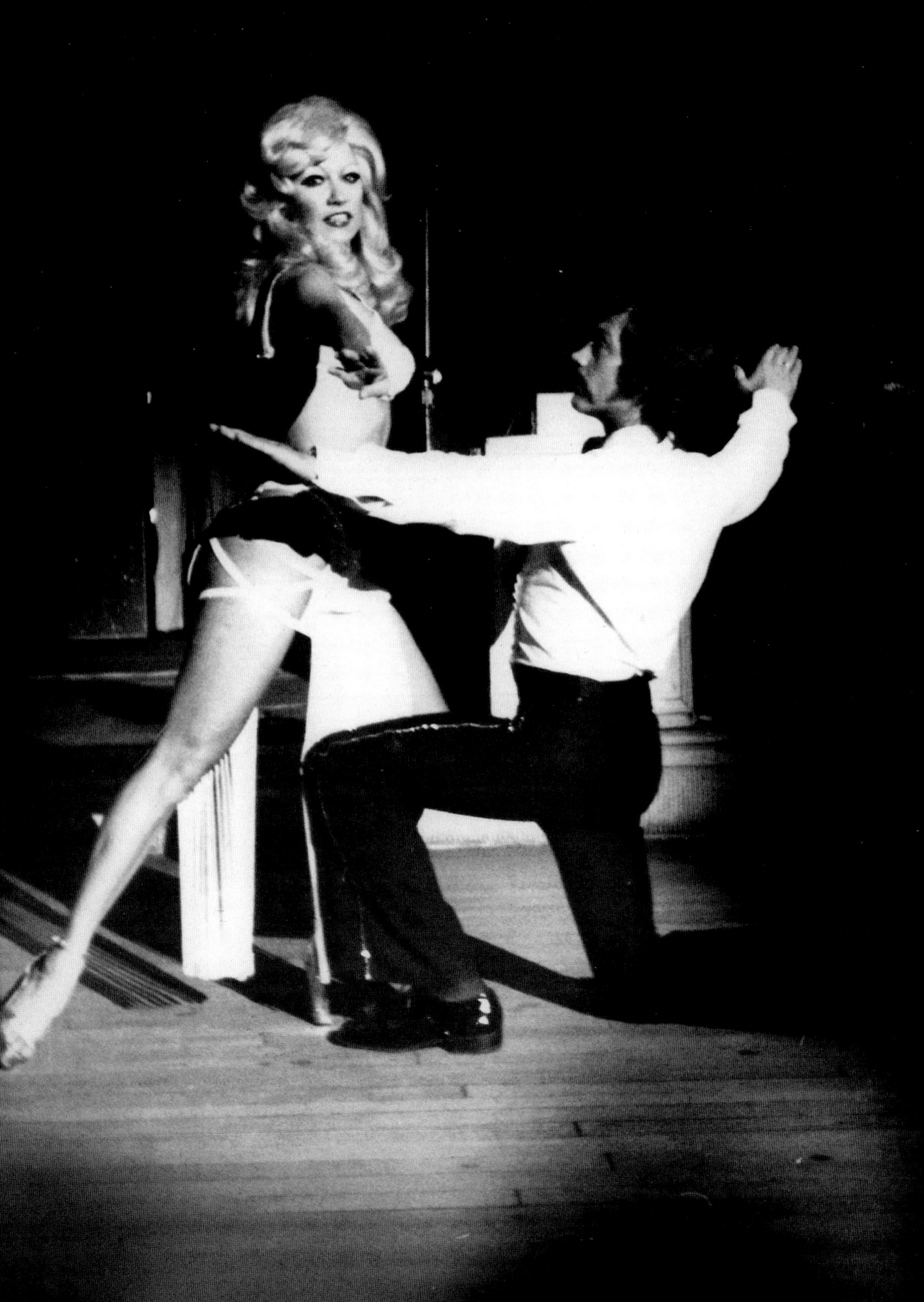

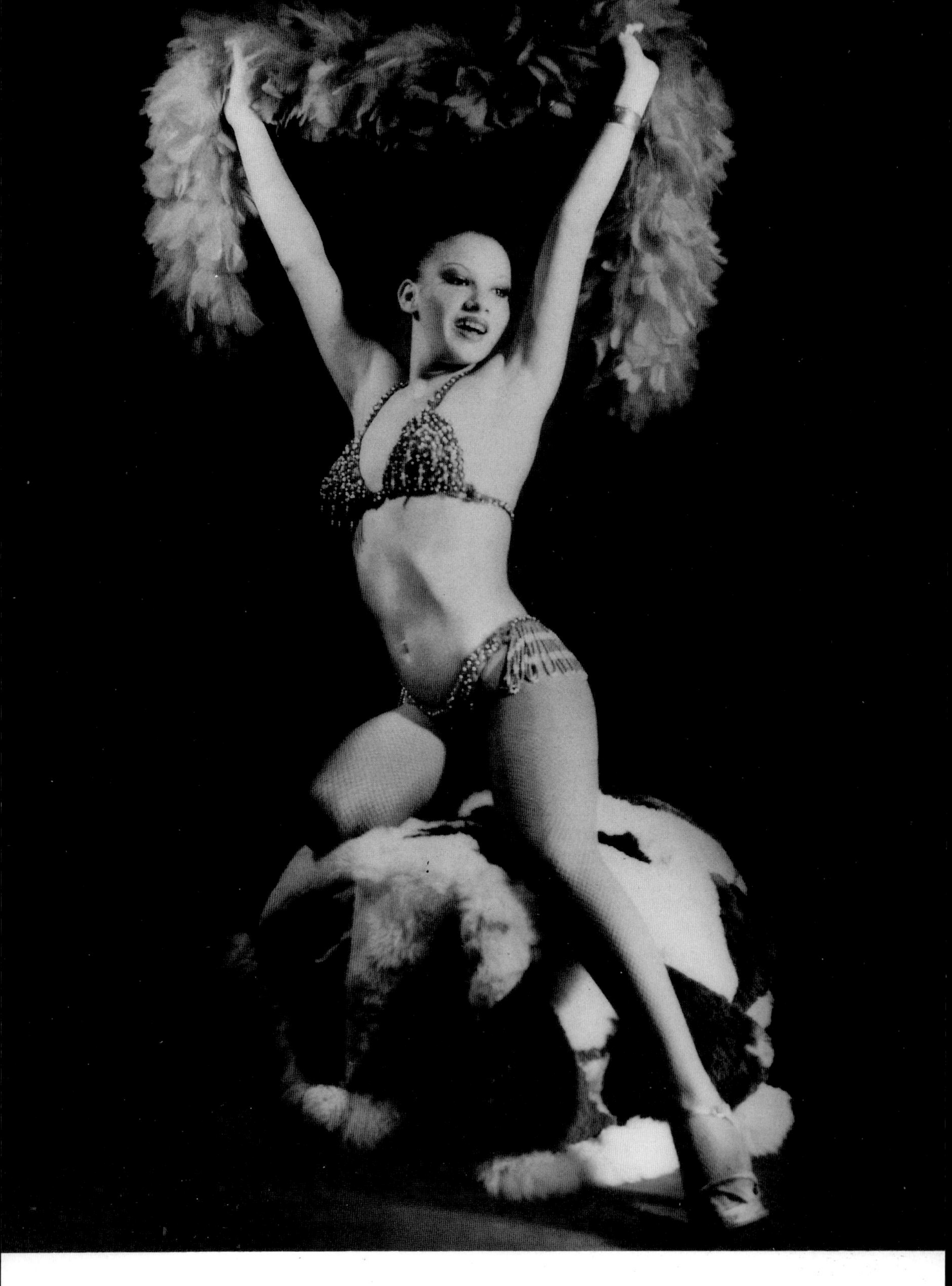

PEKY

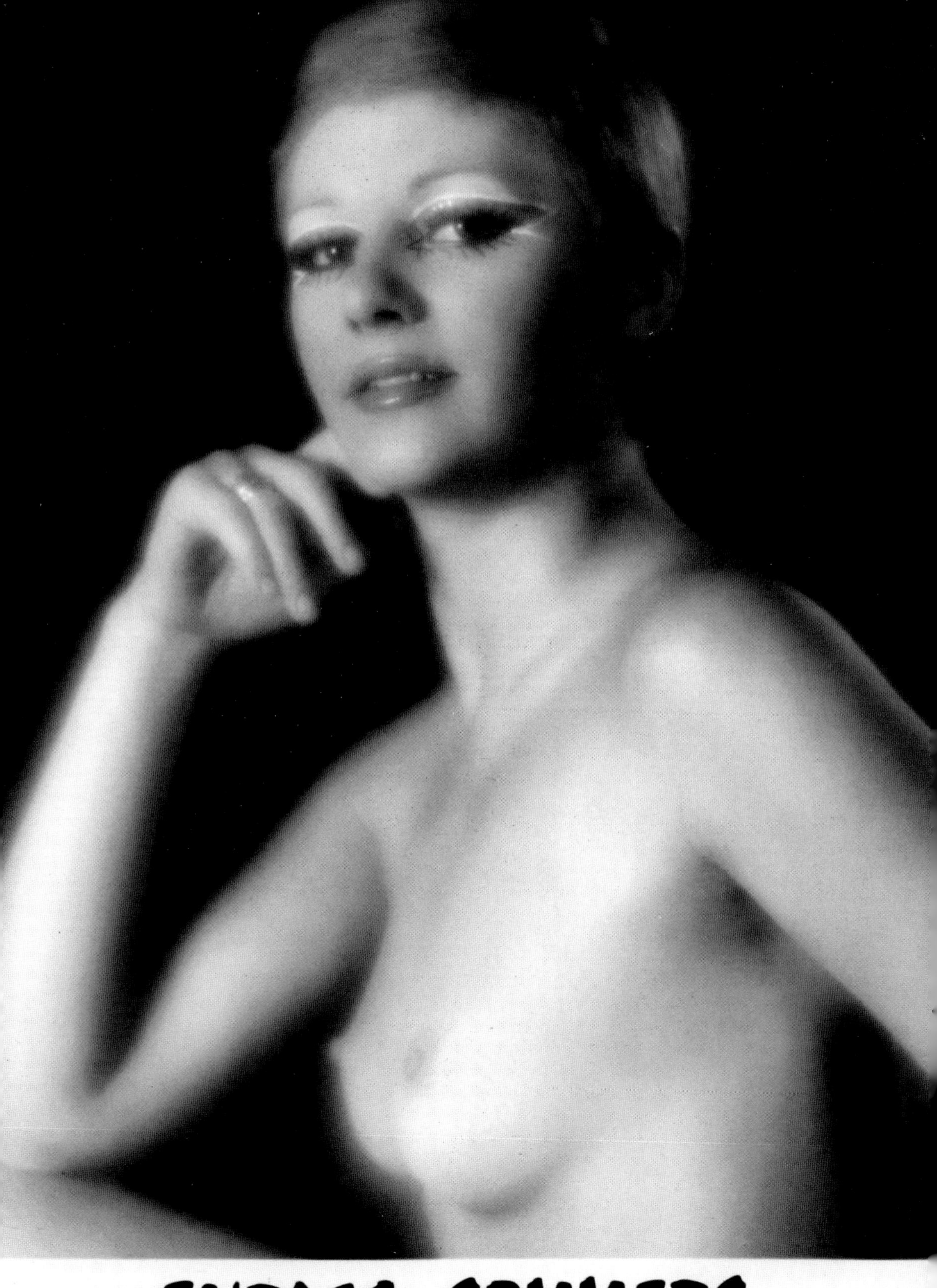

ENRICA SOMMERS

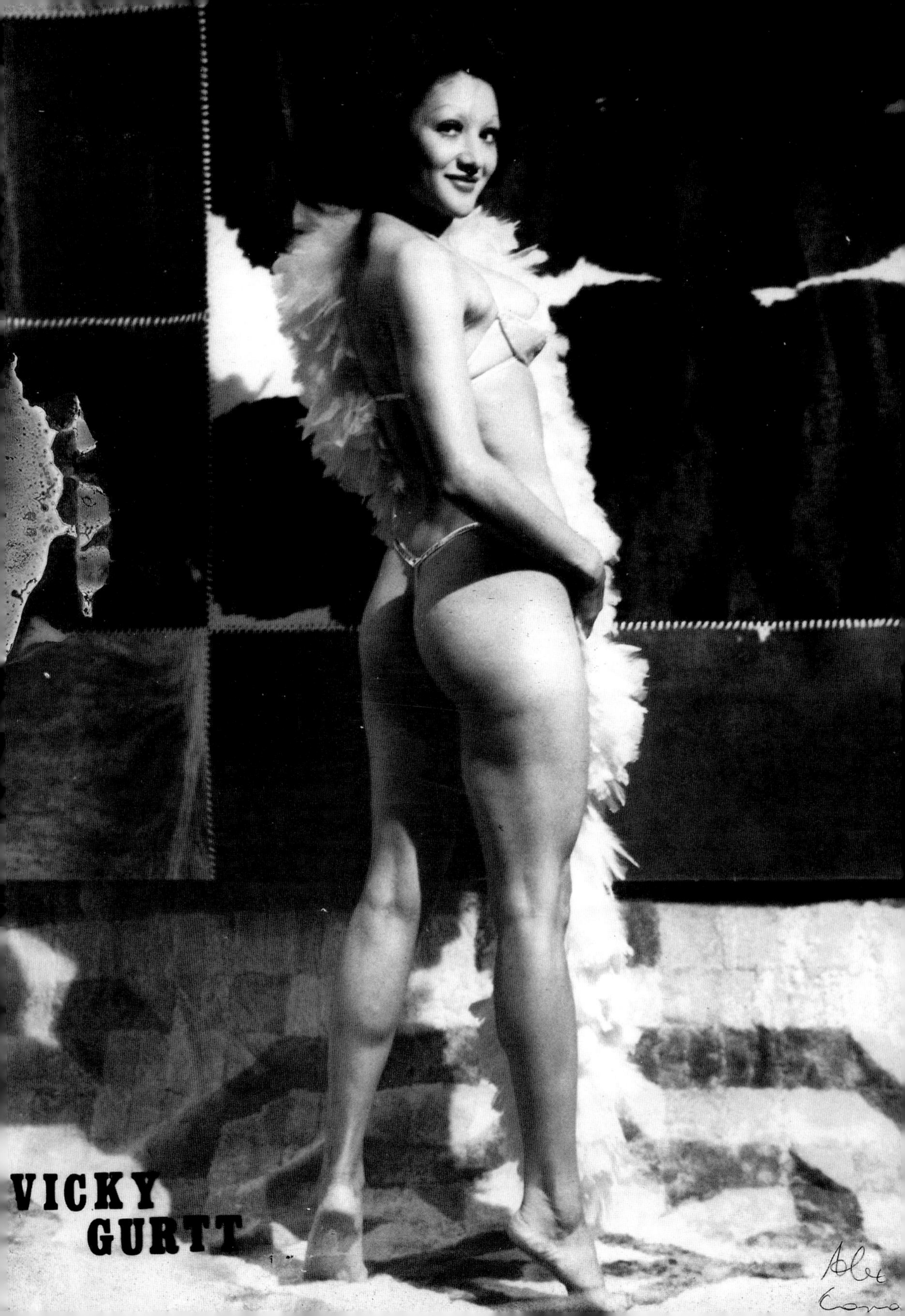
VICKY
GURTT

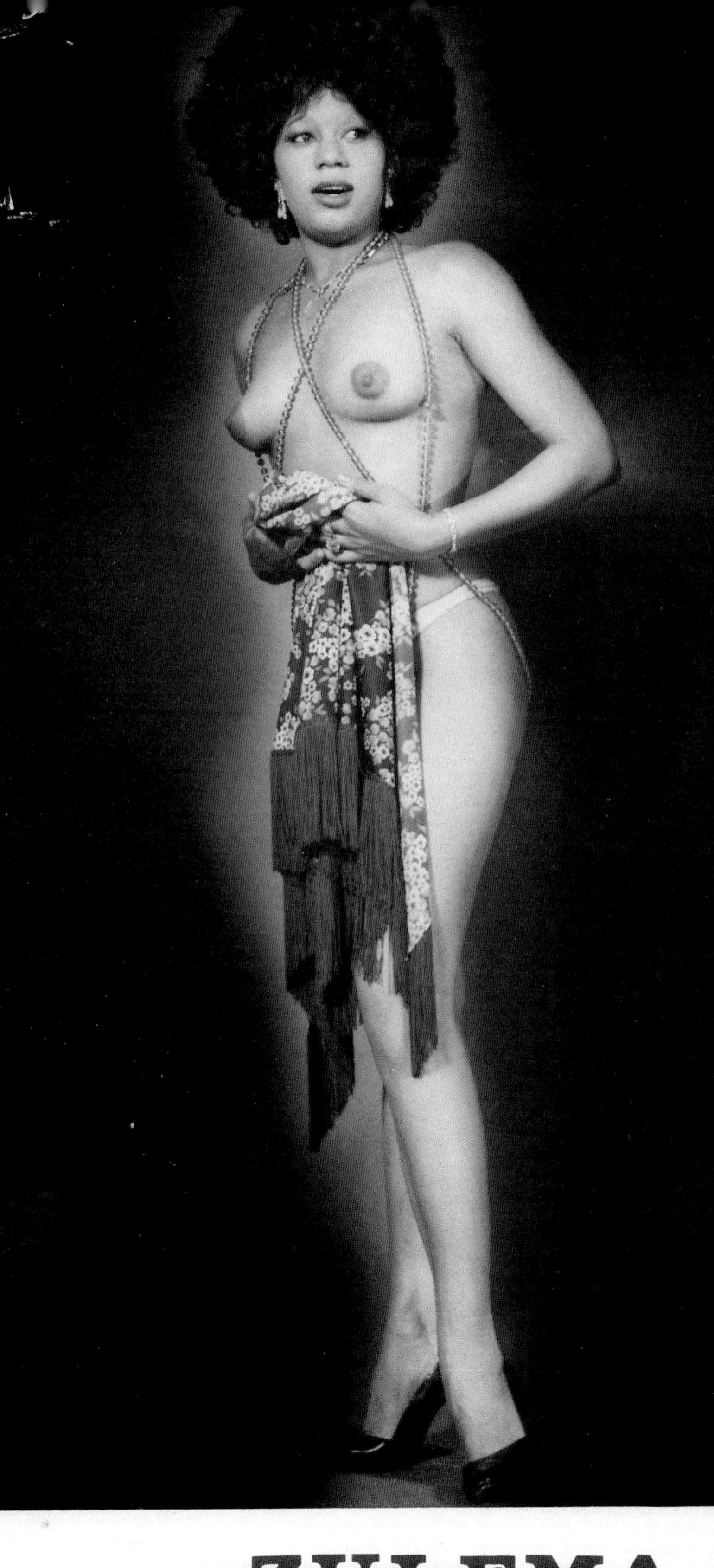

ZULEMA

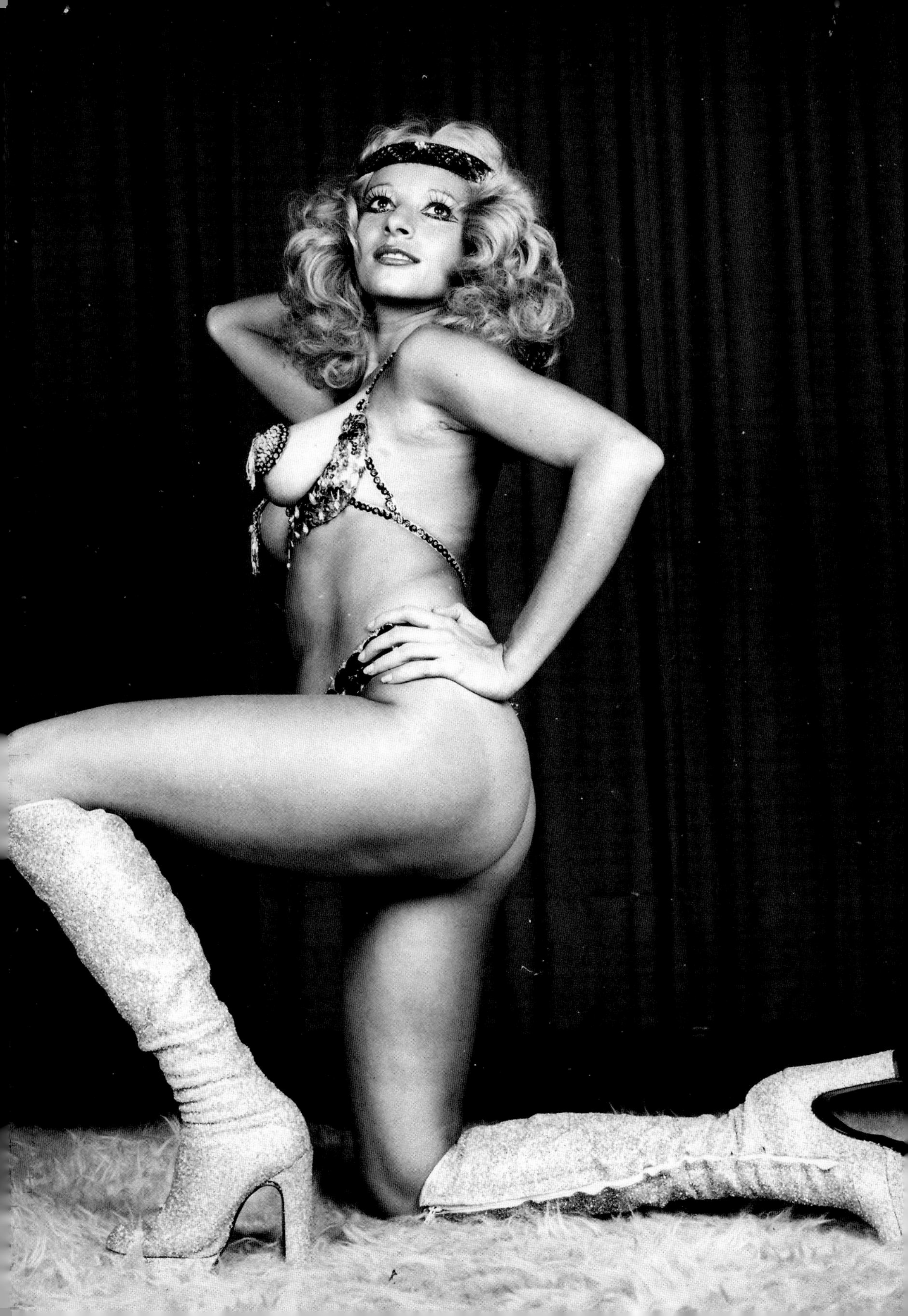

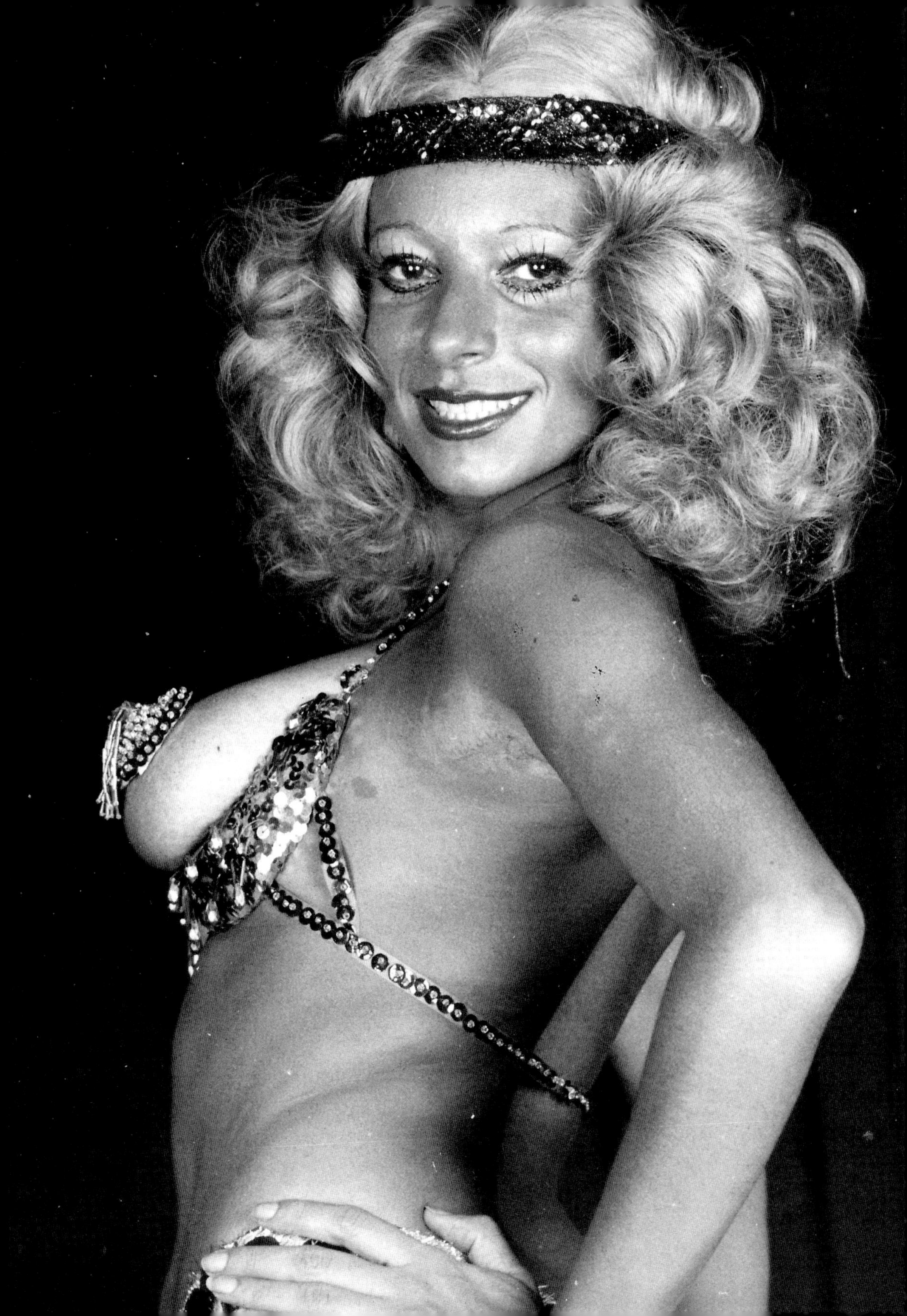

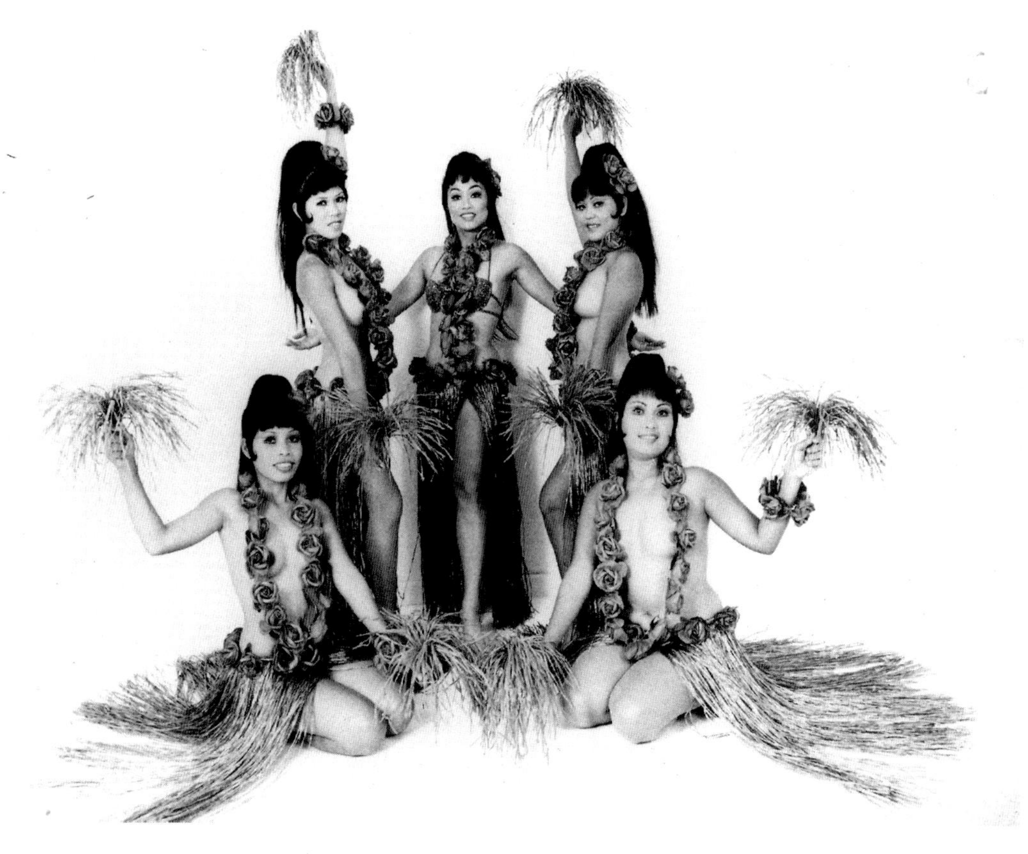

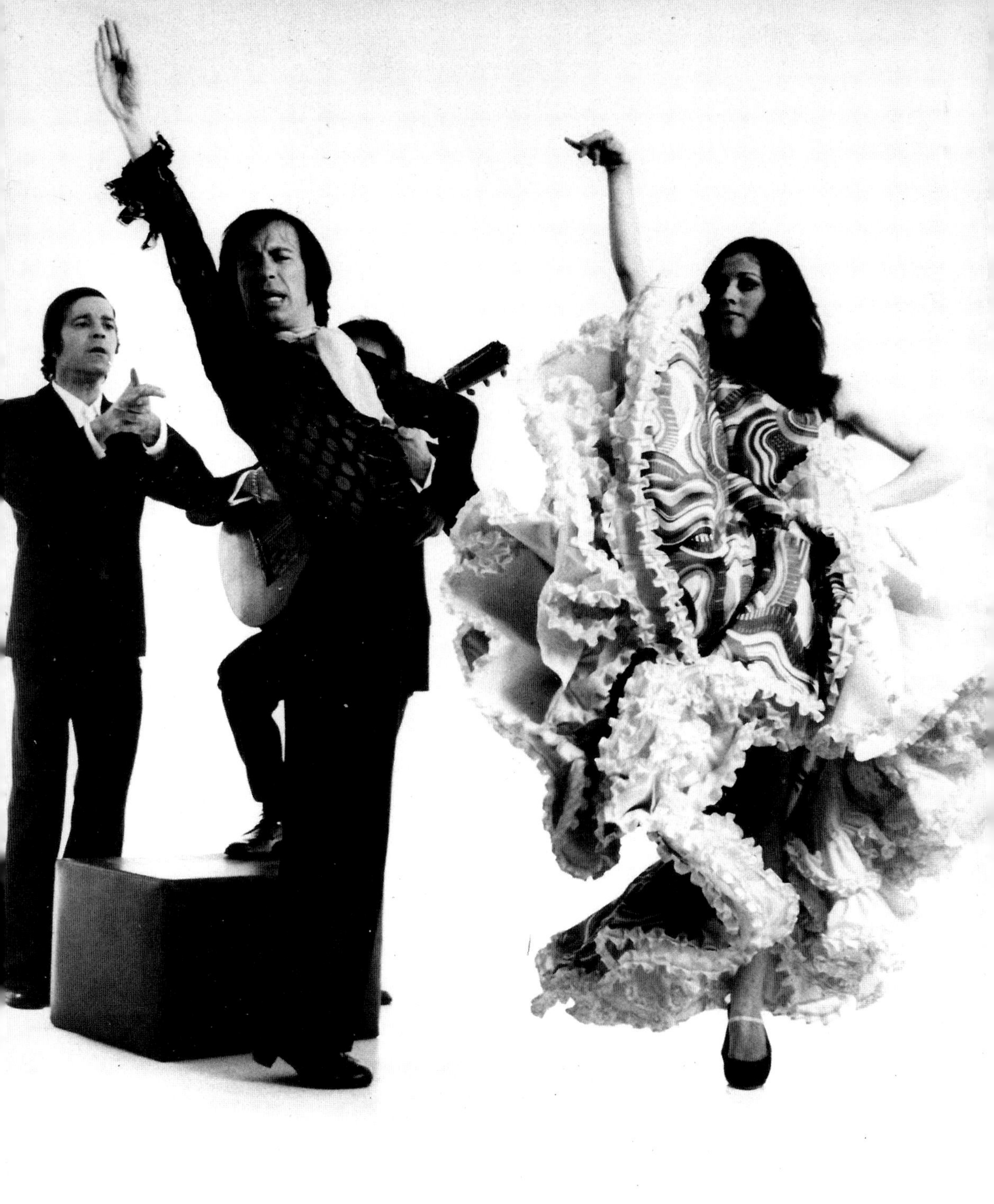

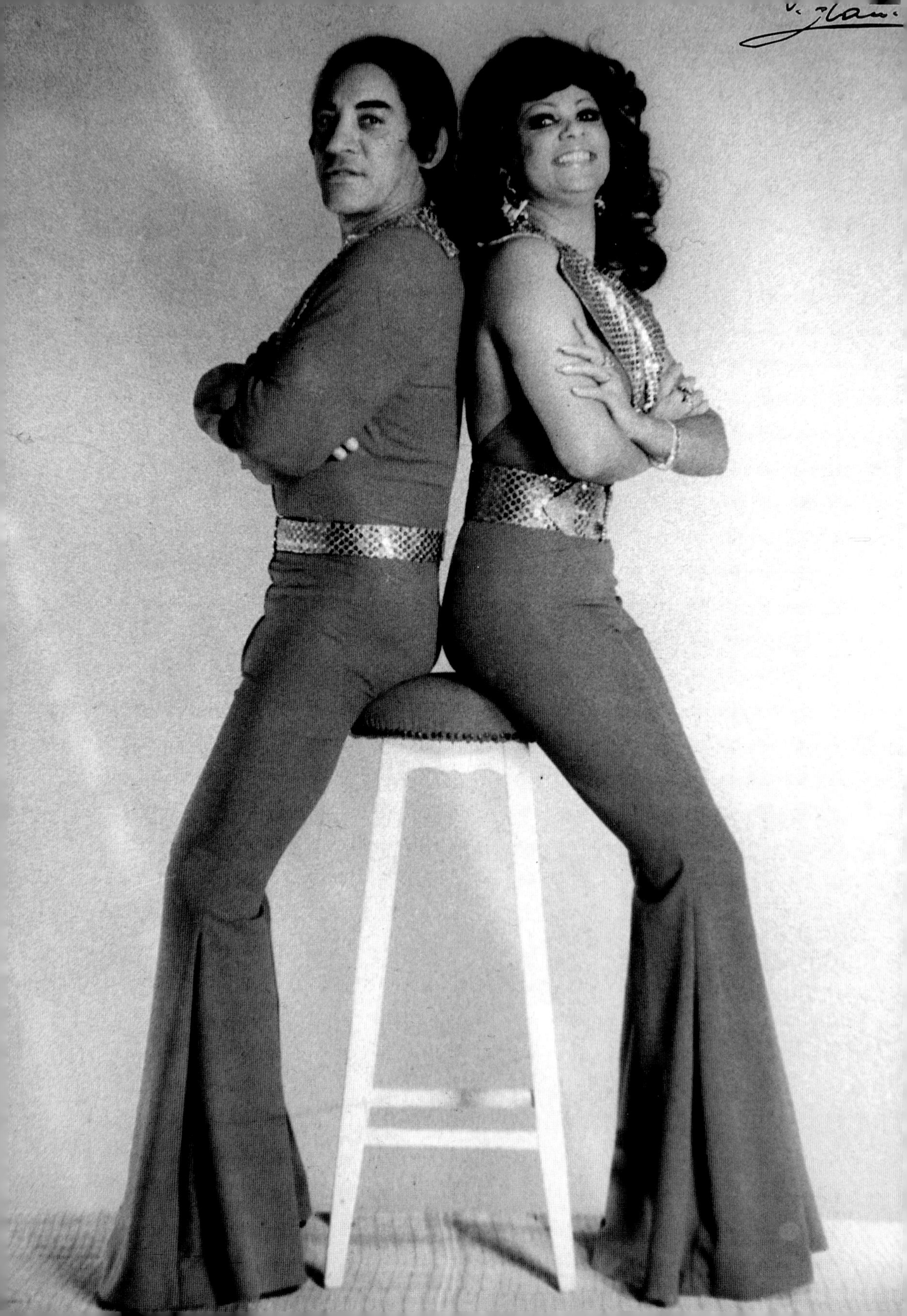

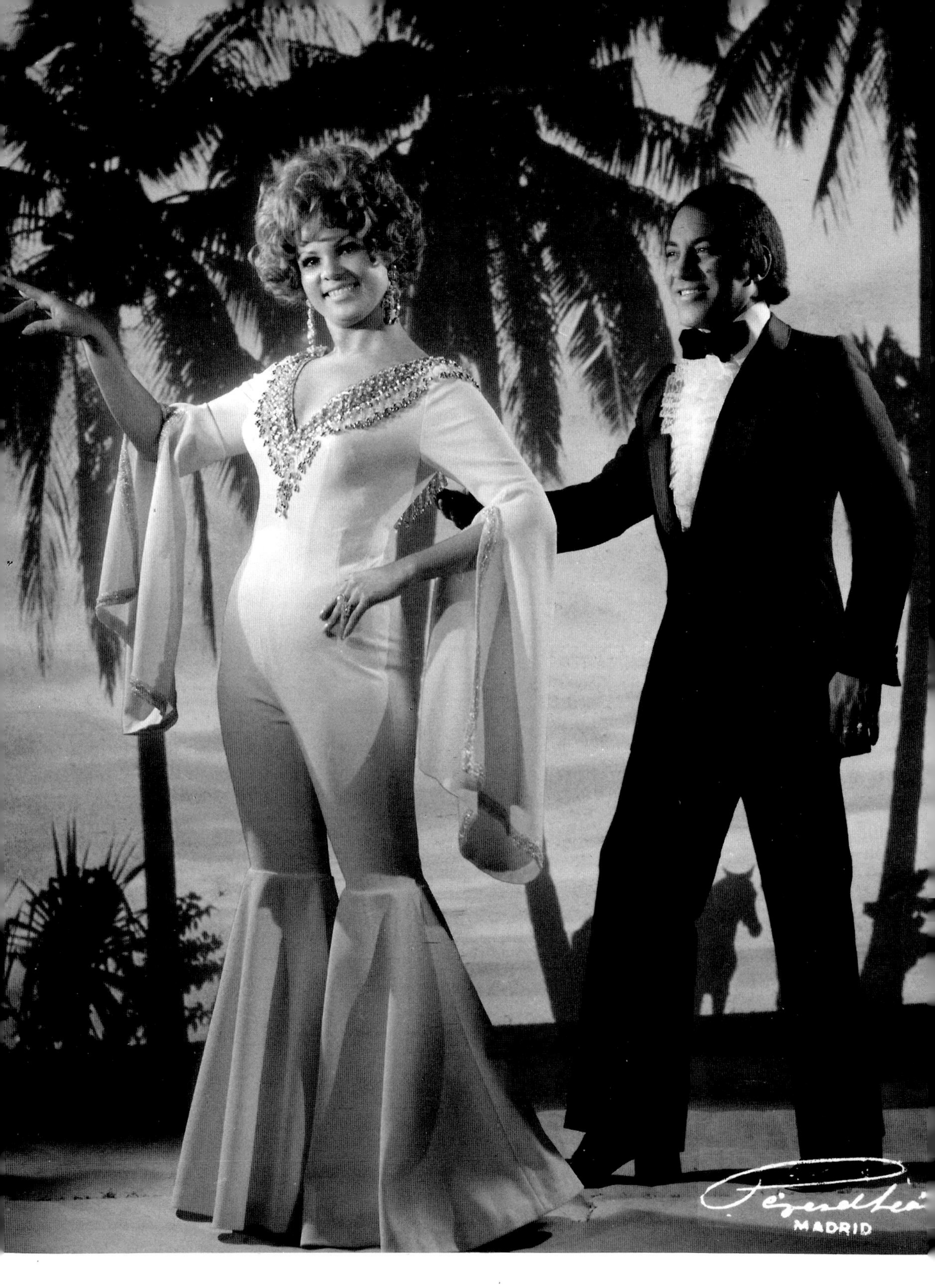

LOS DOMINICANOS

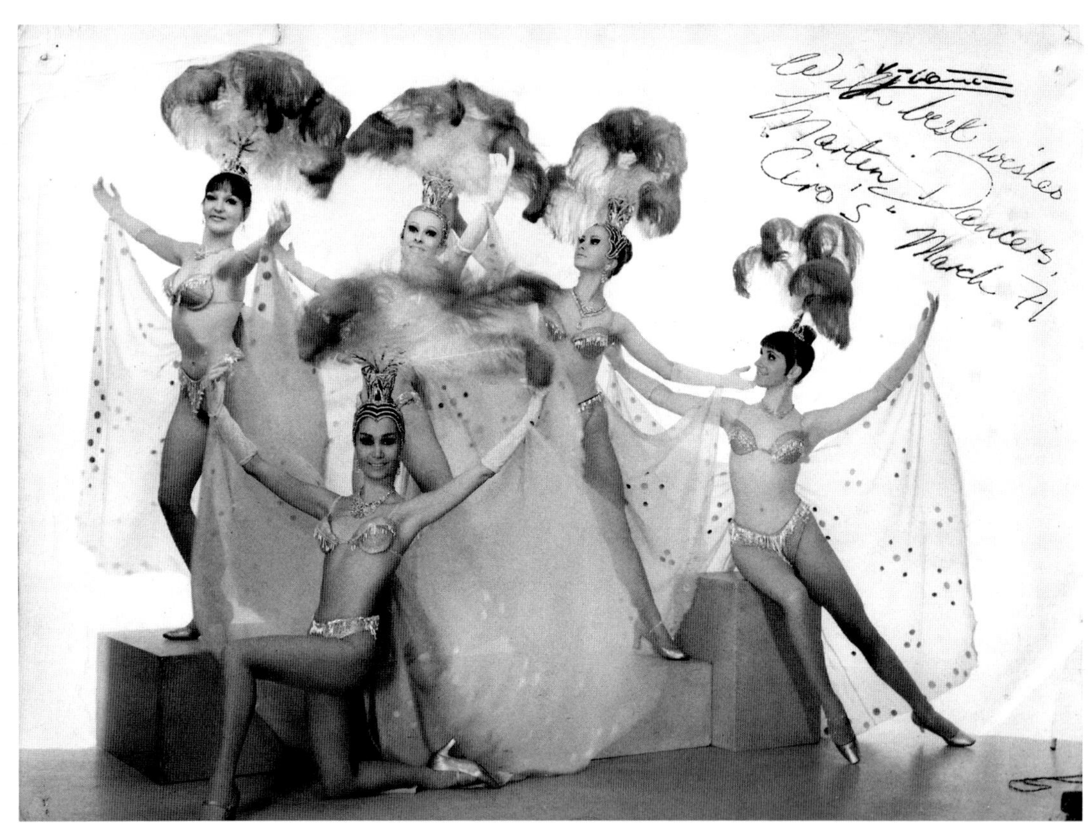

With best wishes
Martin Dancers,
Ciro's March 71

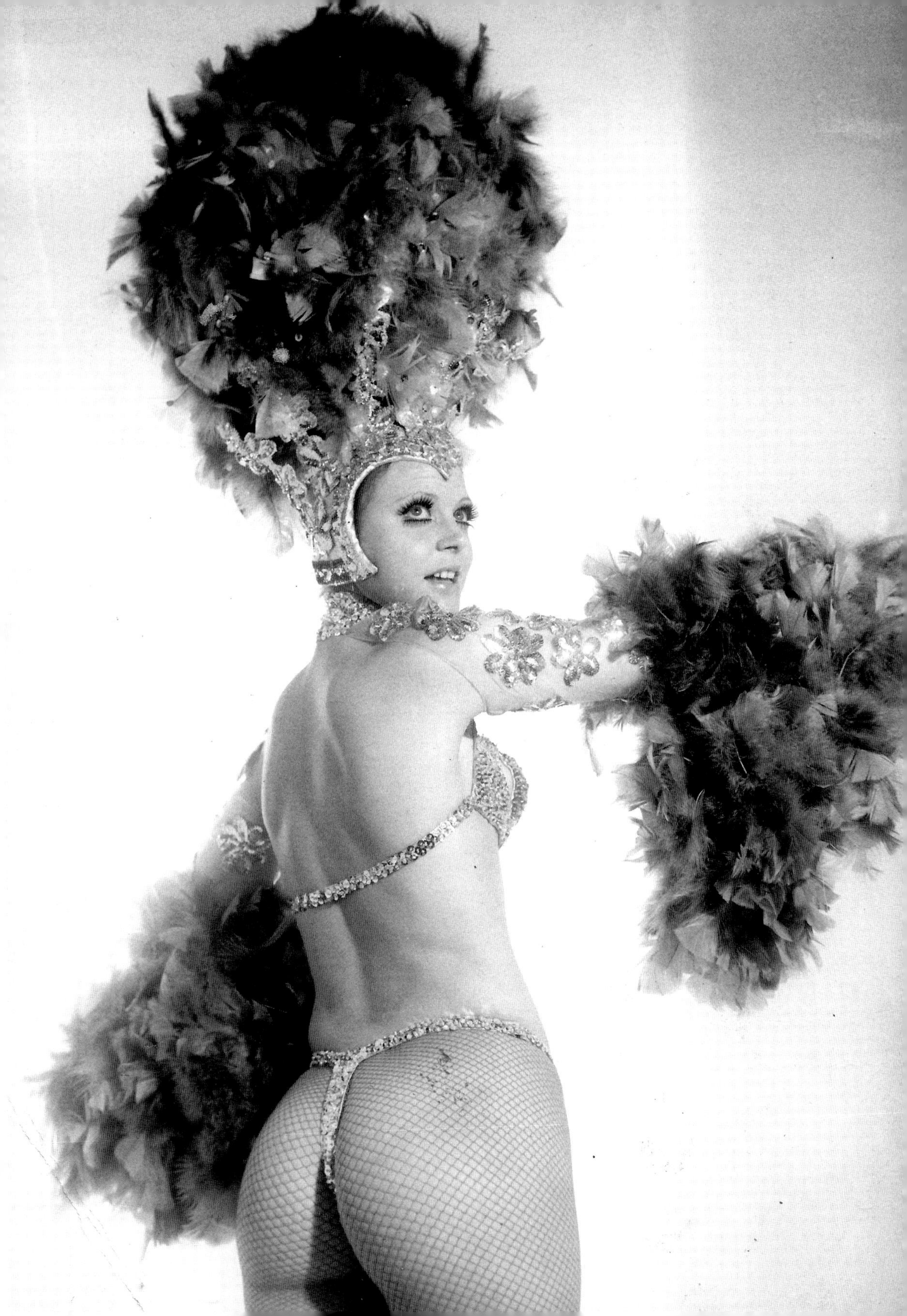

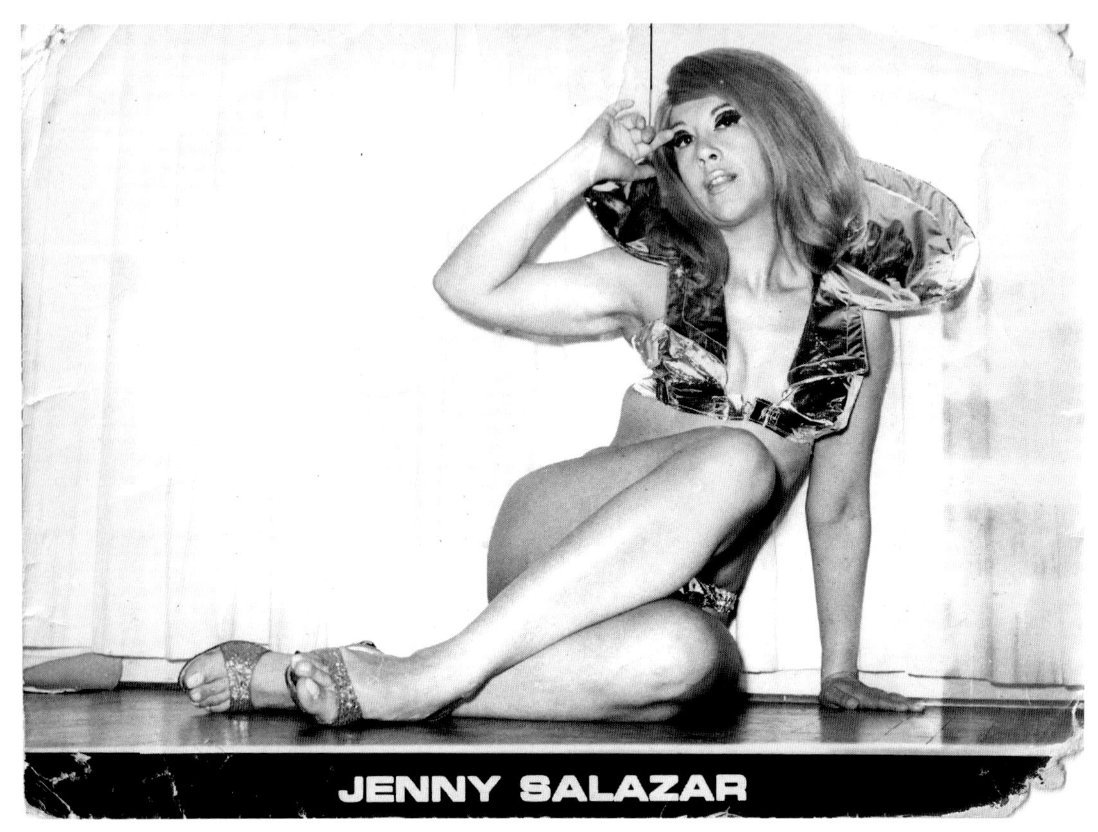

JENNY SALAZAR

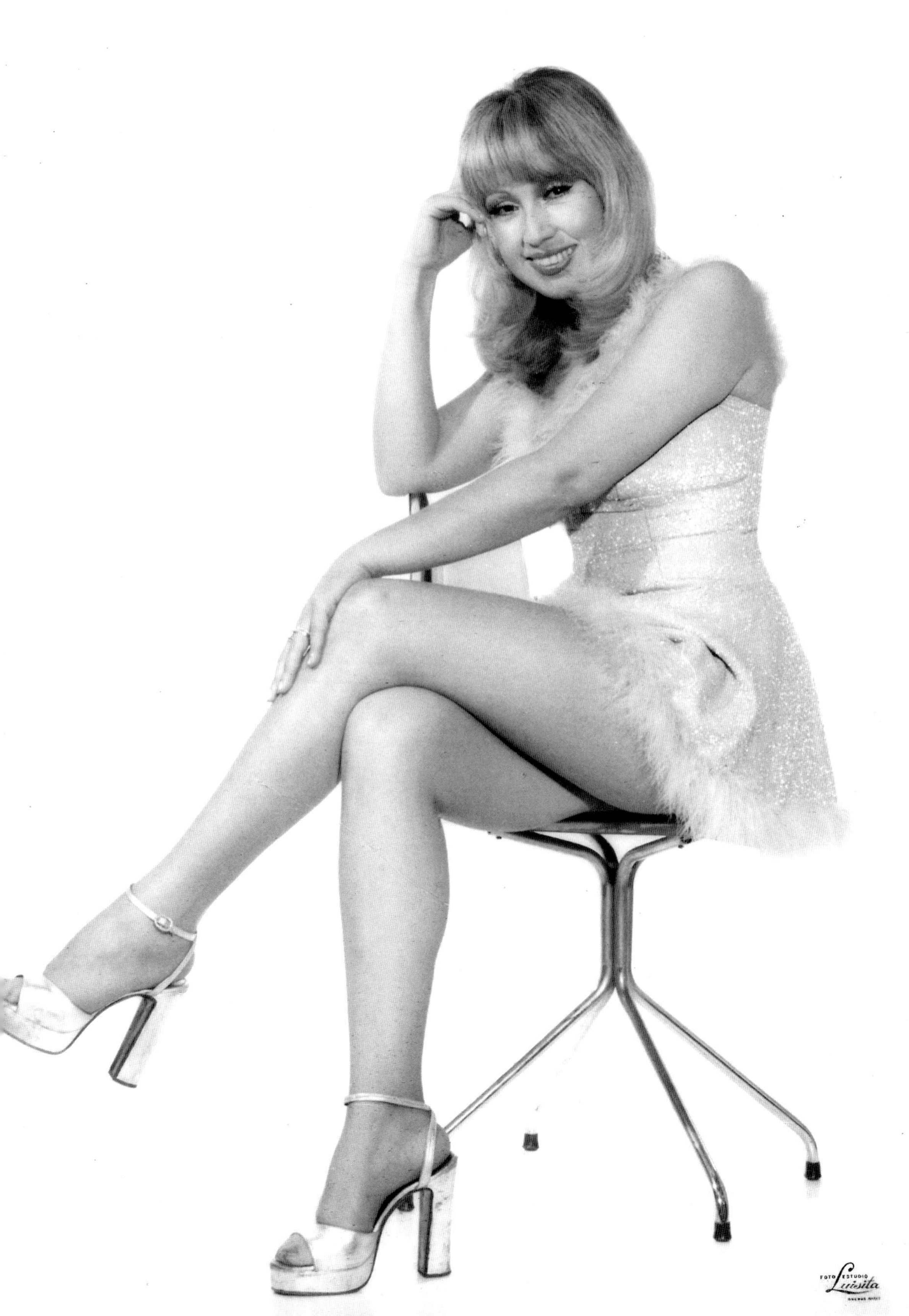
FOTO ESTUDIO
Luisita

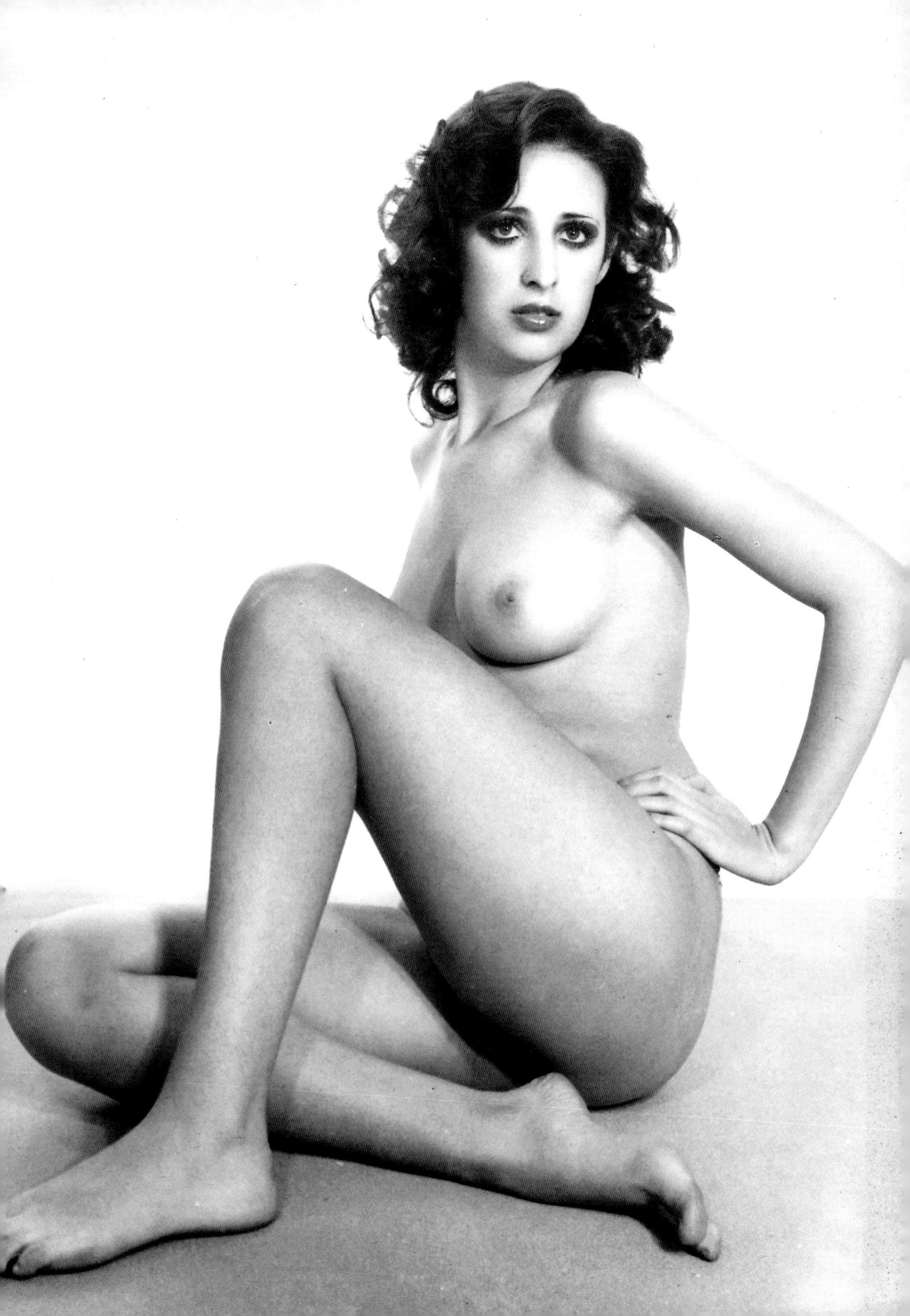

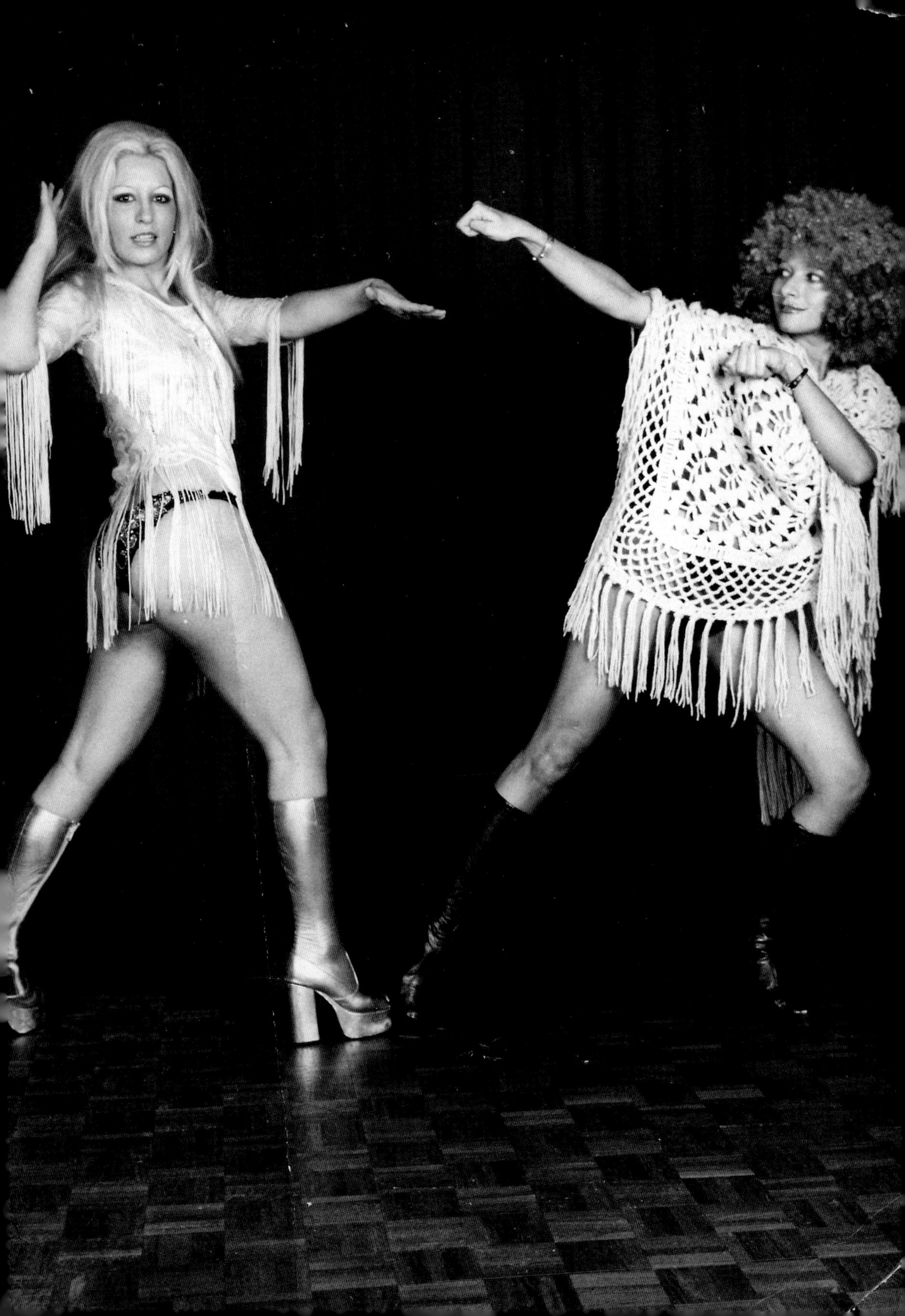

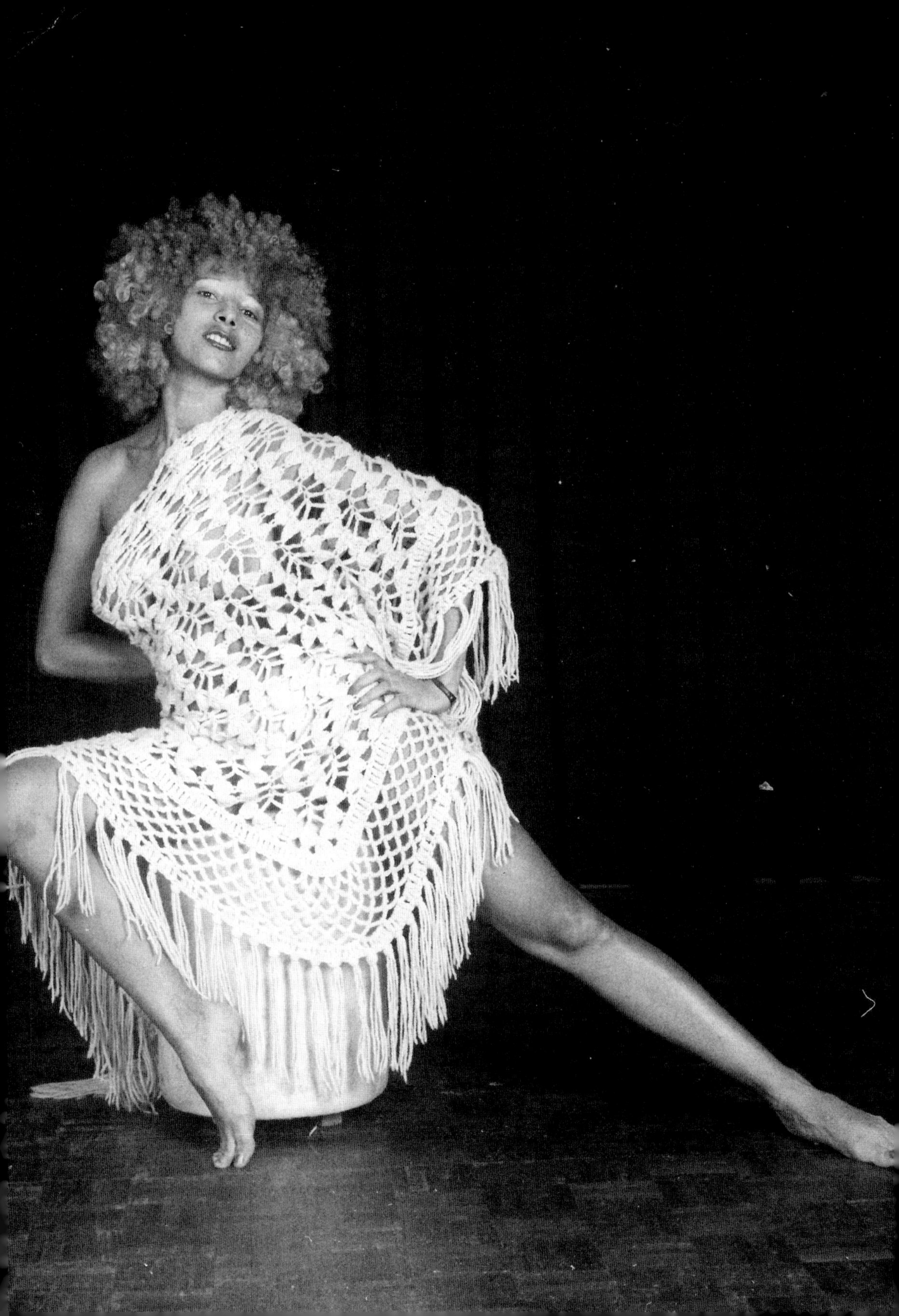

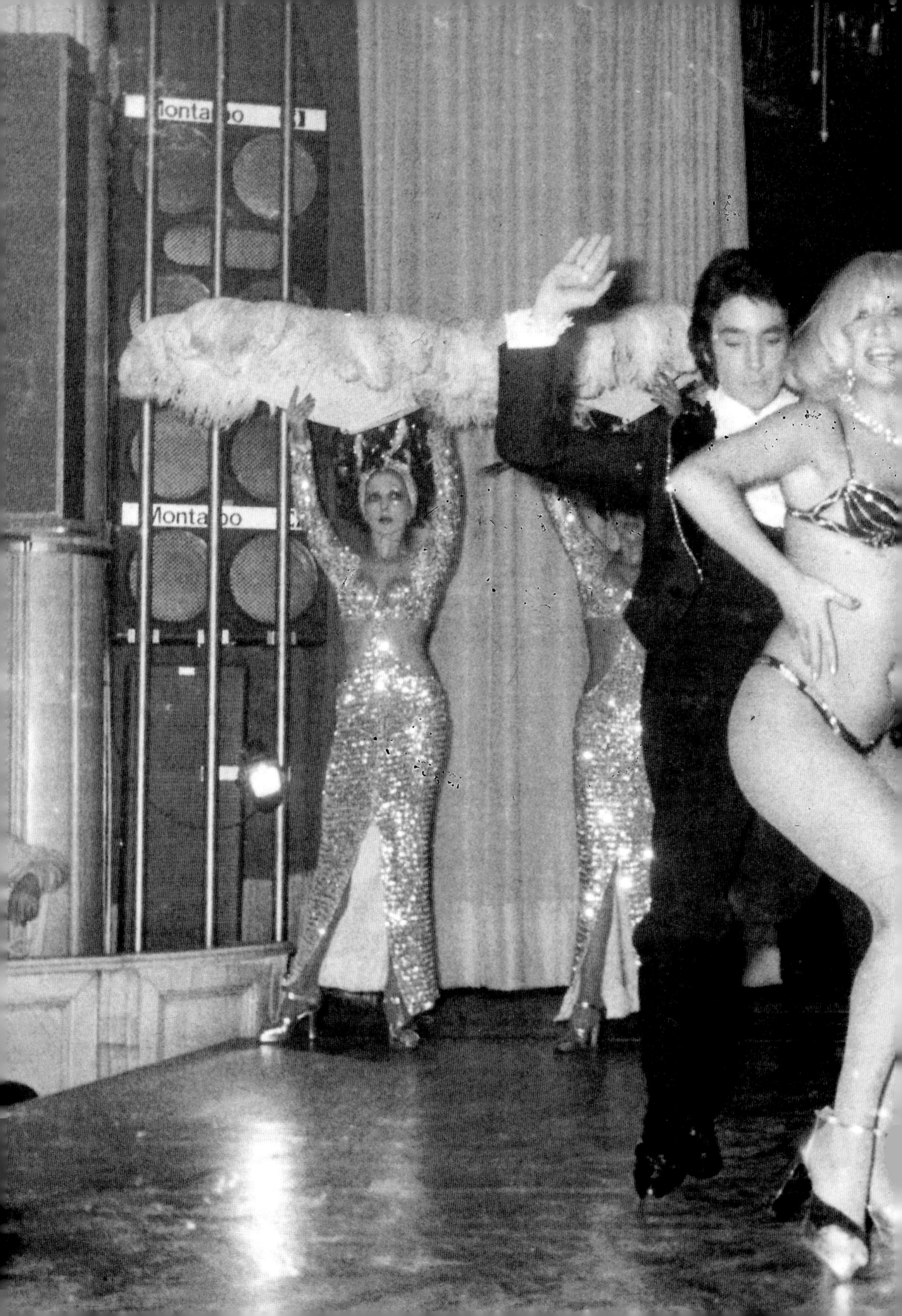

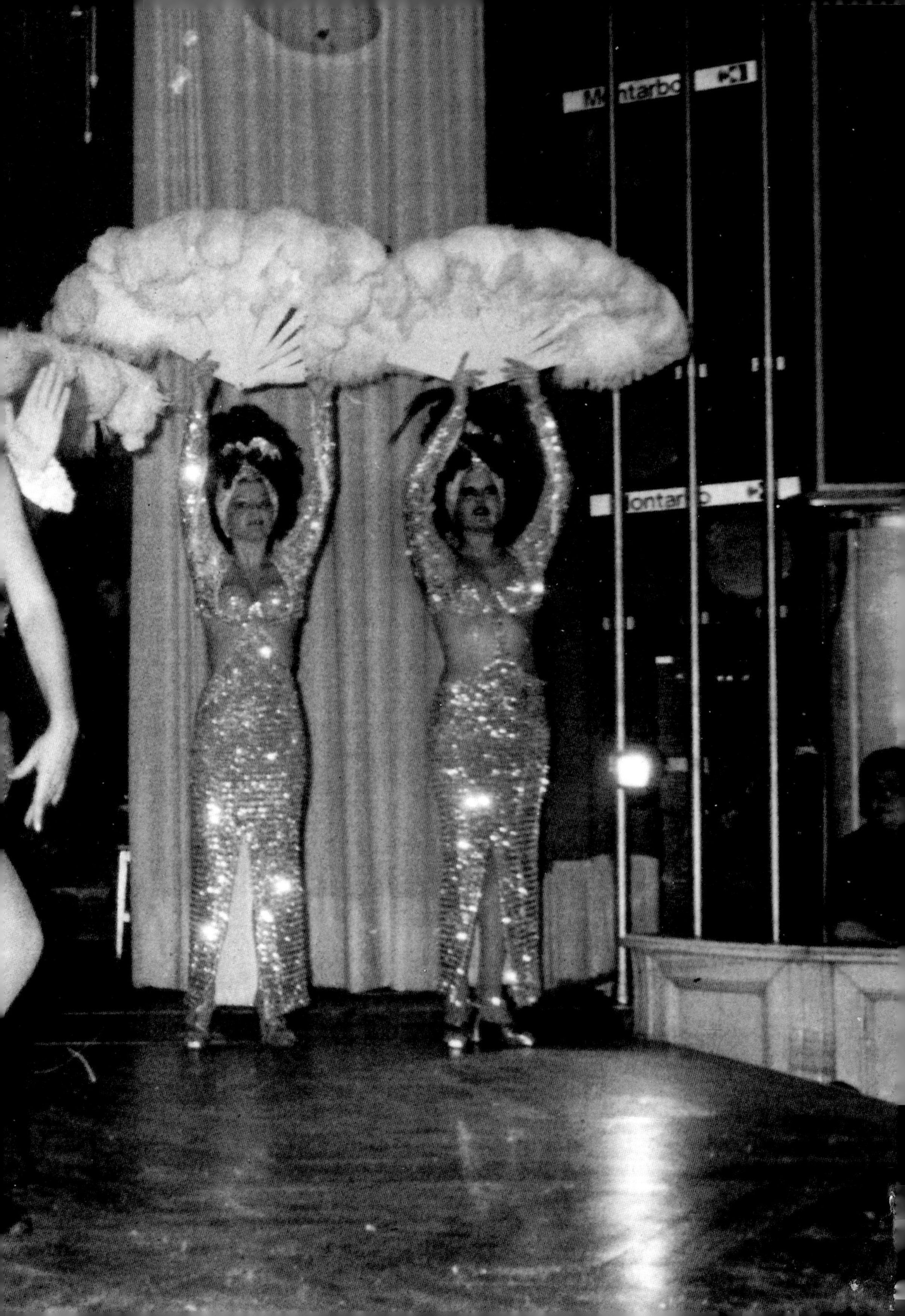
Montarbo
Montarbo

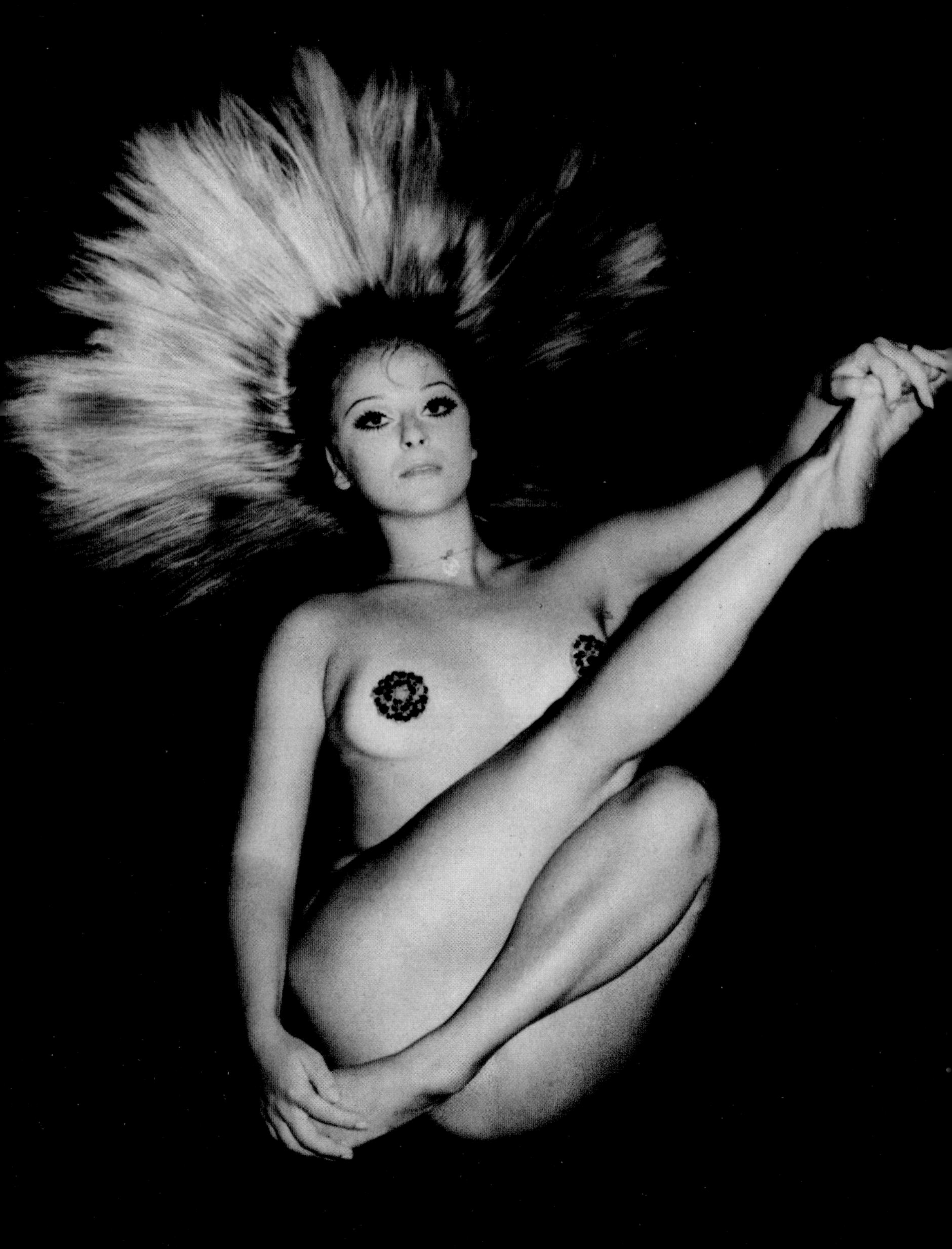

Iulia Kimono

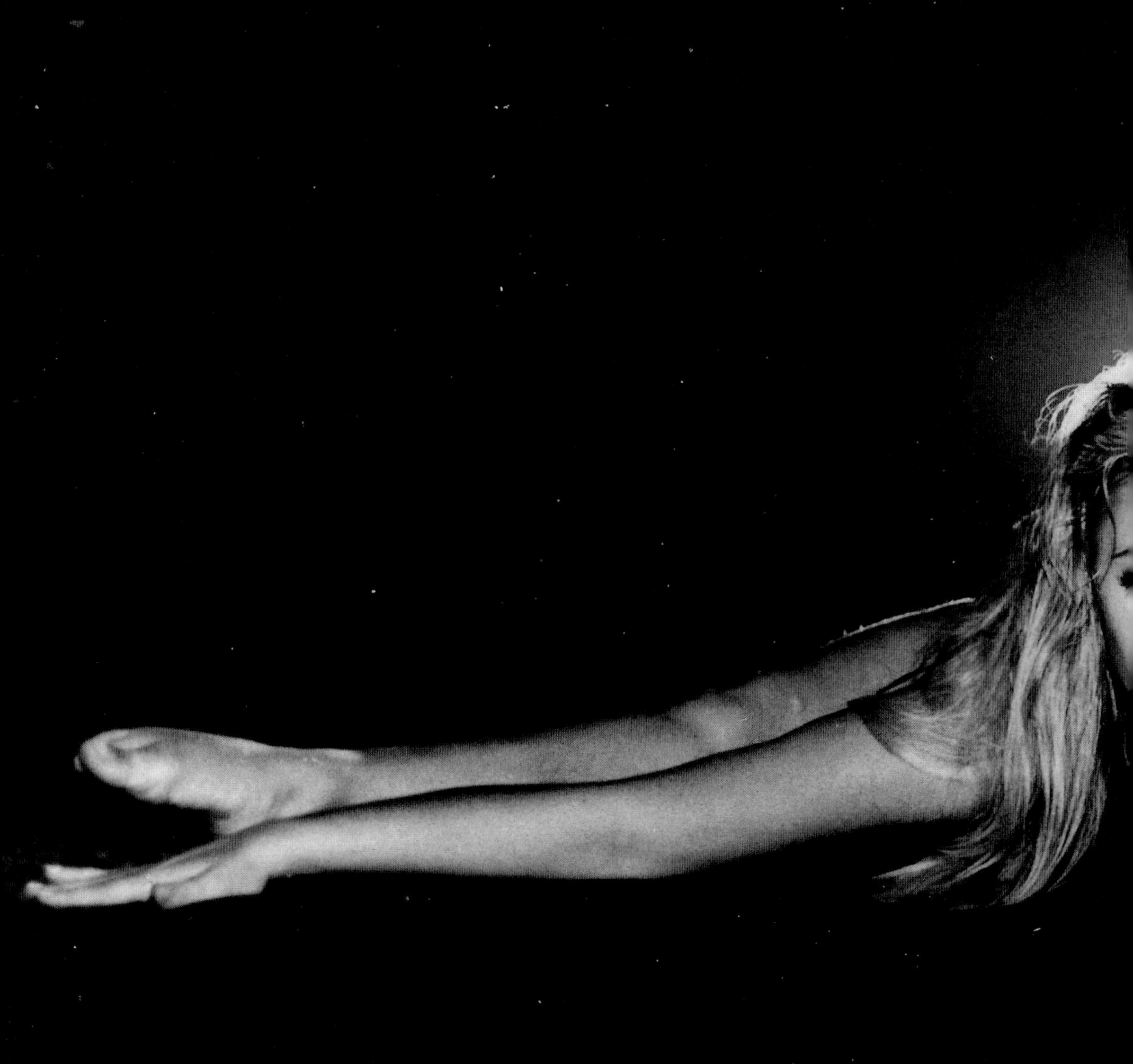
Julia
Julia

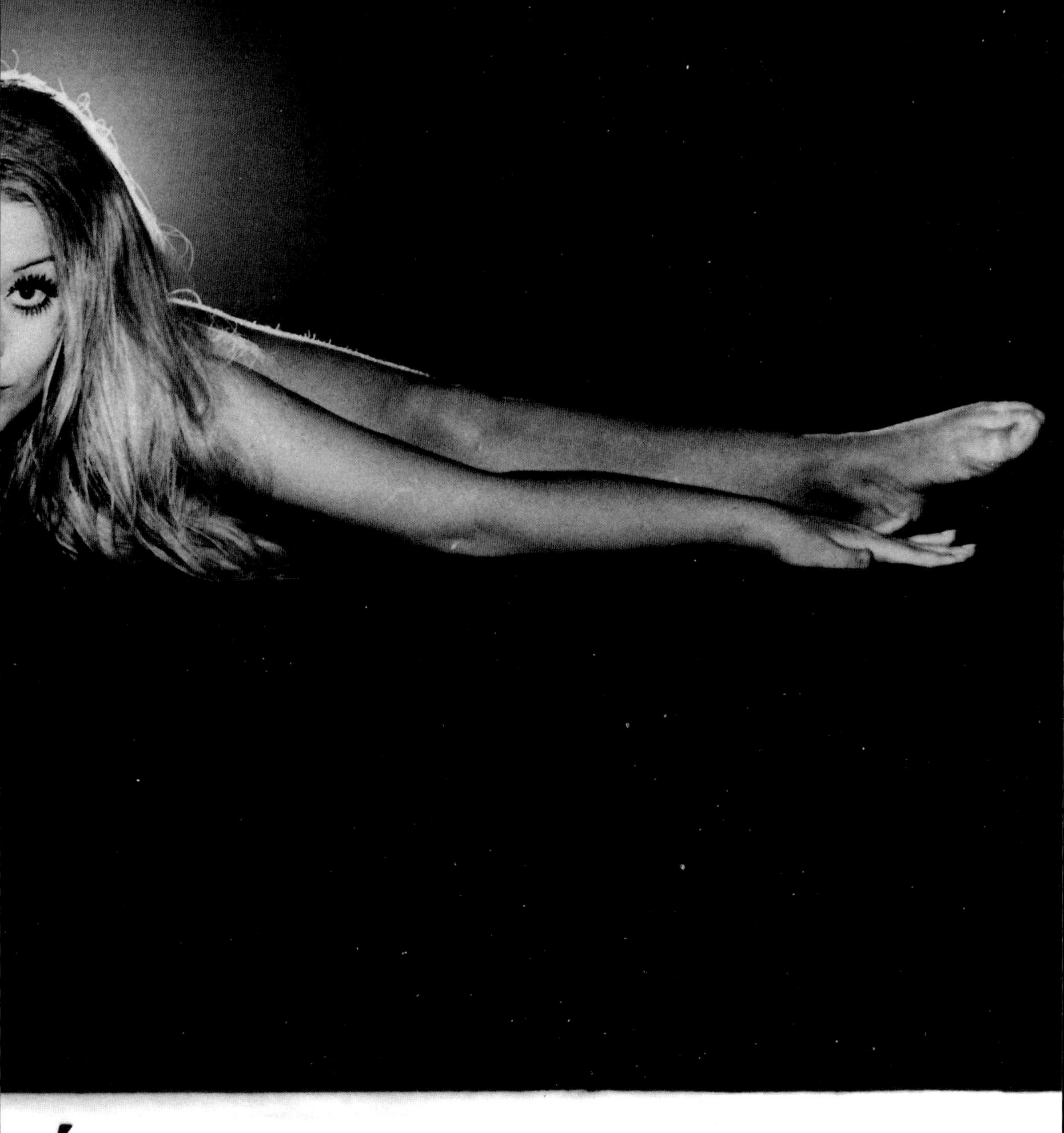

kimono

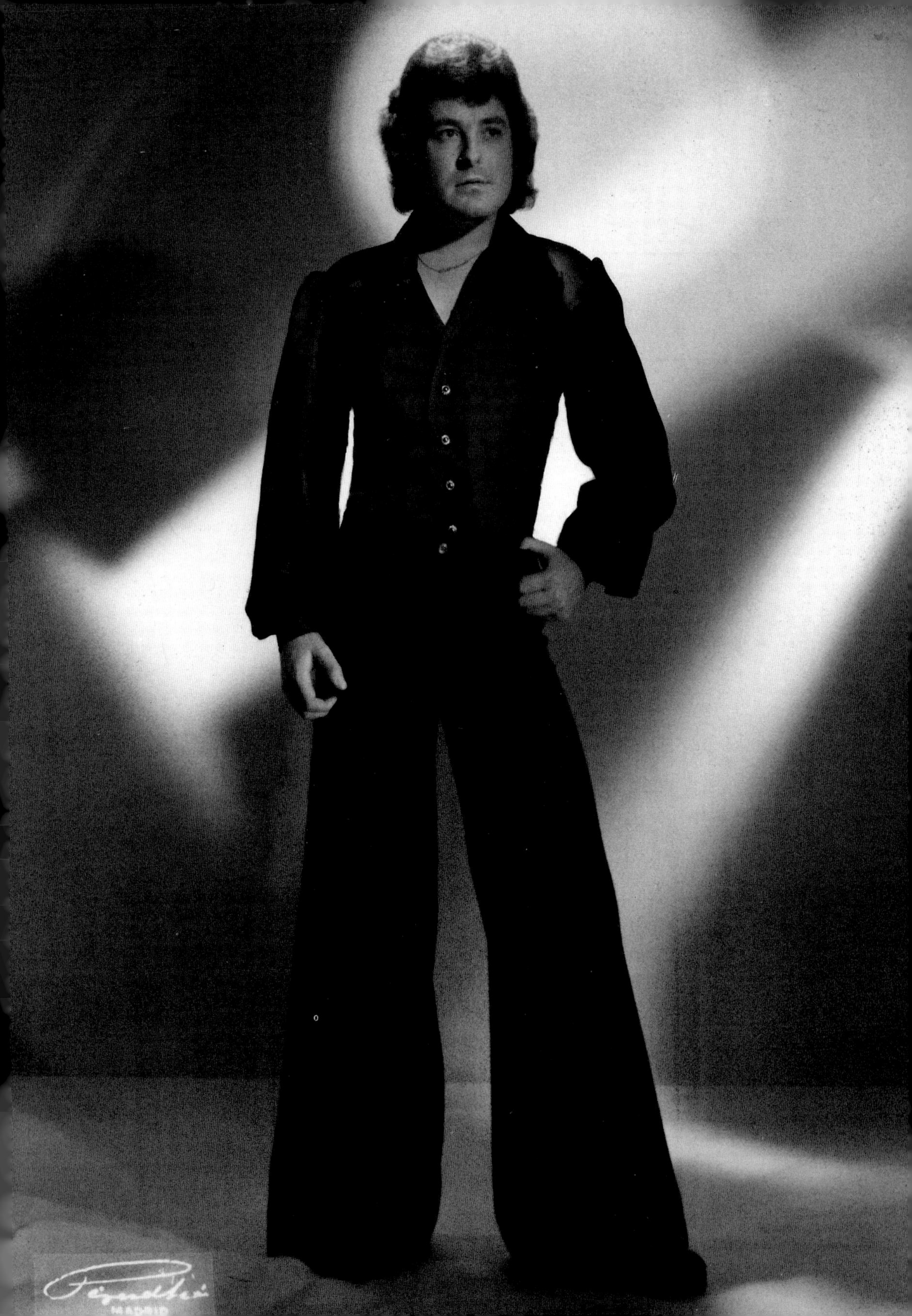
Fernández
MADRID

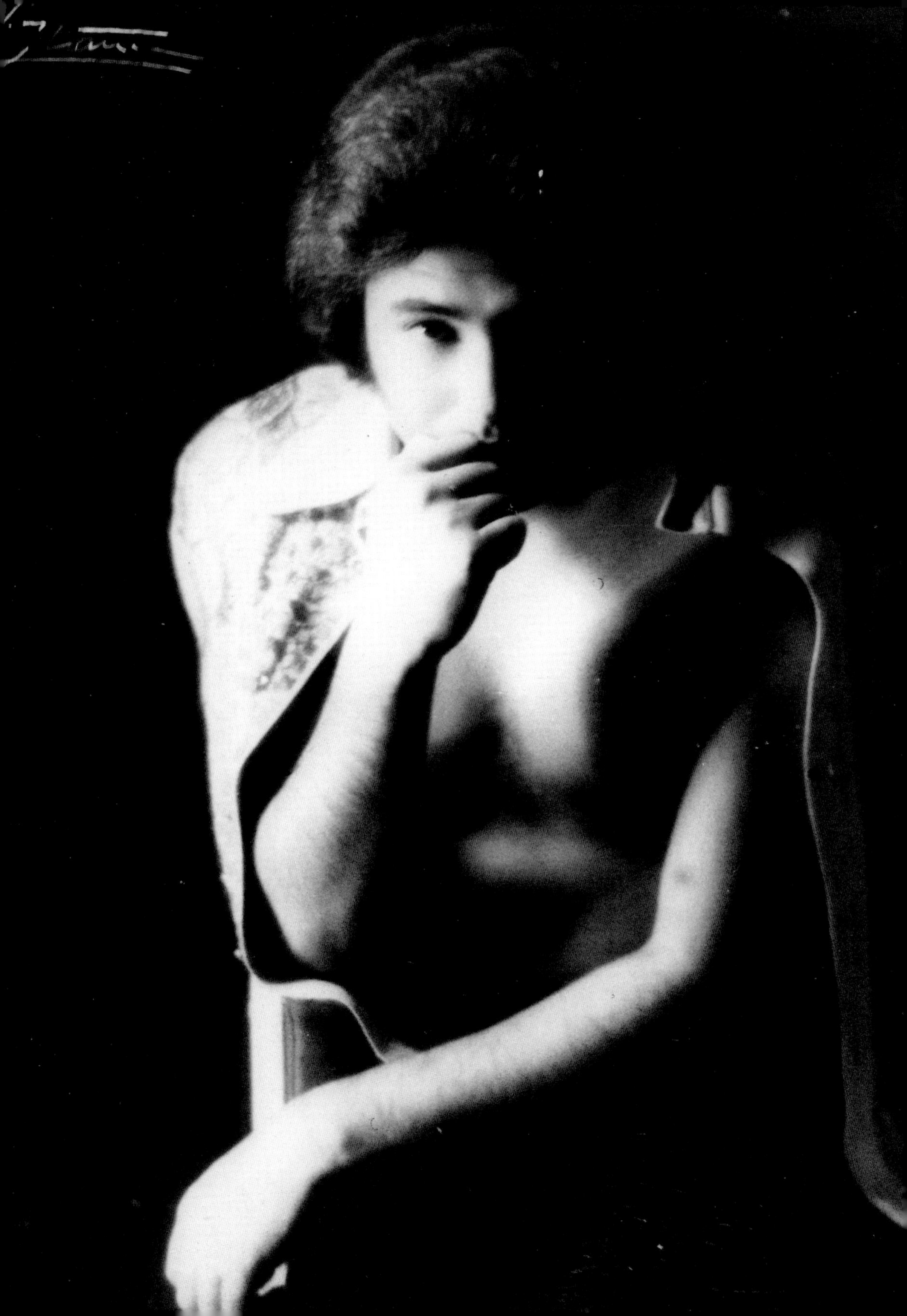

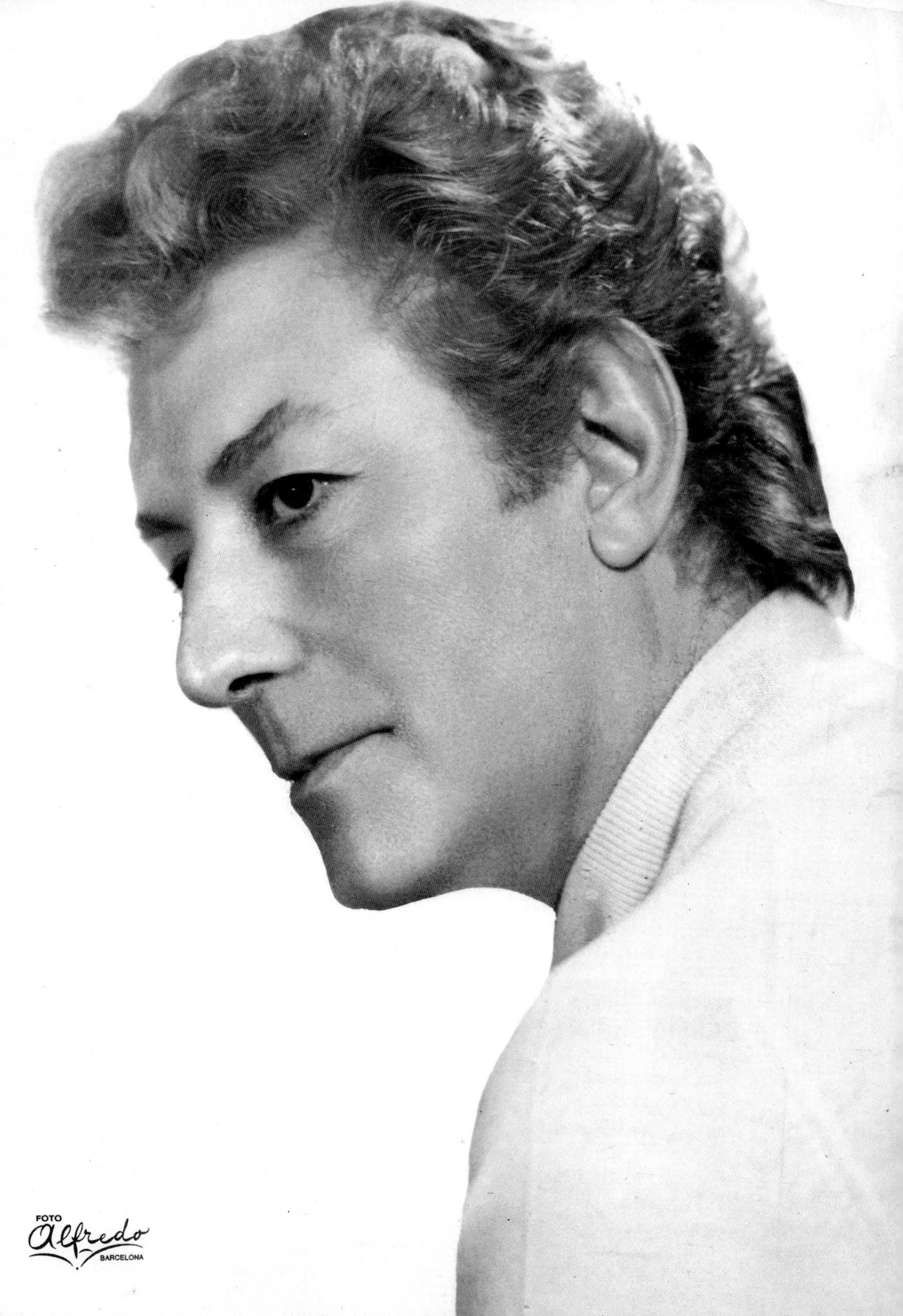

FOTO
Alfredo
BARCELONA

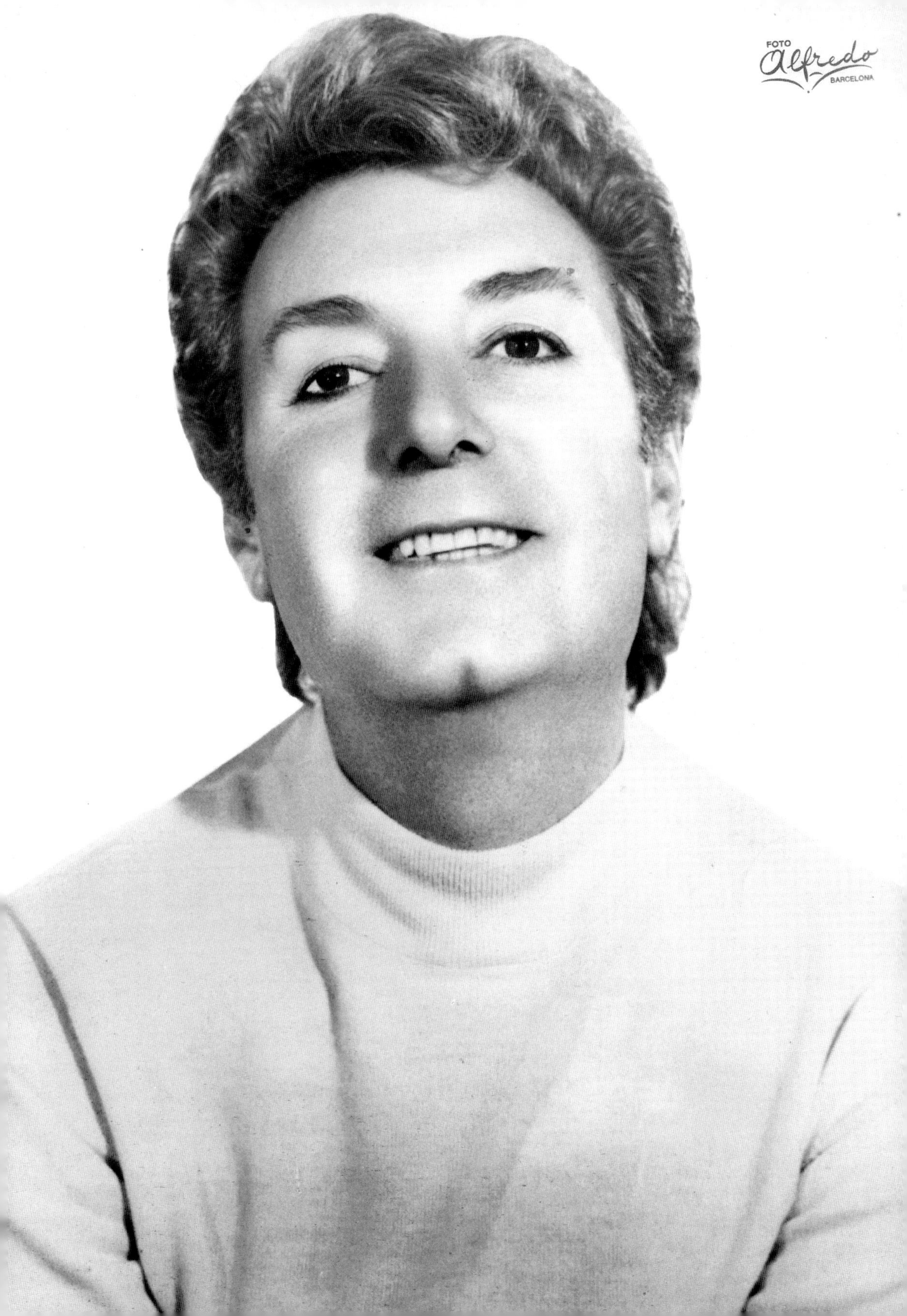

FOTO
Alfredo
BARCELONA

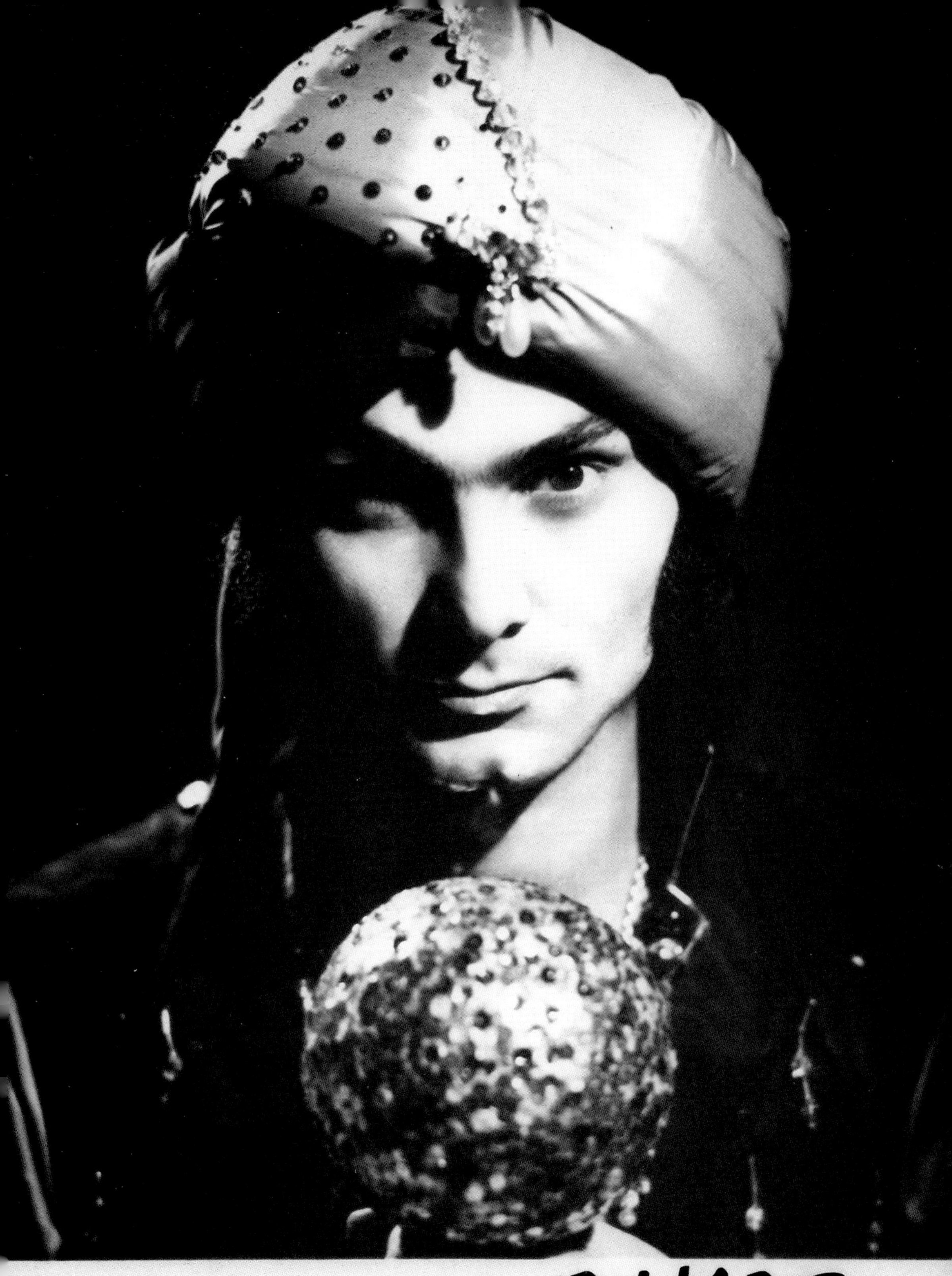

ALKAS
(ATRACCION INTERNATIONAL

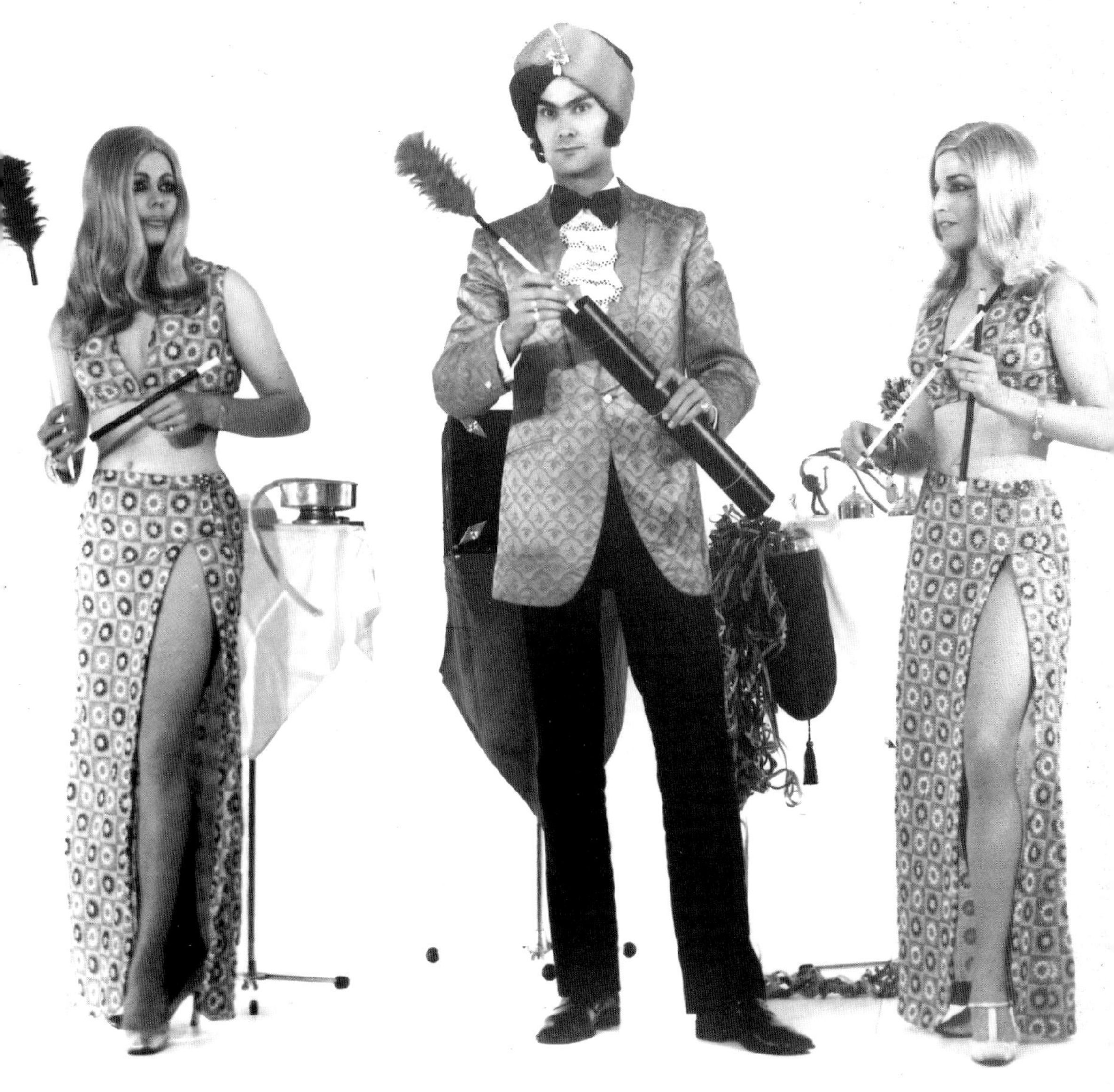

foto
alfredo
BARCELONA
ALKAS
(ATRACCION INTERNATIONAL)

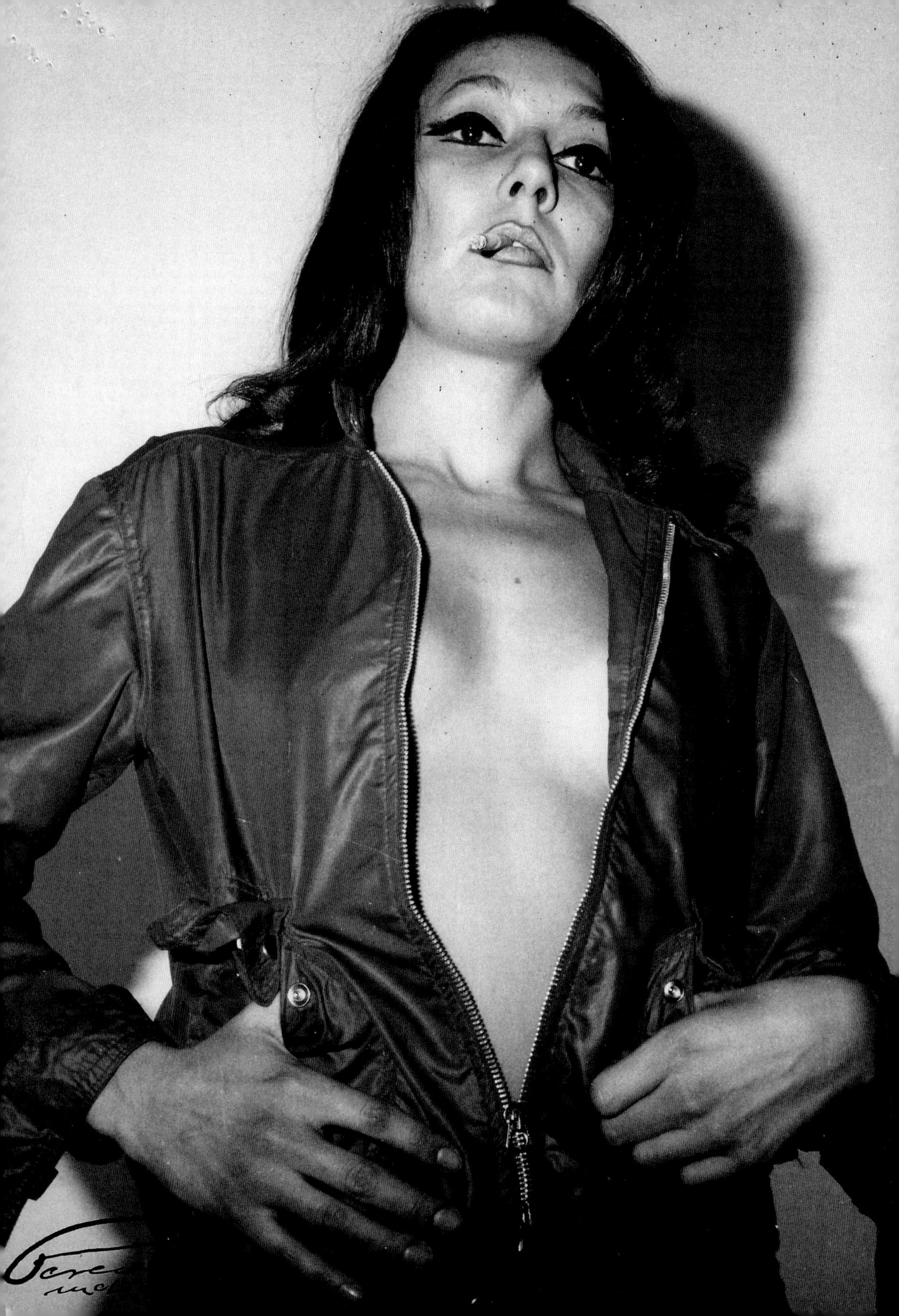

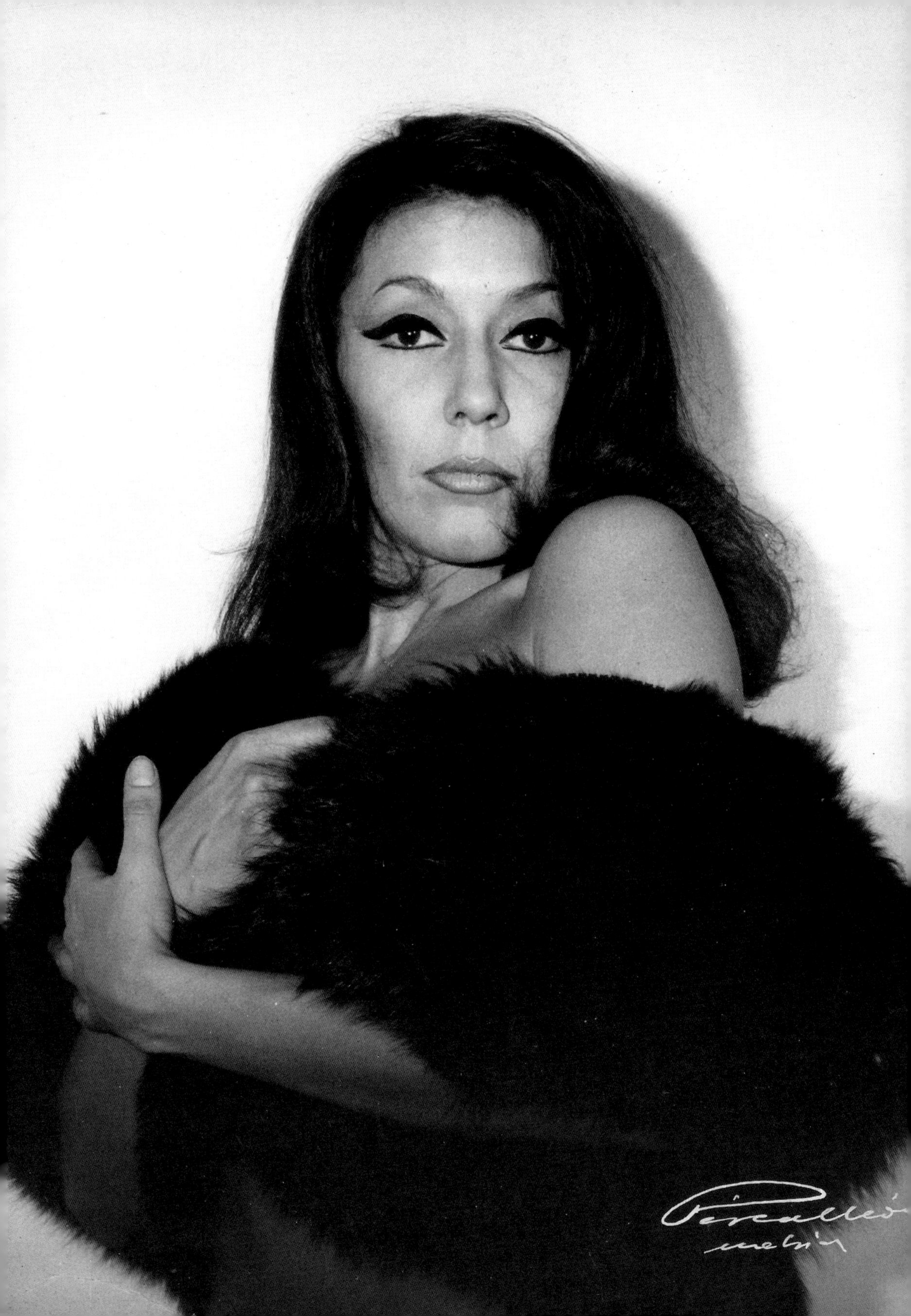

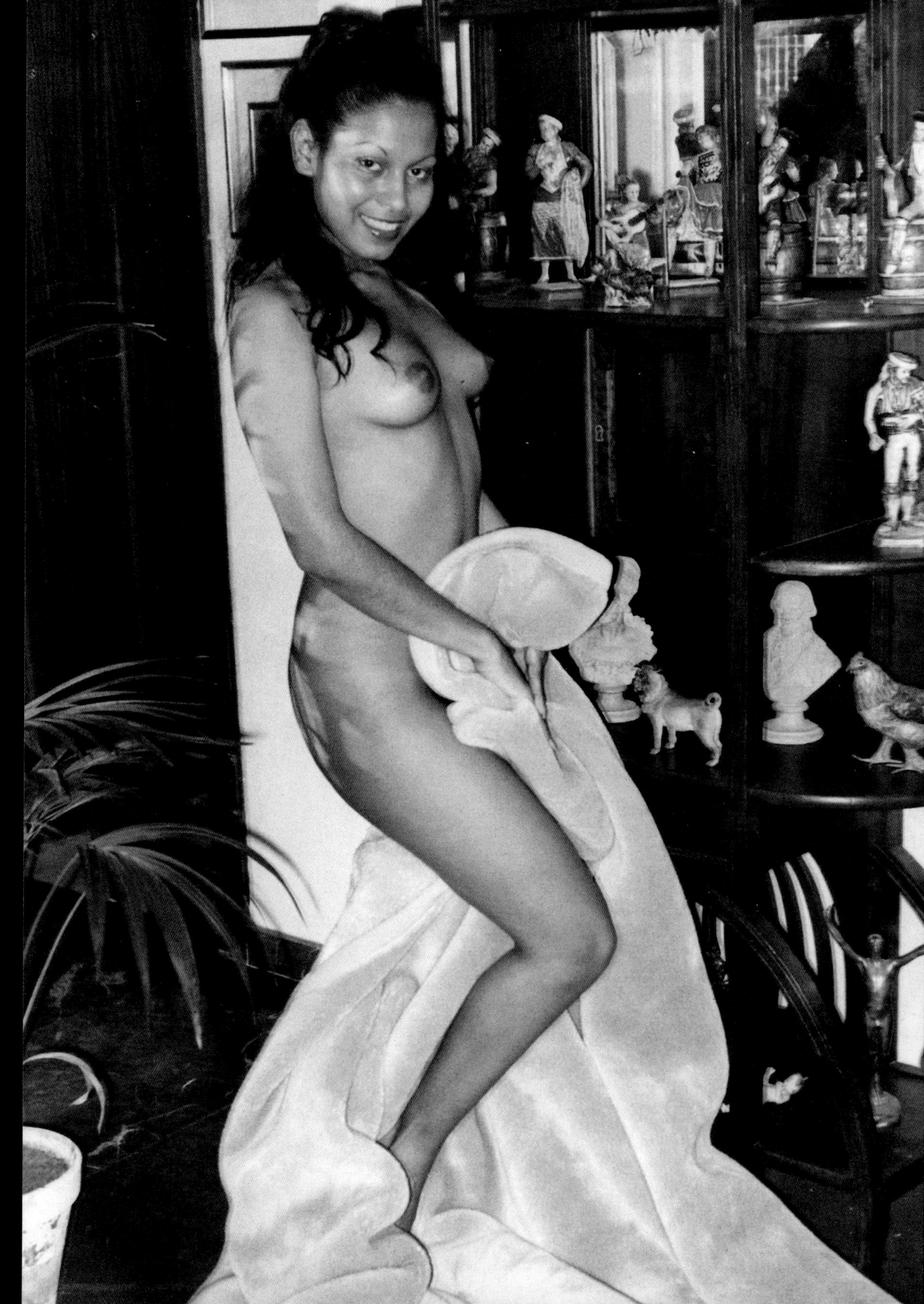

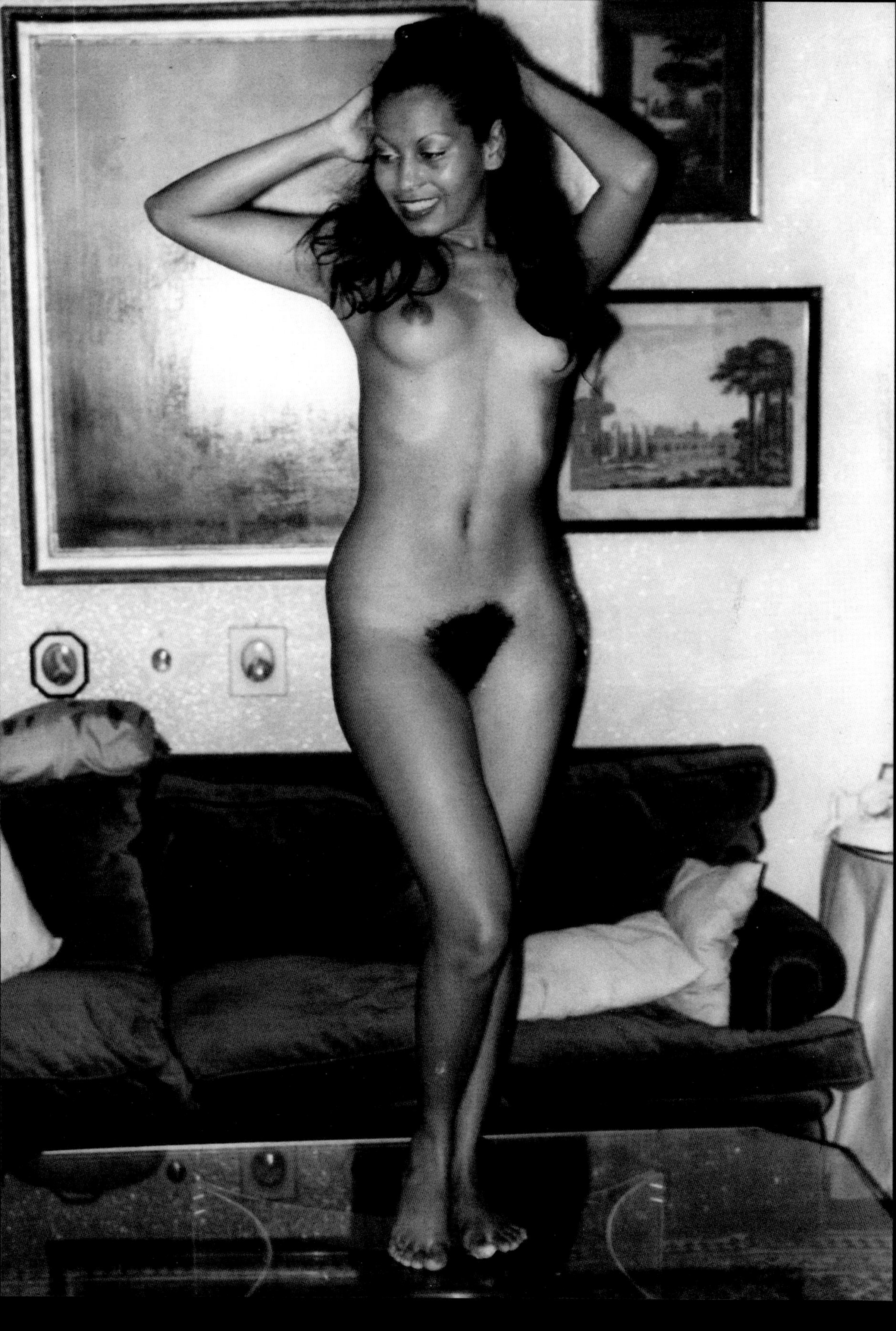

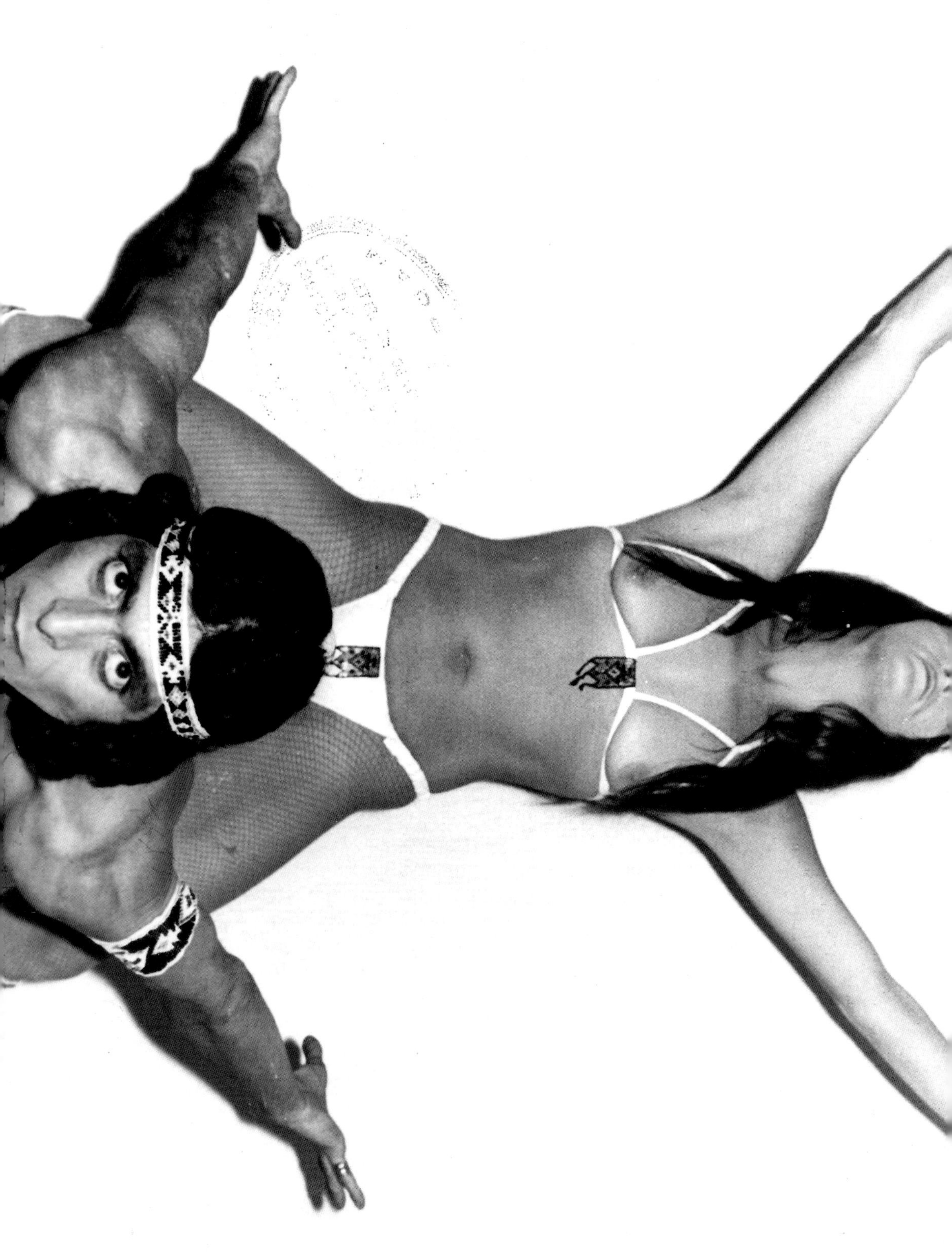

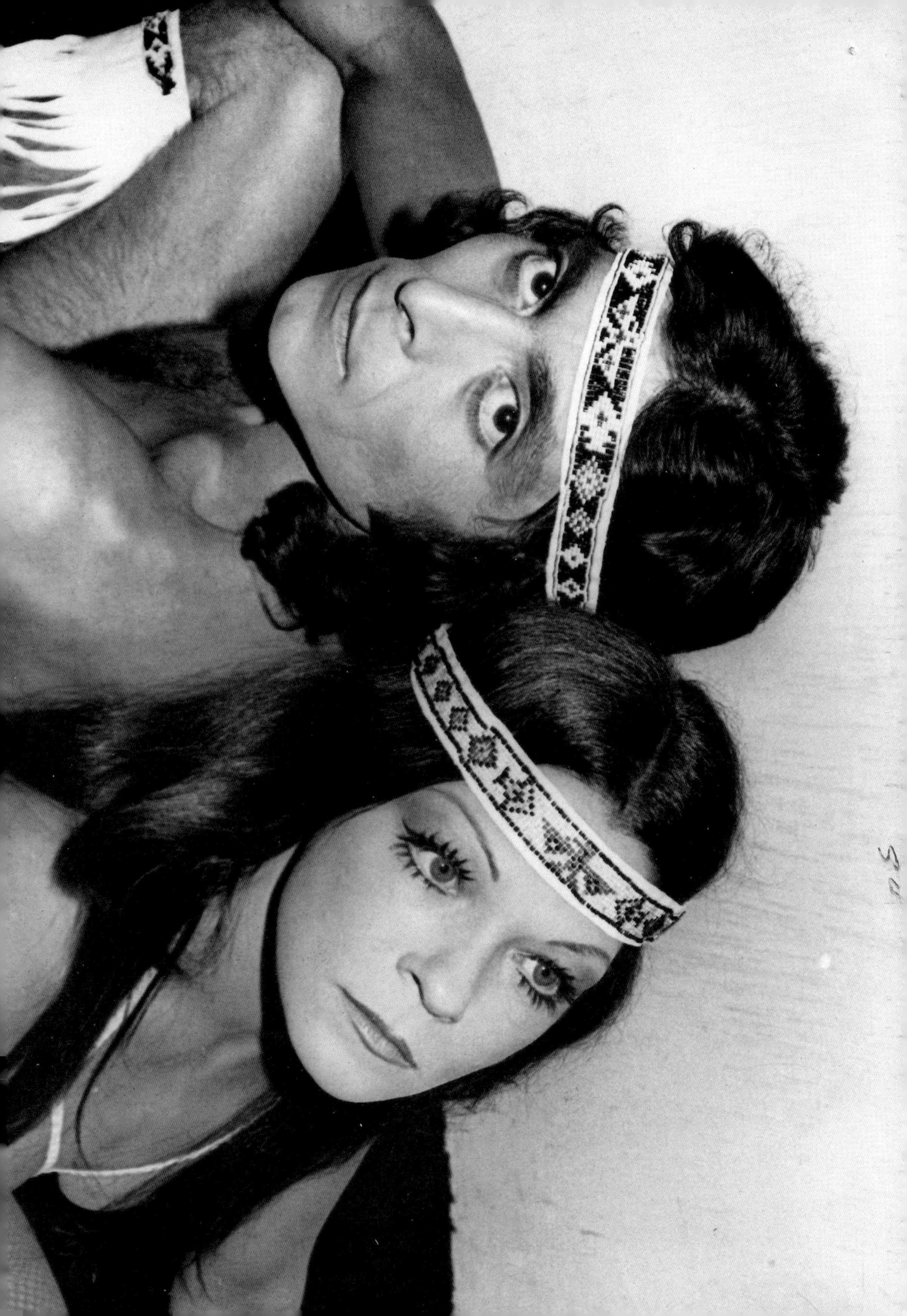

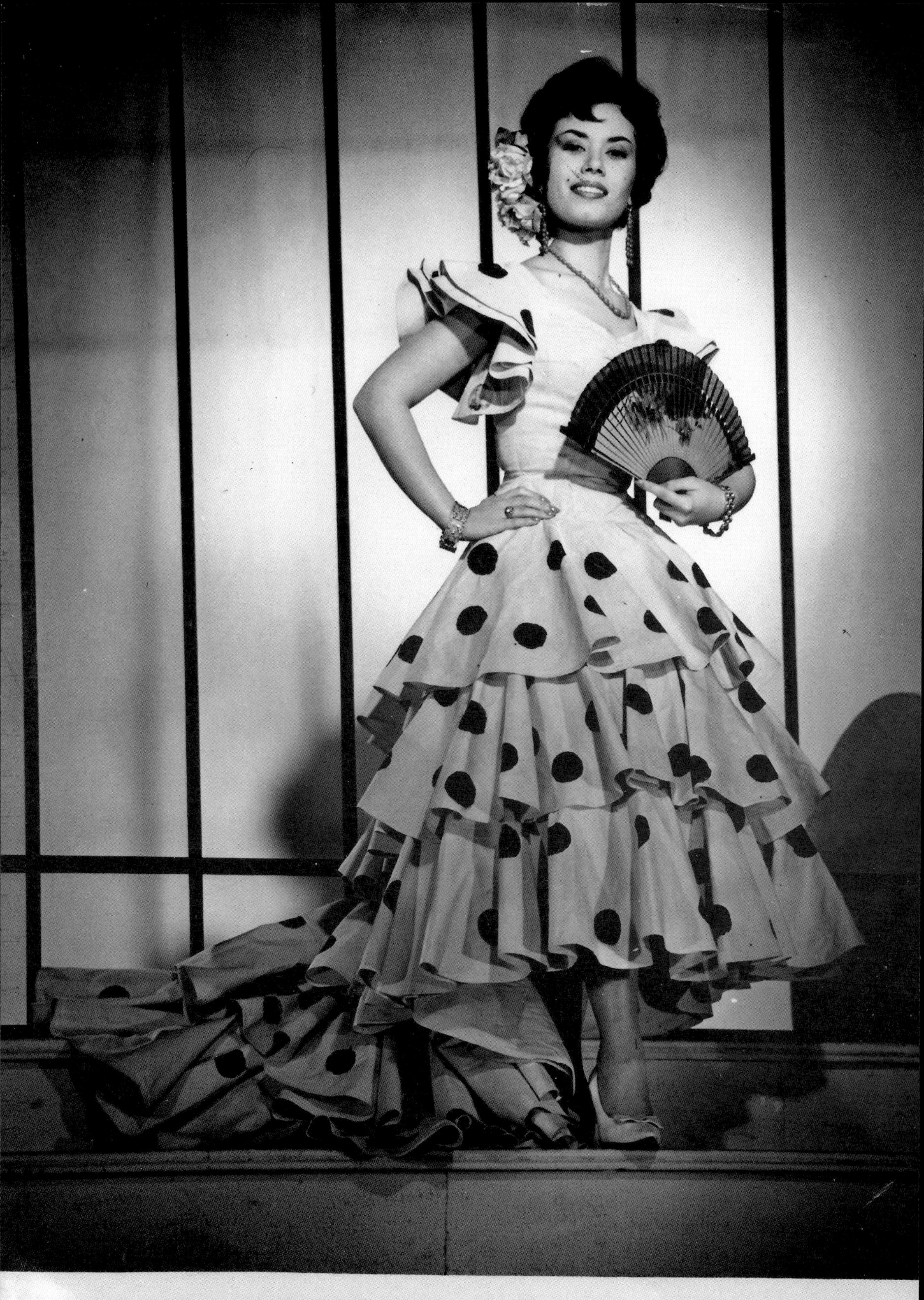

TERESITA DE AVILA
ESTUDIOS FOTOGRAFICOS
Olga Maša

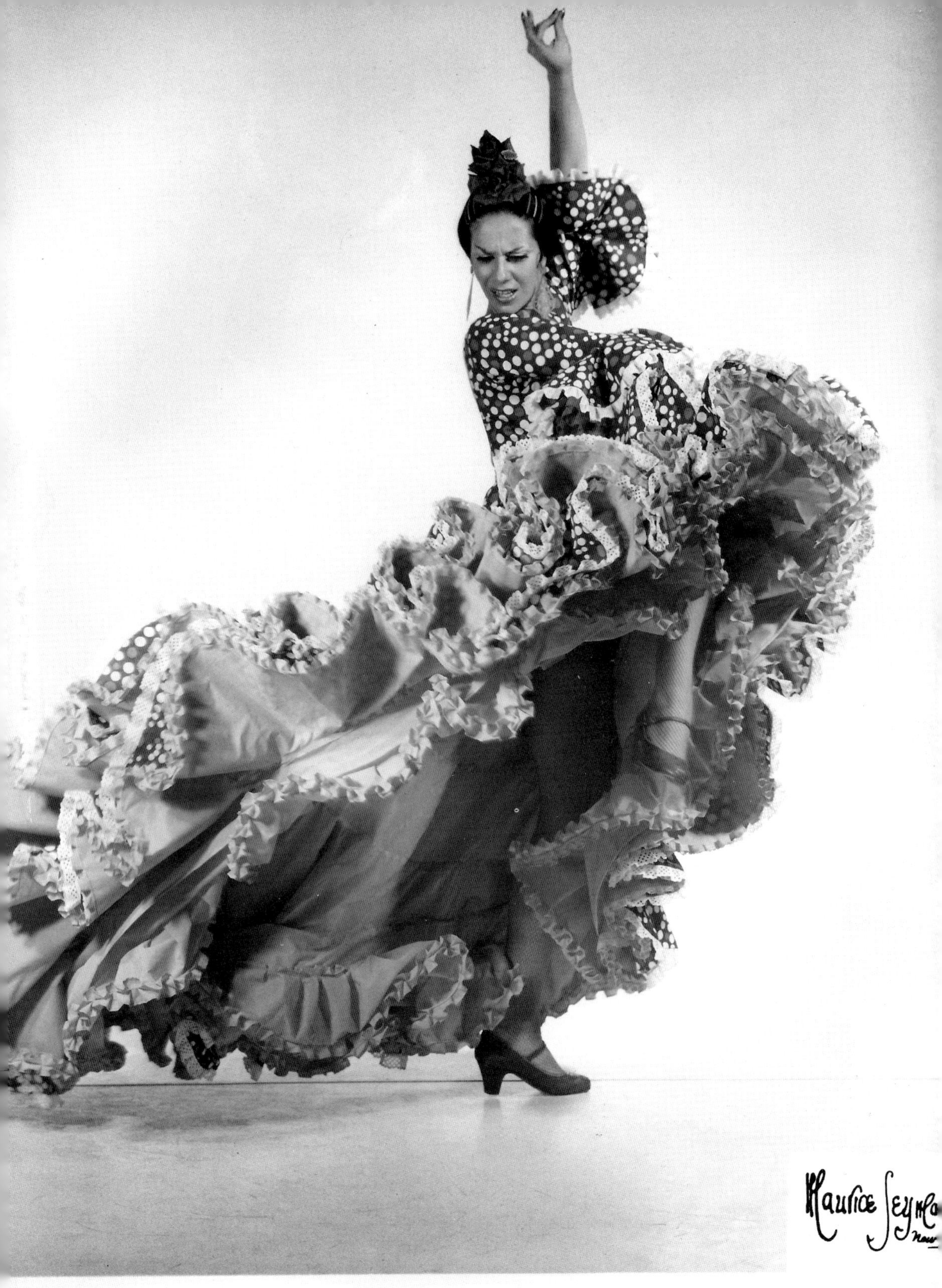

RAQUEL PEÑA

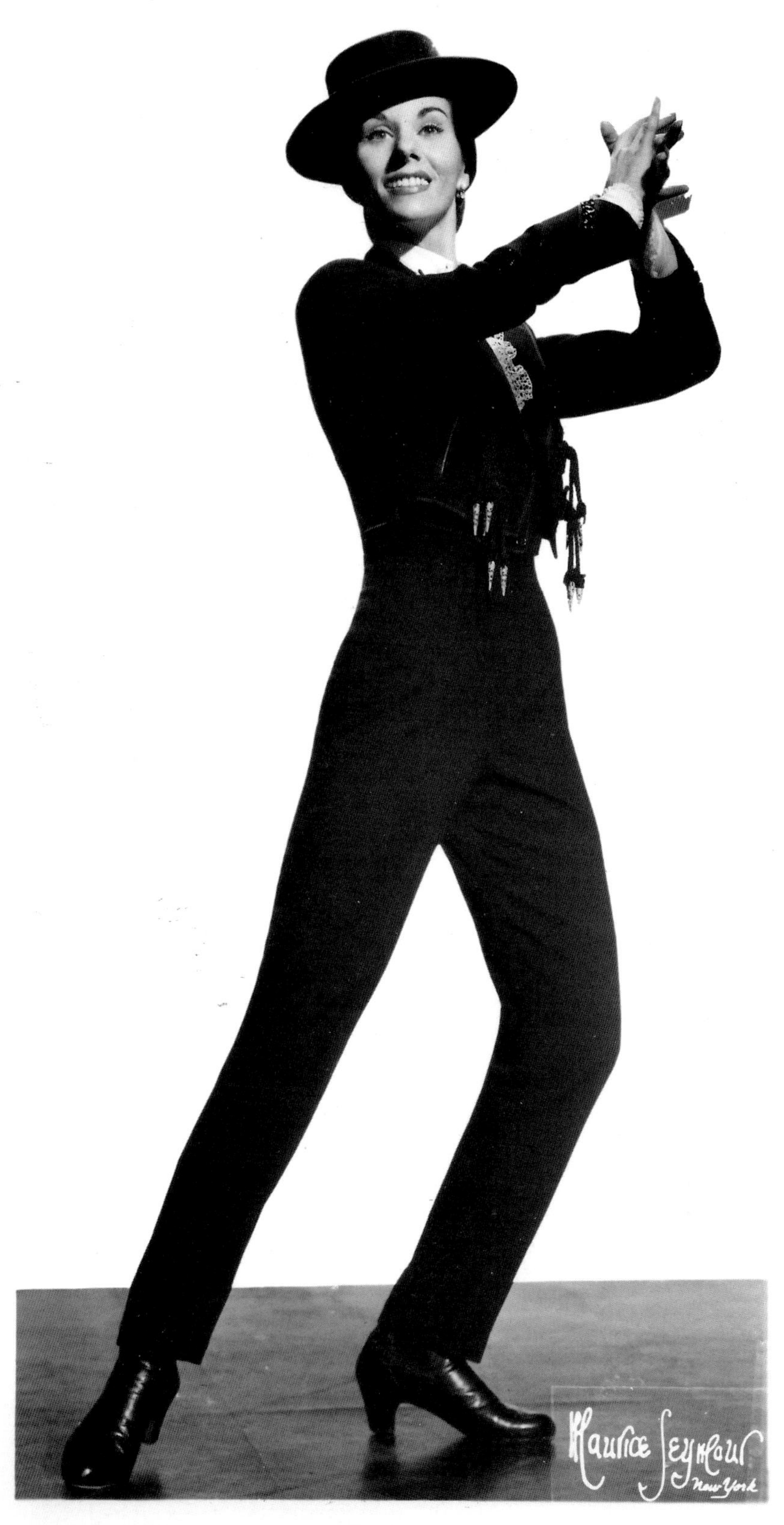

RAQUEL PEÑA

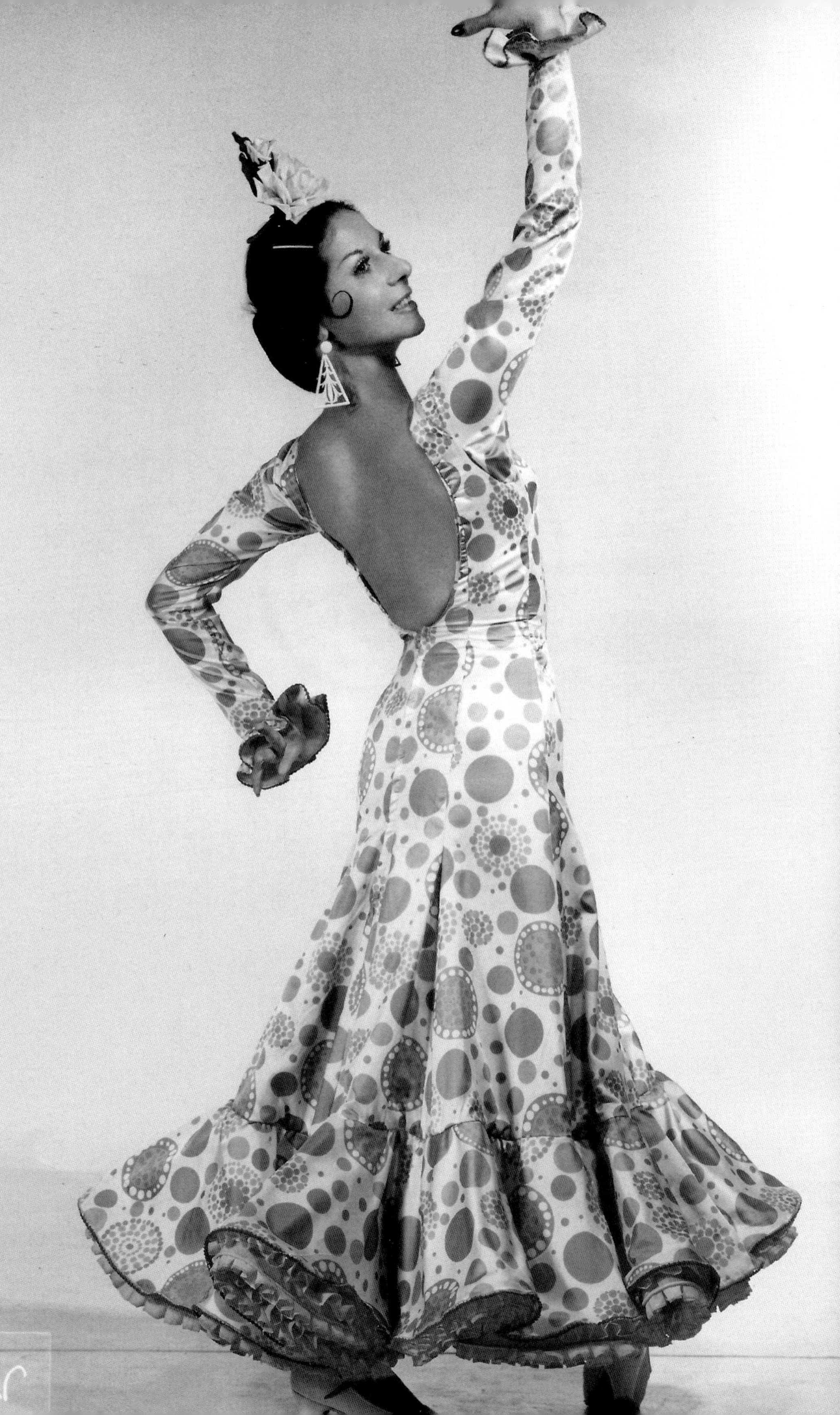
Alice Seymour

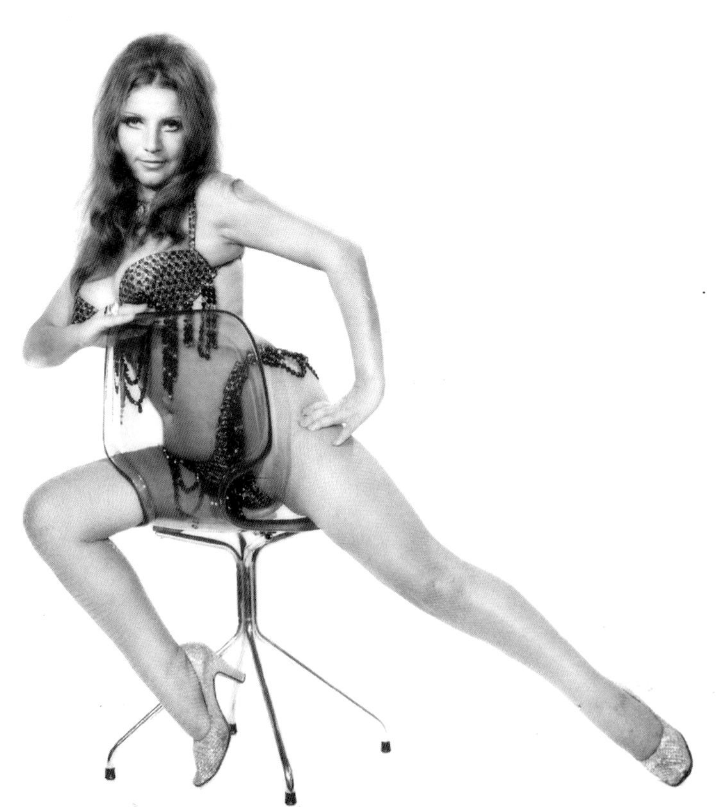

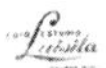

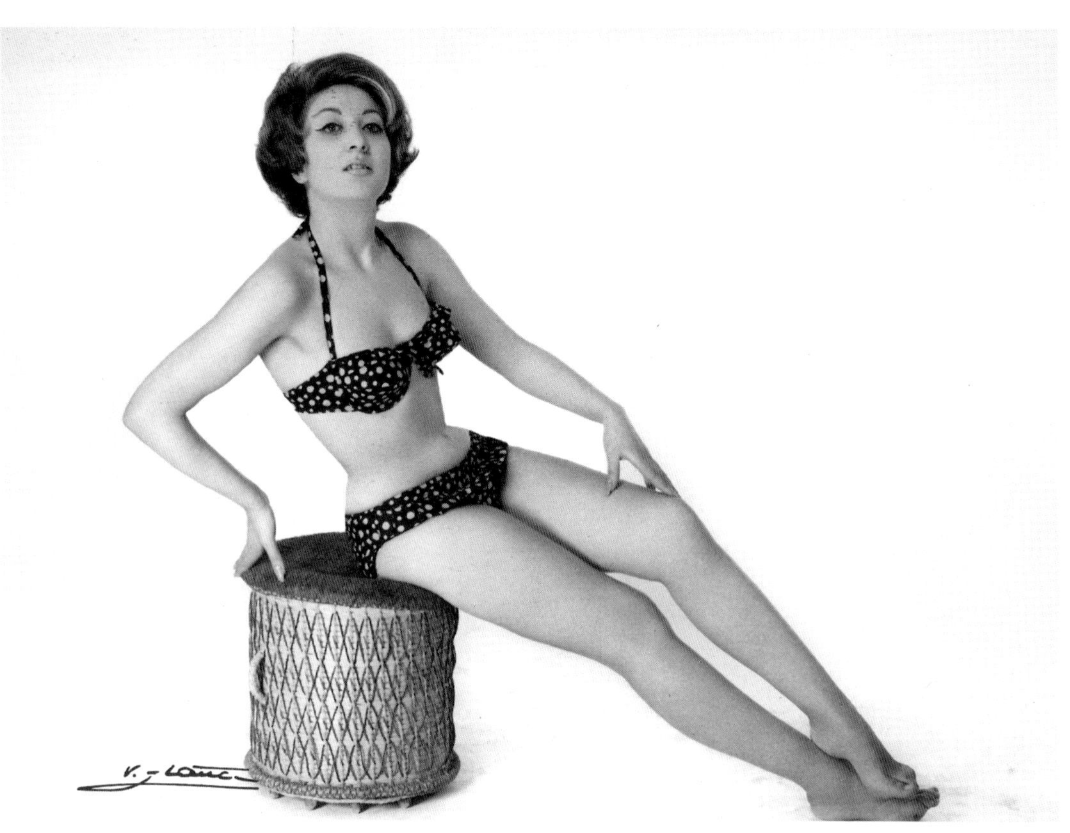

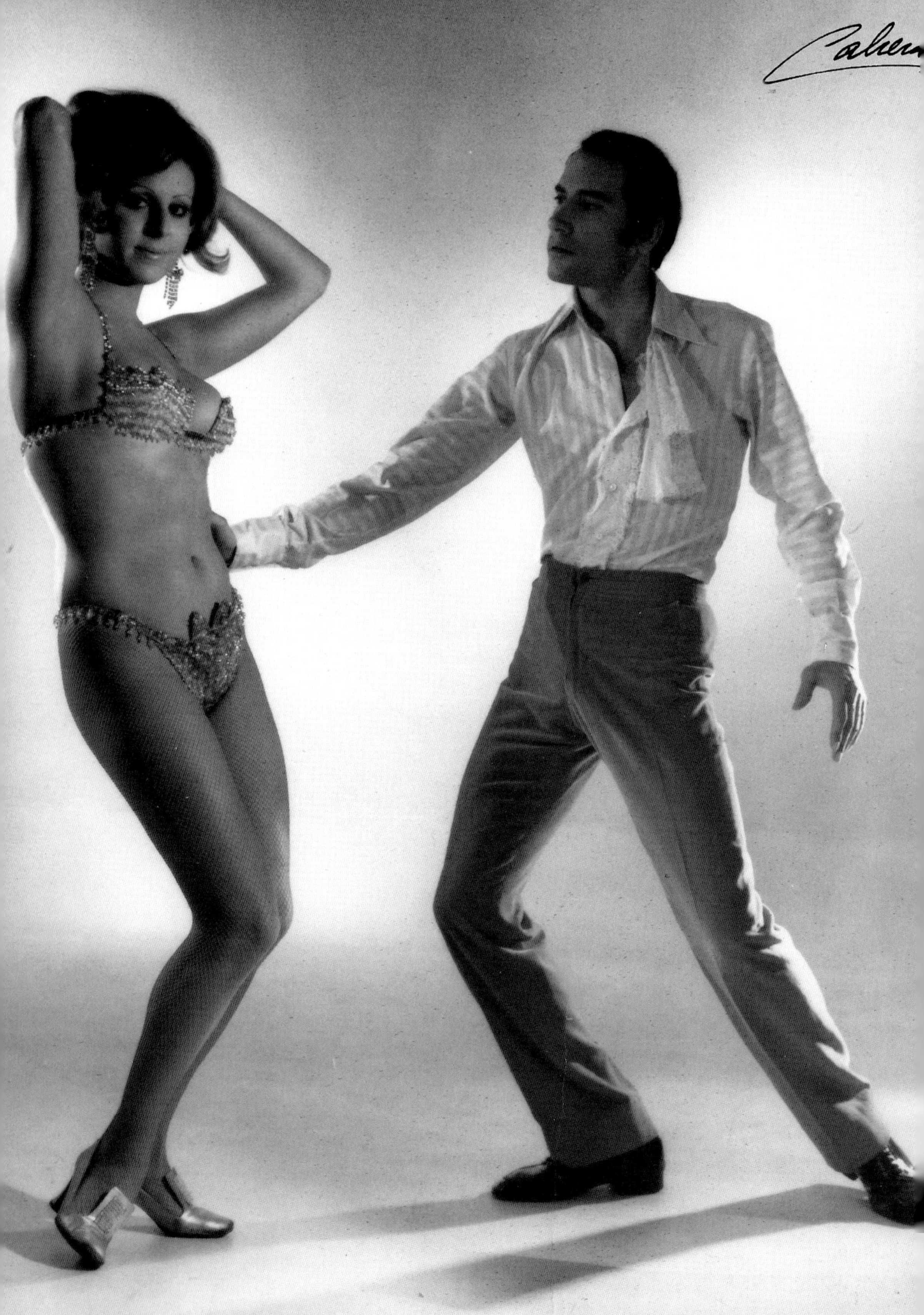
Cabrera

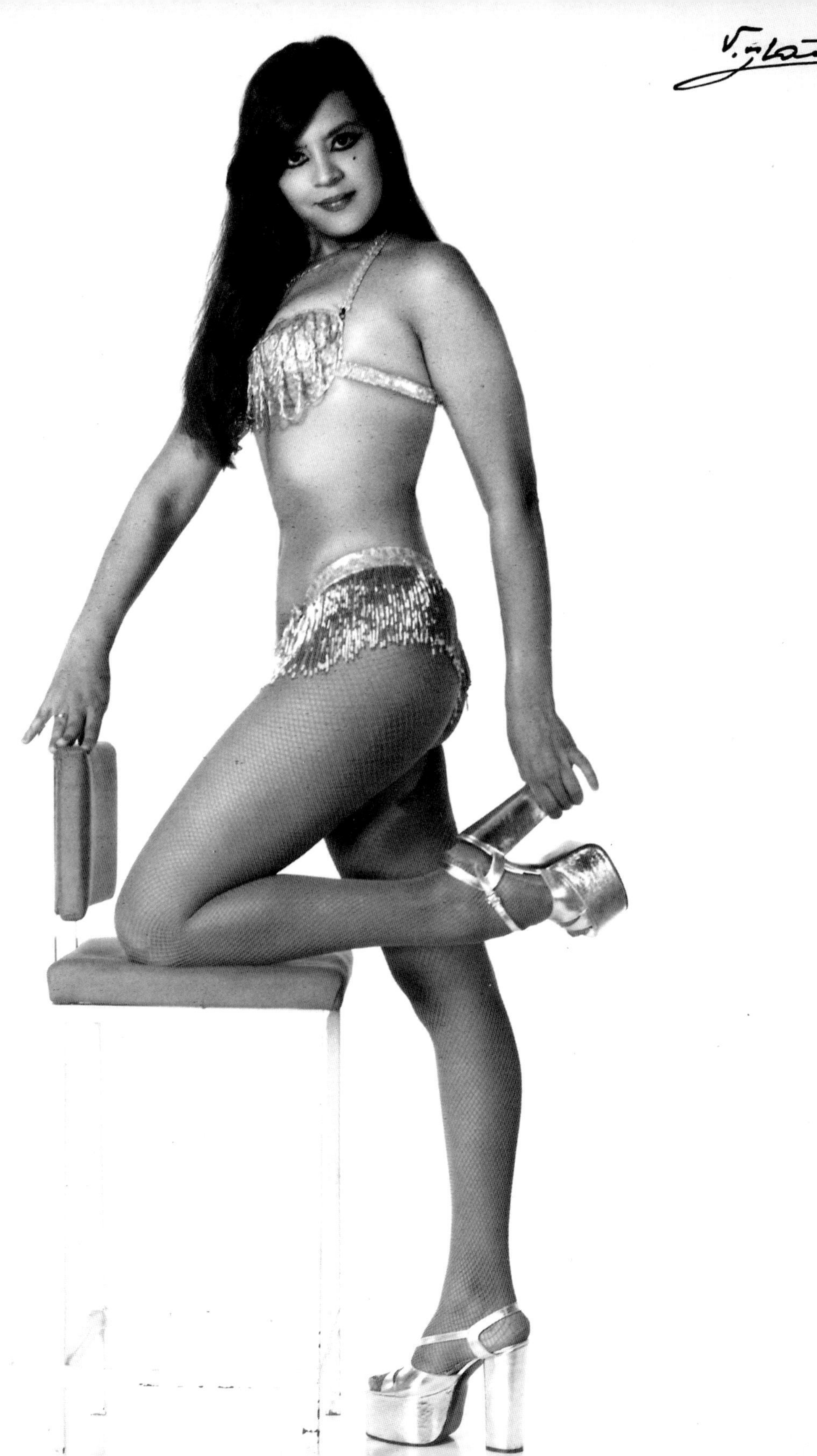

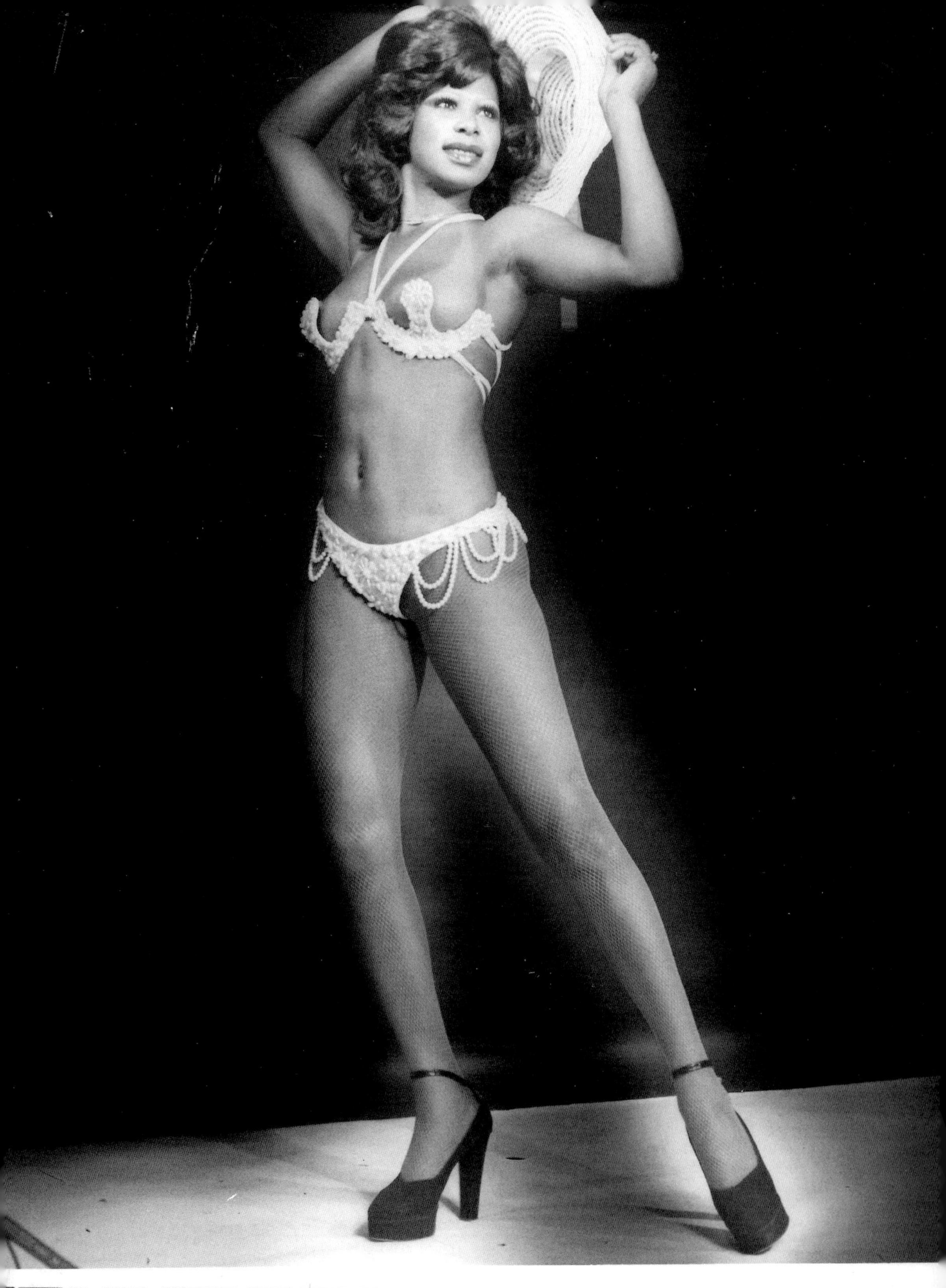

ENNY FER
WARREN

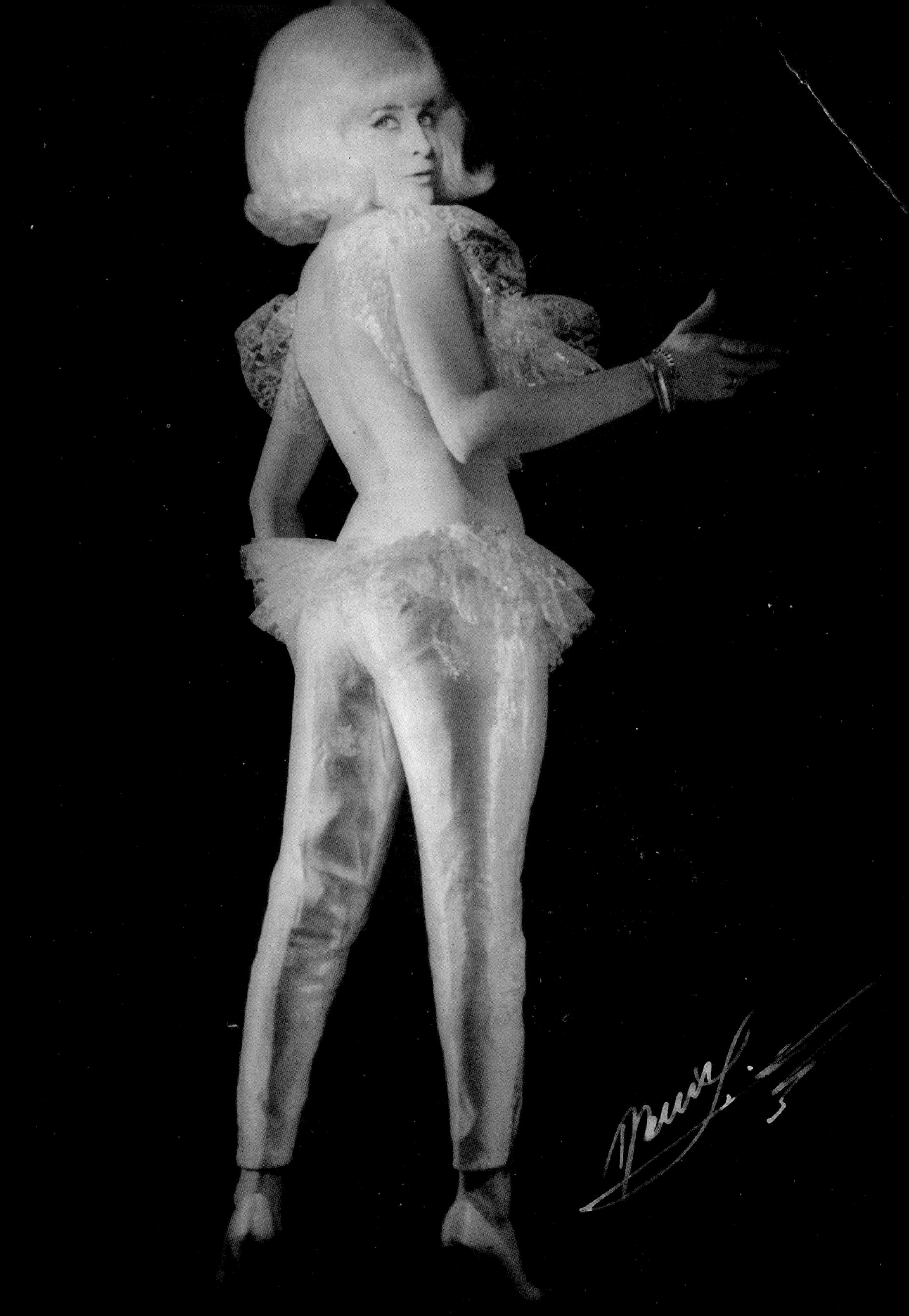

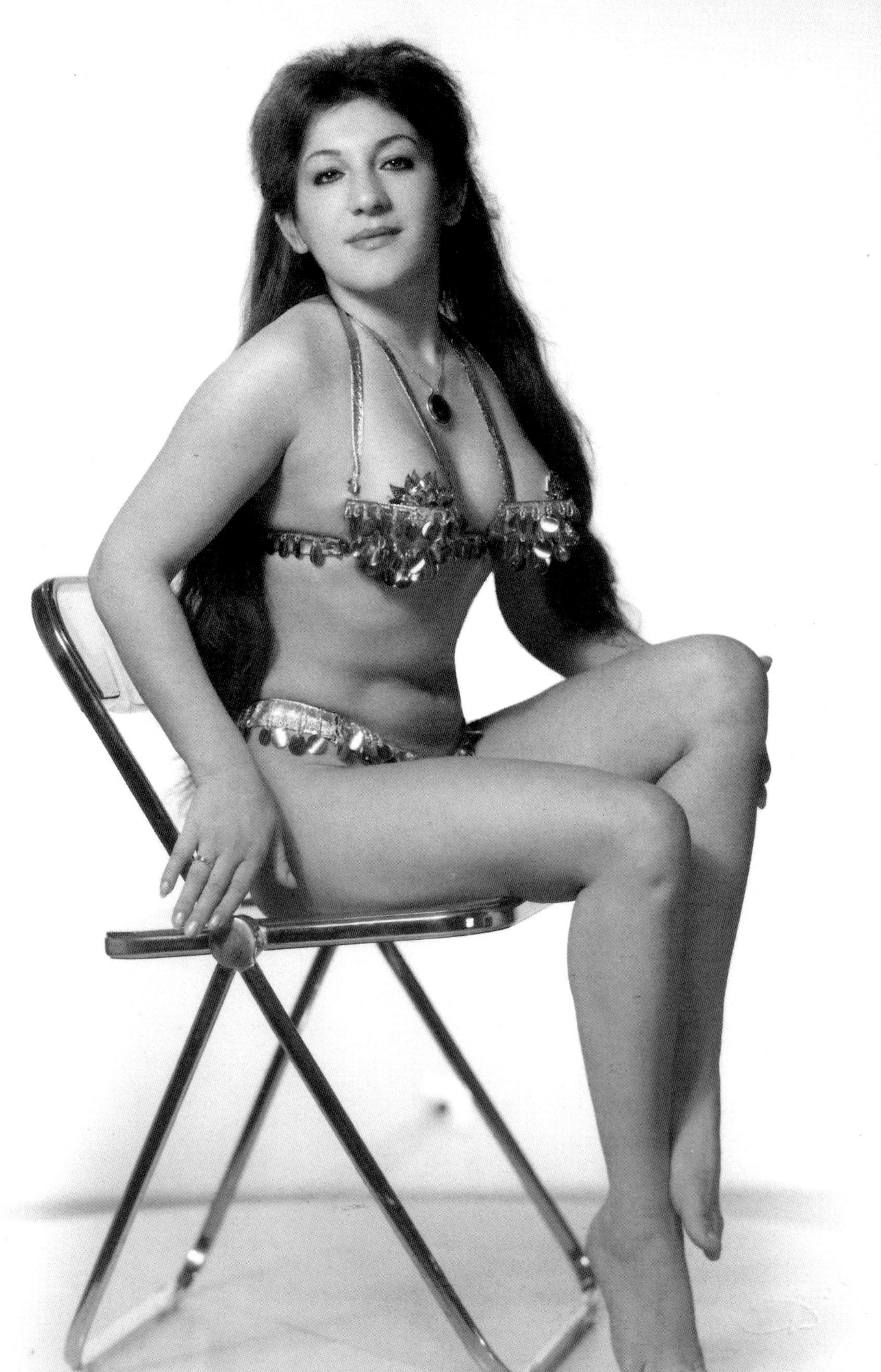

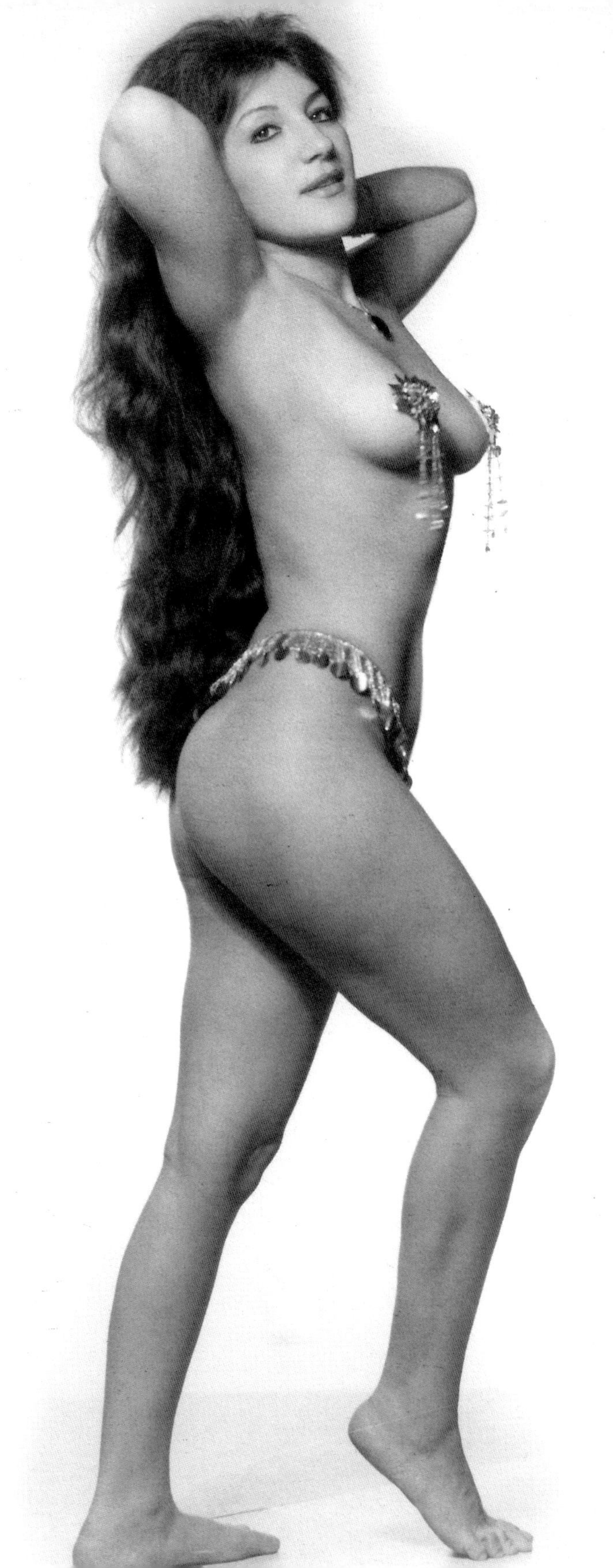

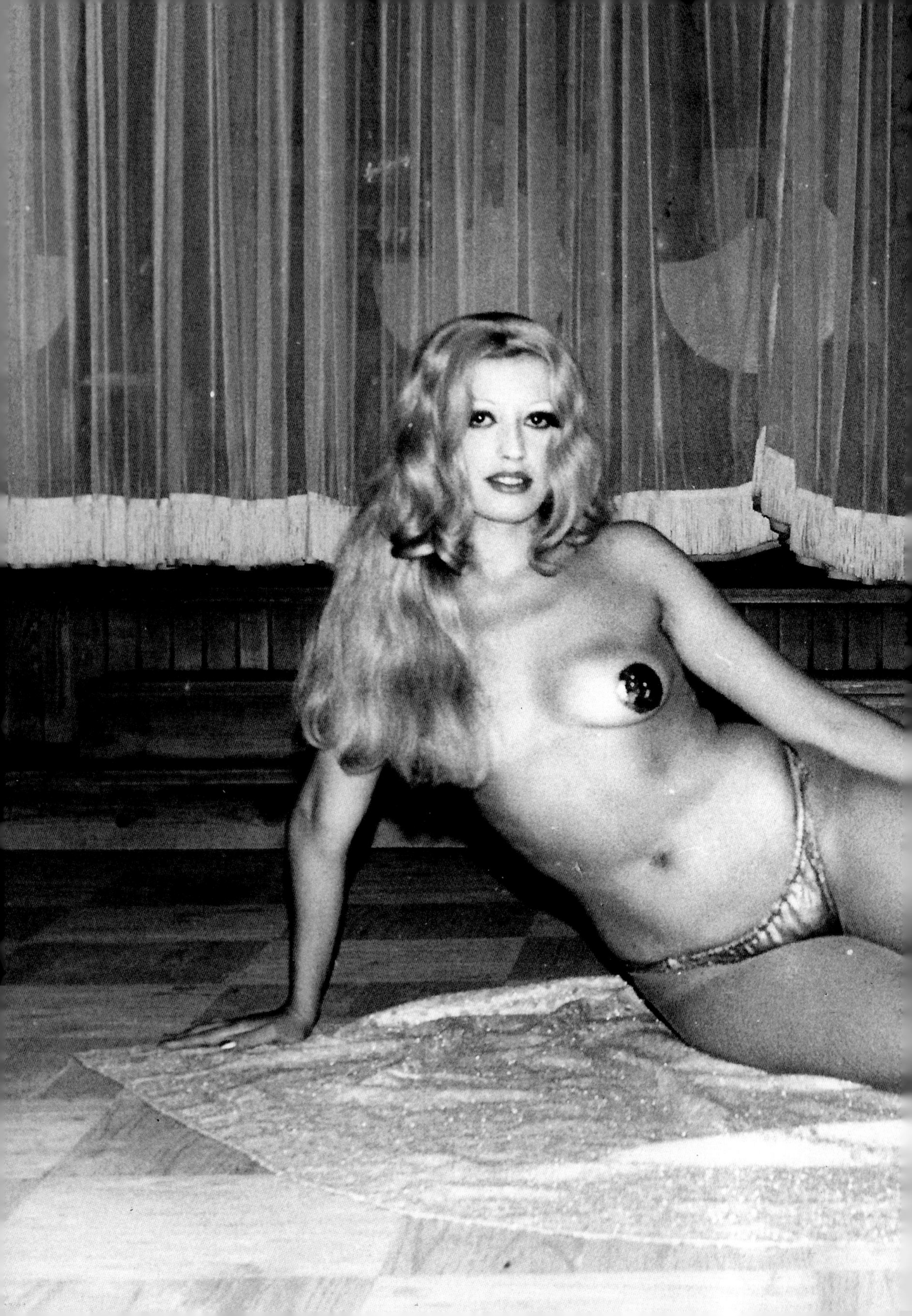

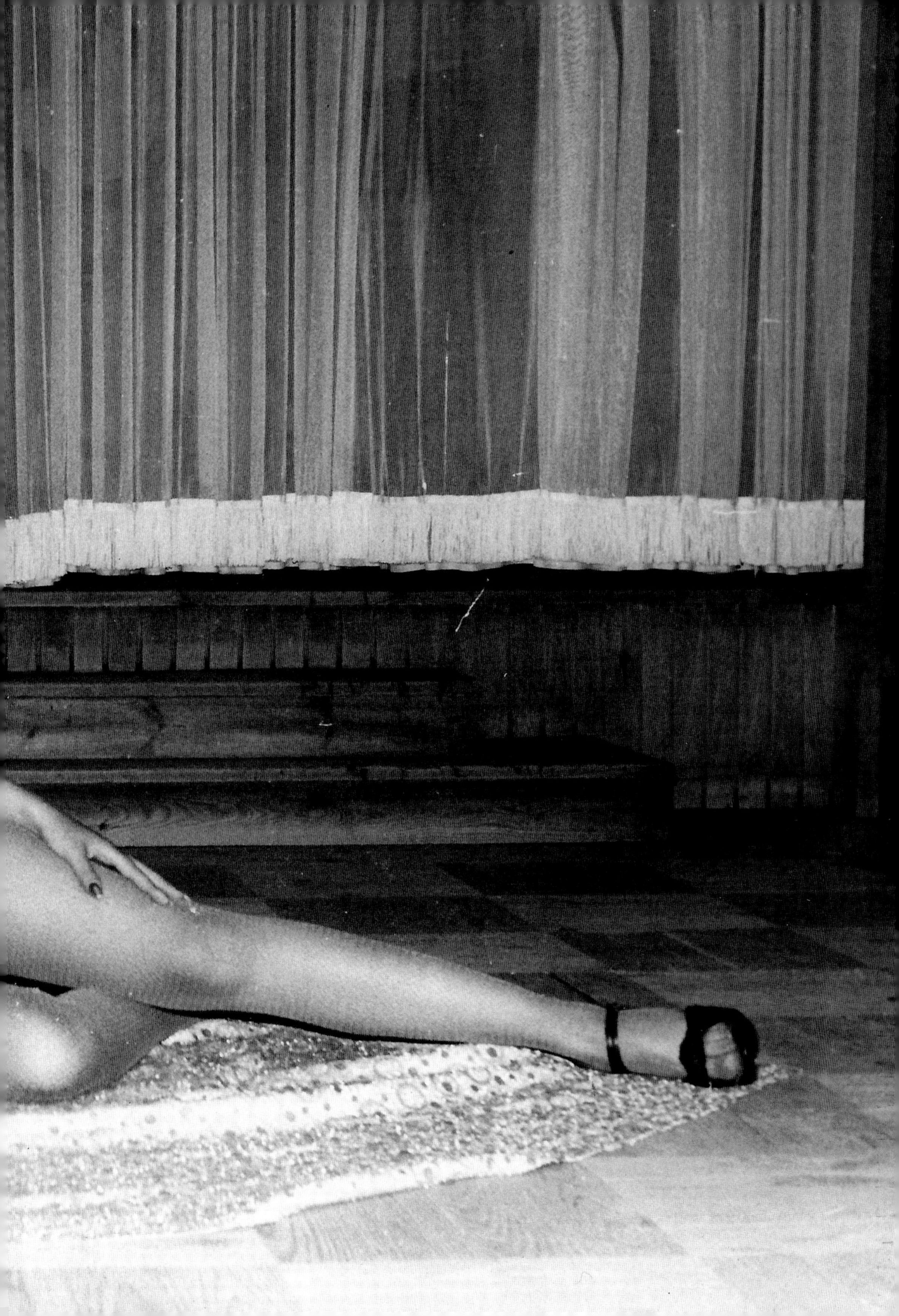

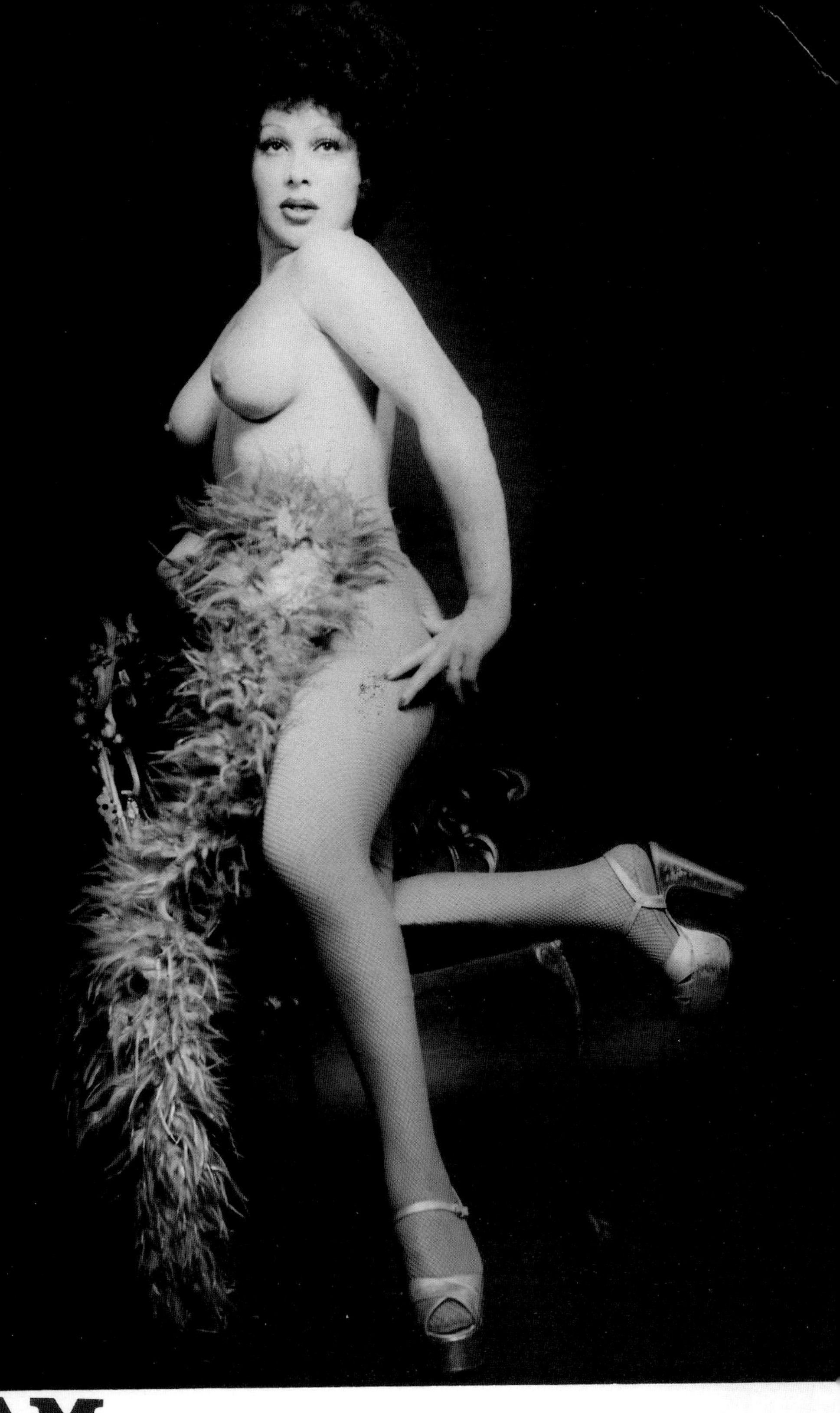

LILIAM
BARTON

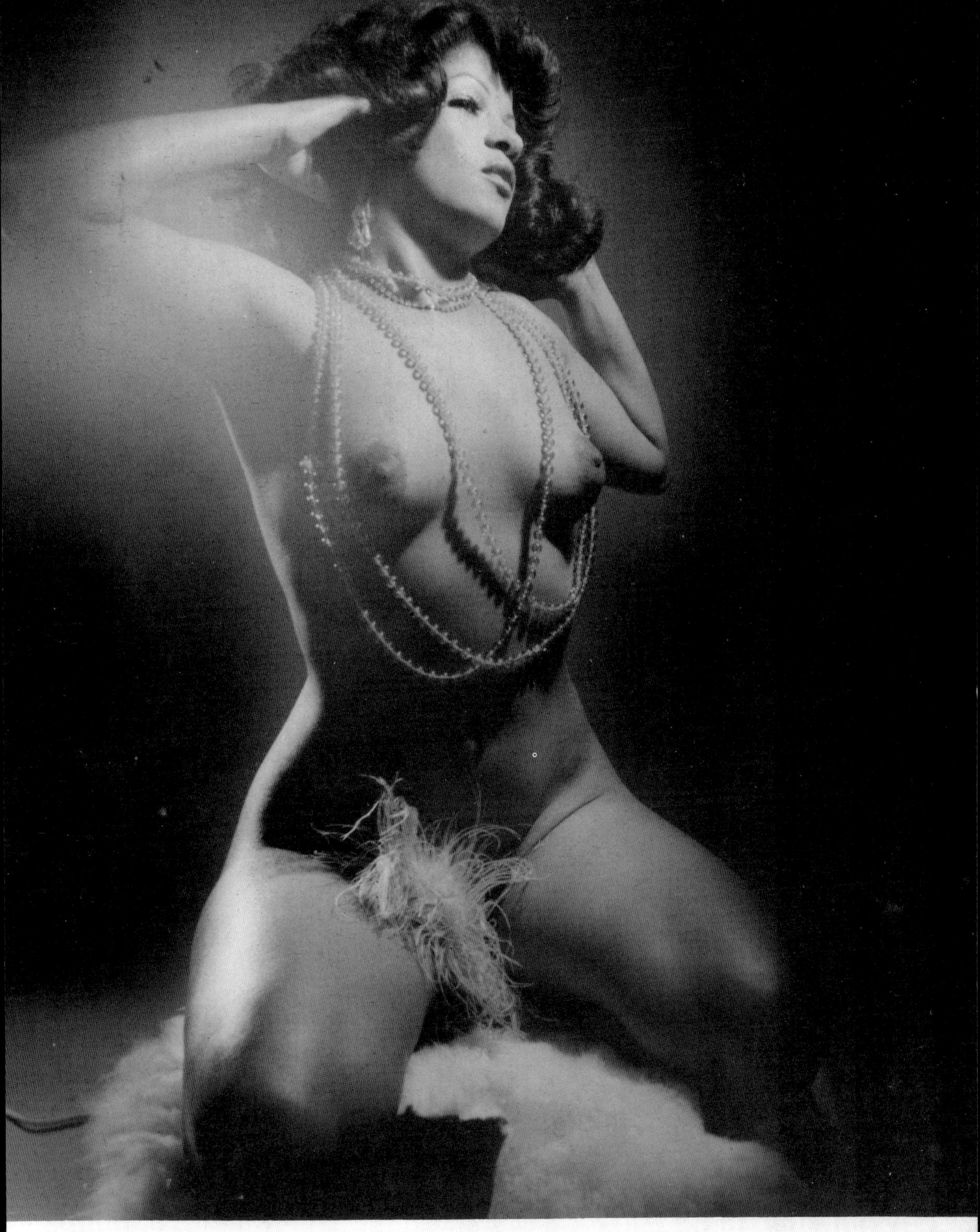

DAMARILY MONTES

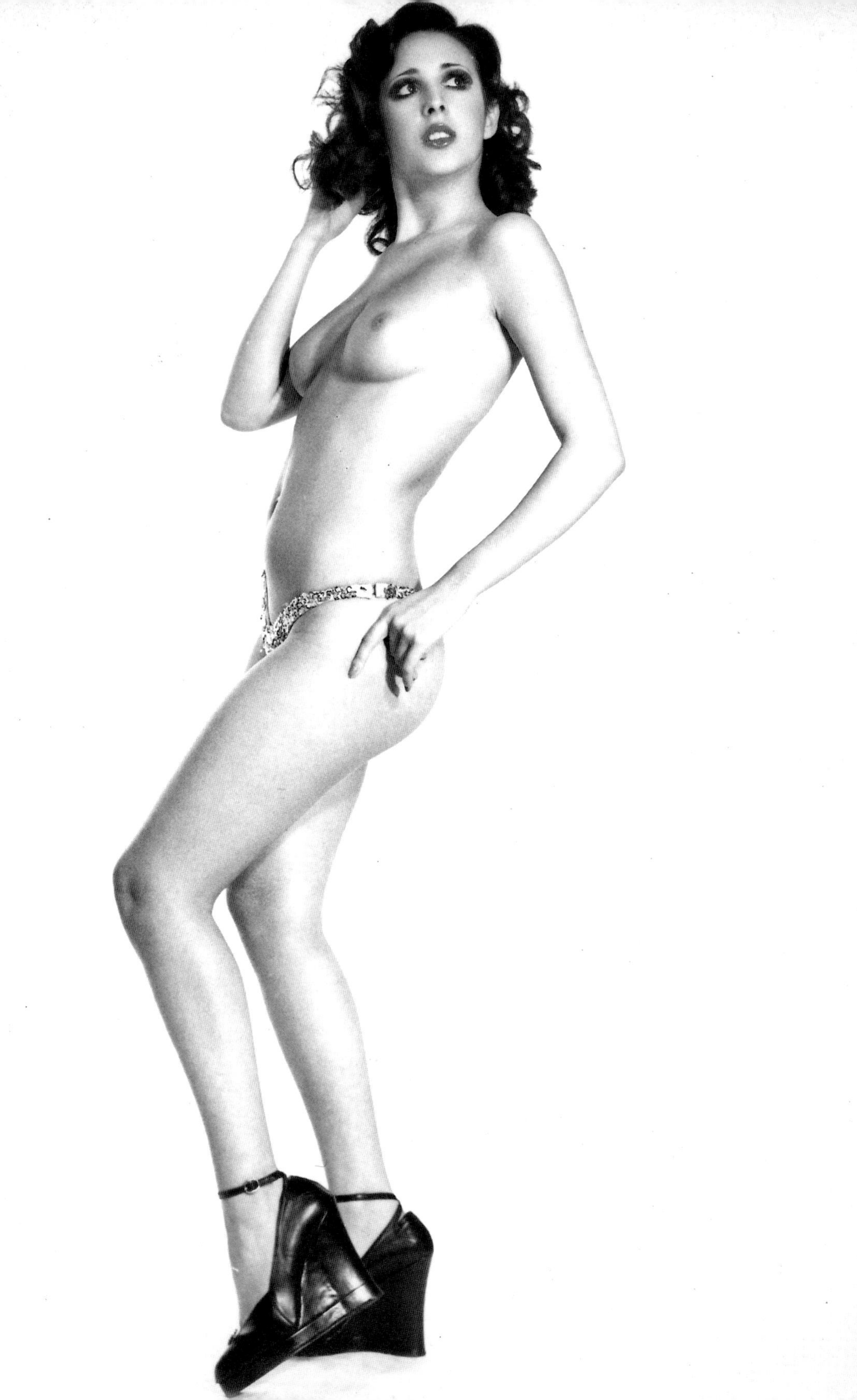

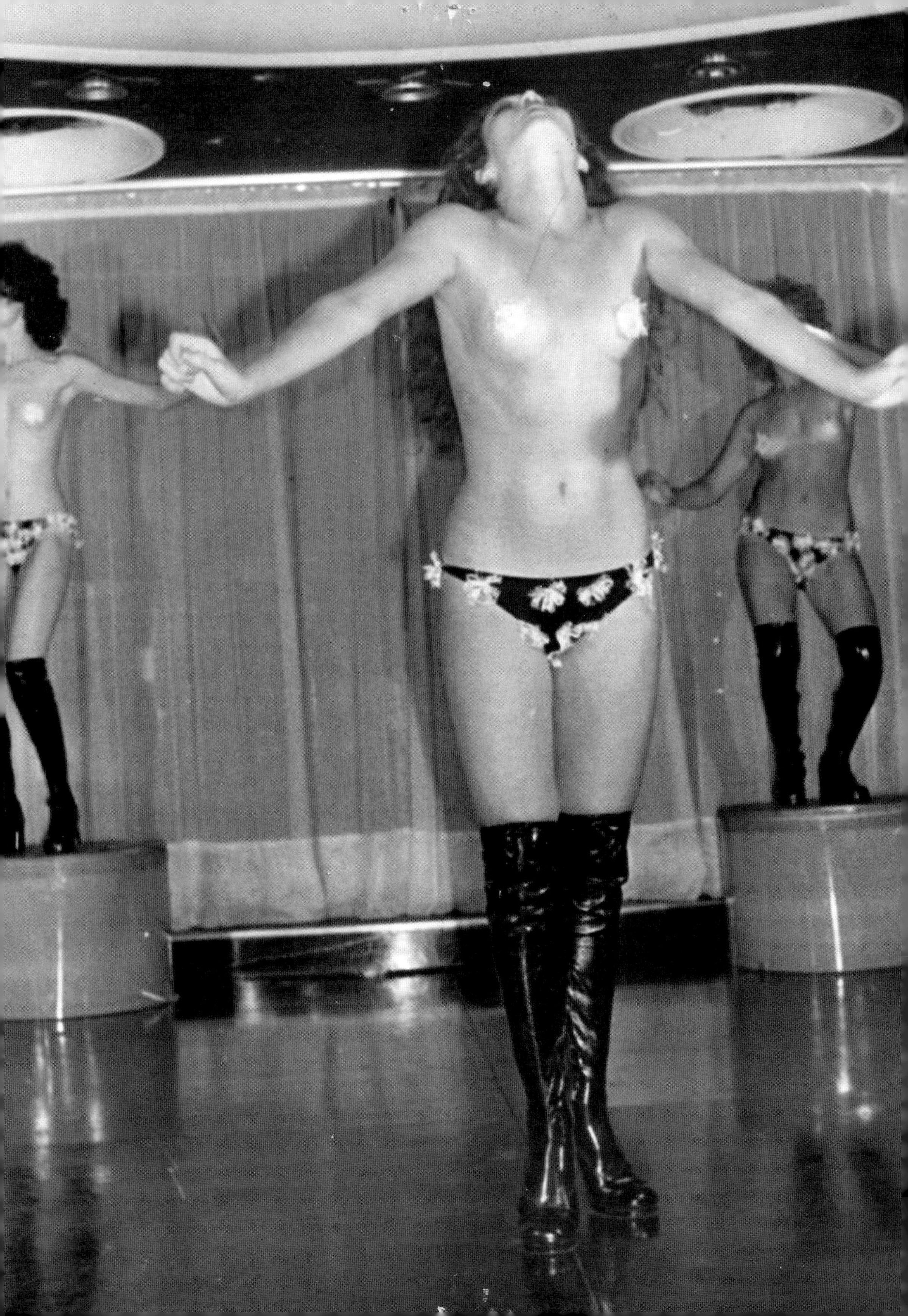

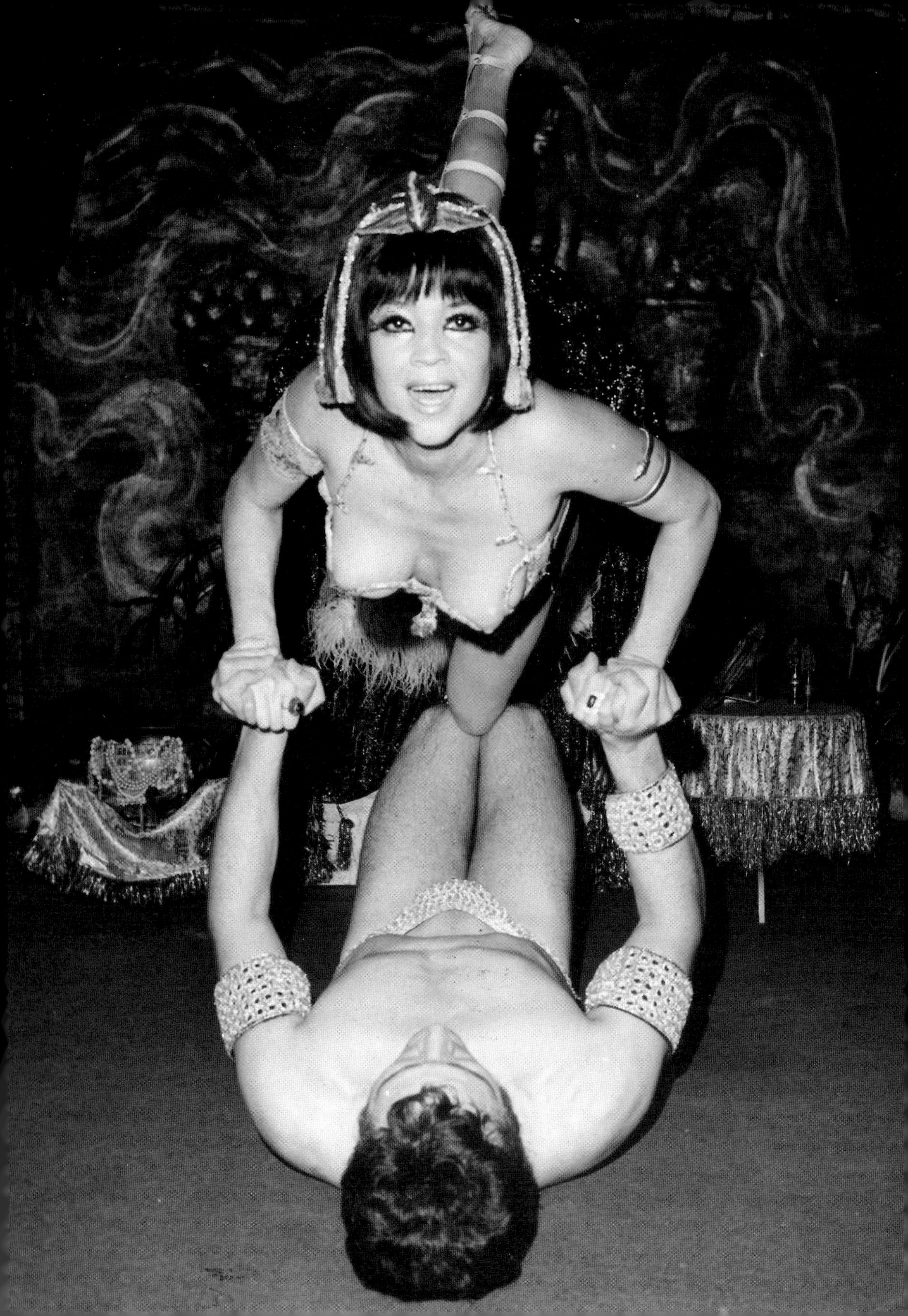

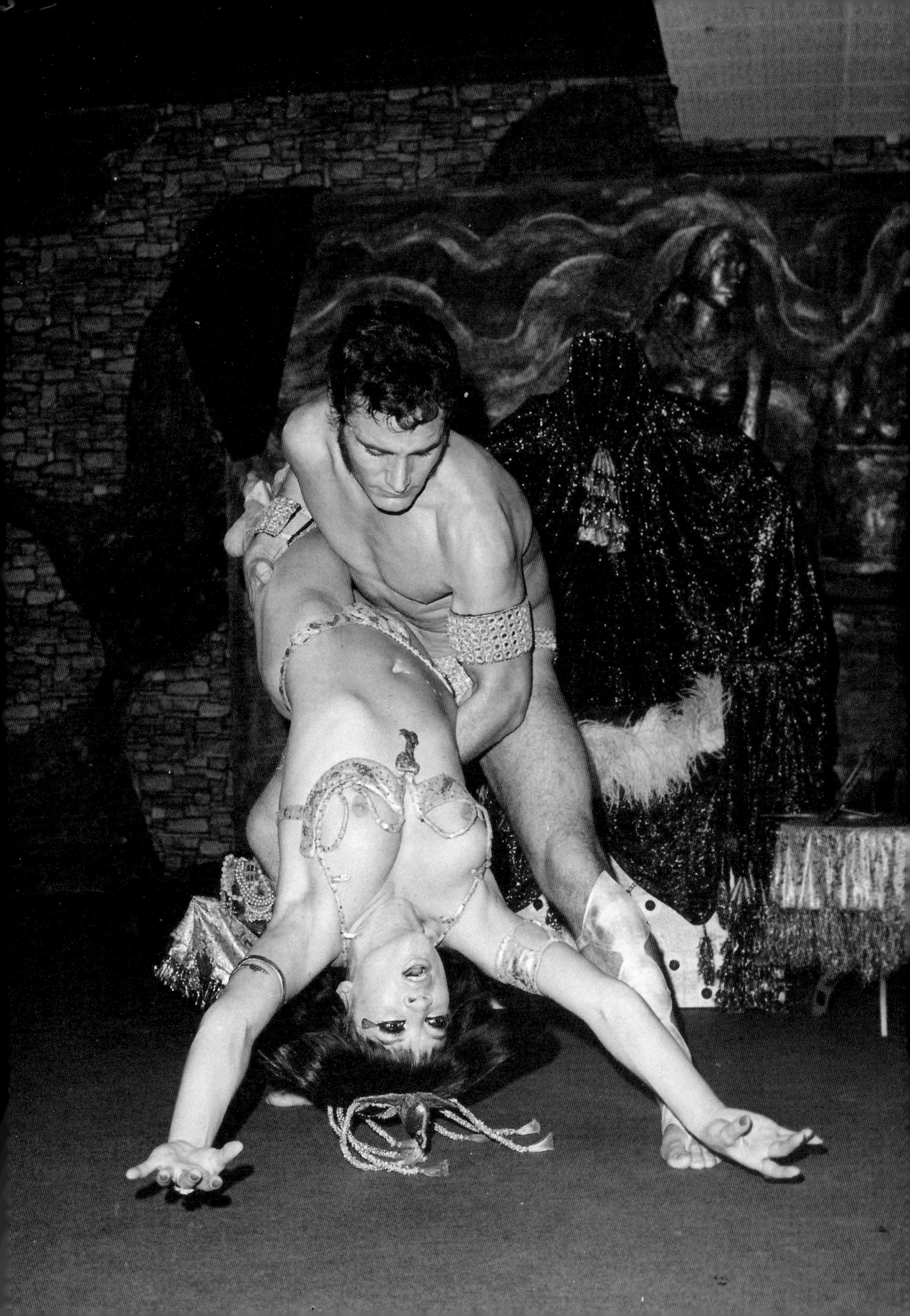

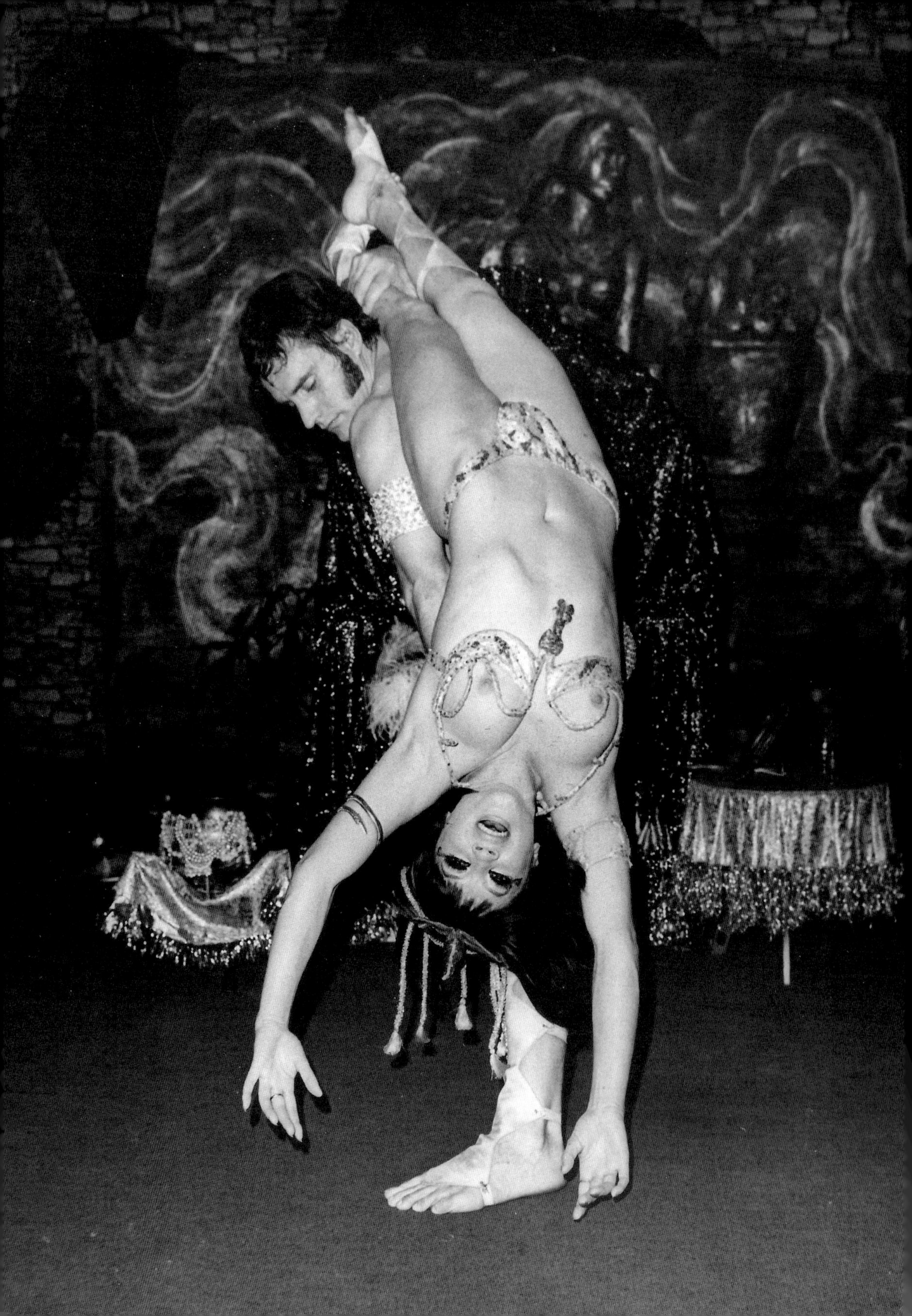

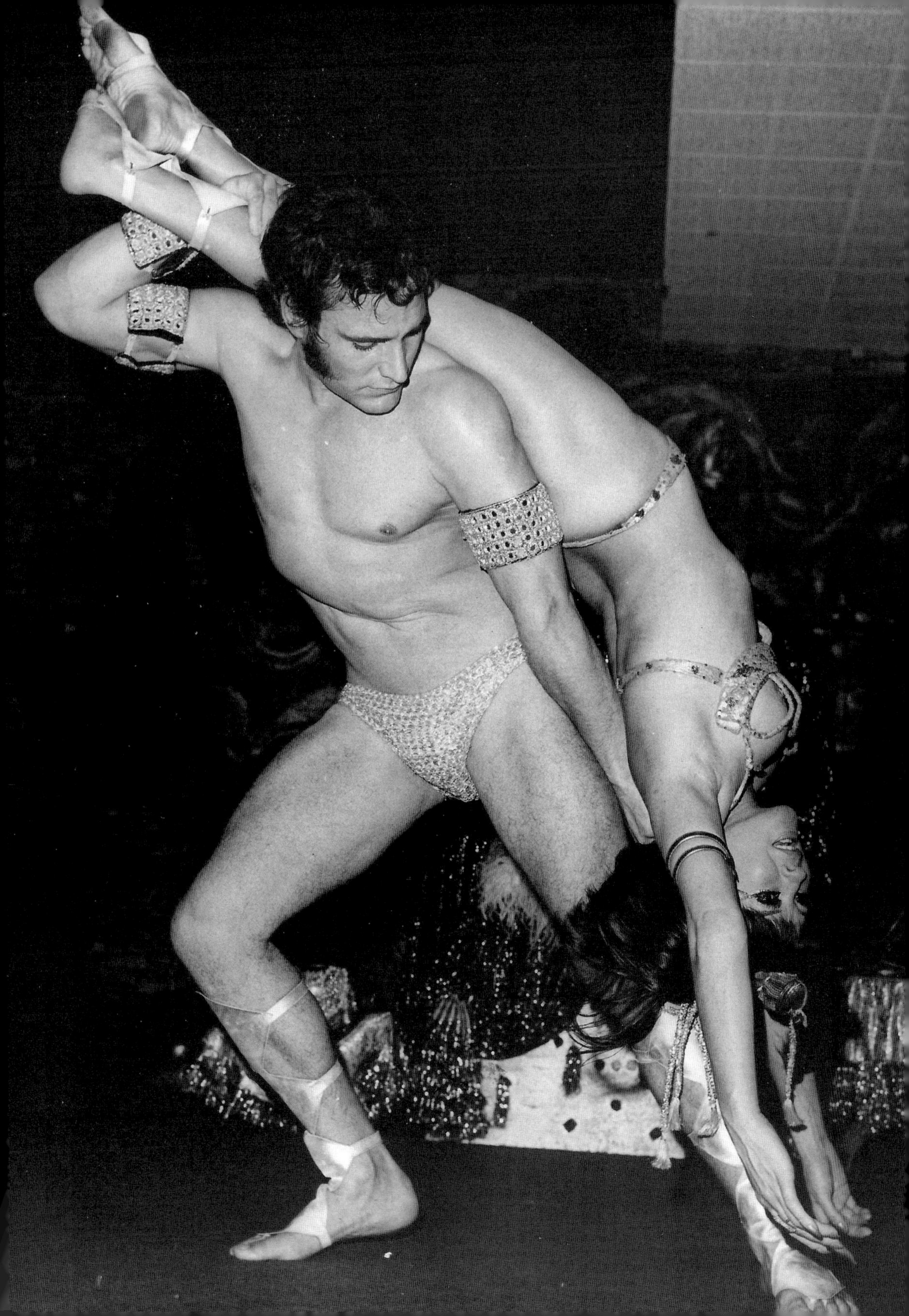

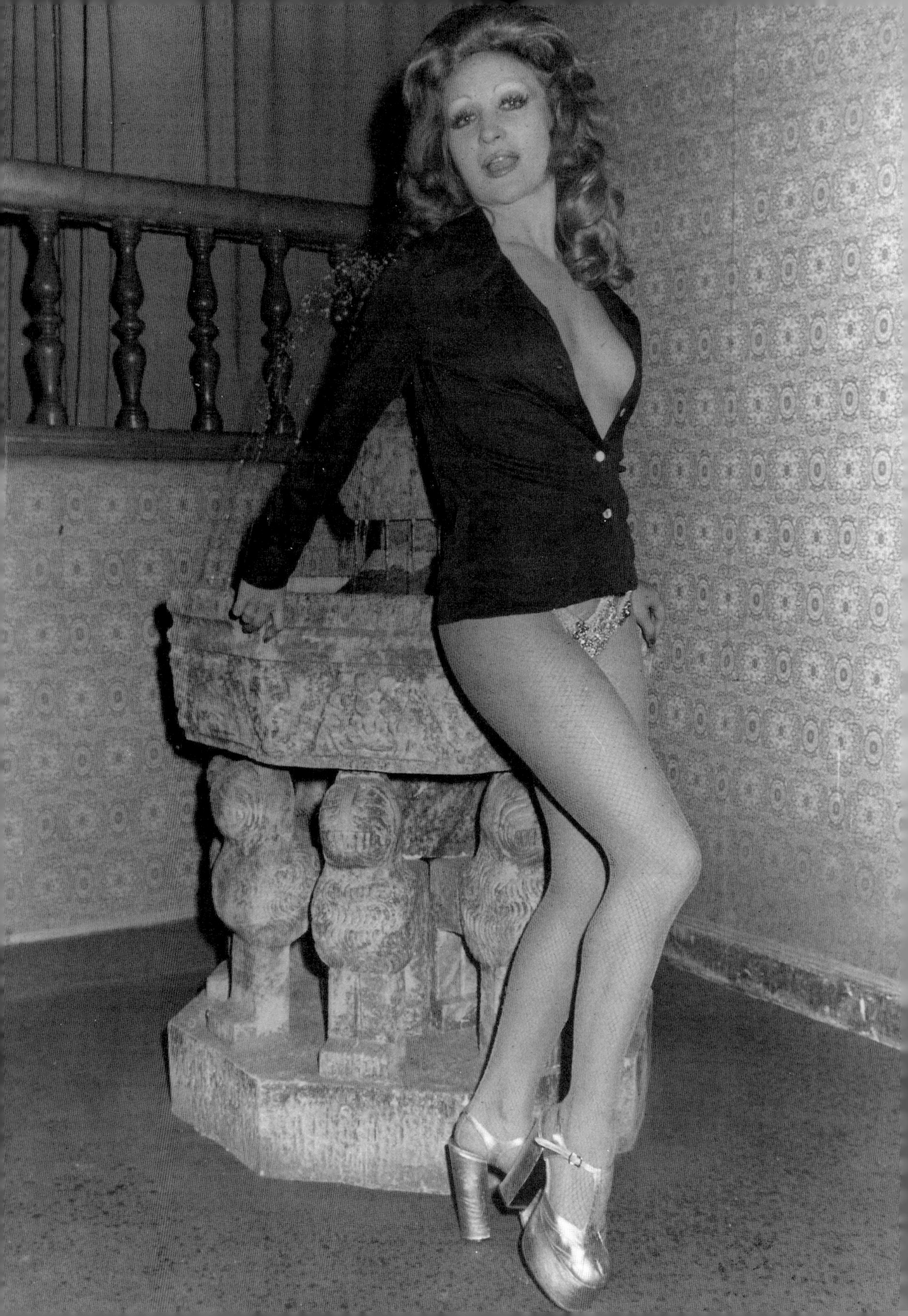

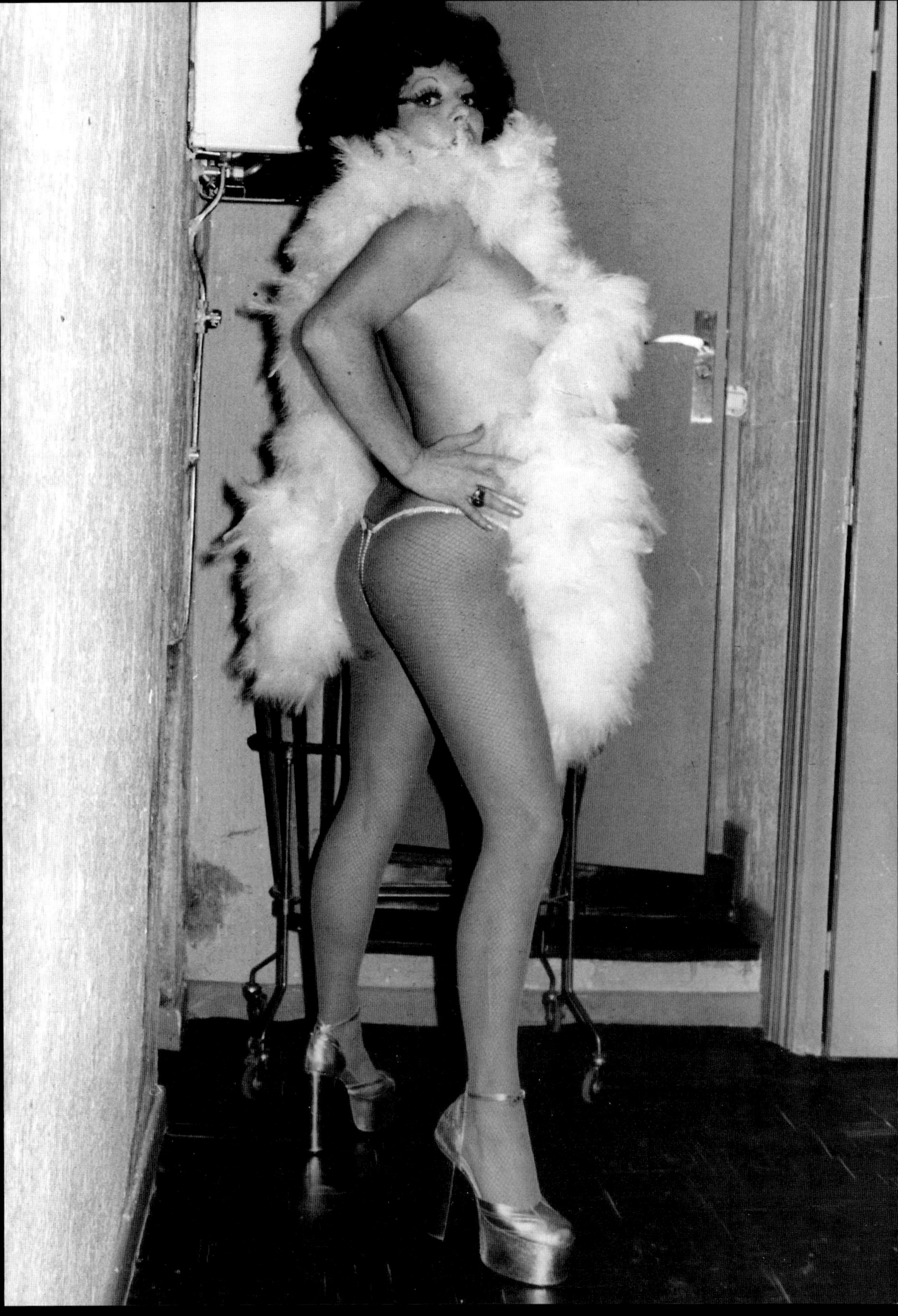

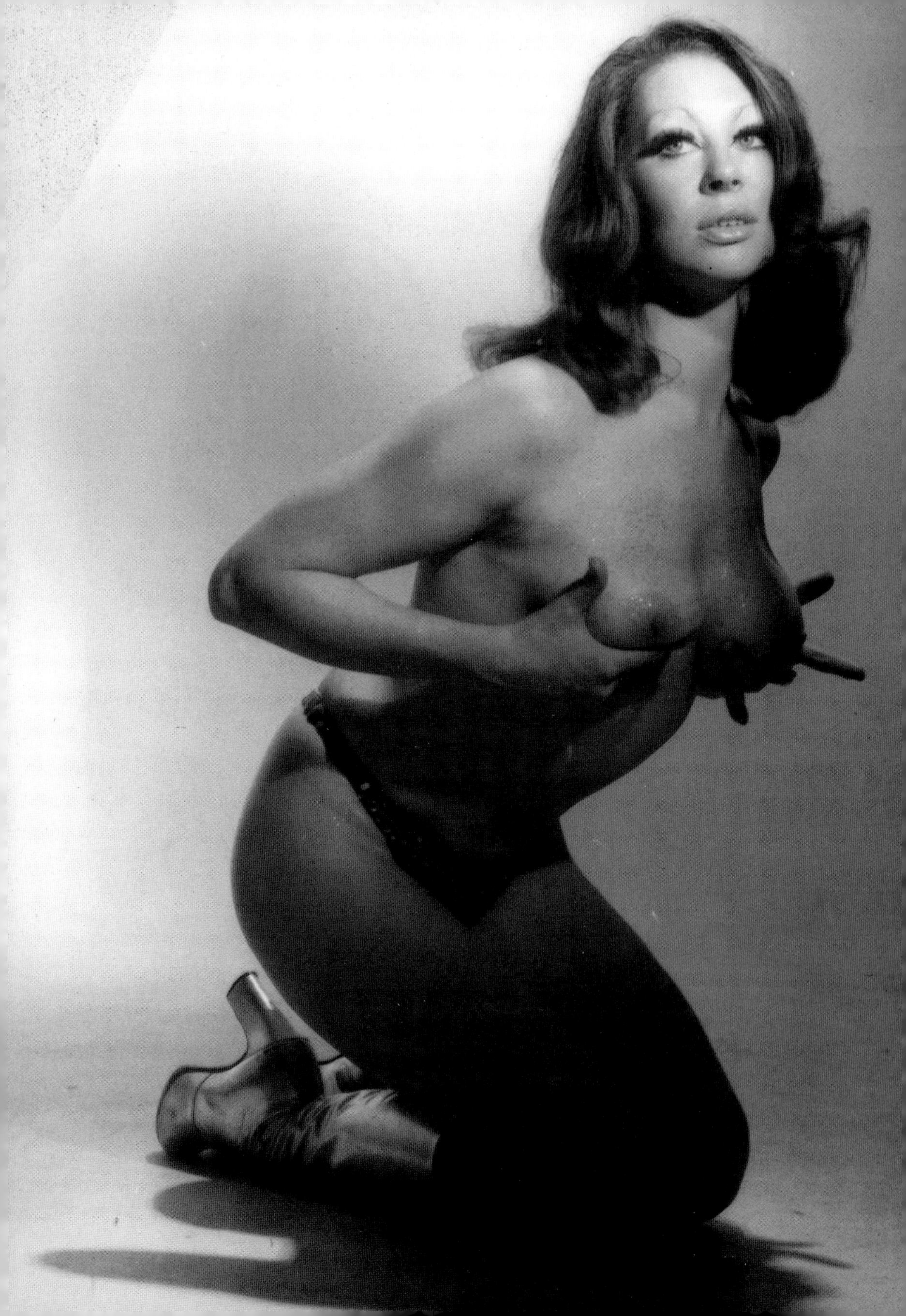

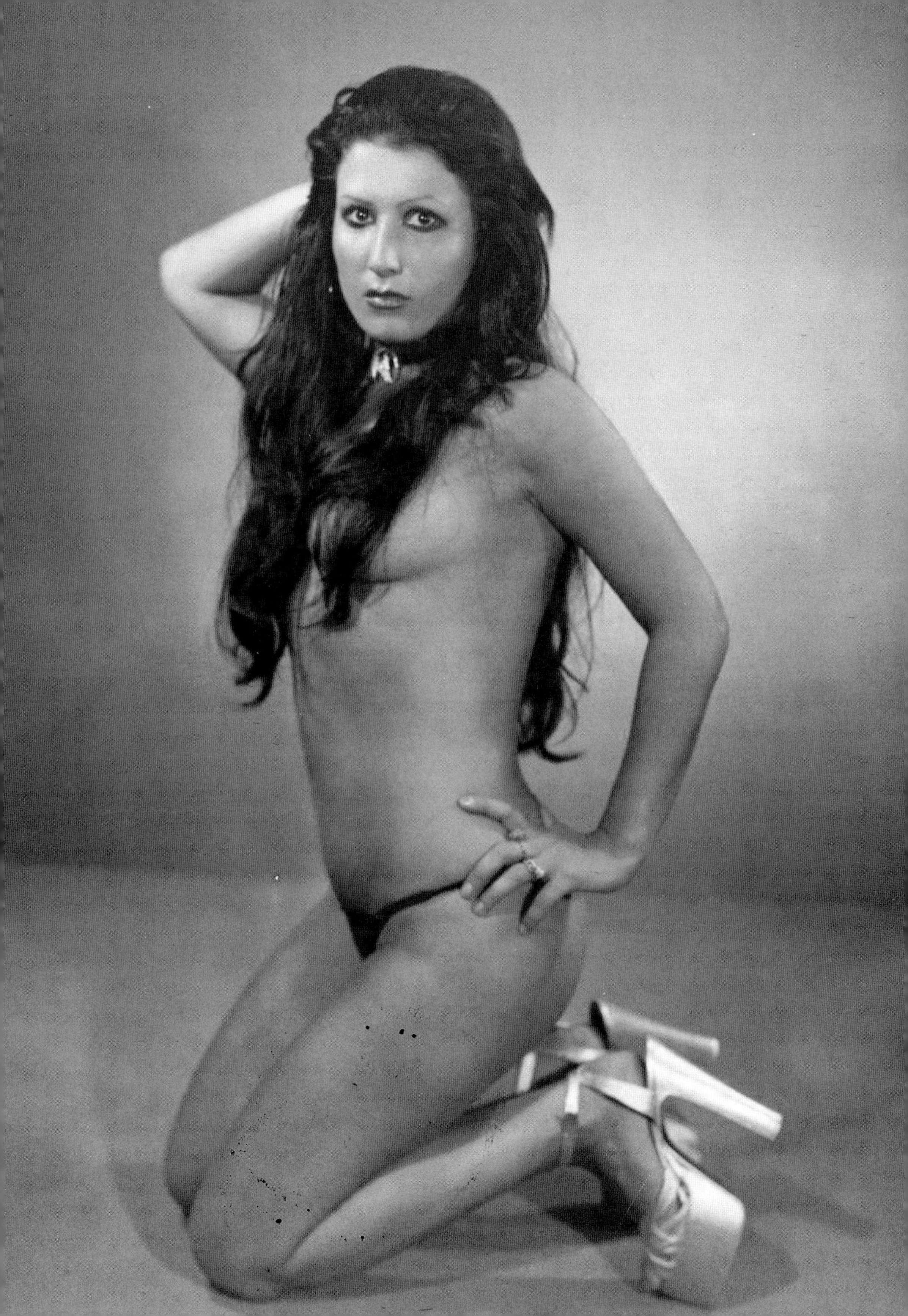

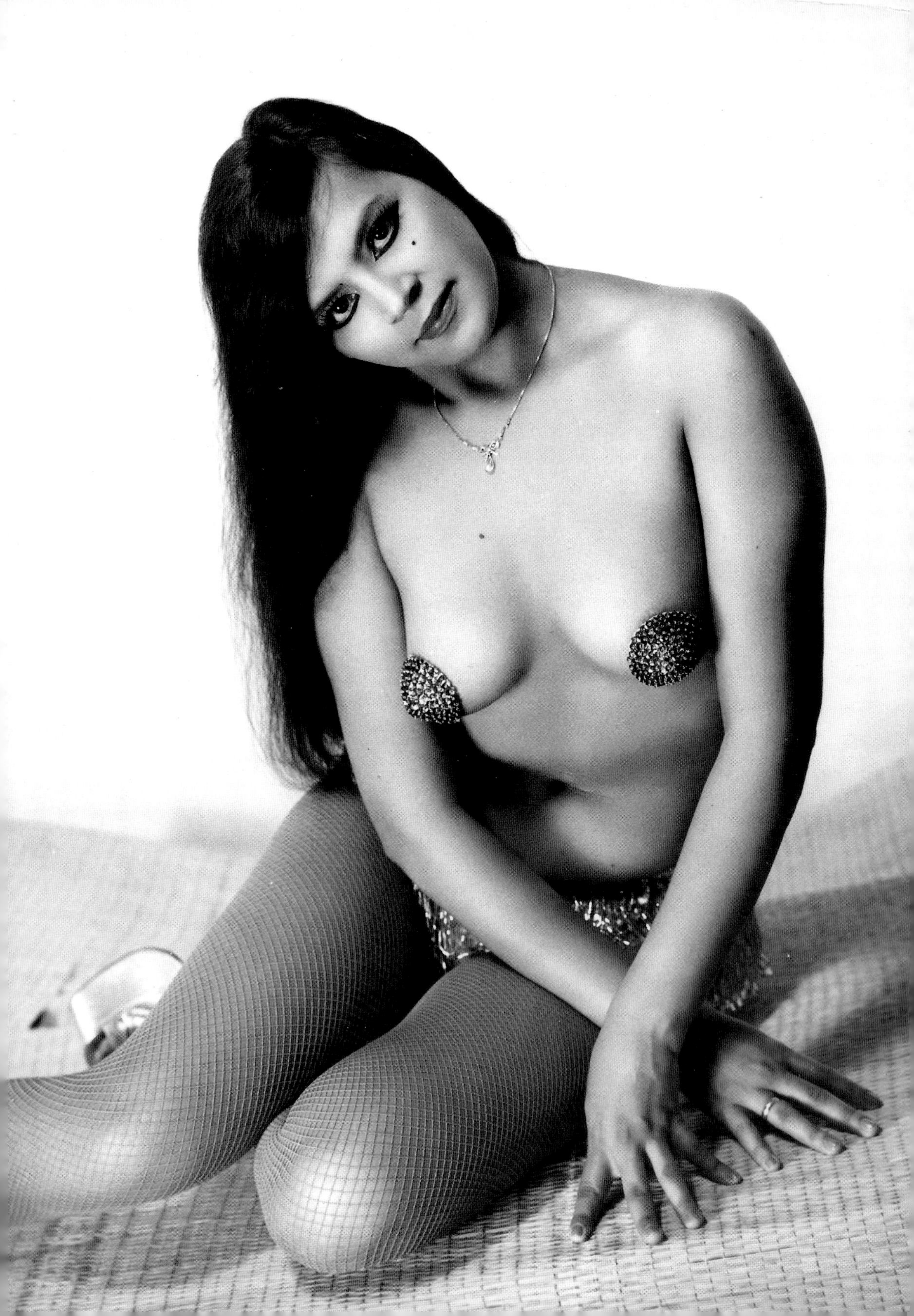

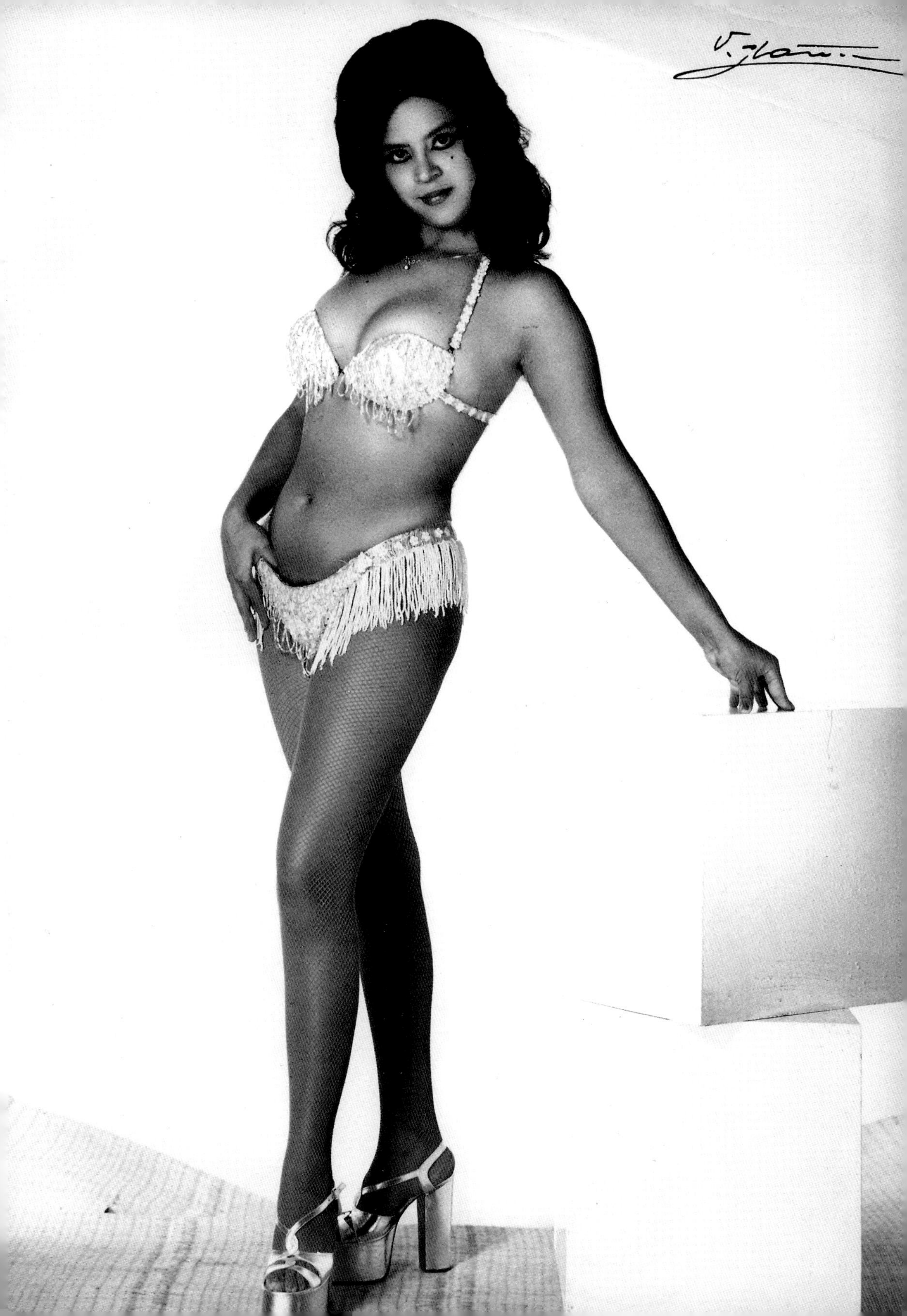

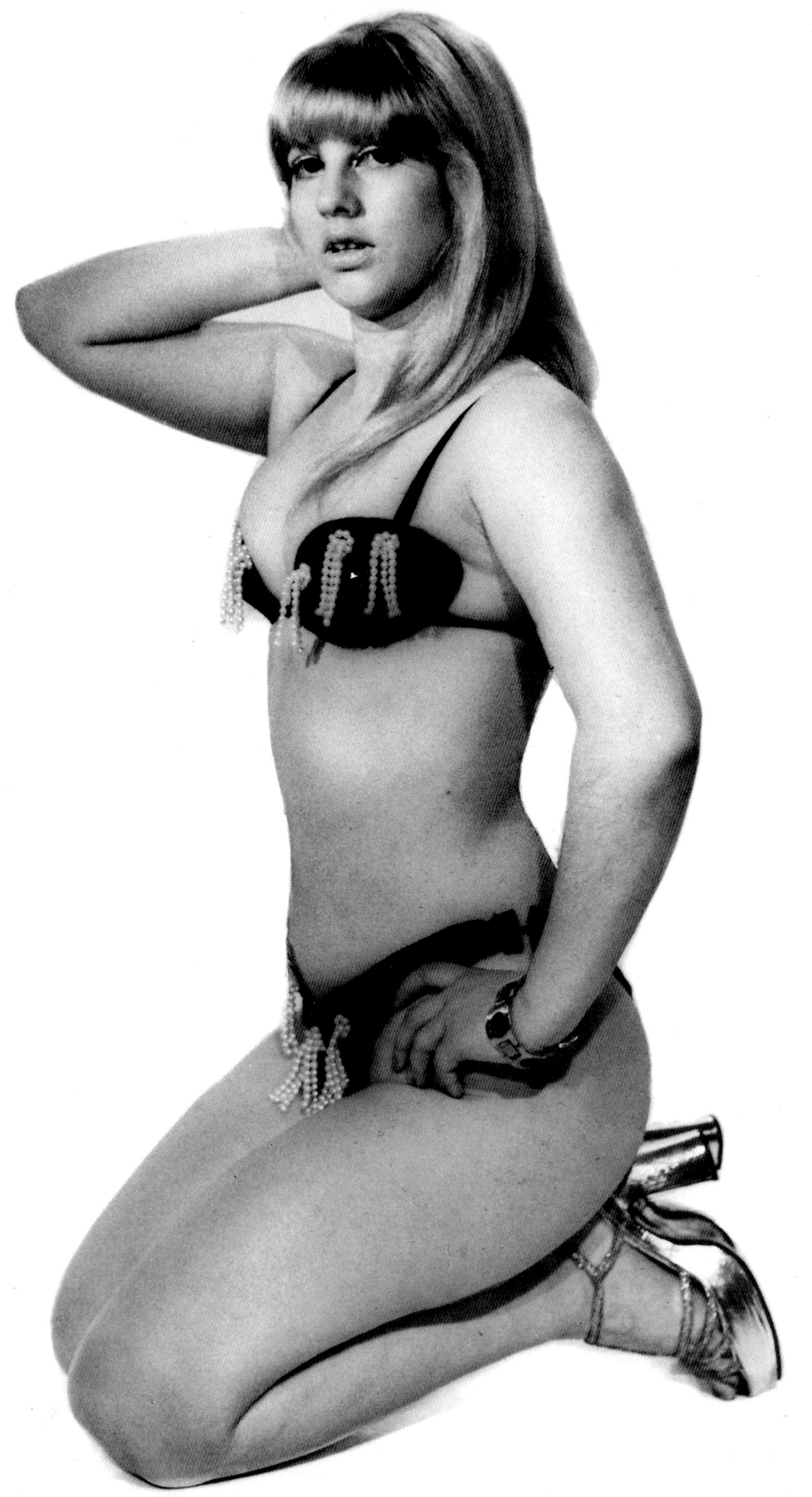
FOTO ESTUDIO
Luisita
BUENOS AI

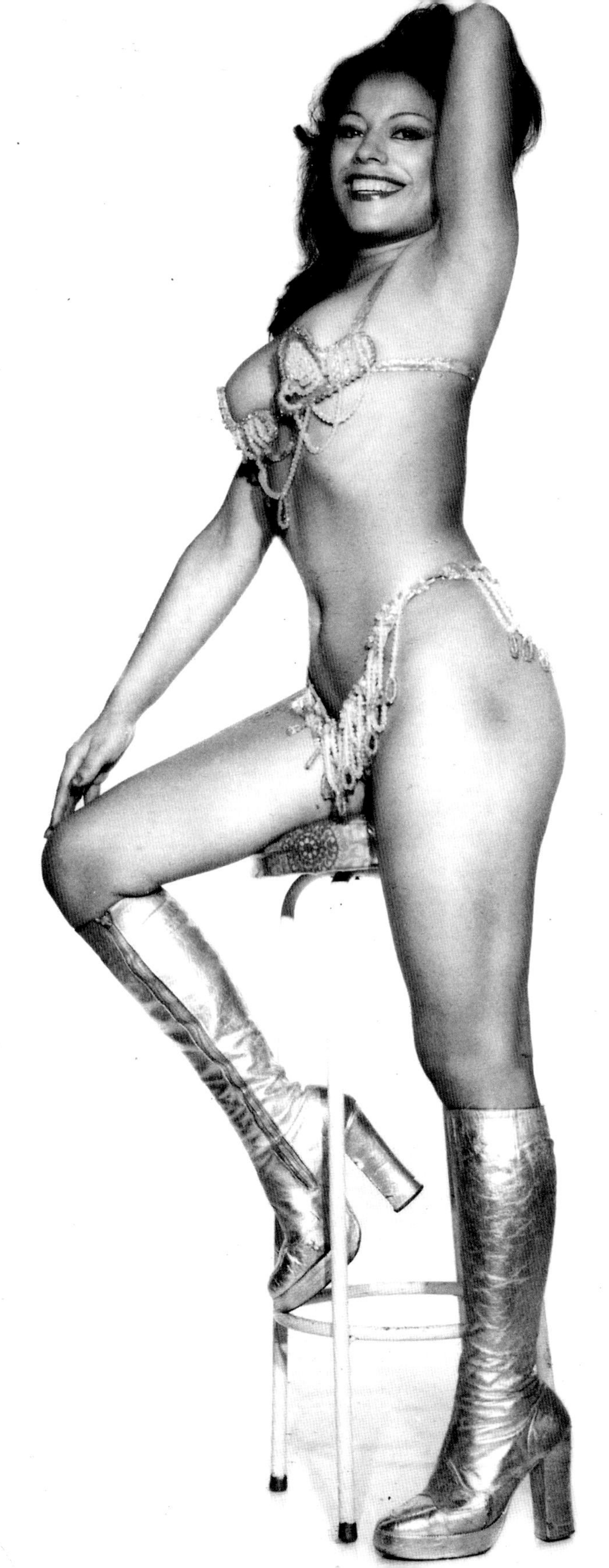
Foto Estudio
Luisita

MILLY VELVET

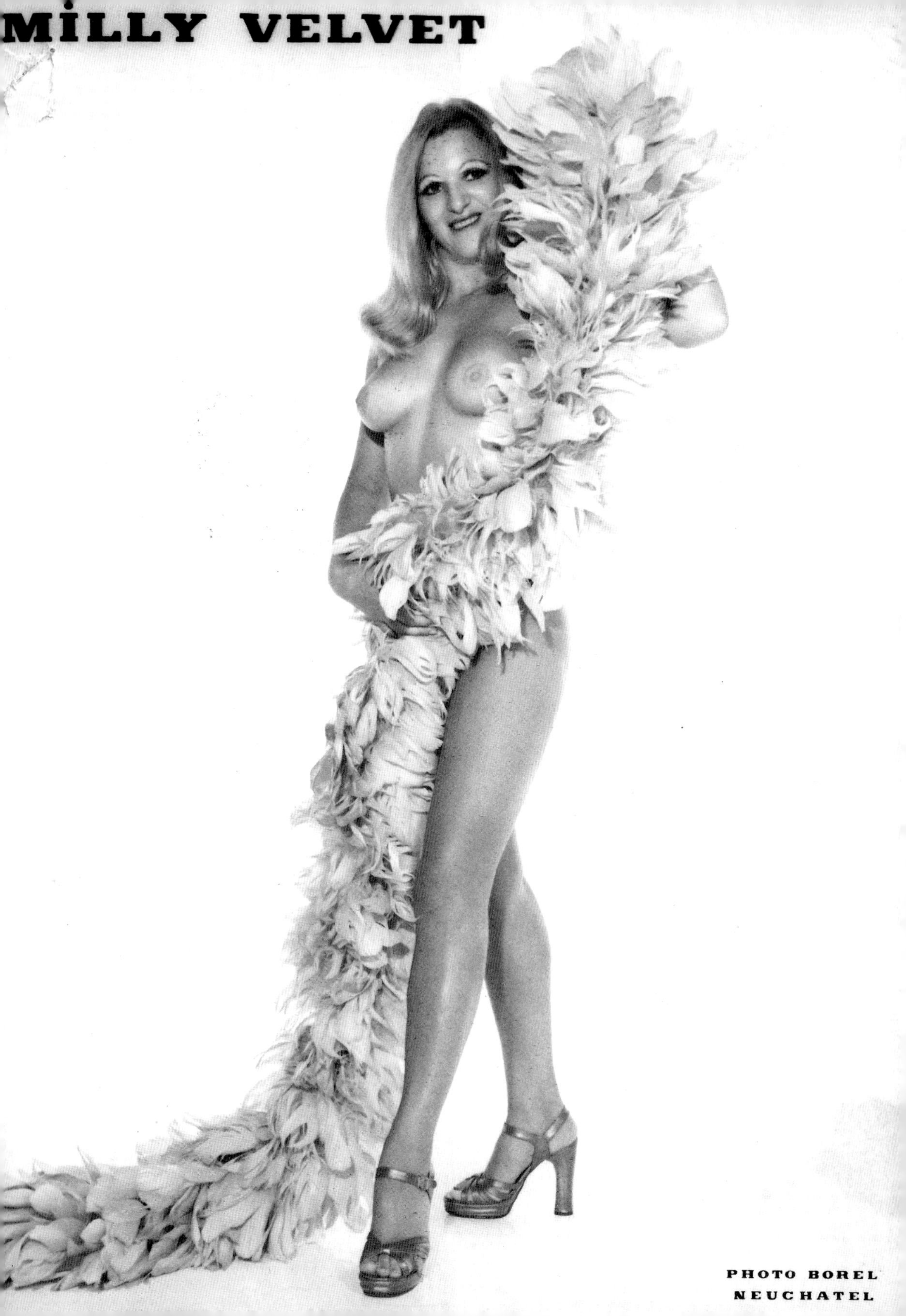

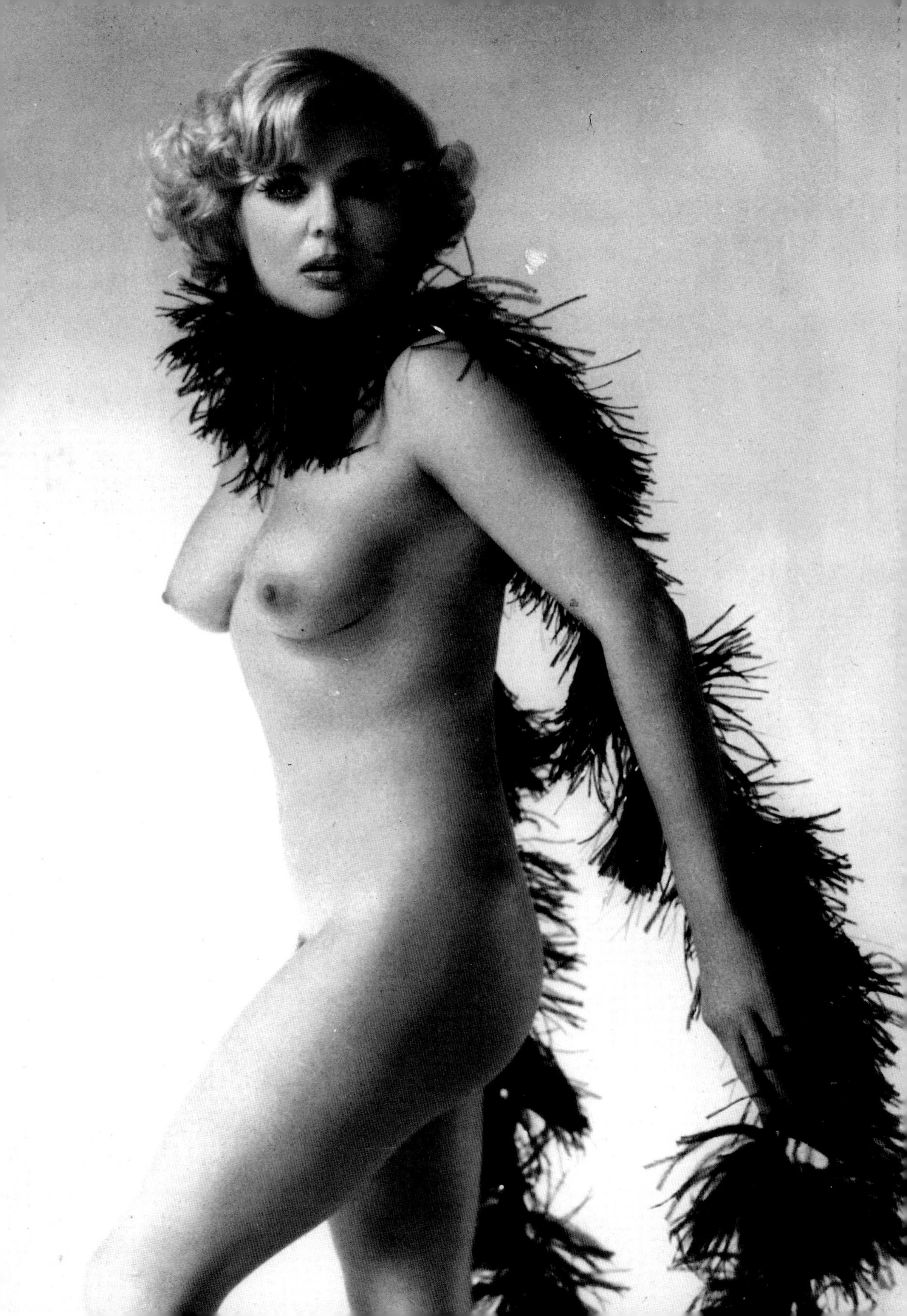

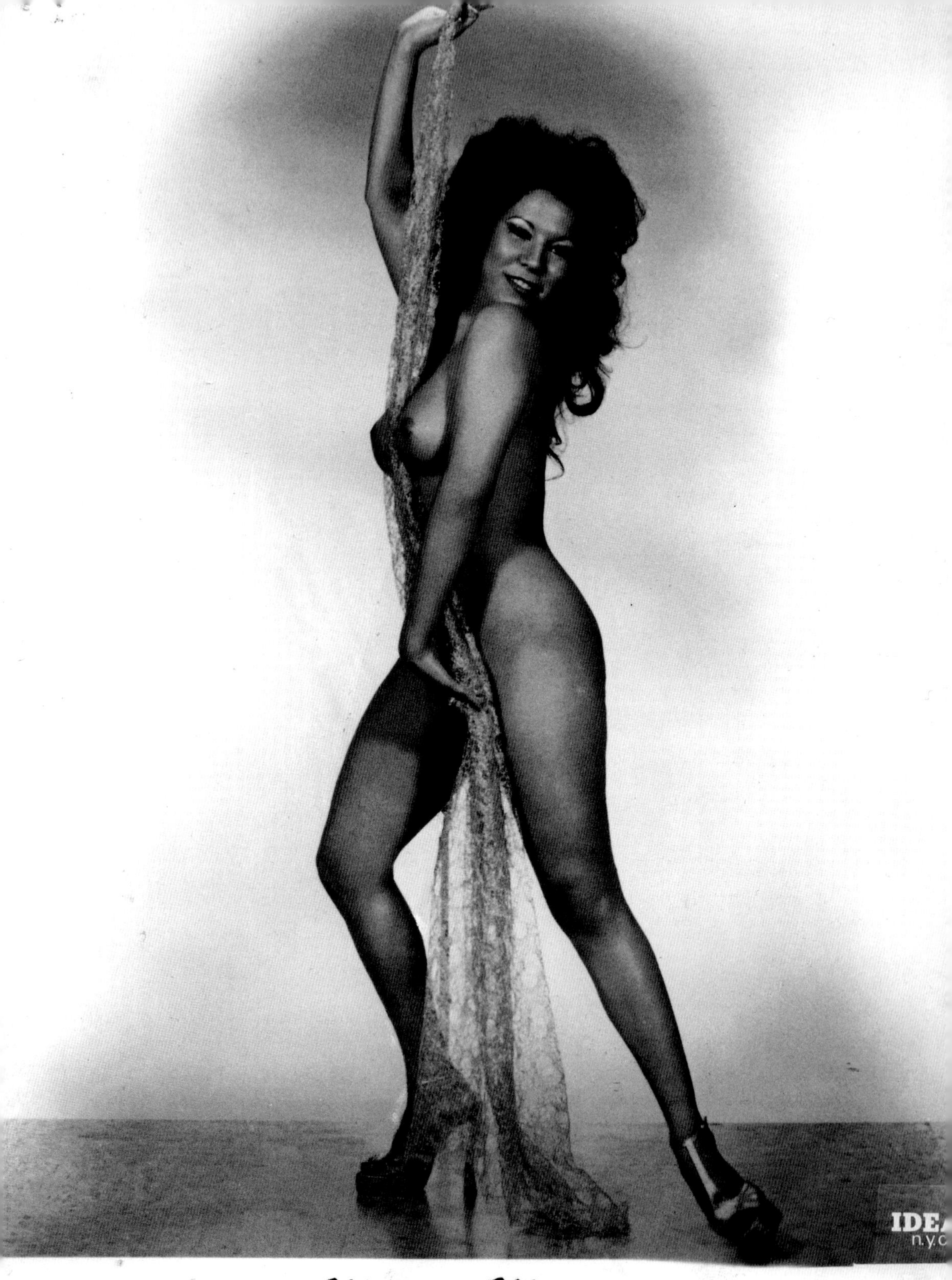

Milay-Milay

·The Sexy Oriental·

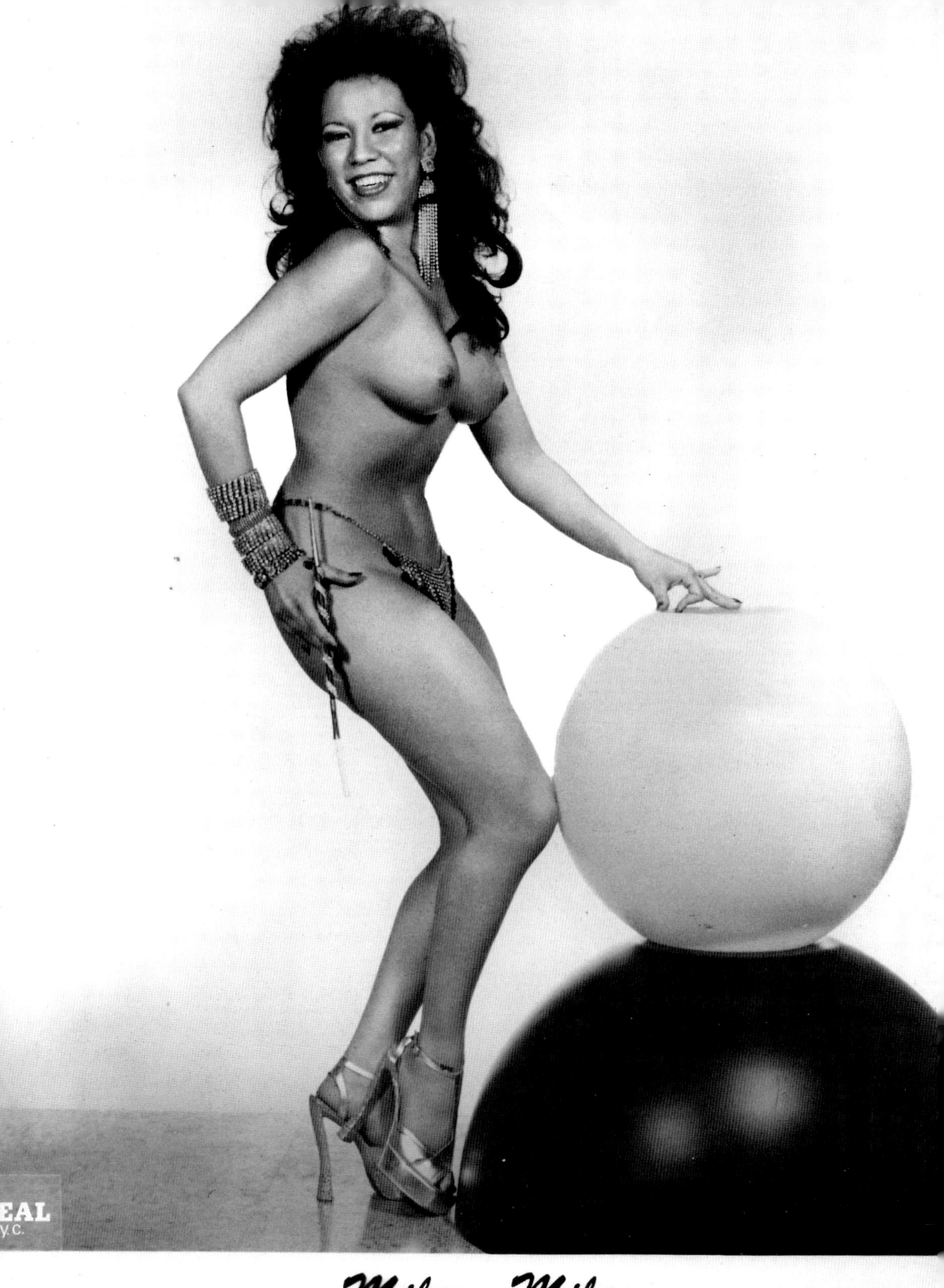

Milay-Milay
·The Sexy Oriental·

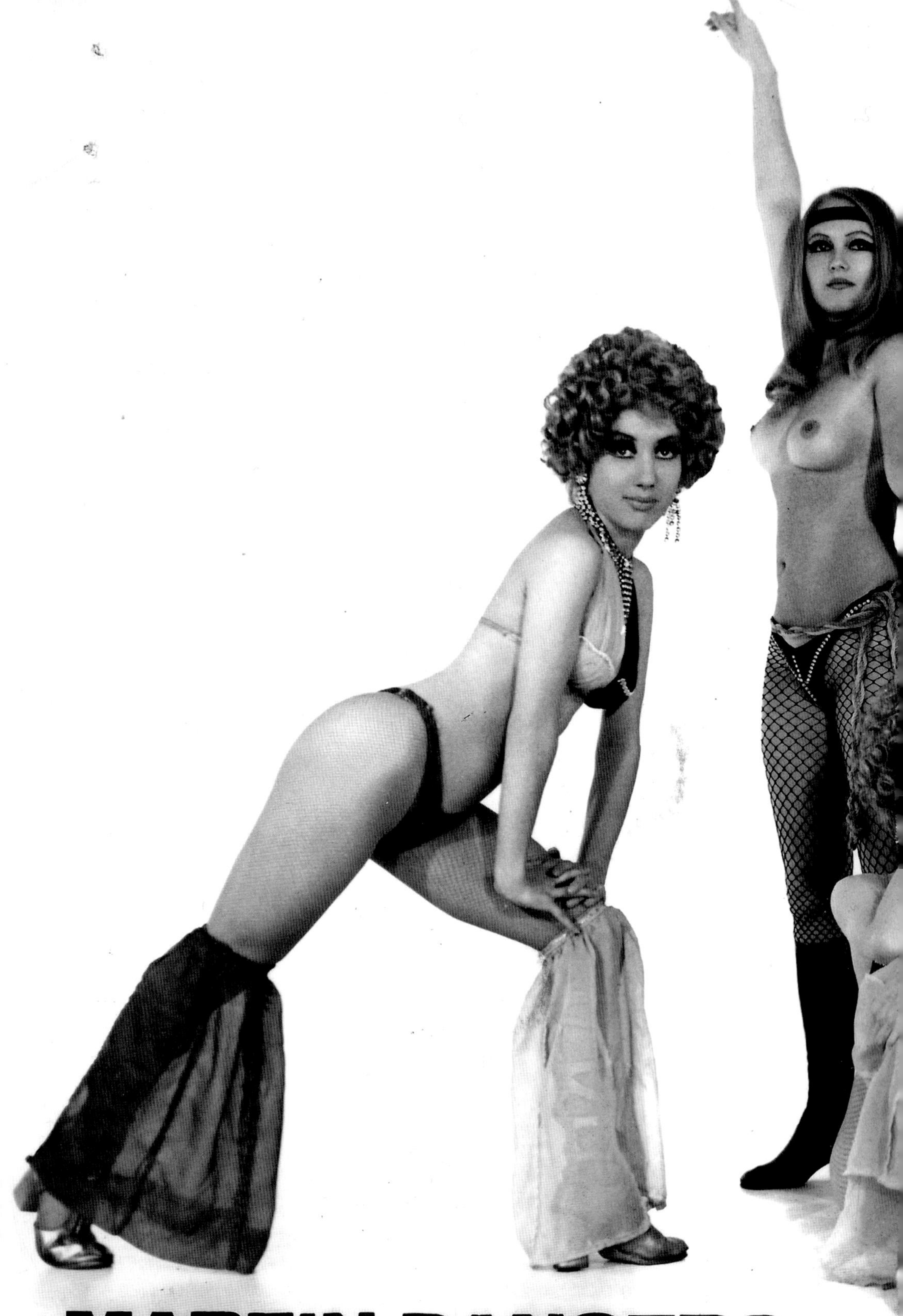
MARTIN-DANCERS

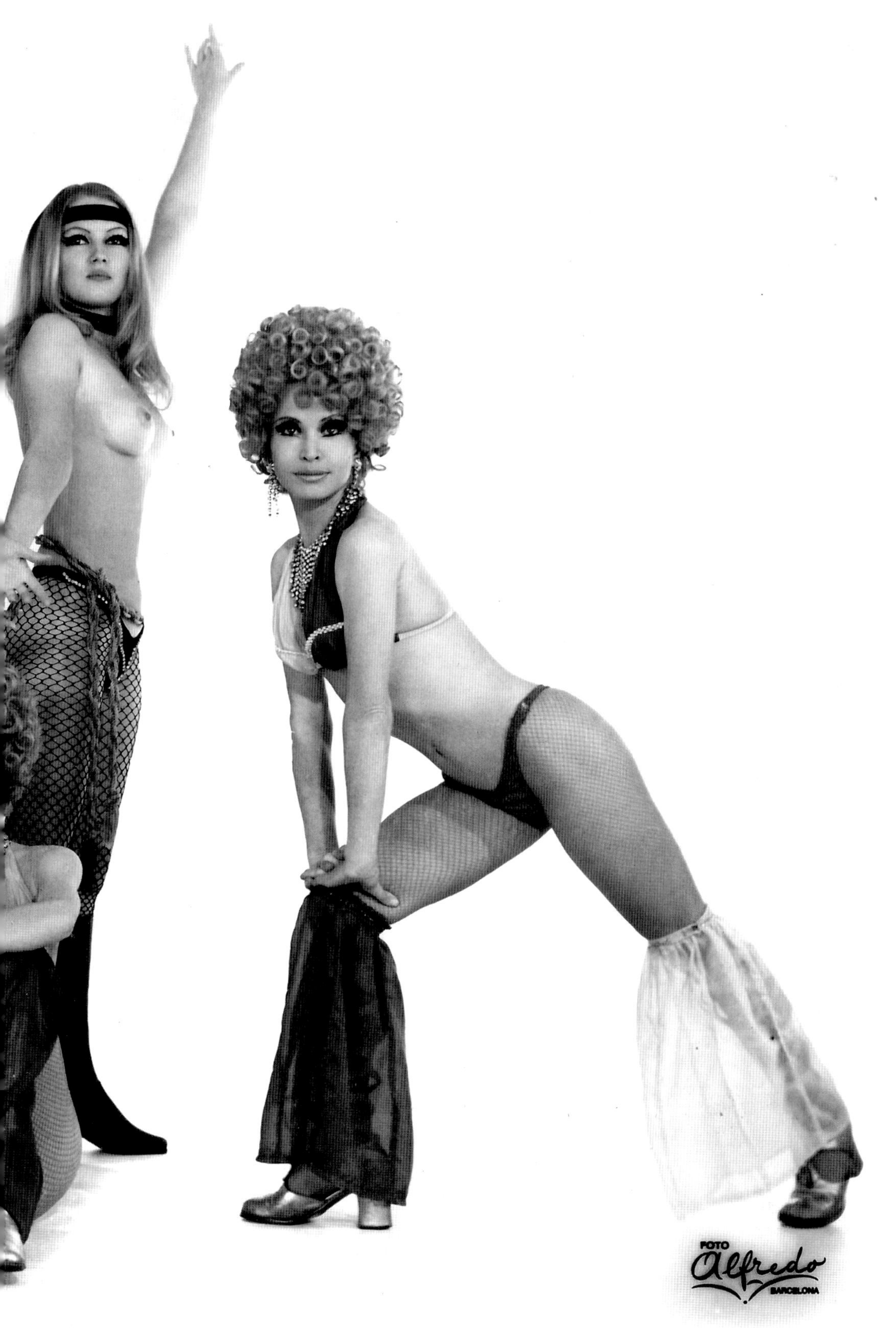
FOTO
Alfredo
BARCELONA

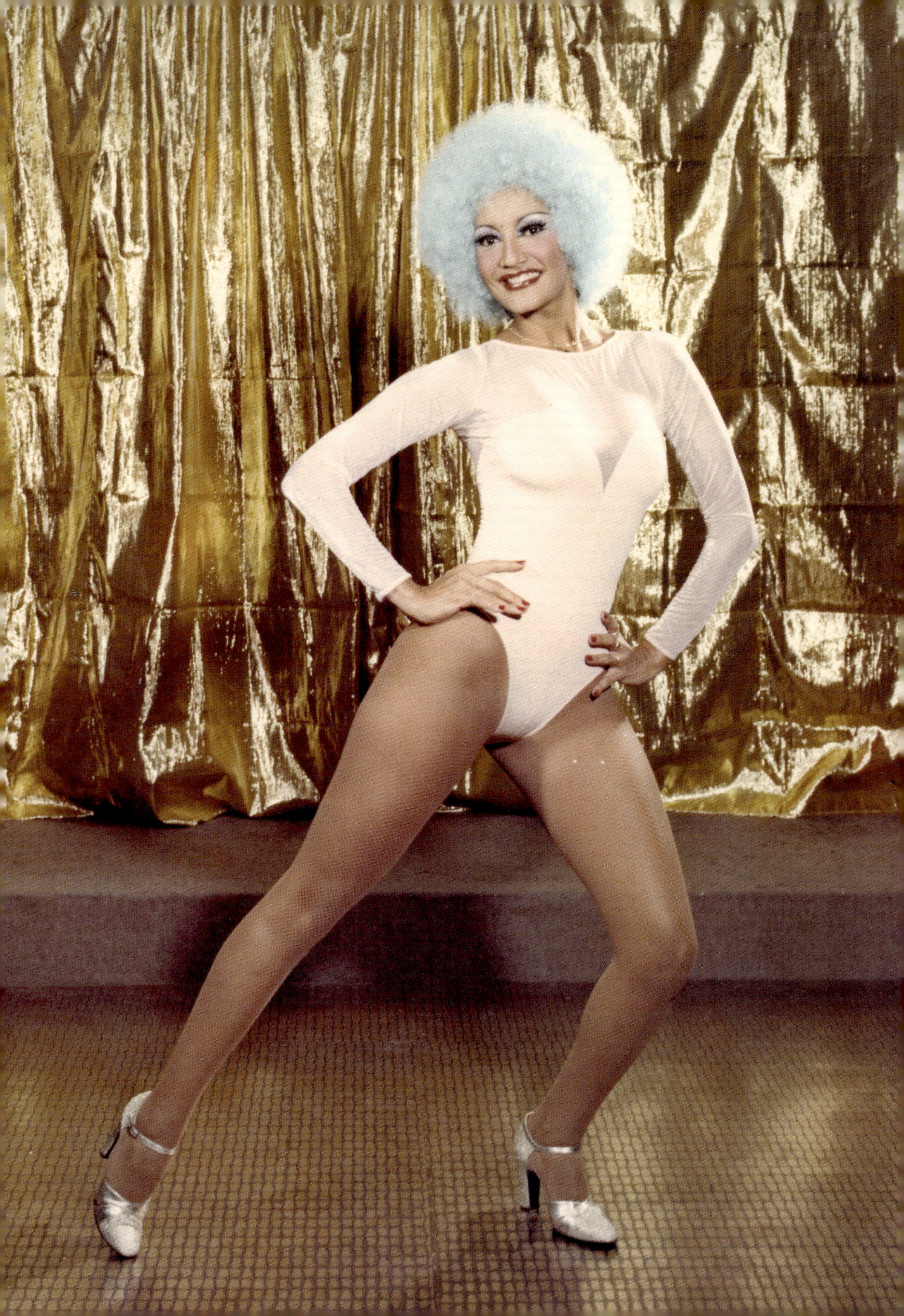

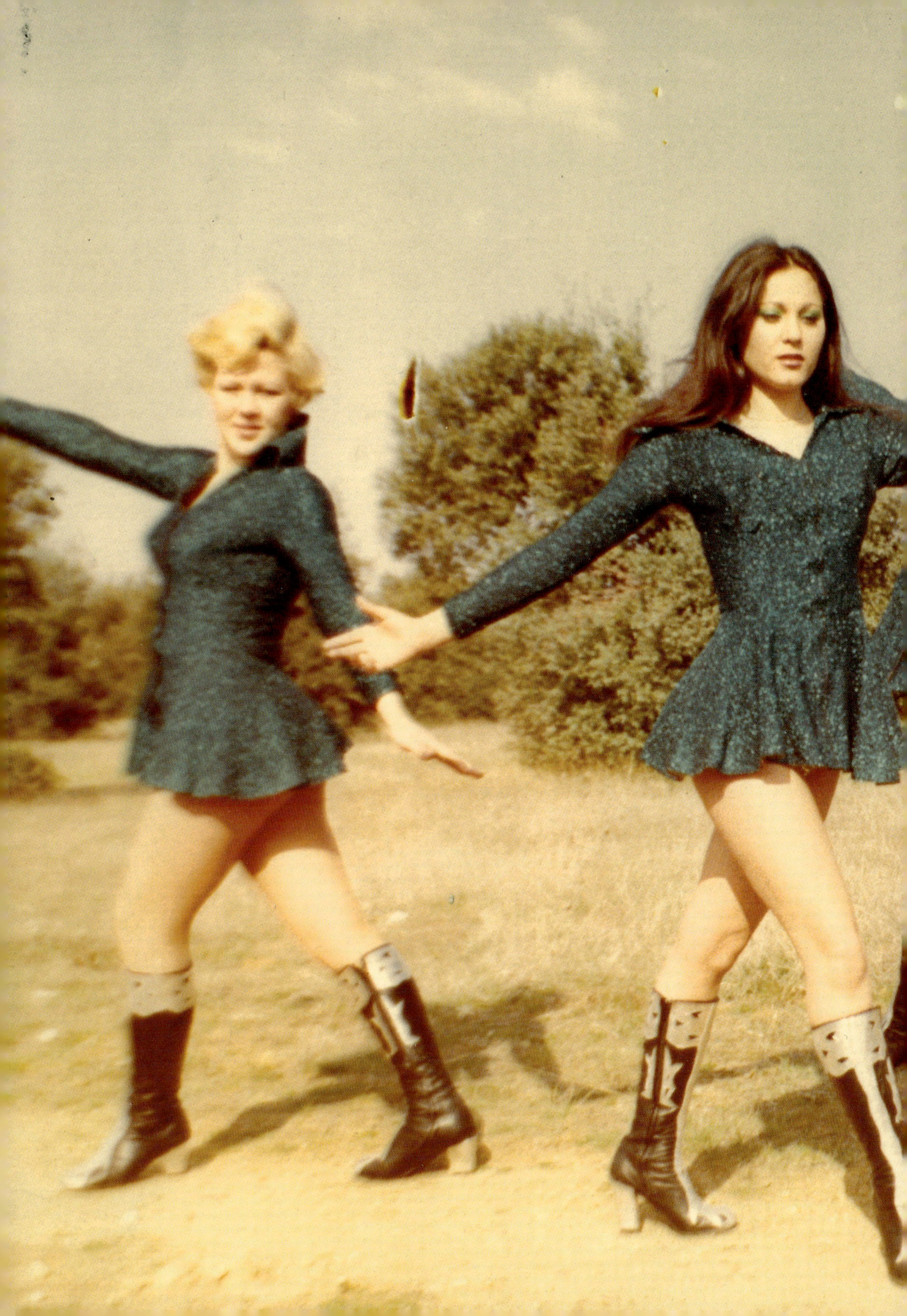

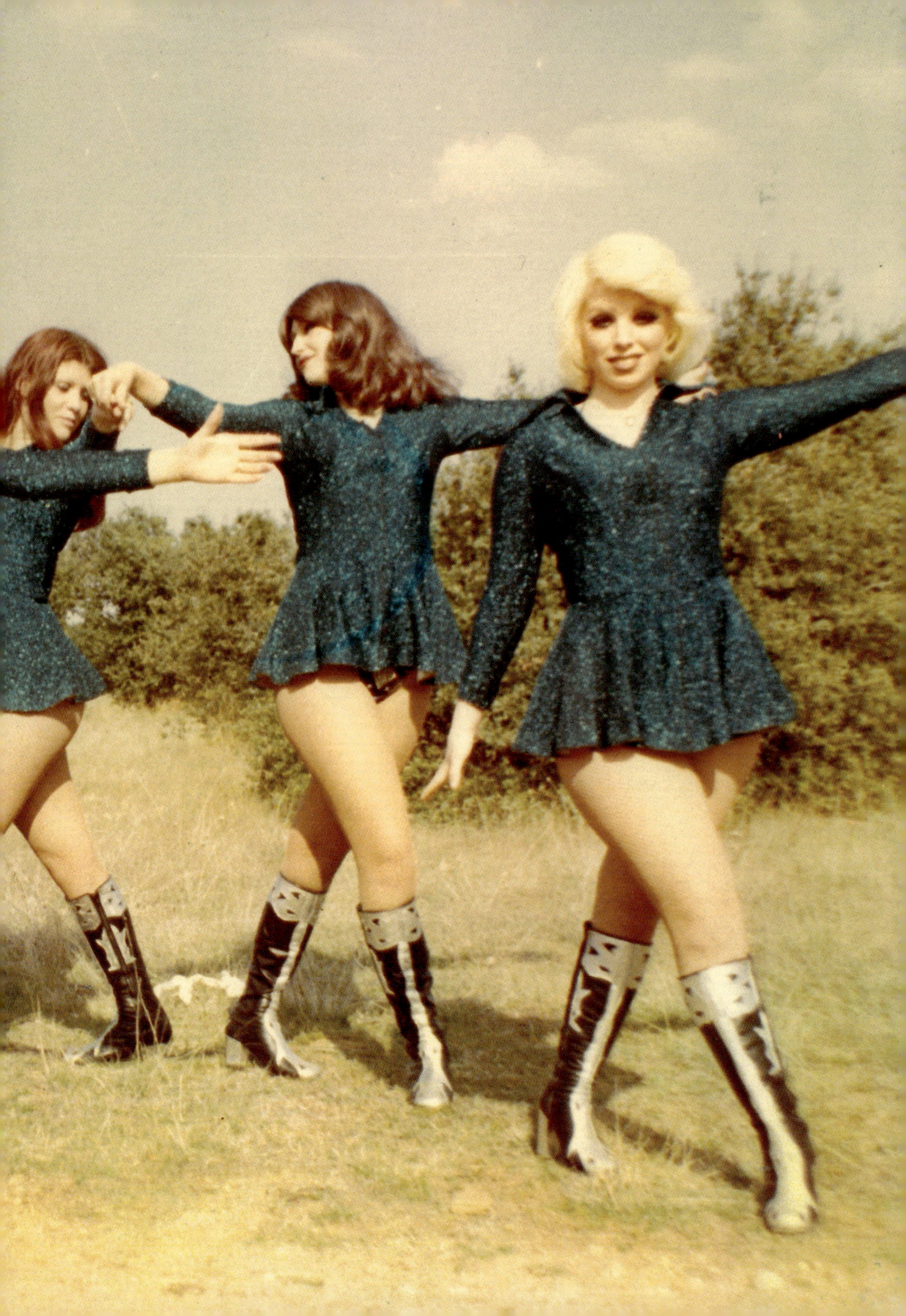

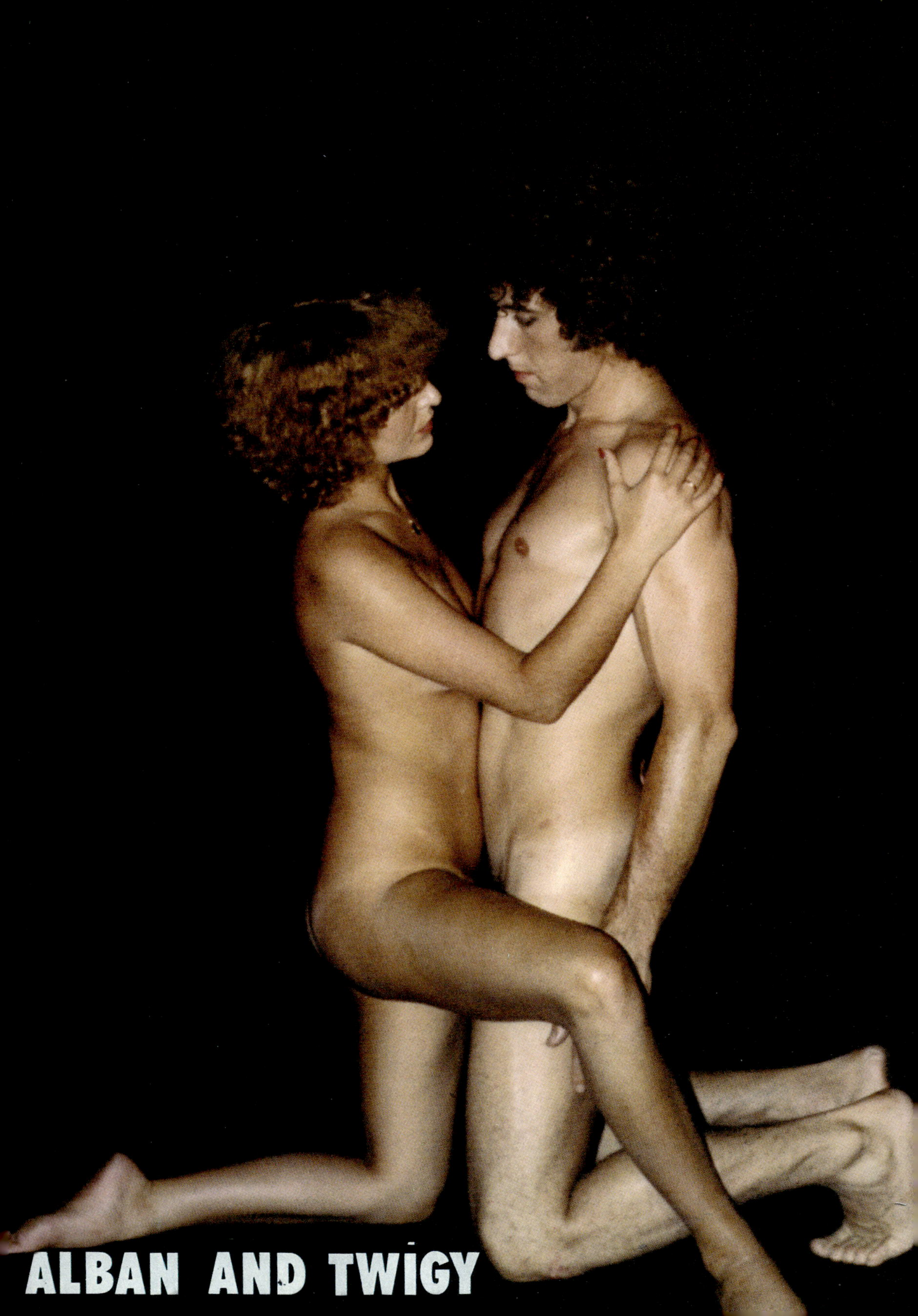

ALBAN AND TWIGY

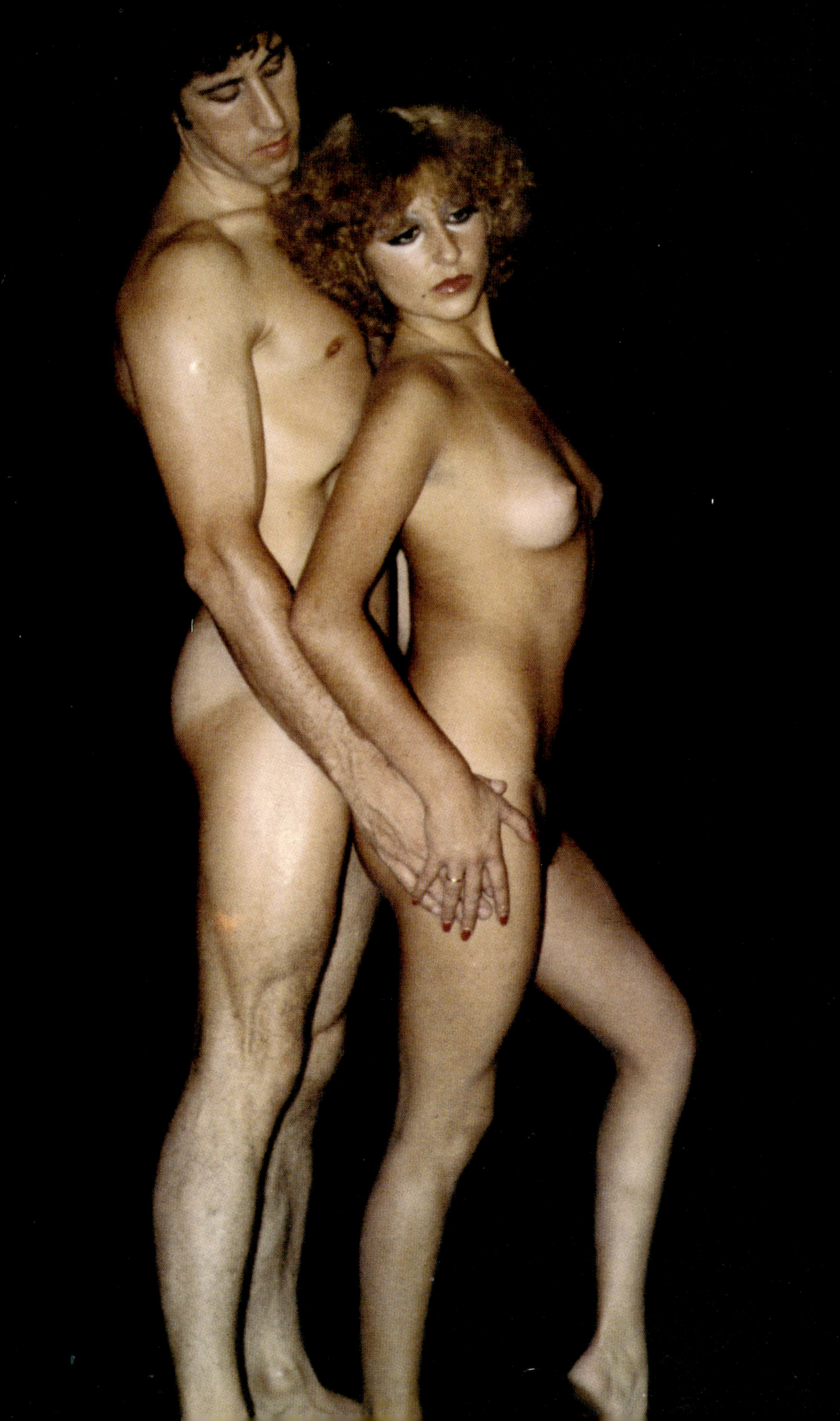

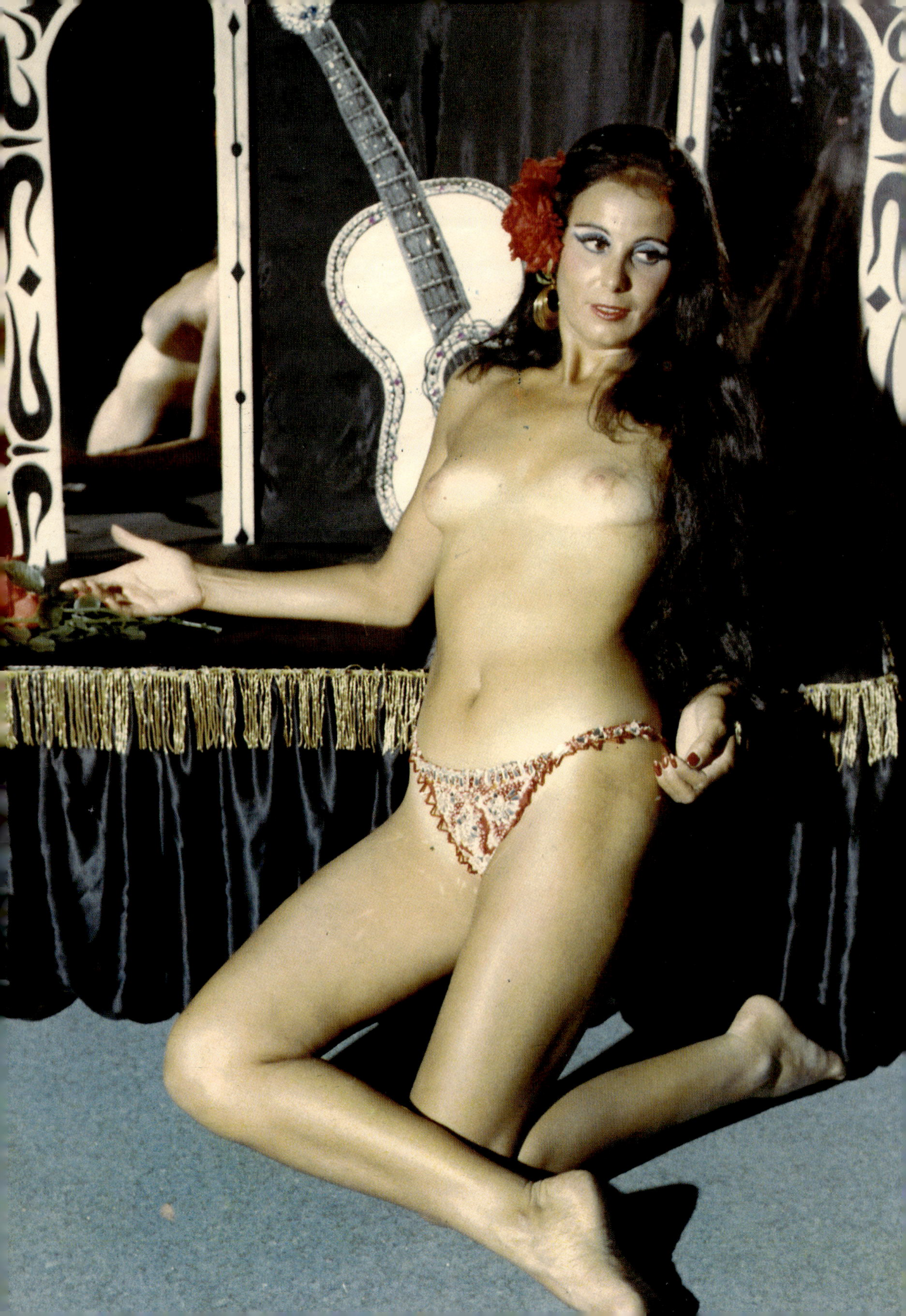

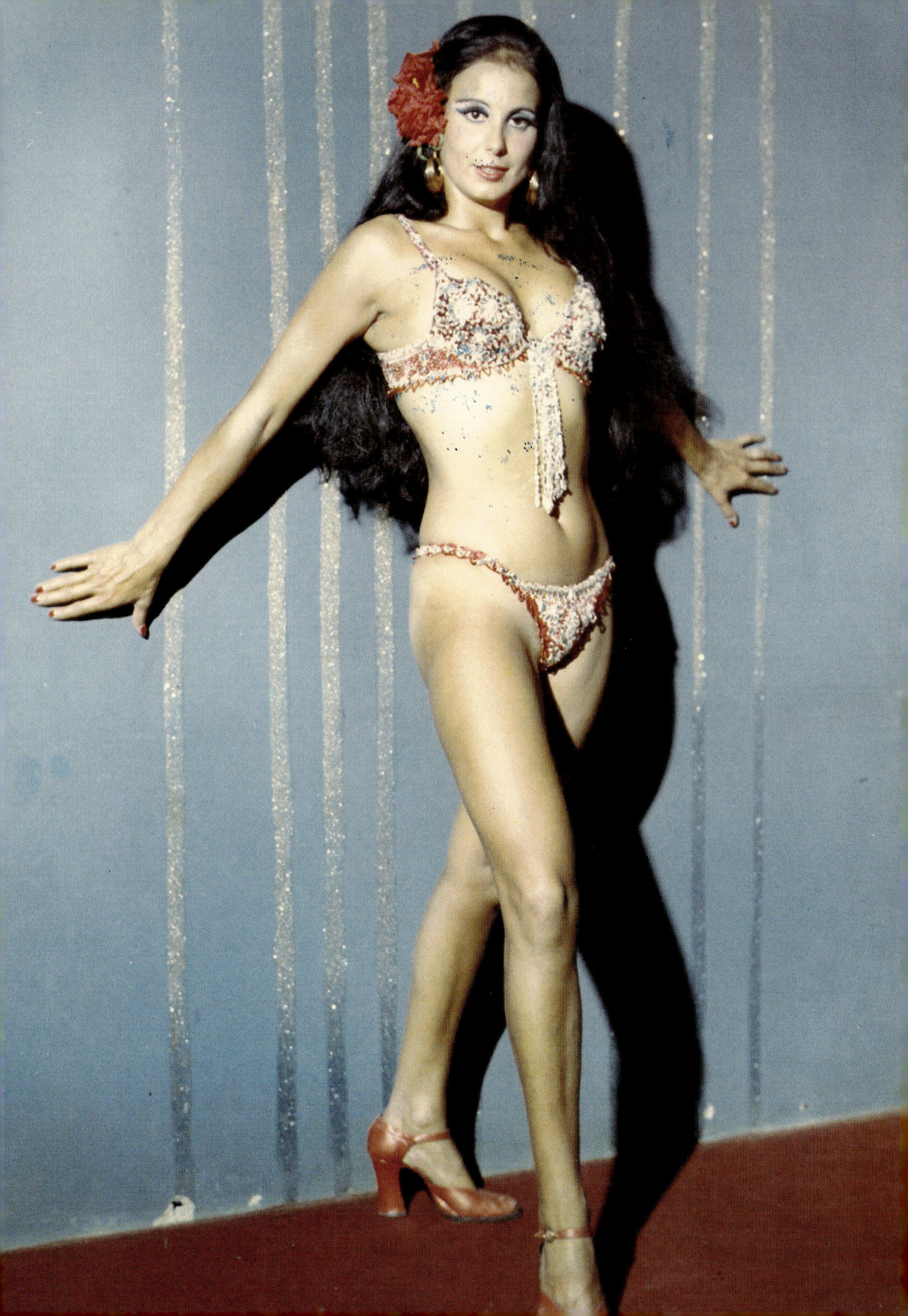

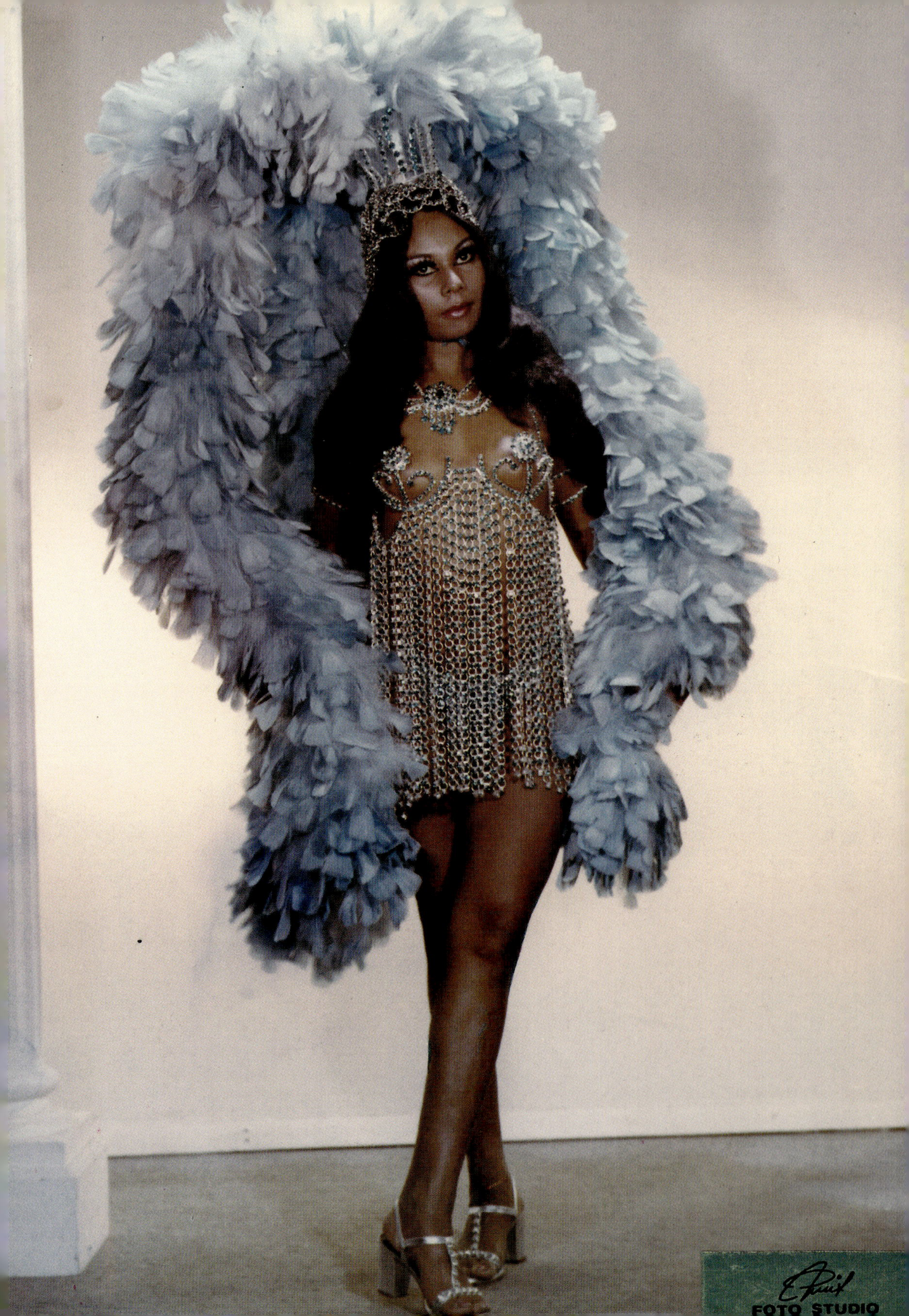
FOTO STUDIO

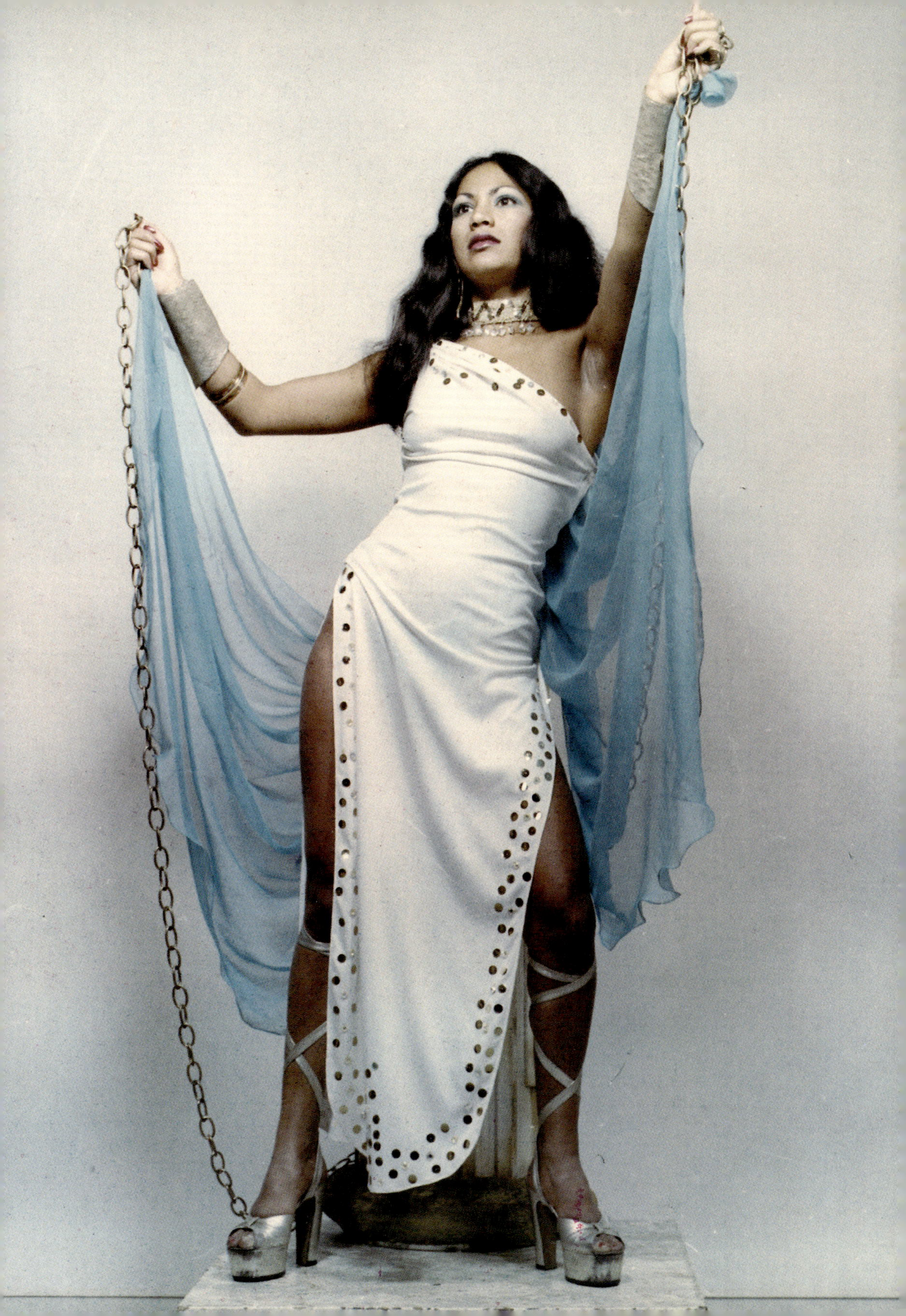

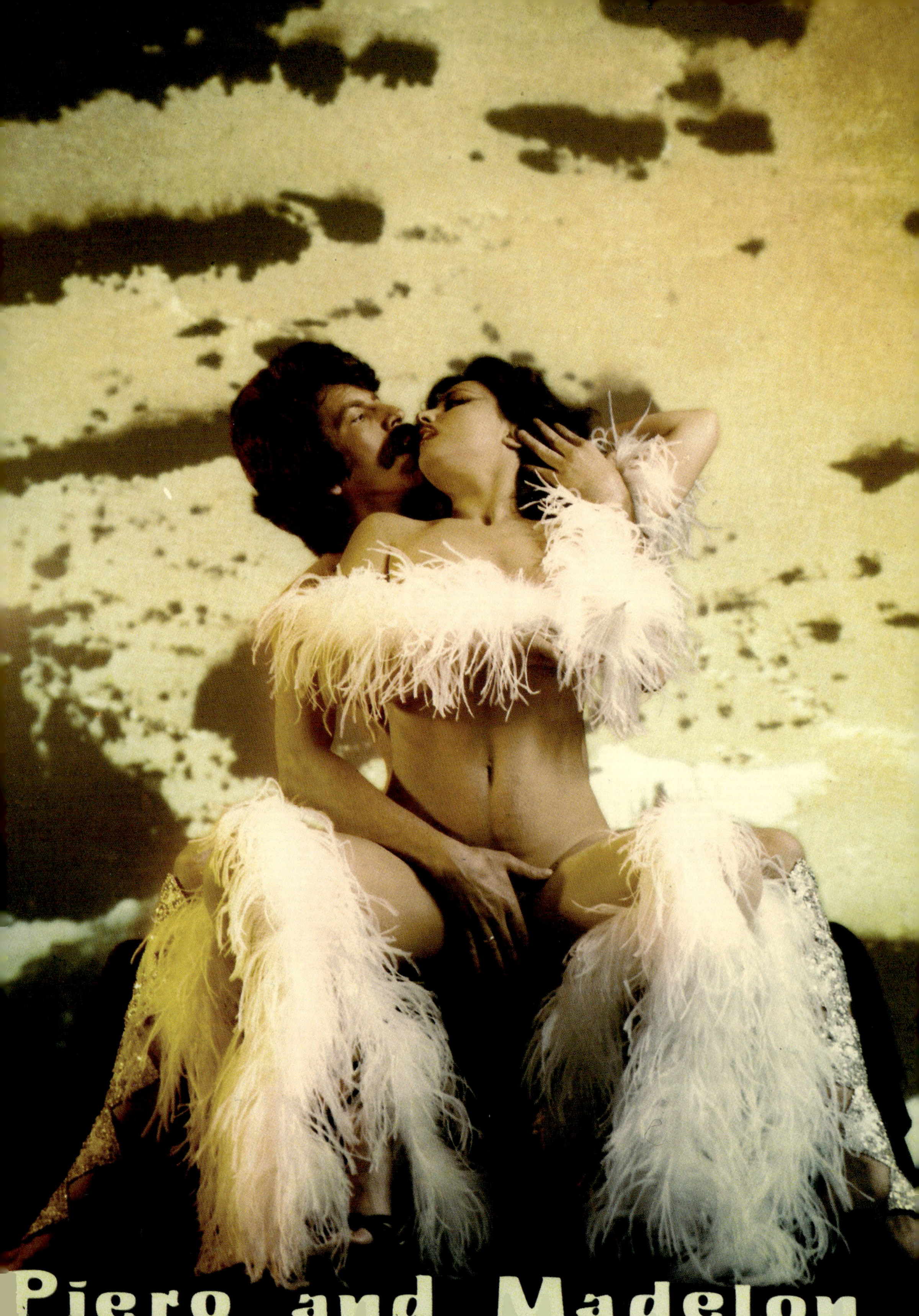

Piero and Madelon

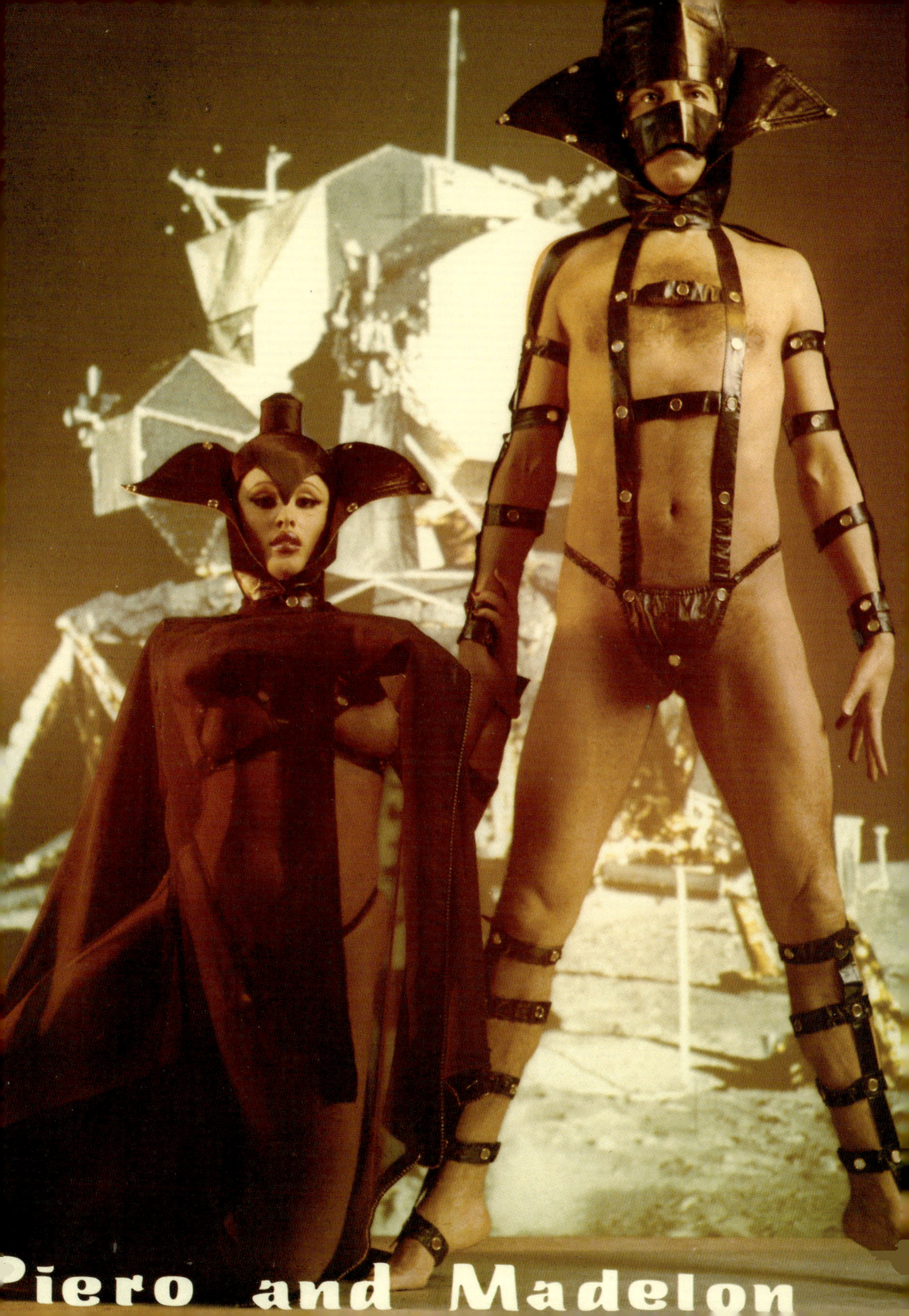
Piero and Madelon

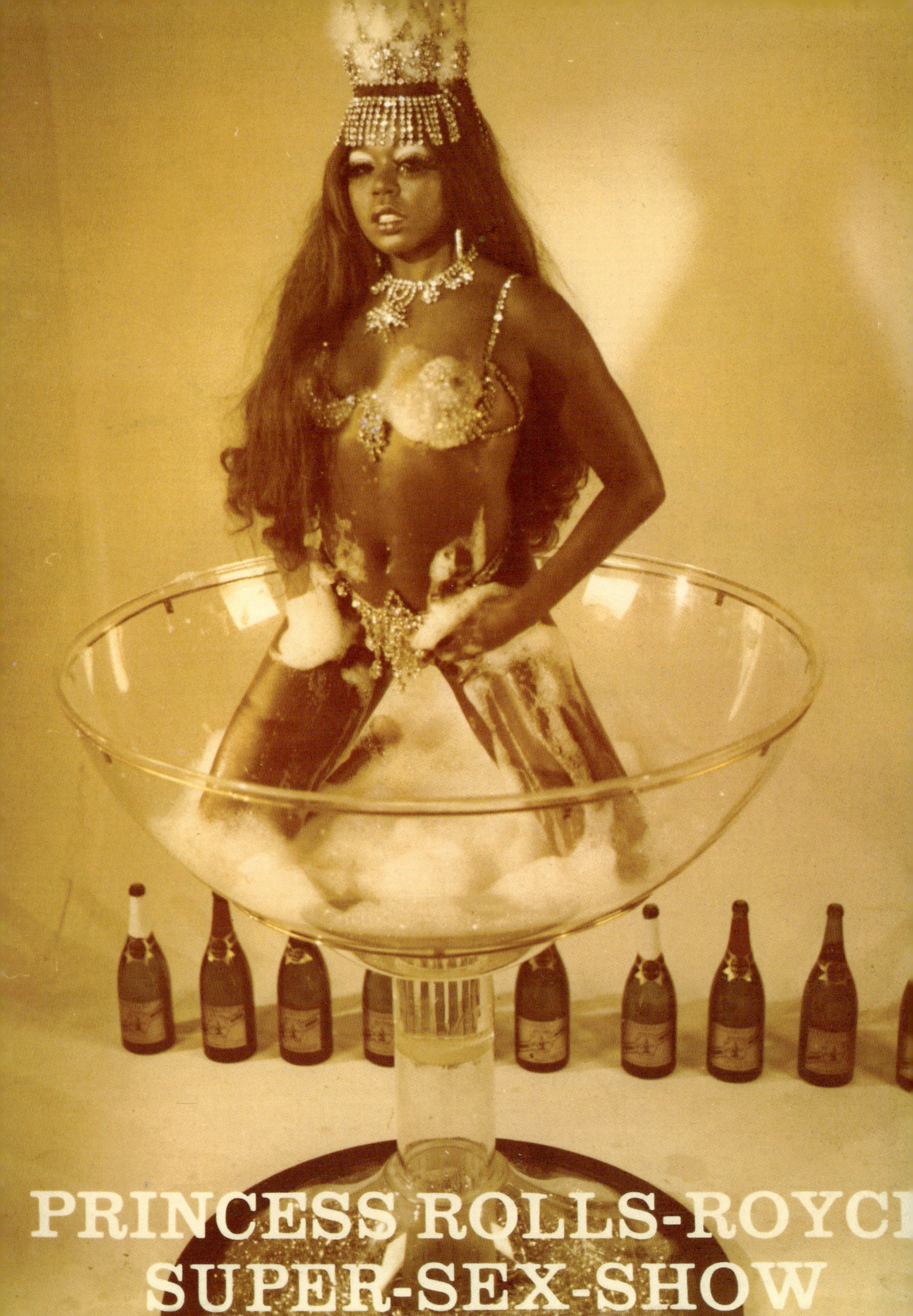

PRINCESS ROLLS-ROYCE
SUPER-SEX-SHOW

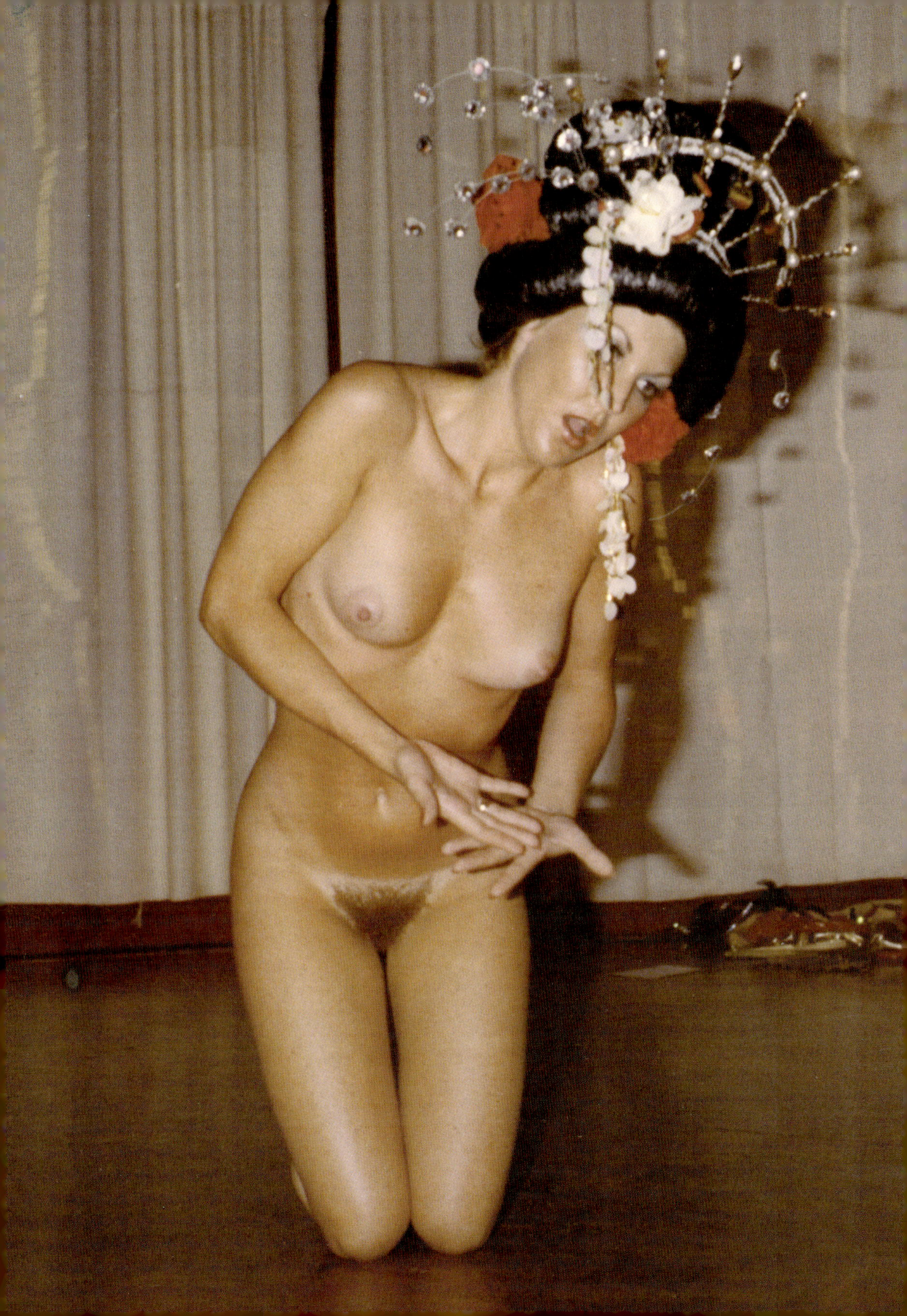

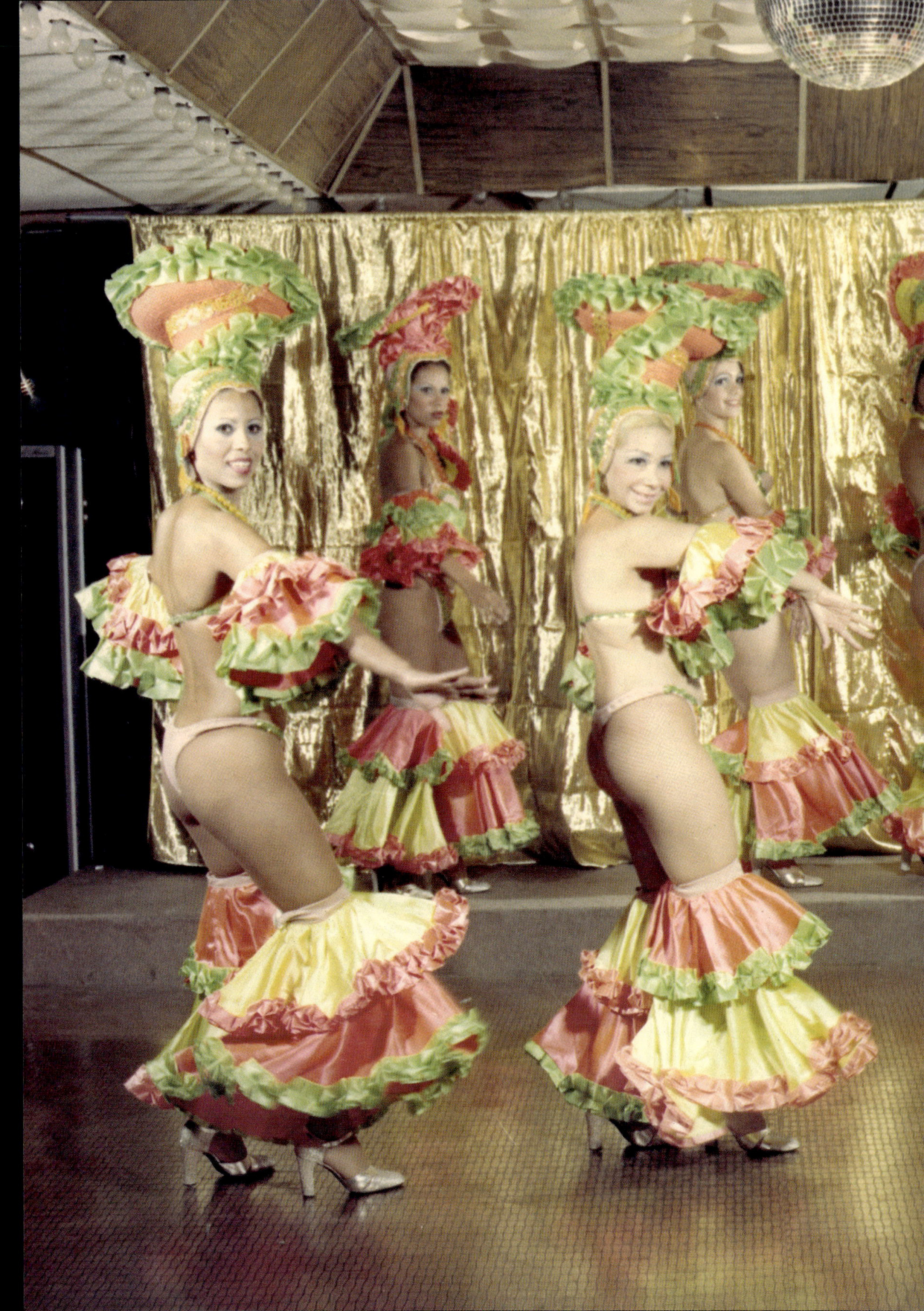

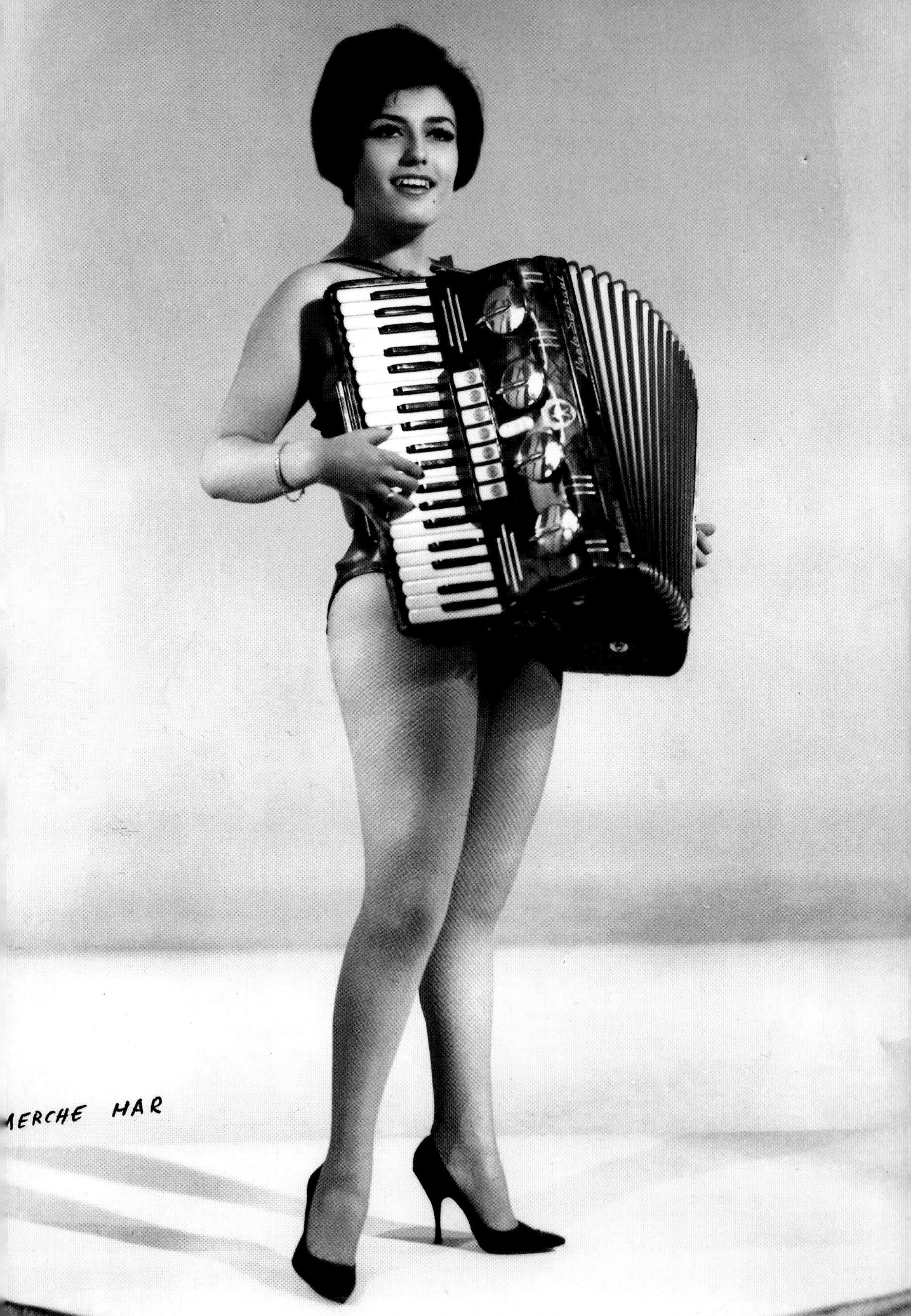
MERCHE MAR

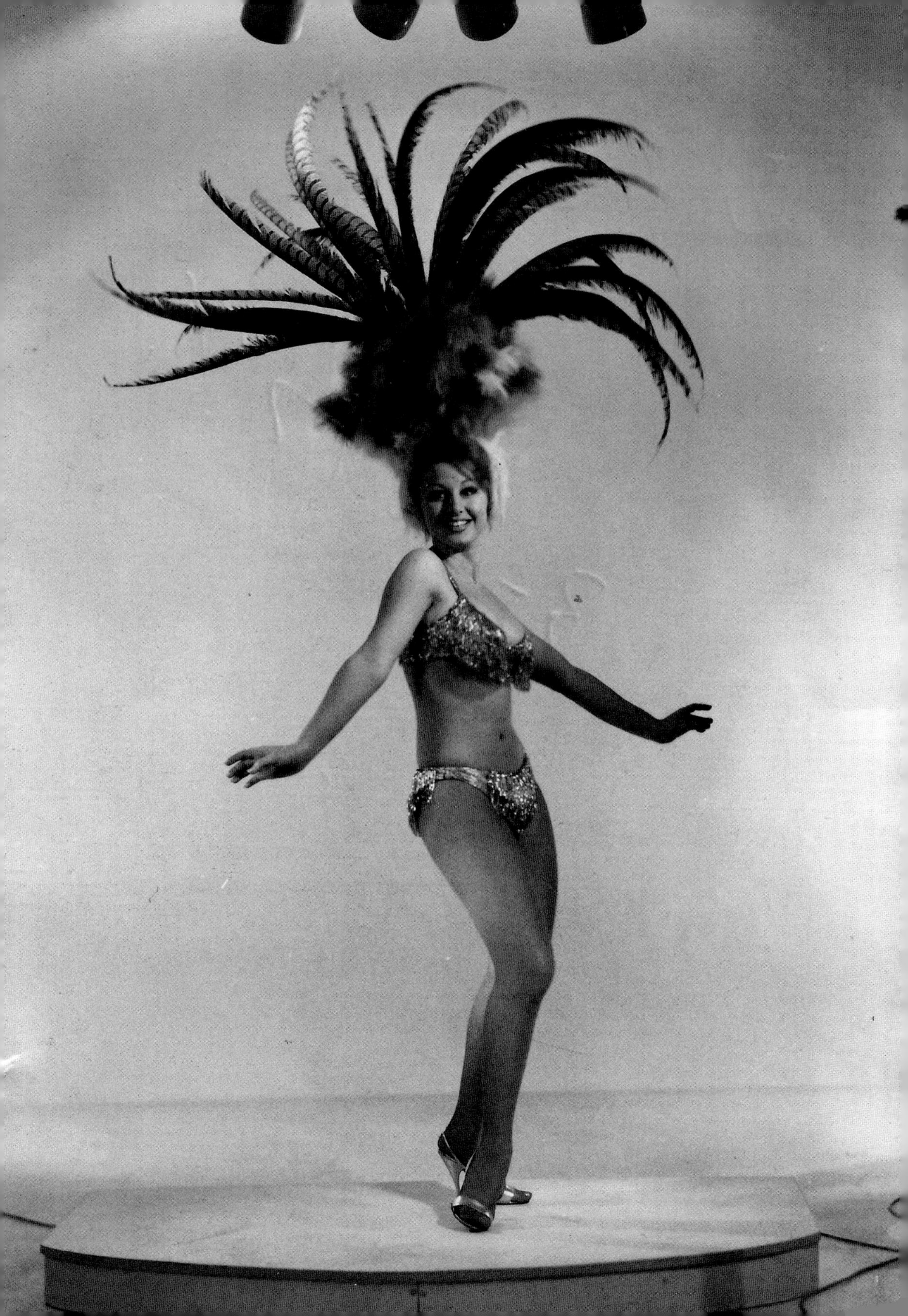

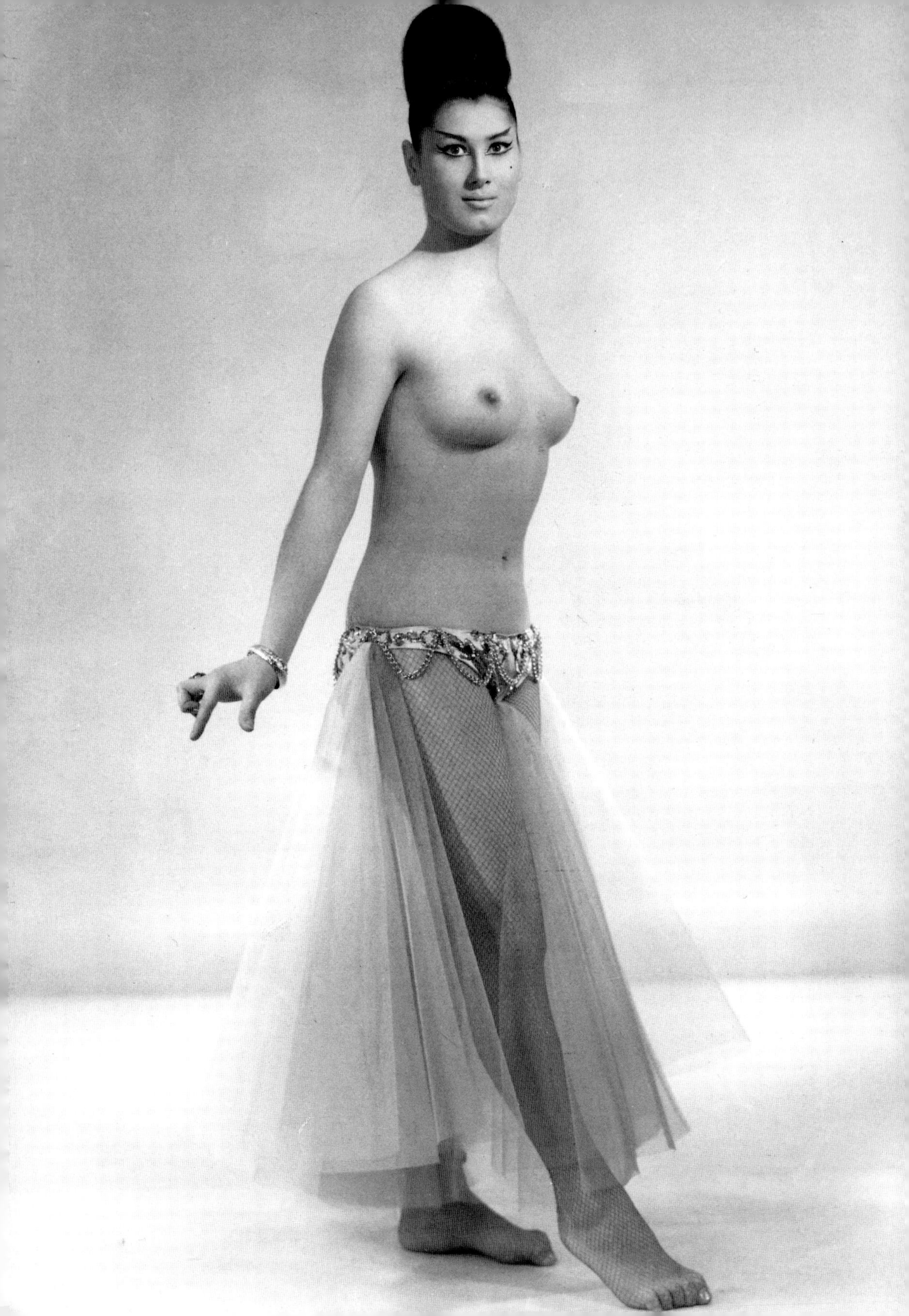

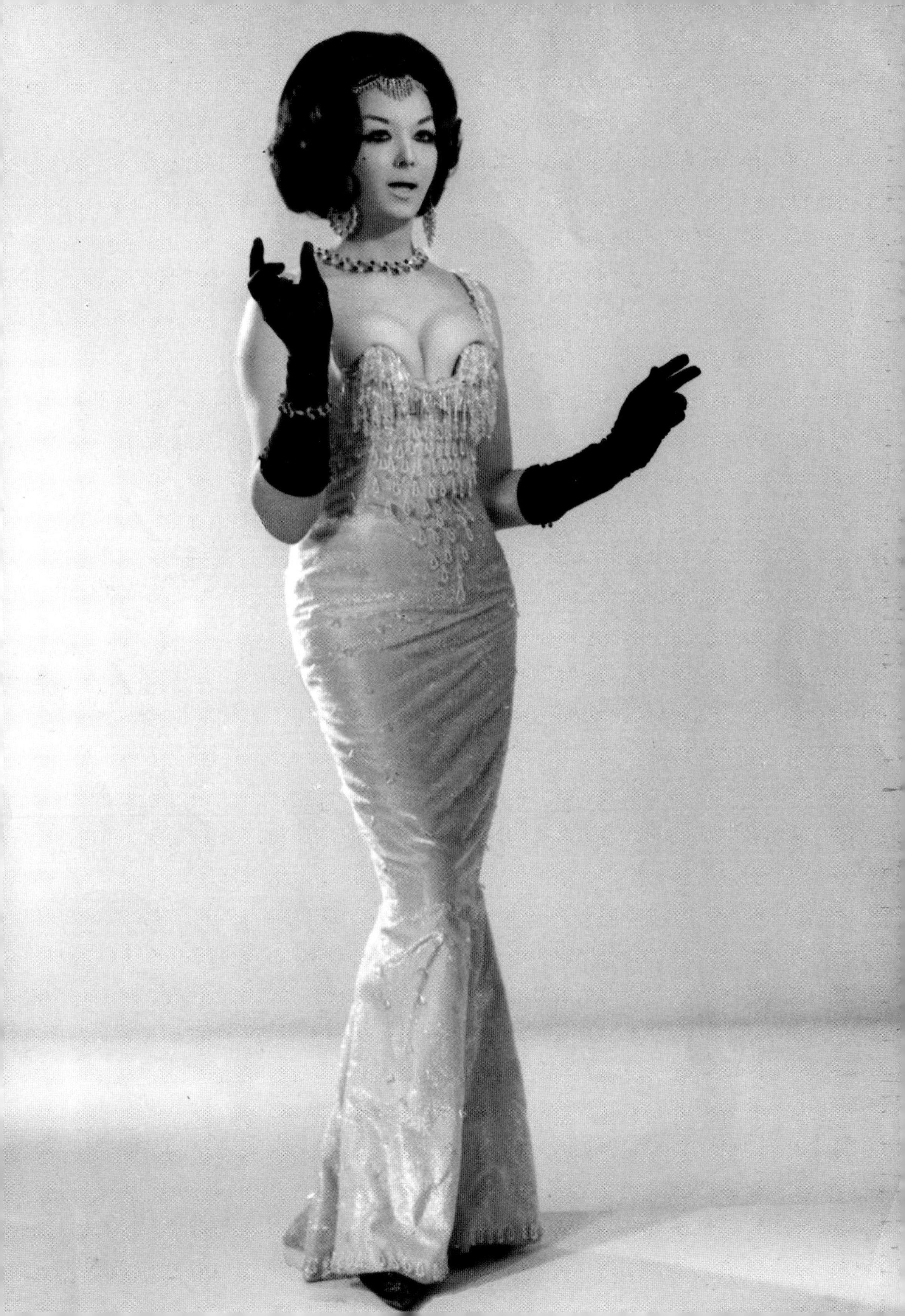

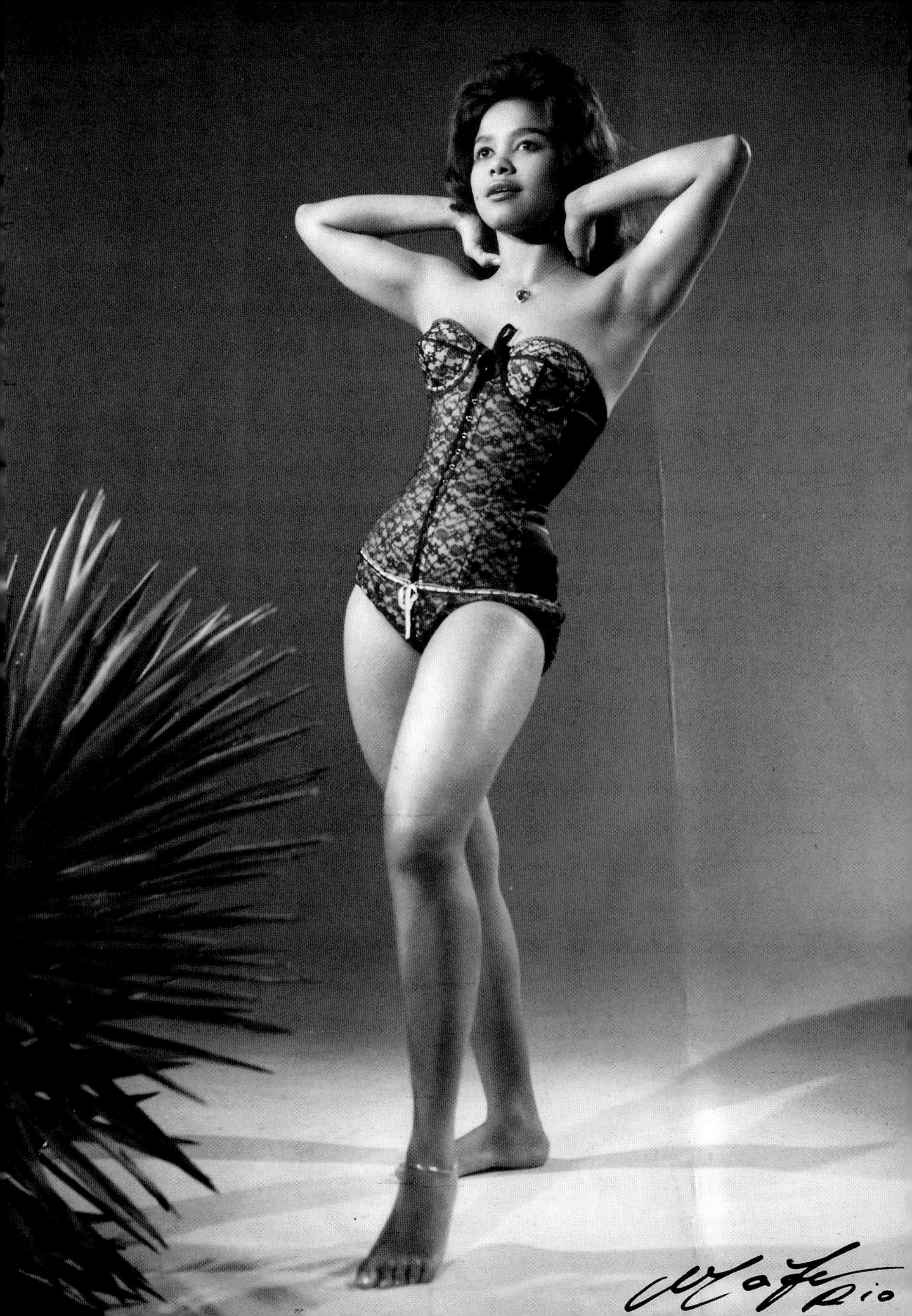
Mafra
Rio

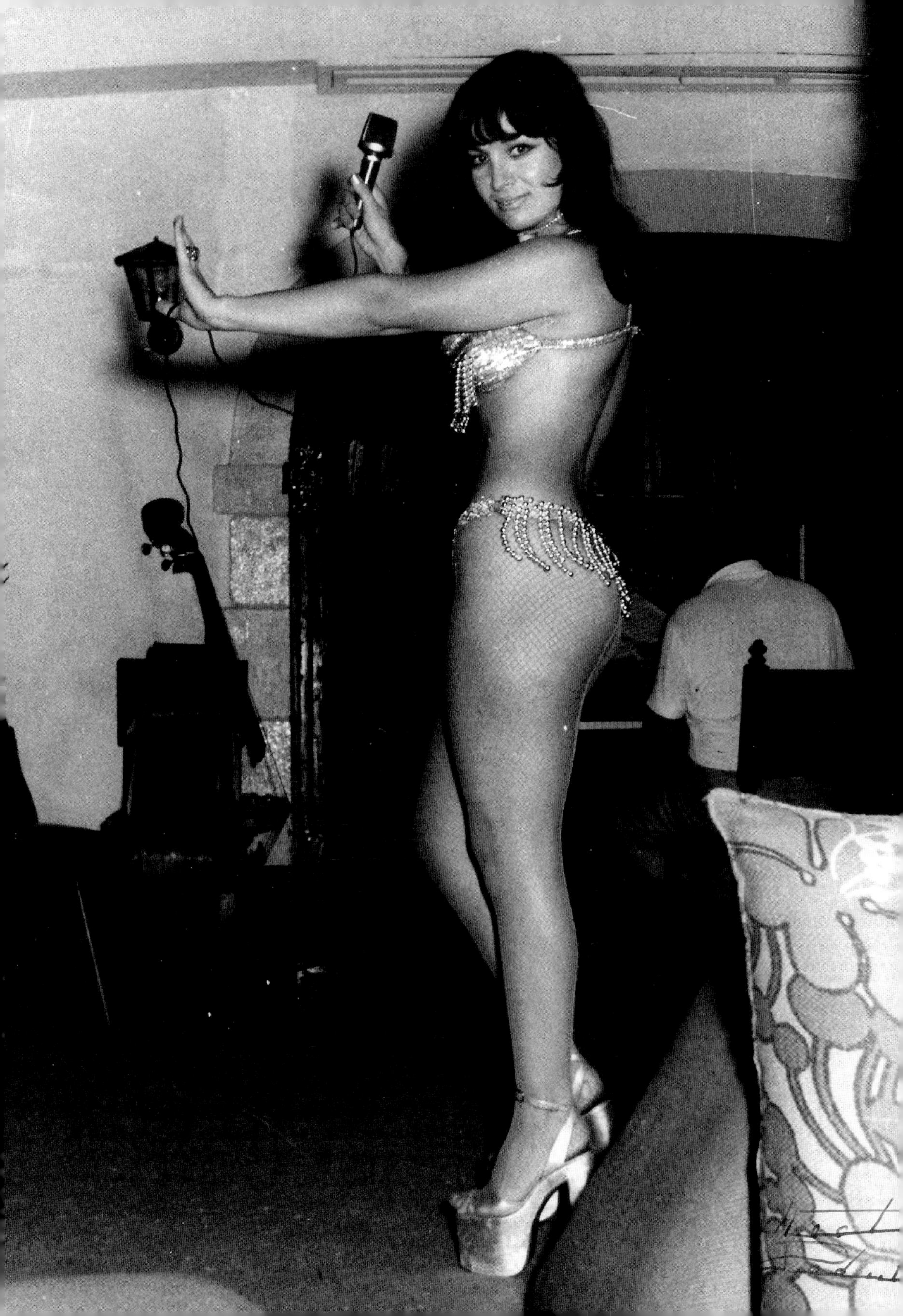

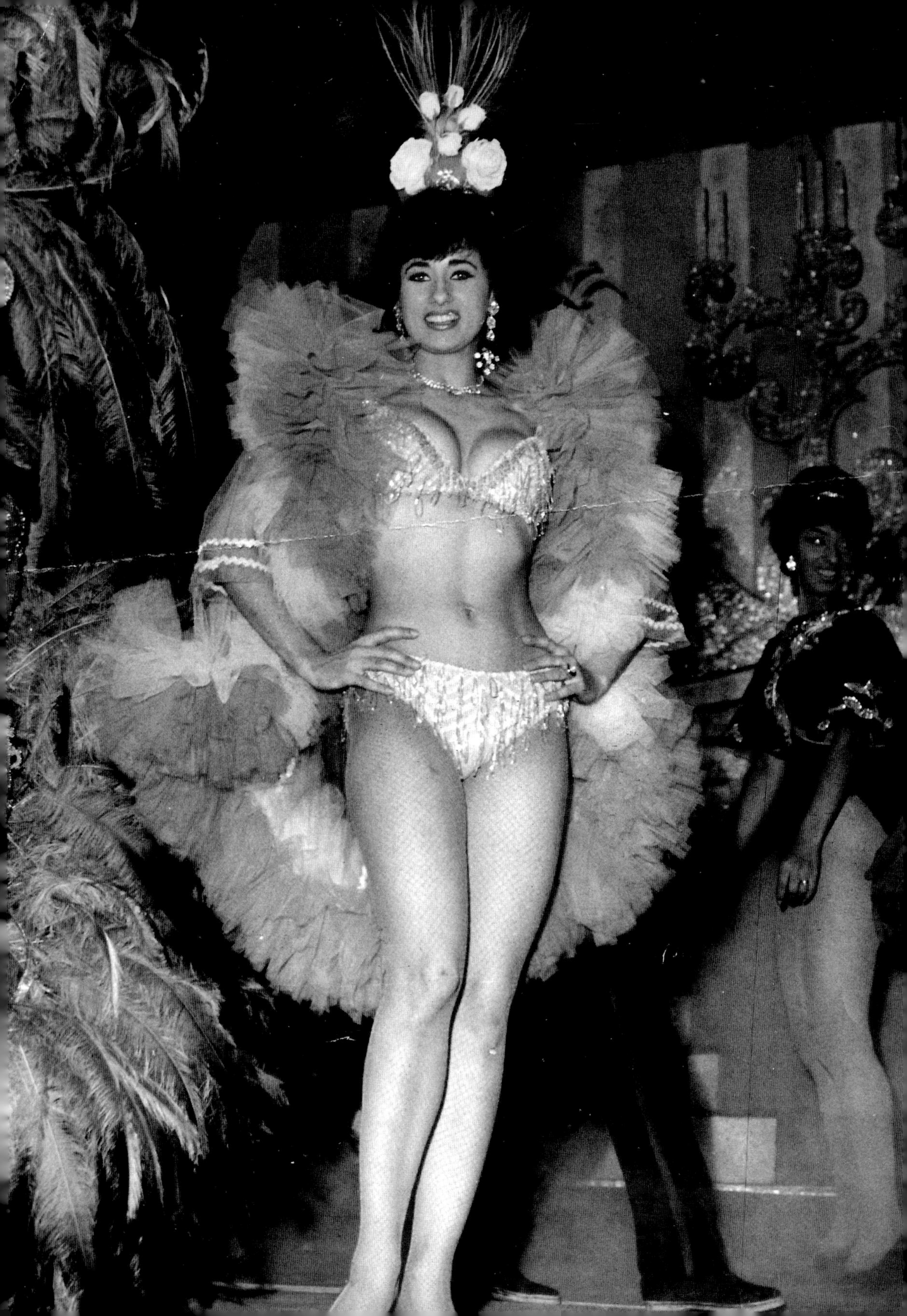

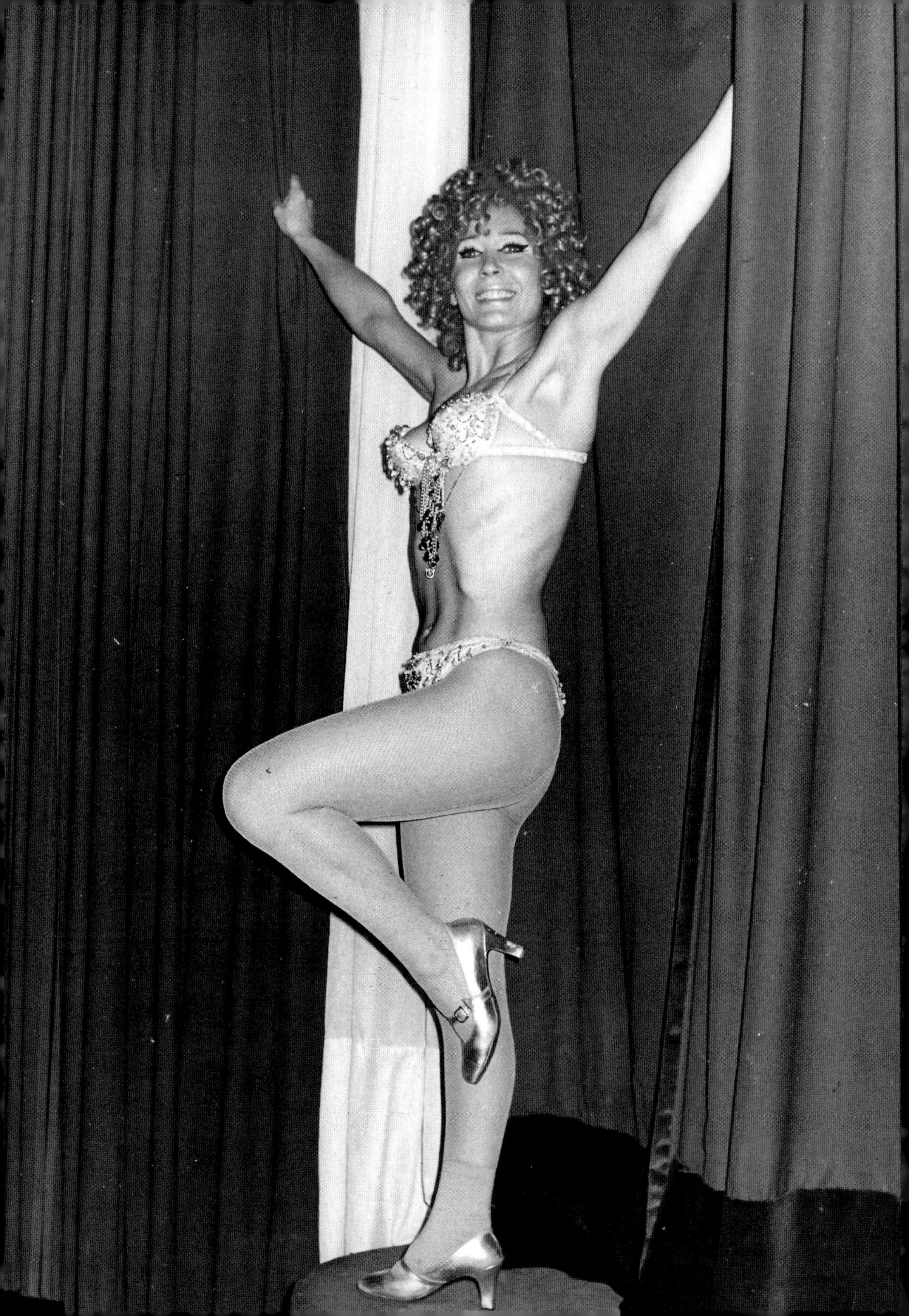

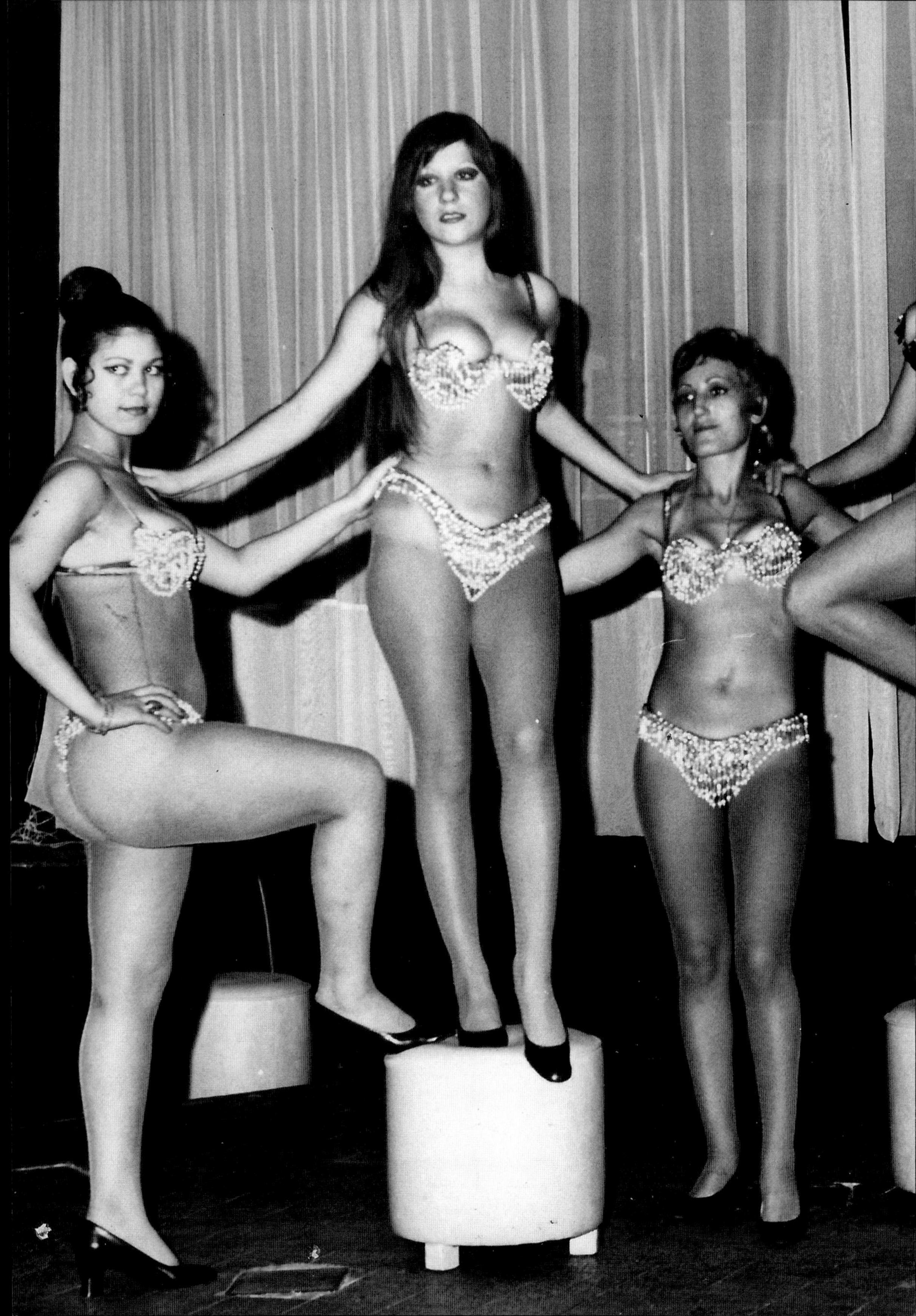

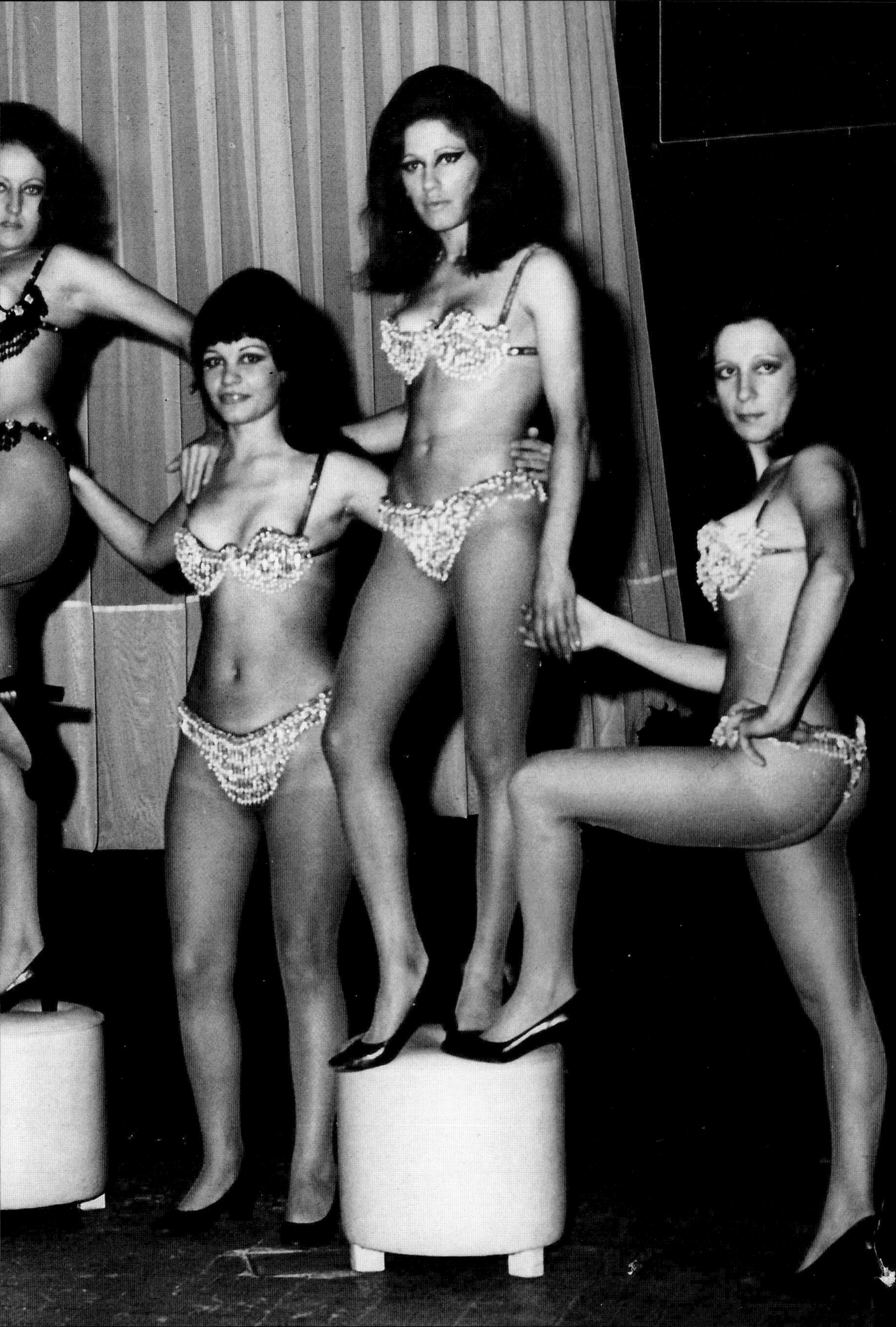

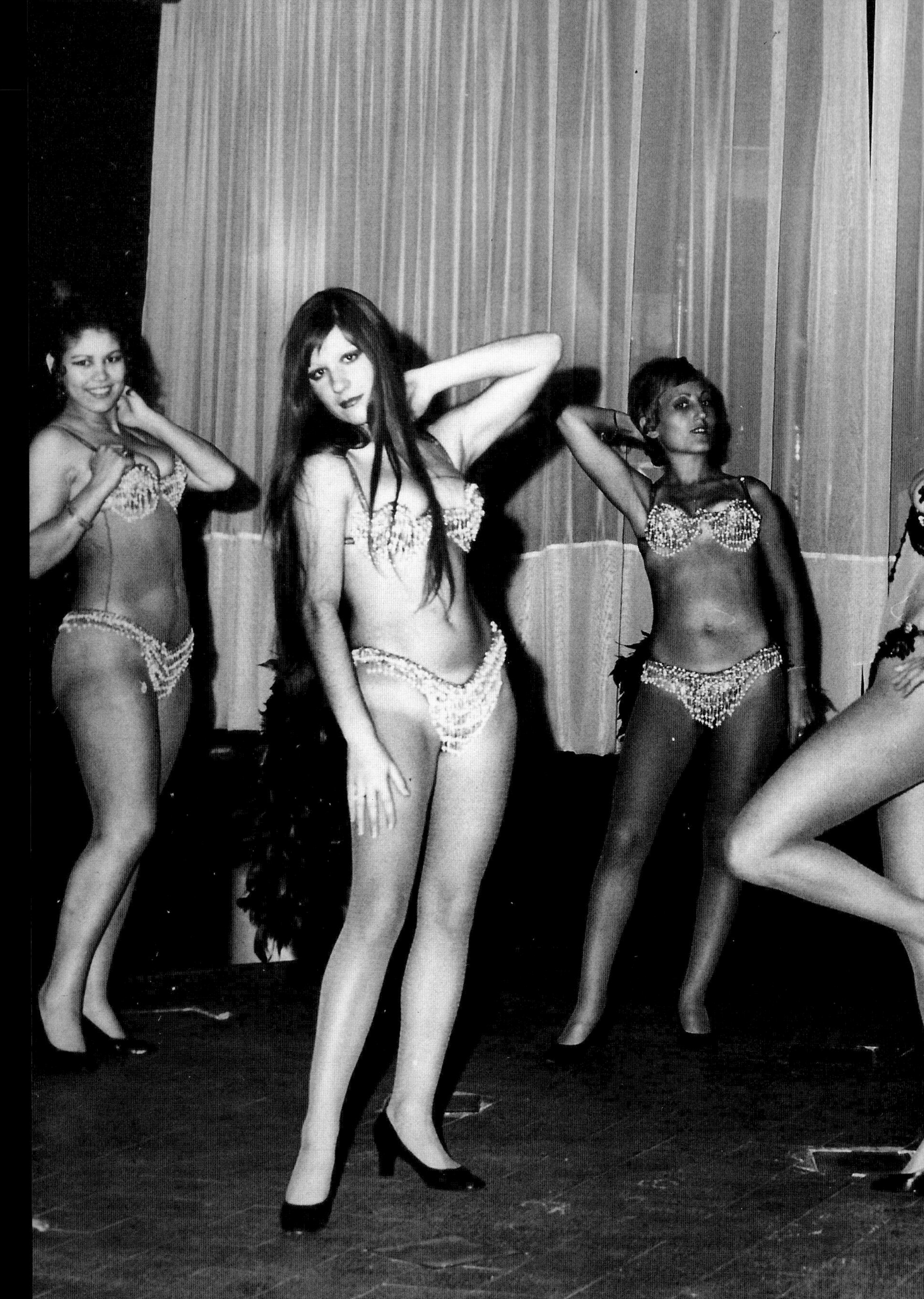

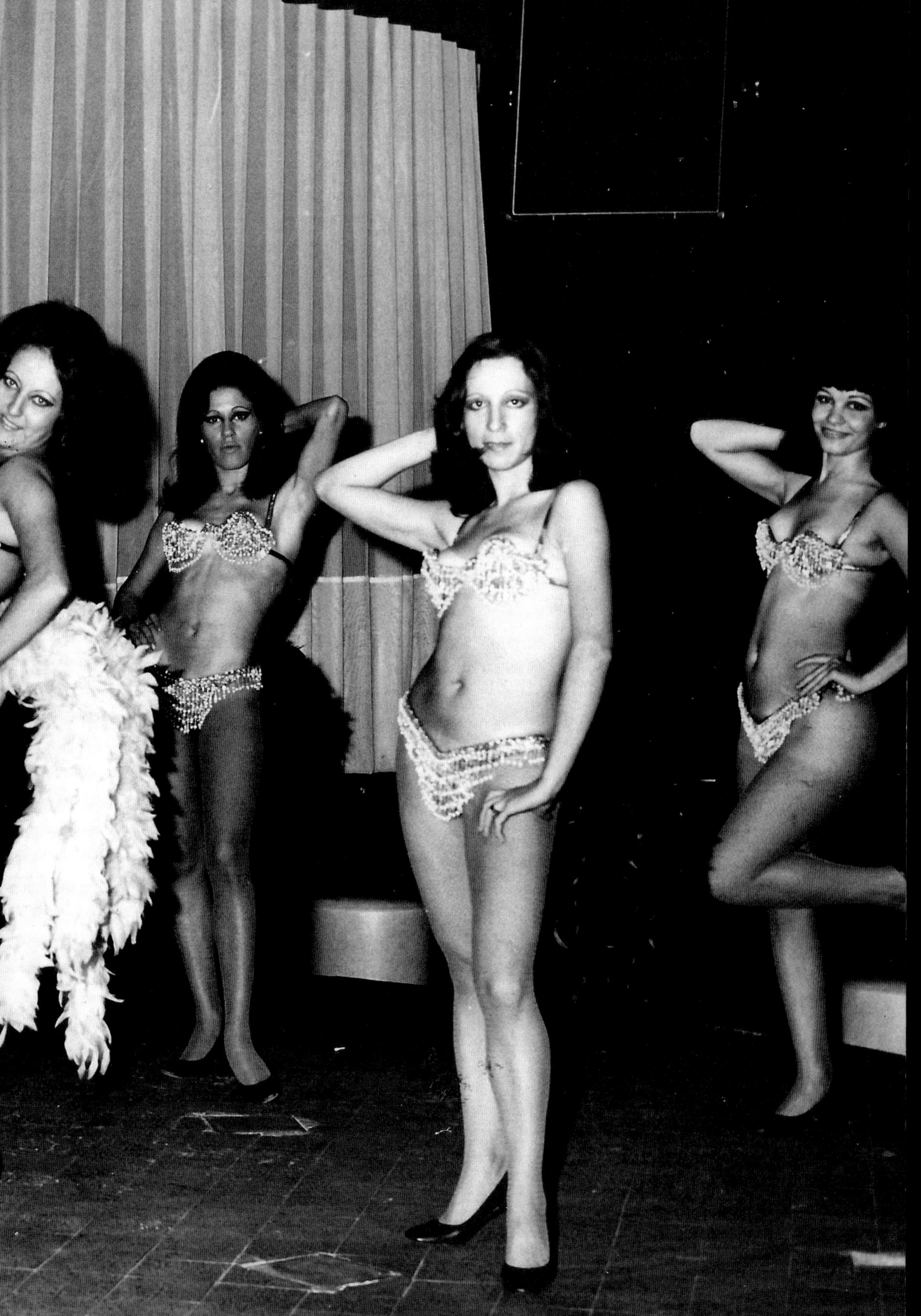

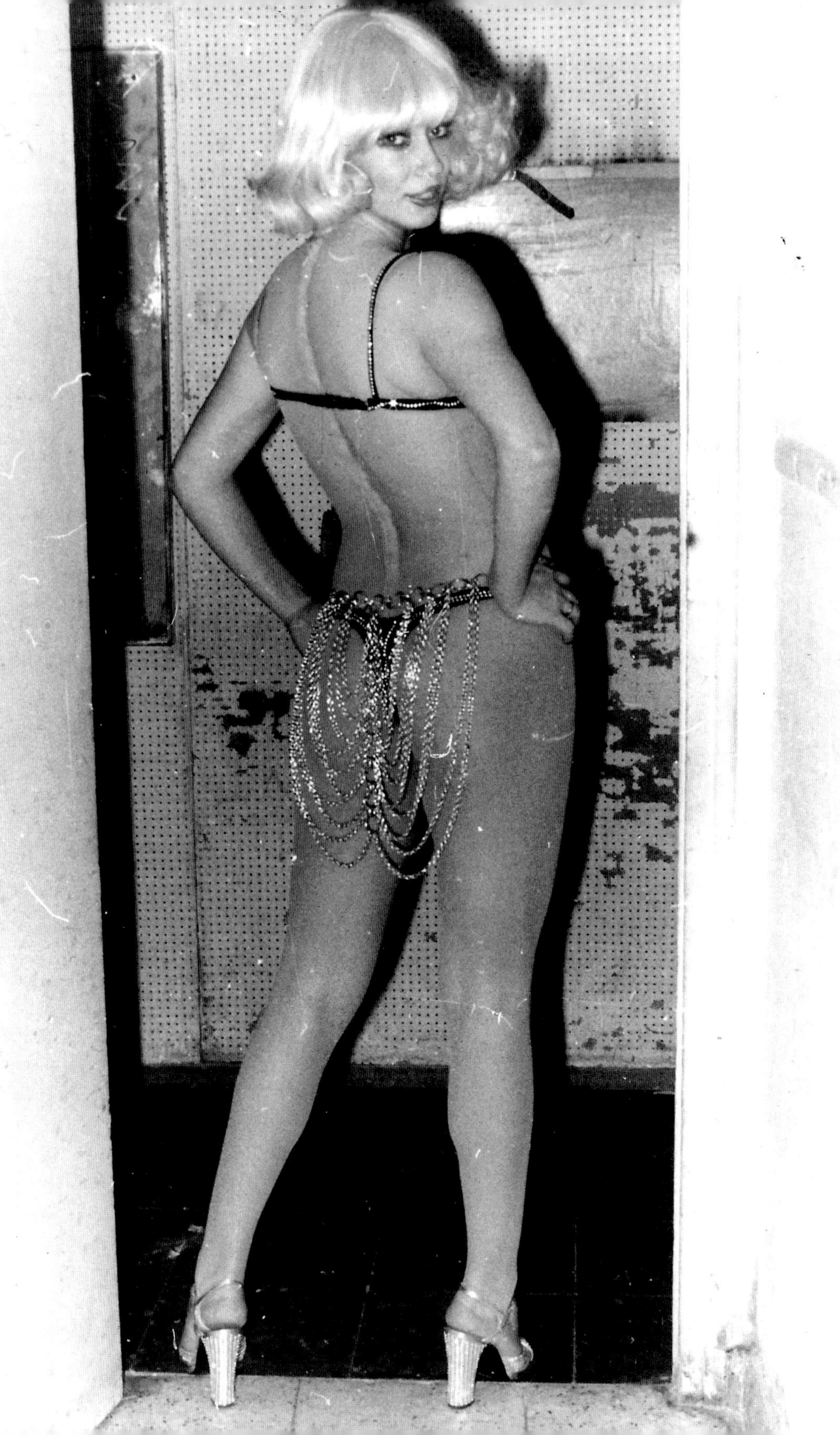

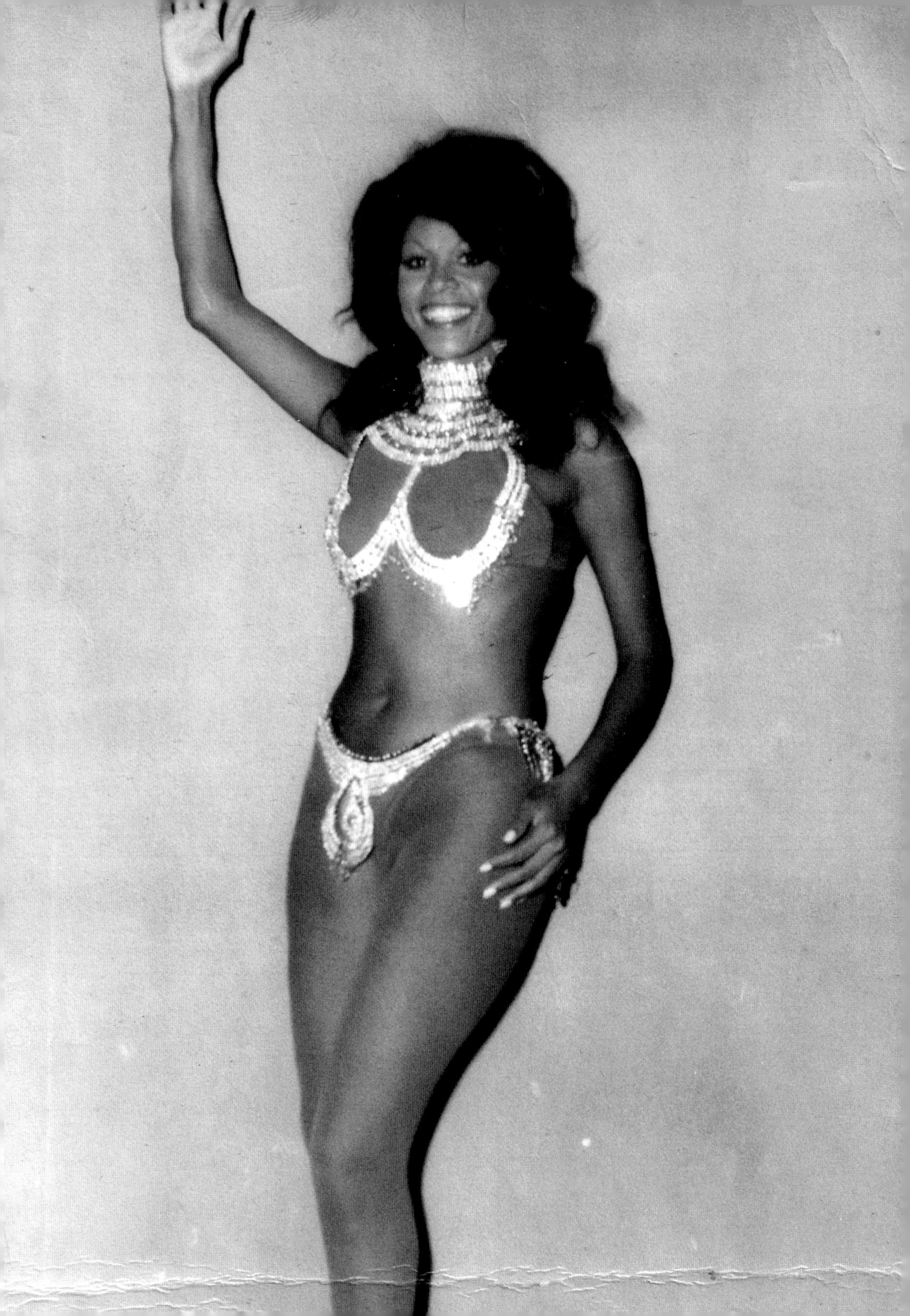

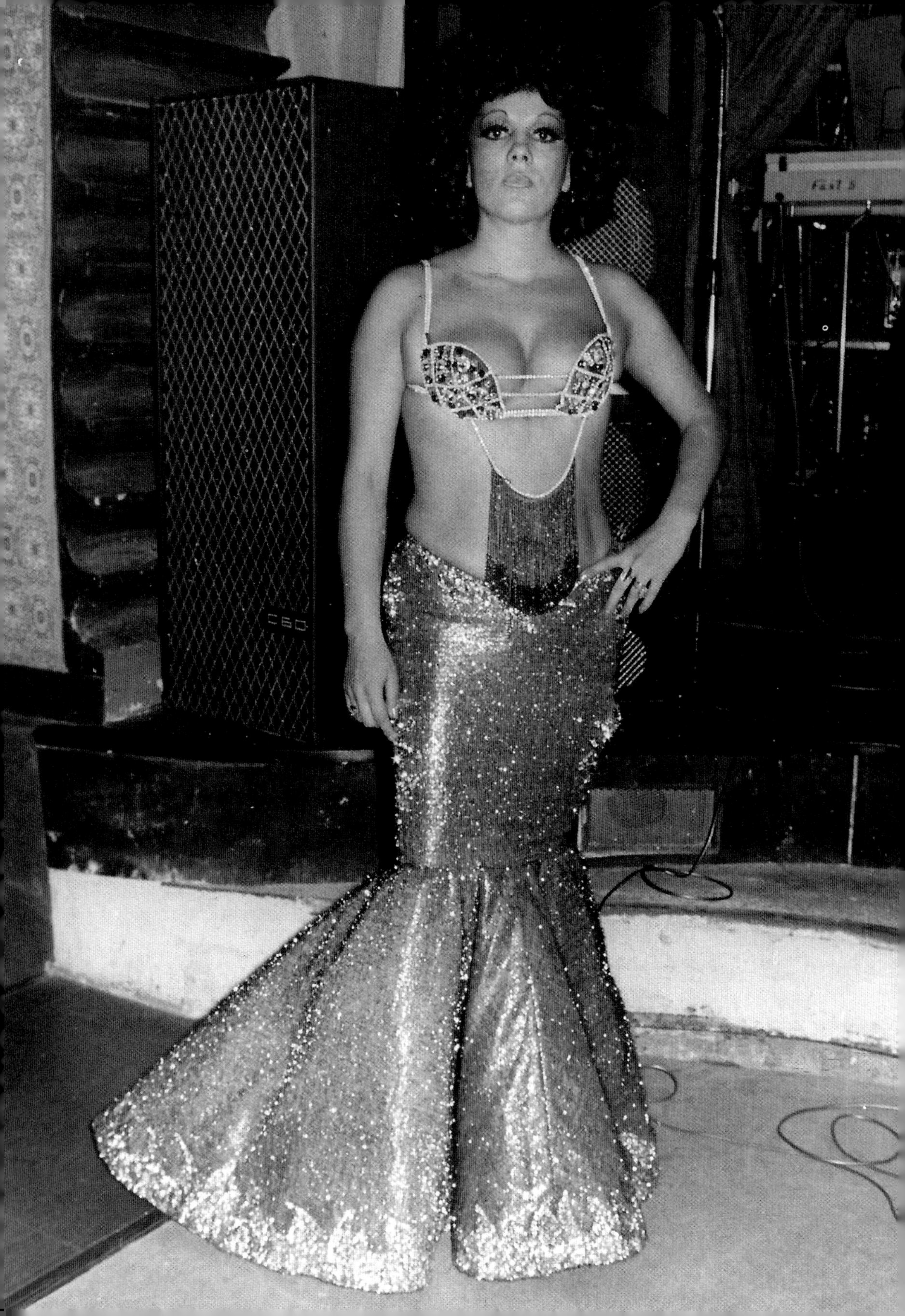

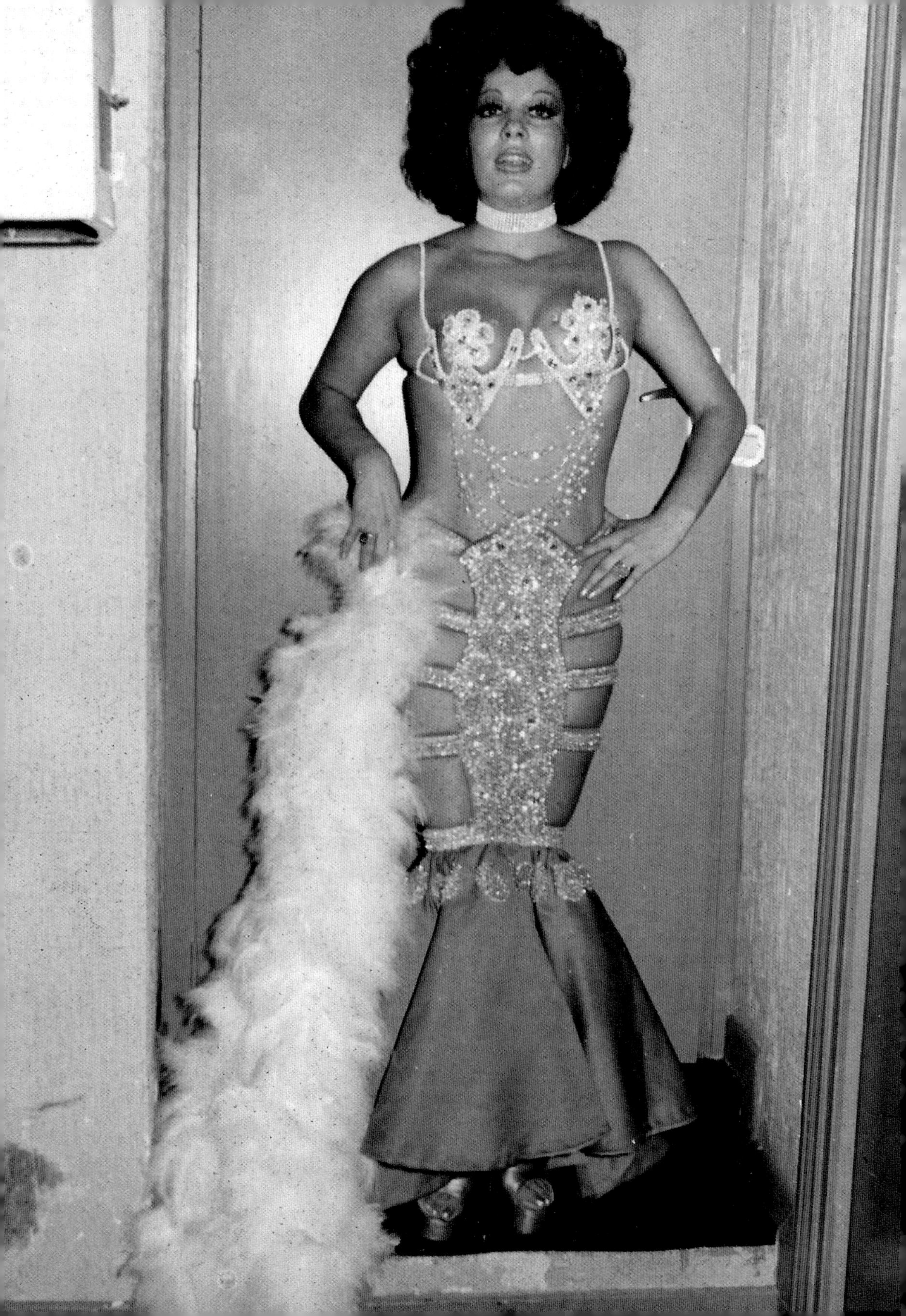

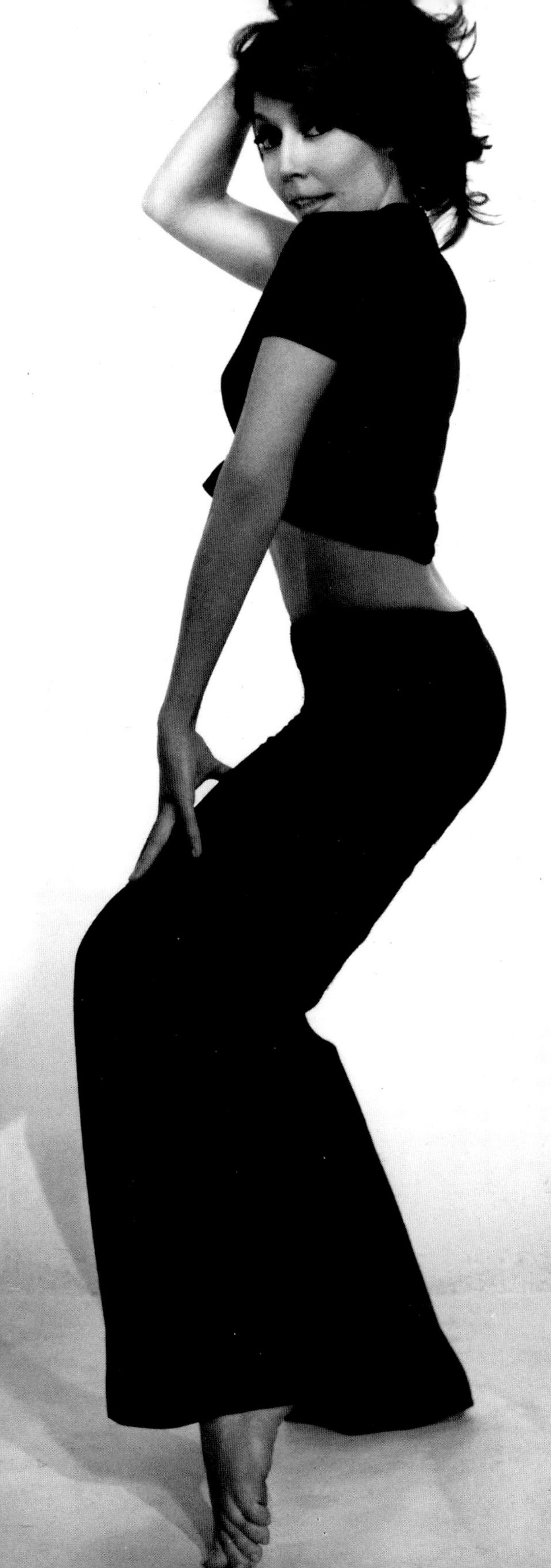

MADRID

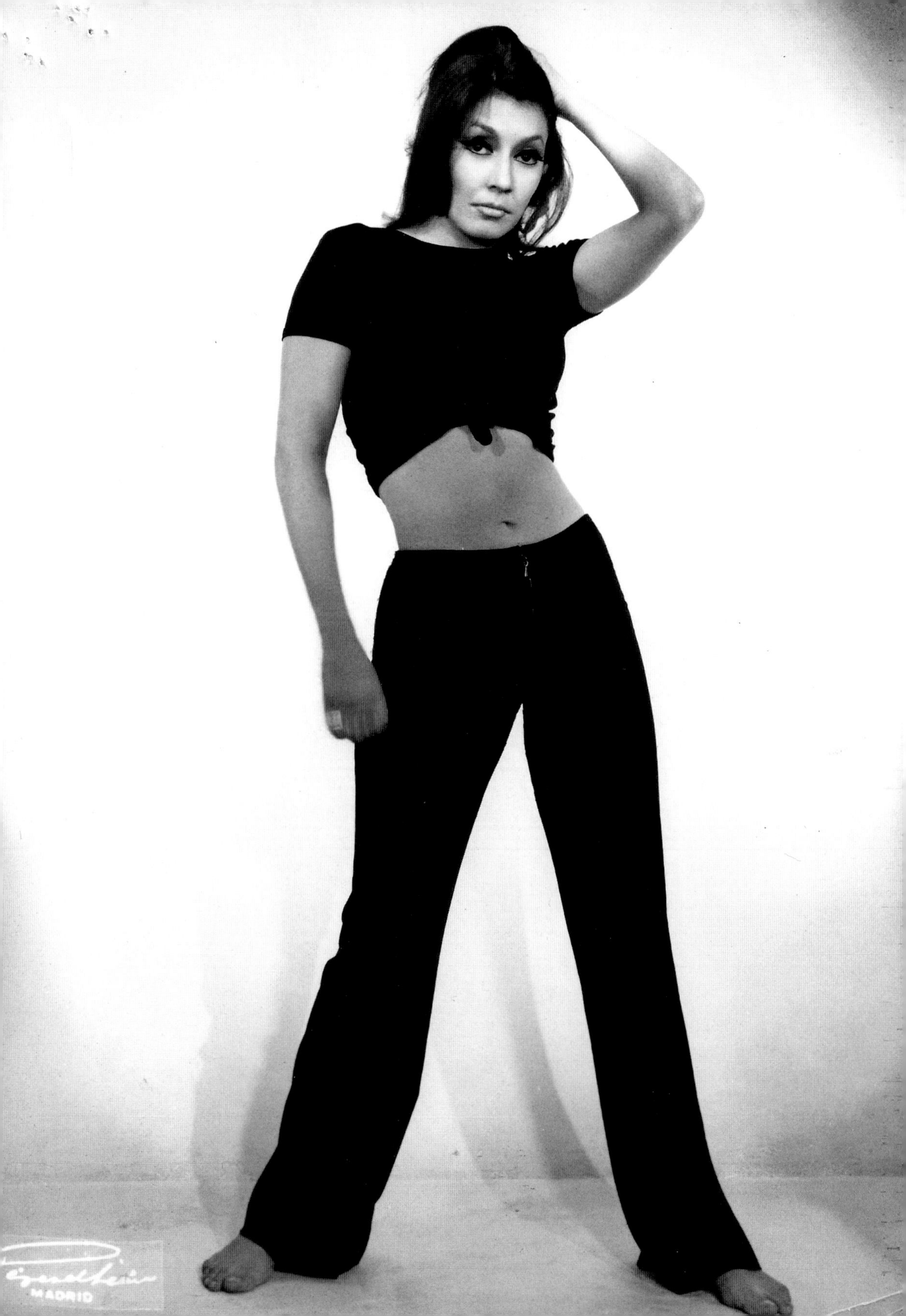
MADRID

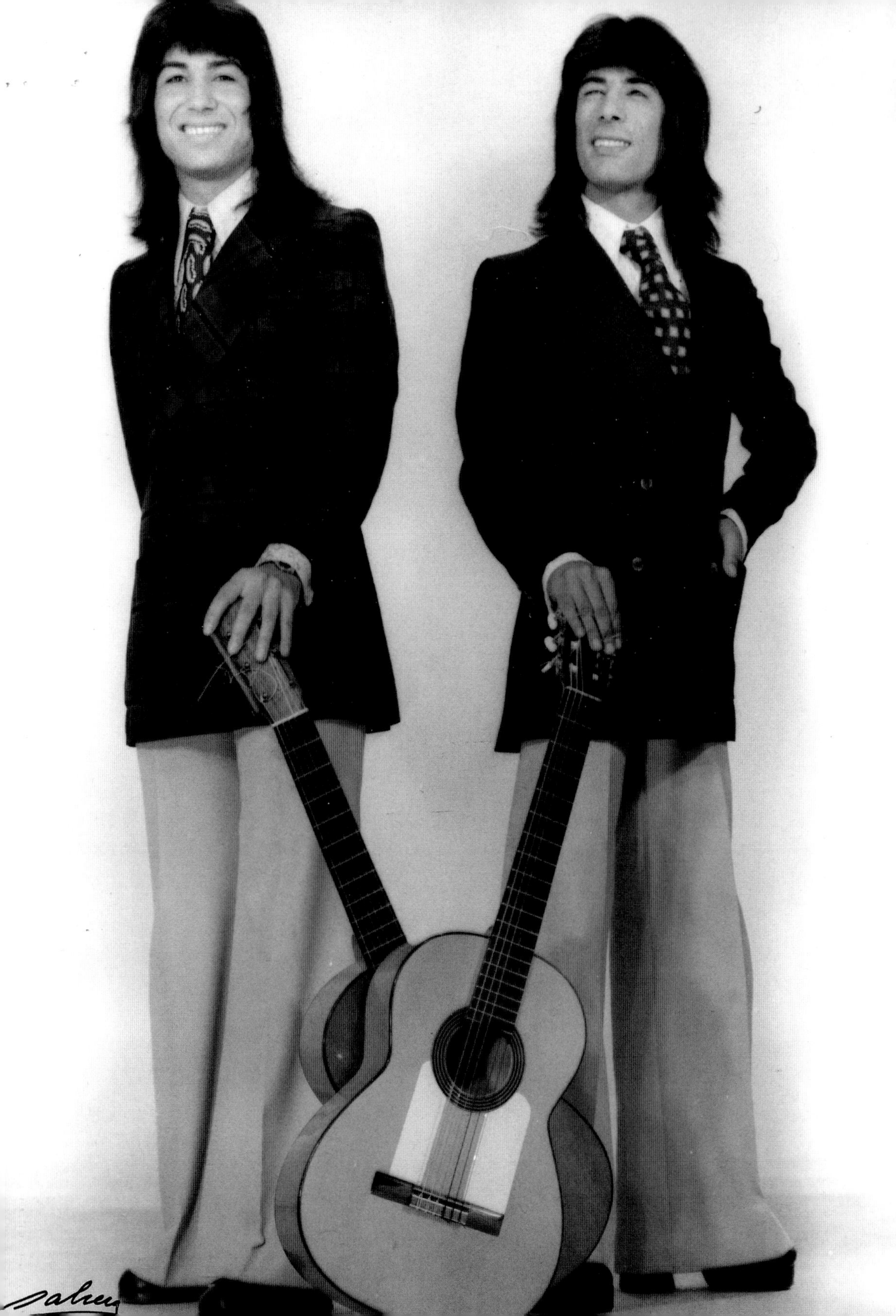

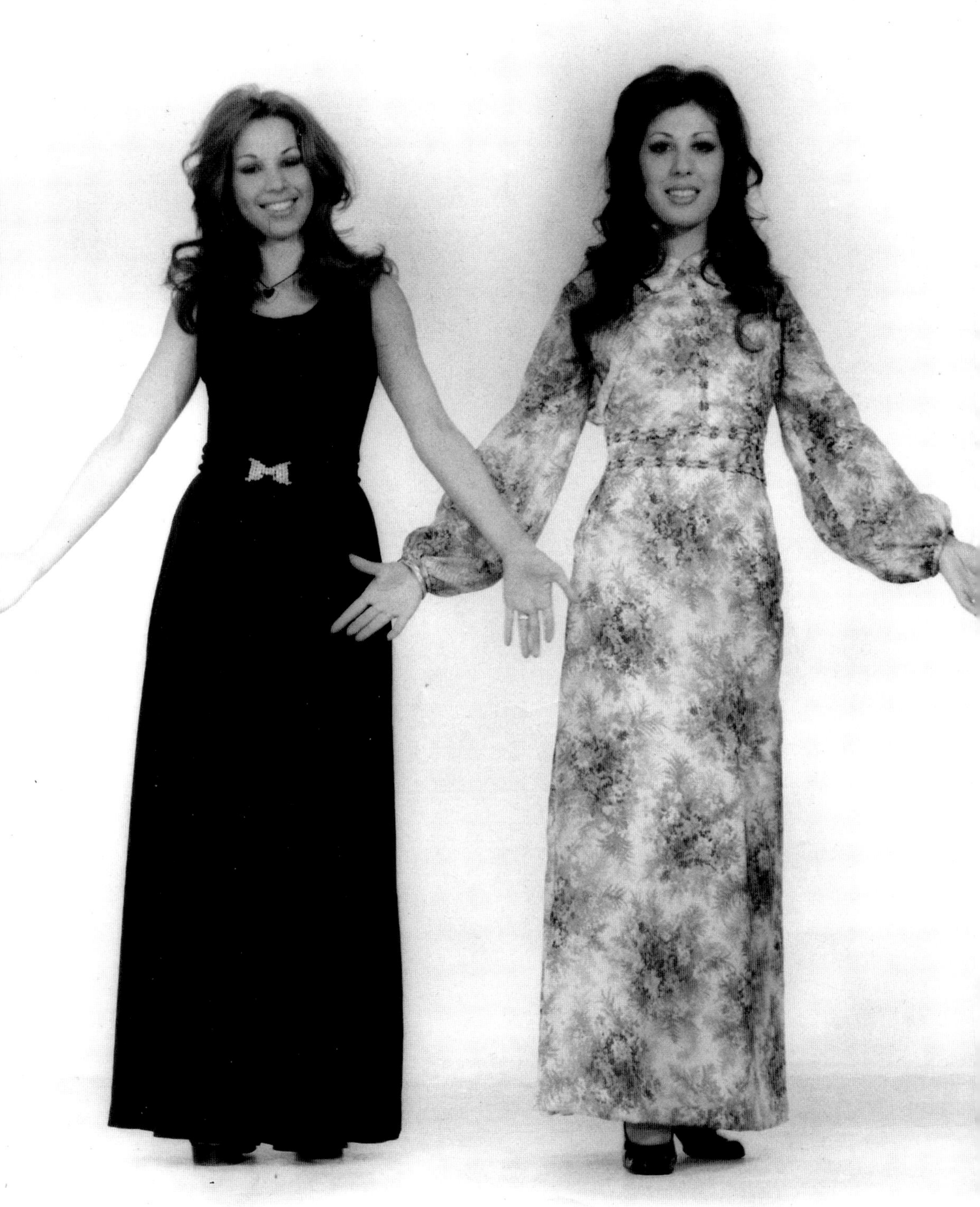

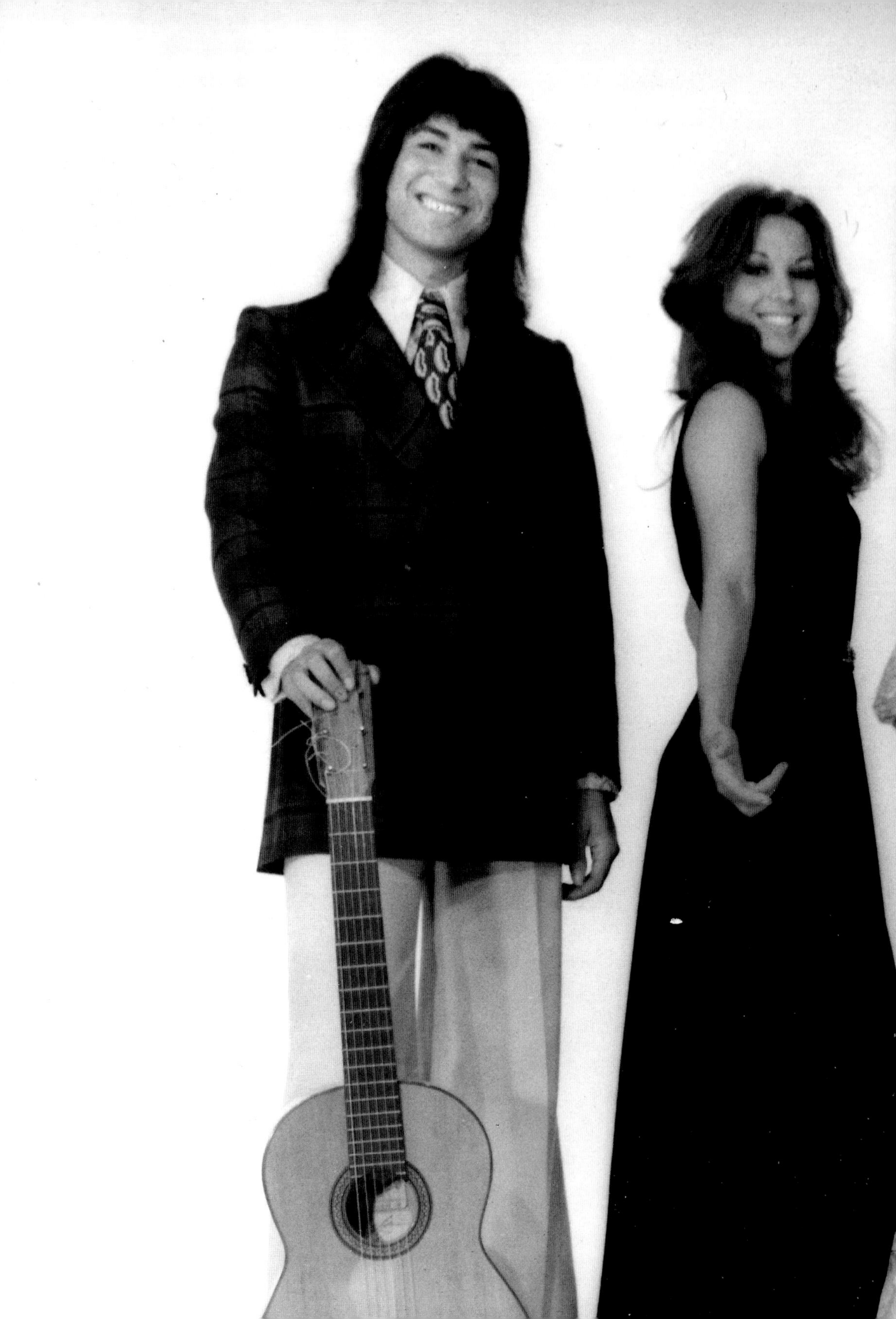

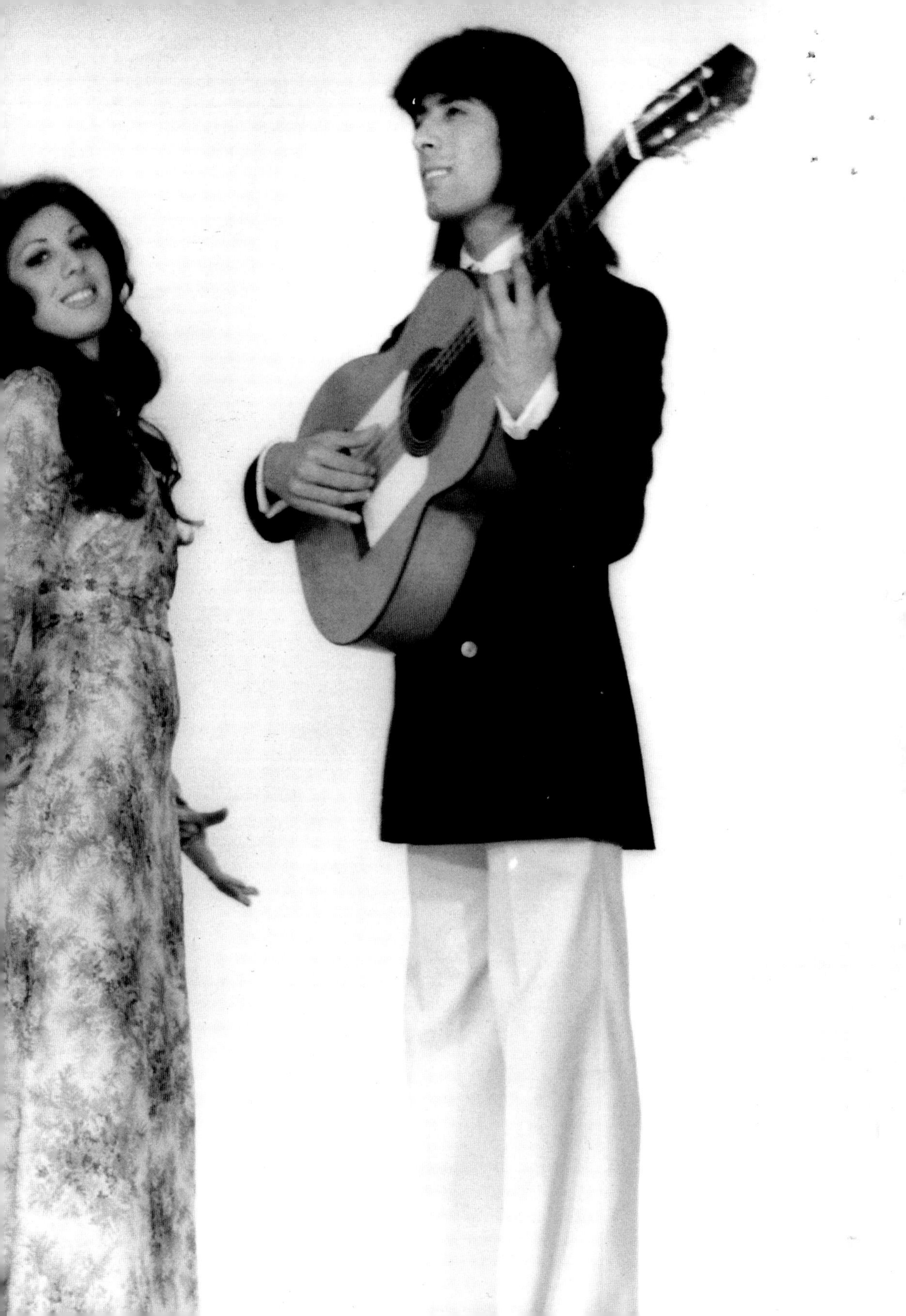

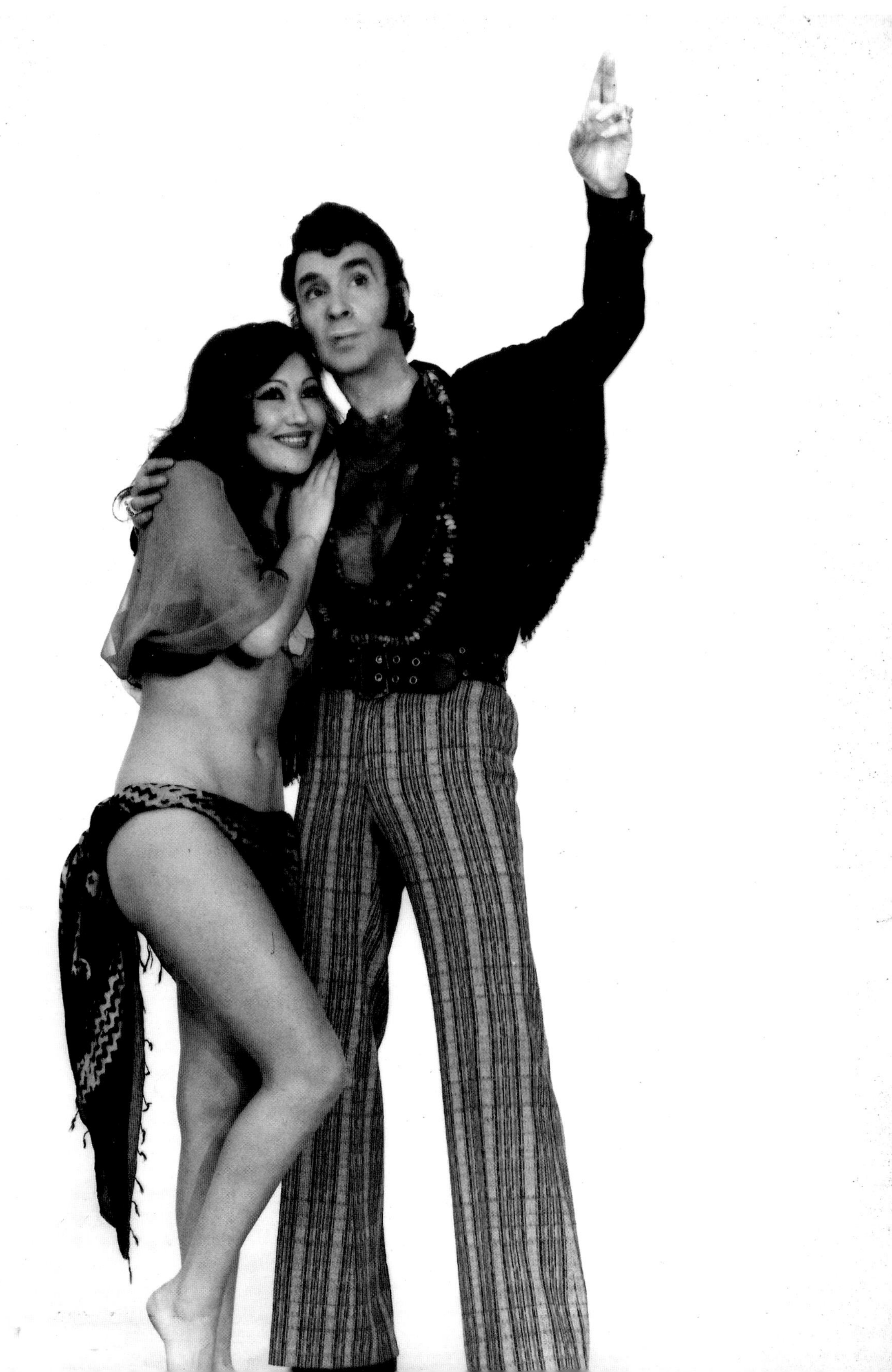

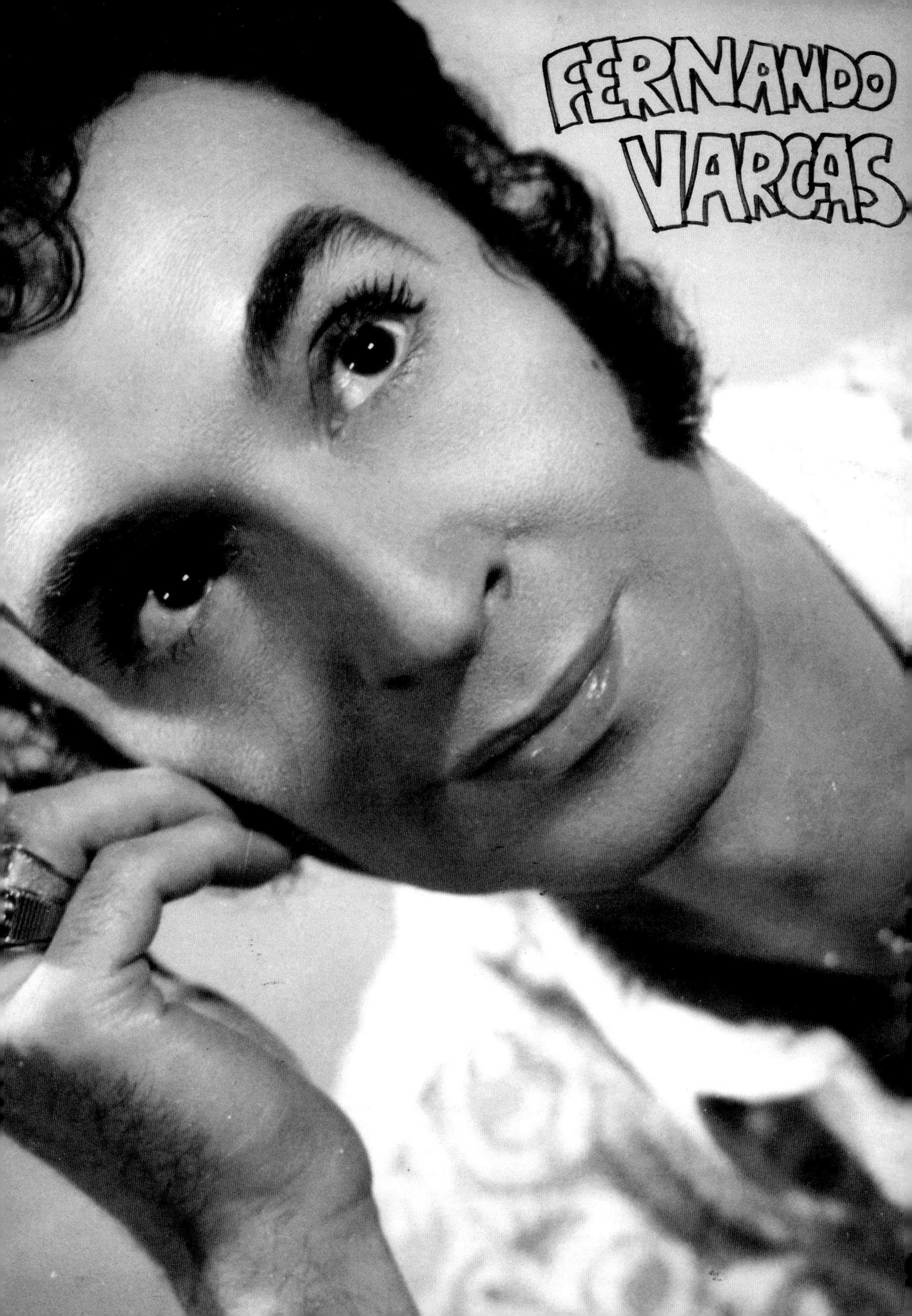

FERNANDO
VARGAS

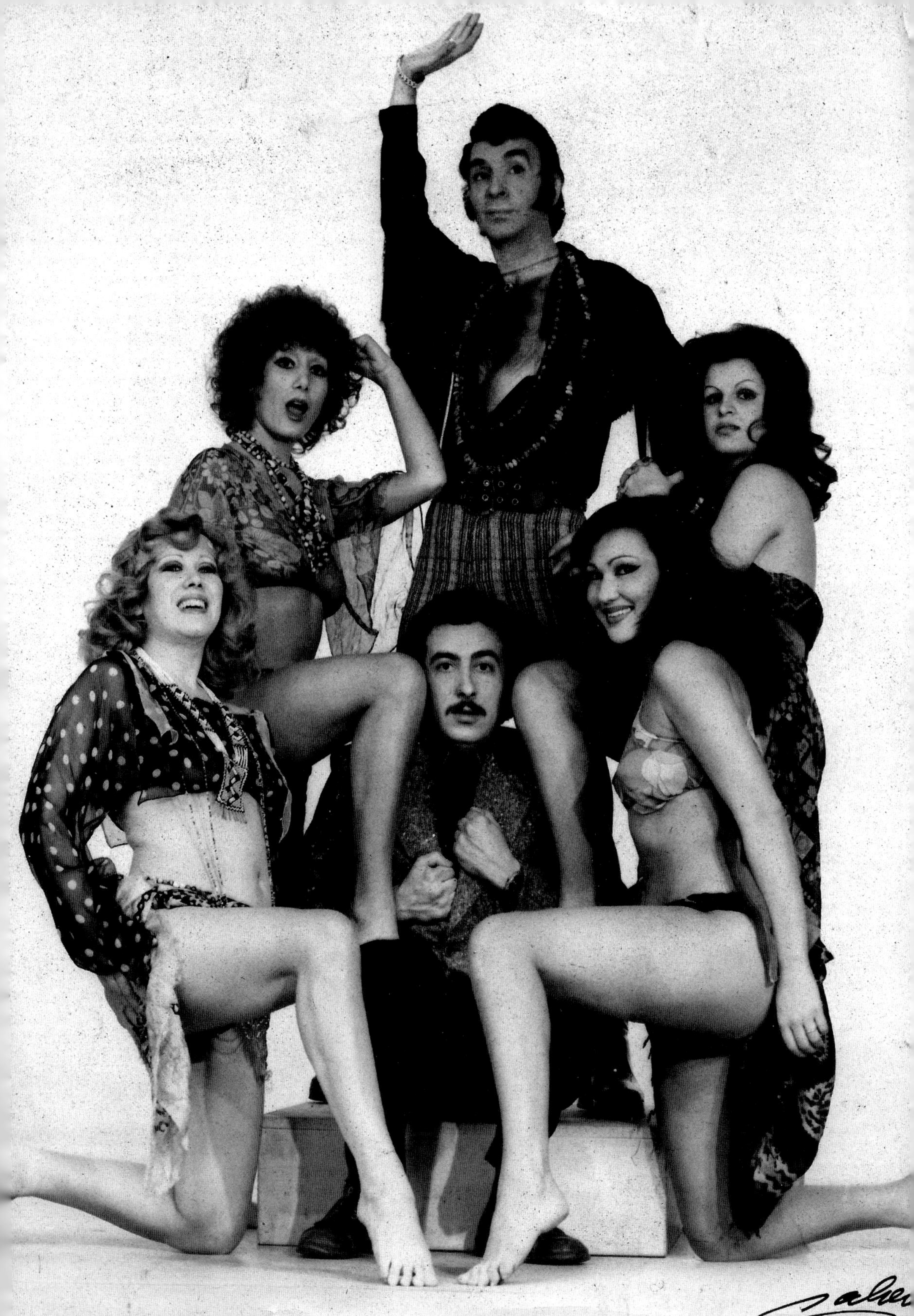

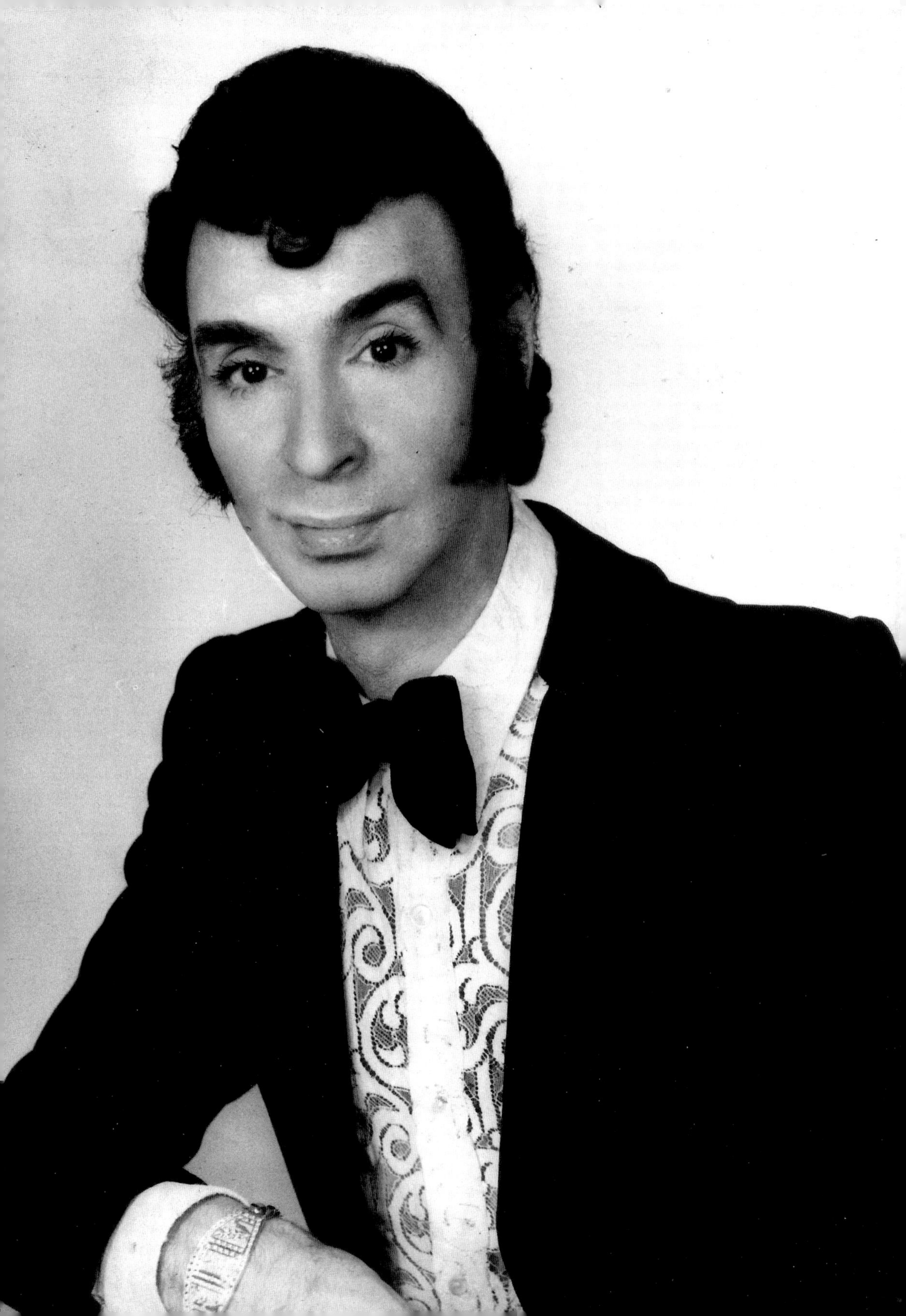

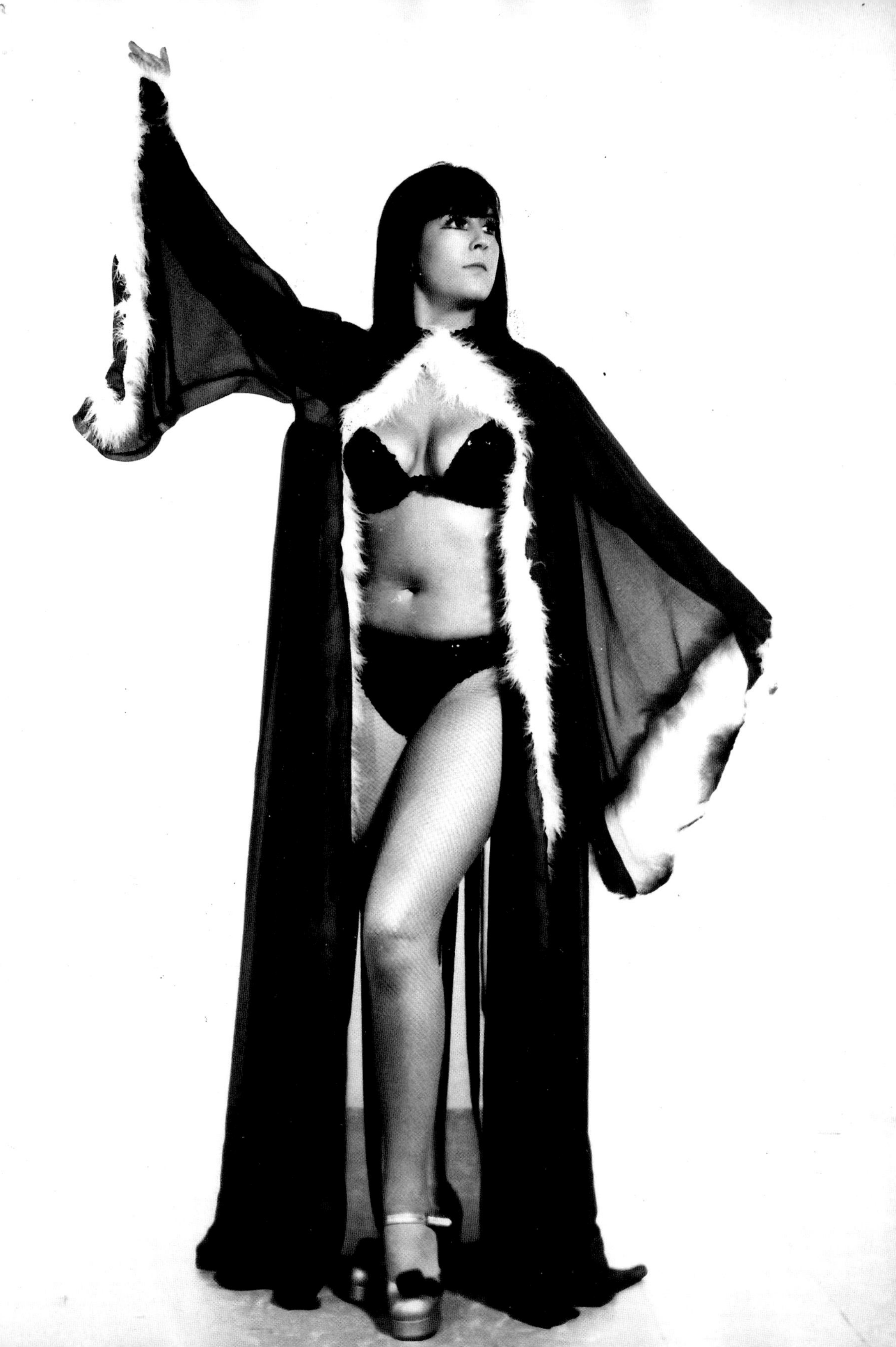

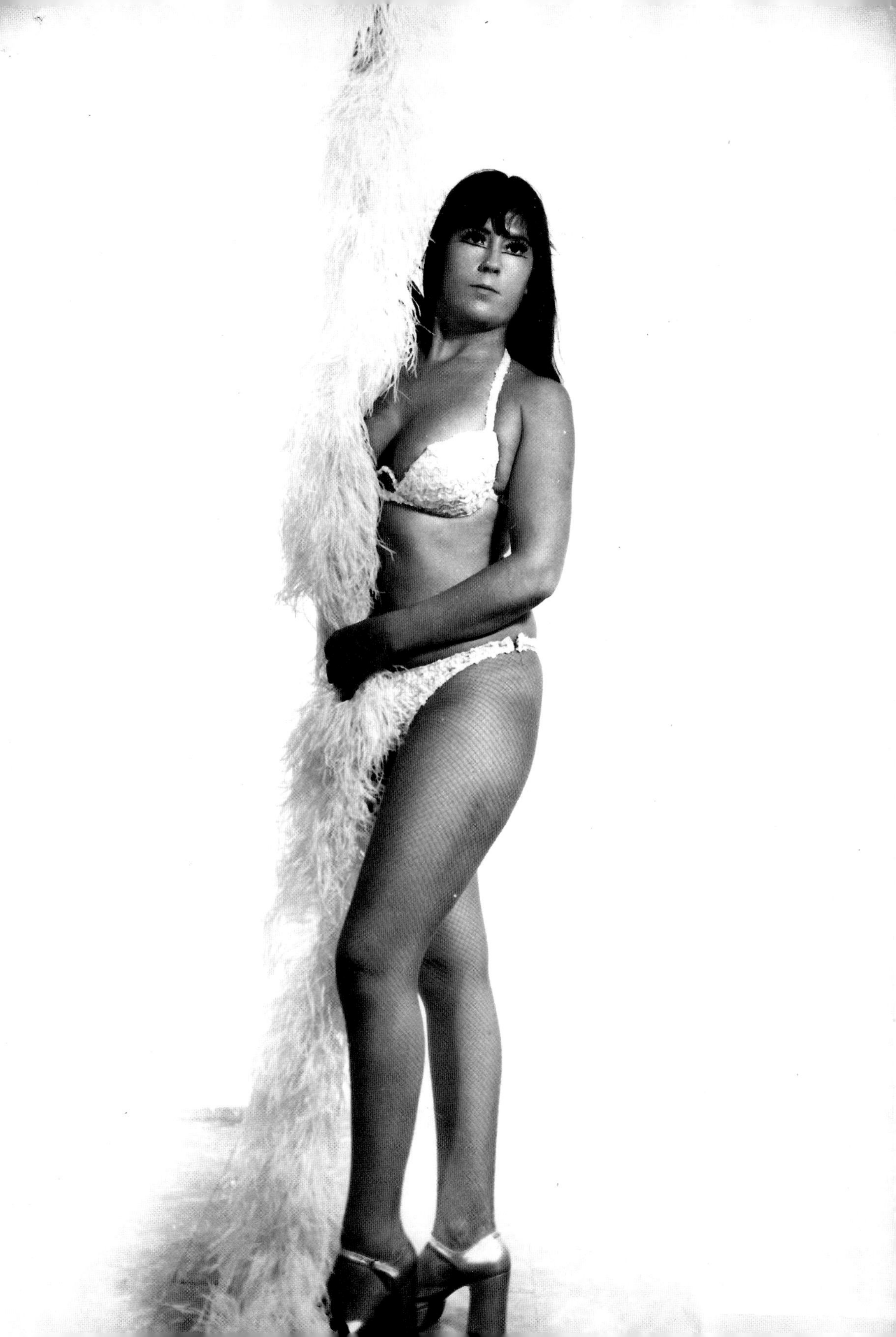

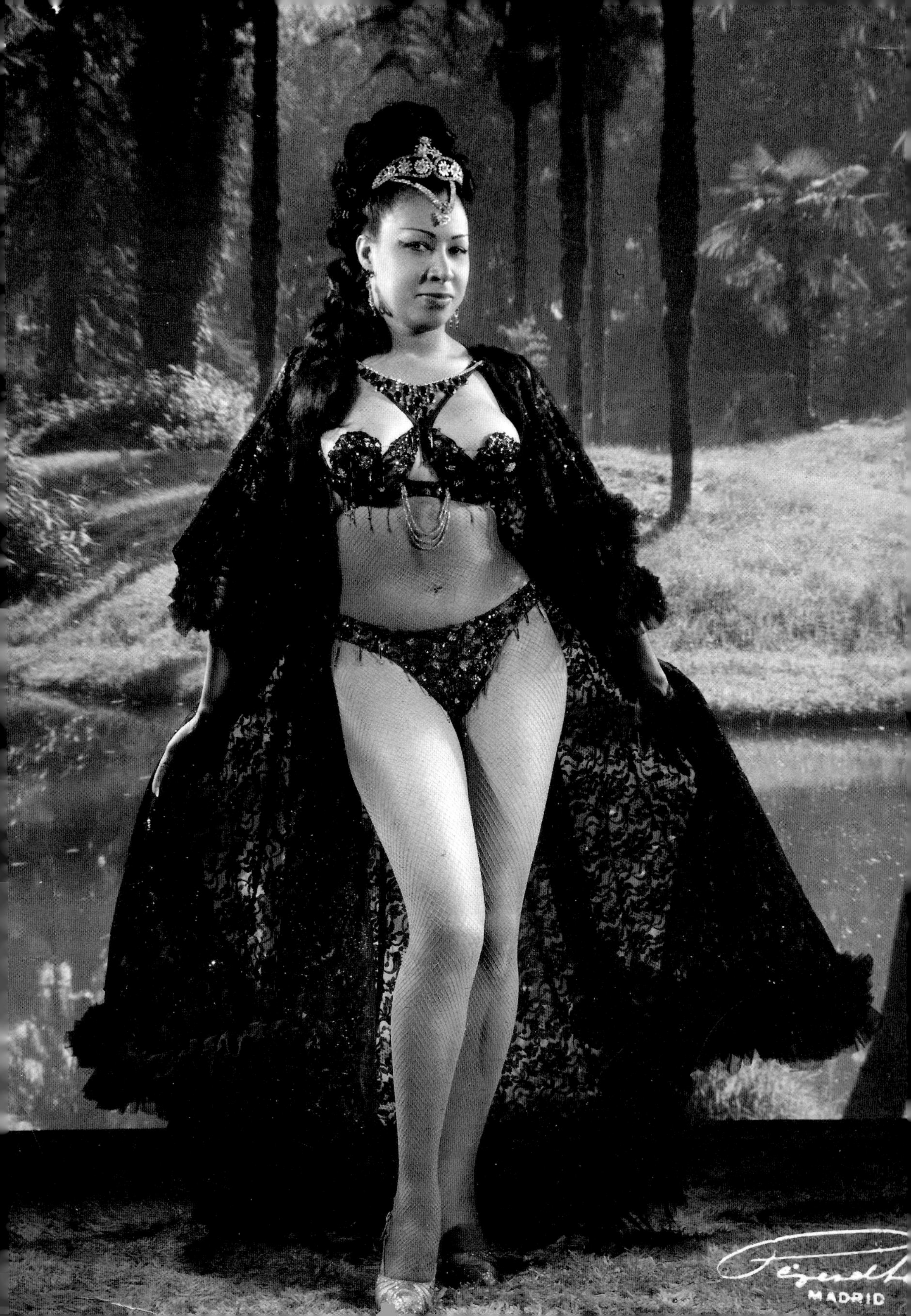
Fiesta
MADRID

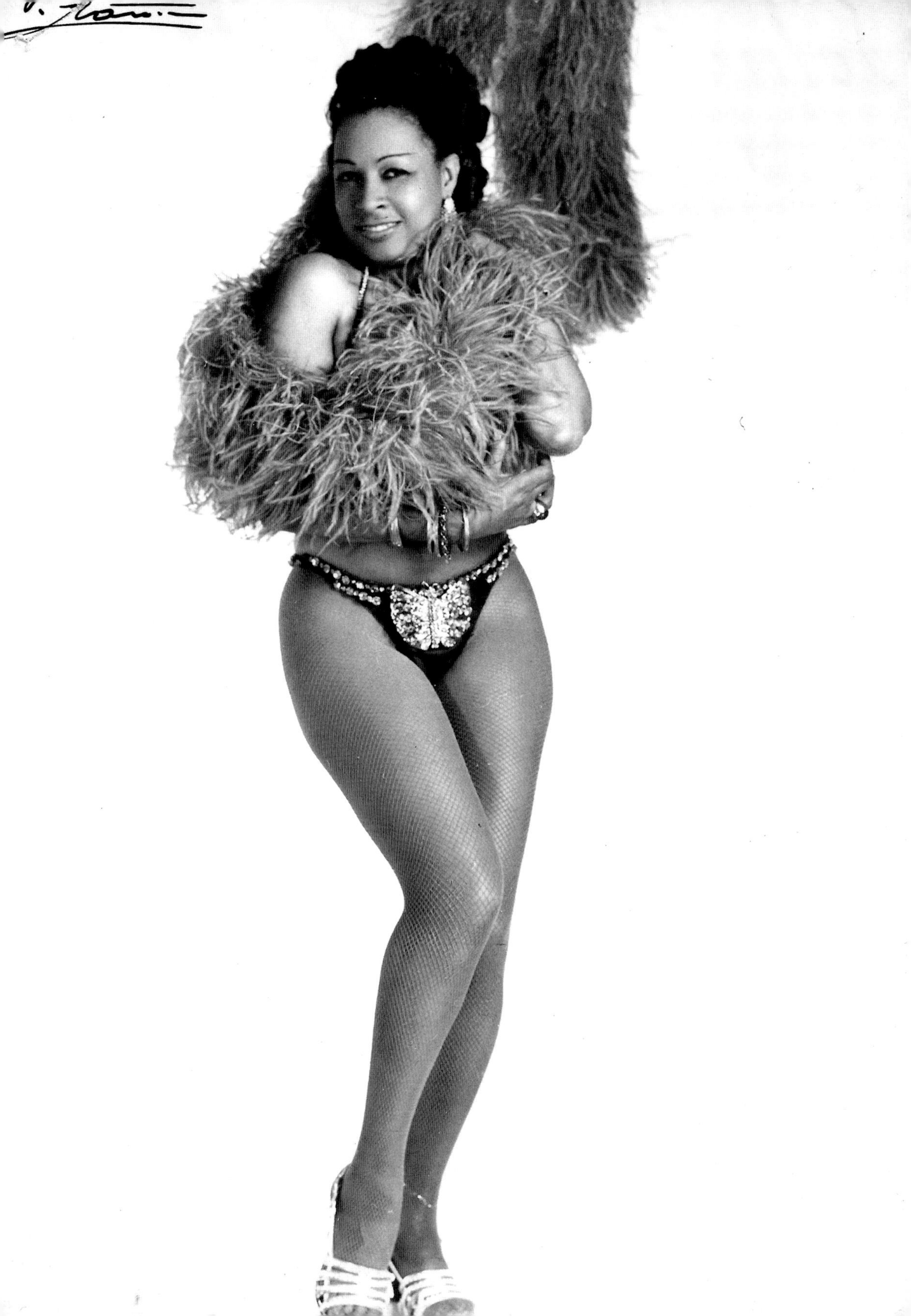

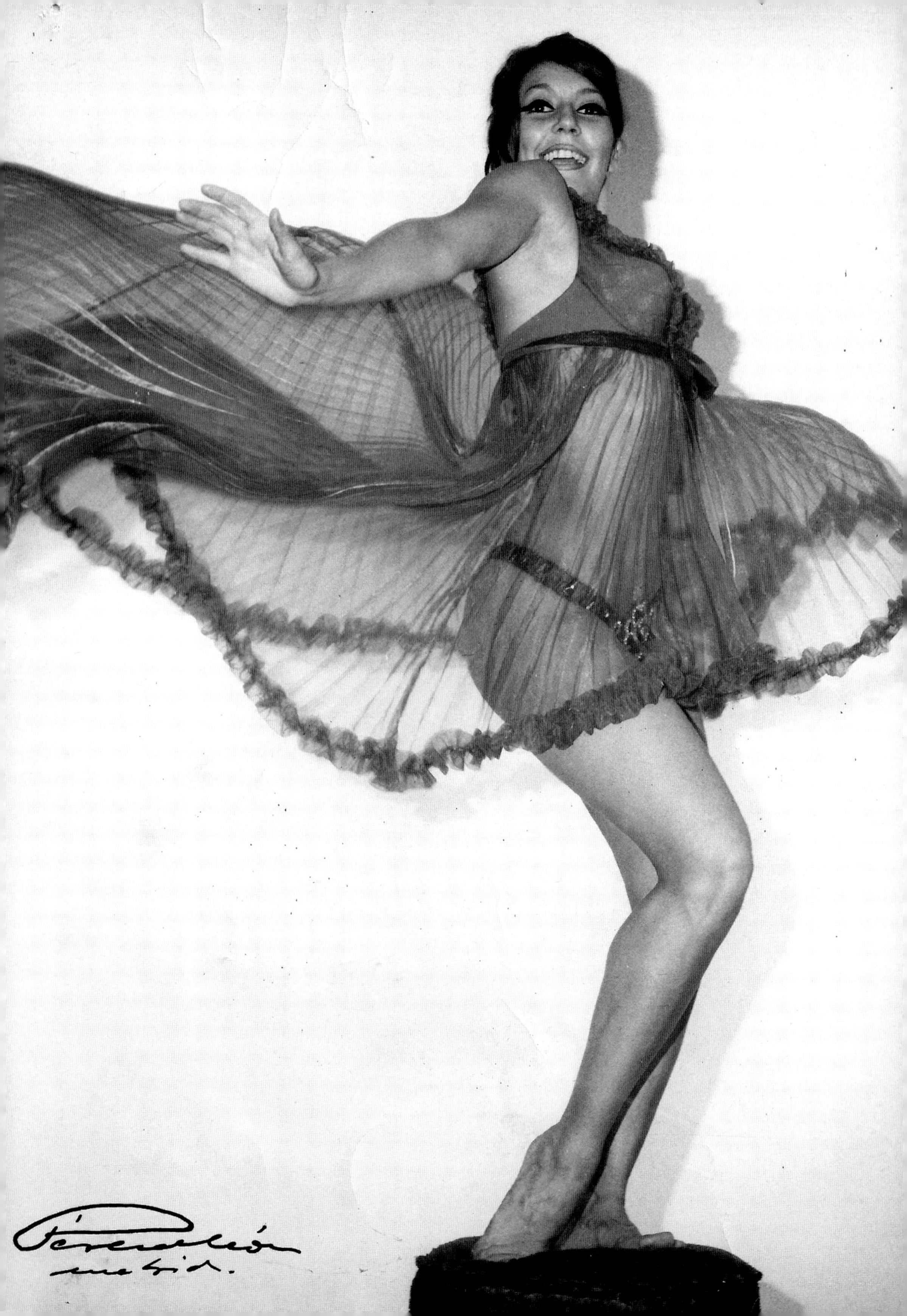

Pérez León
madrid.

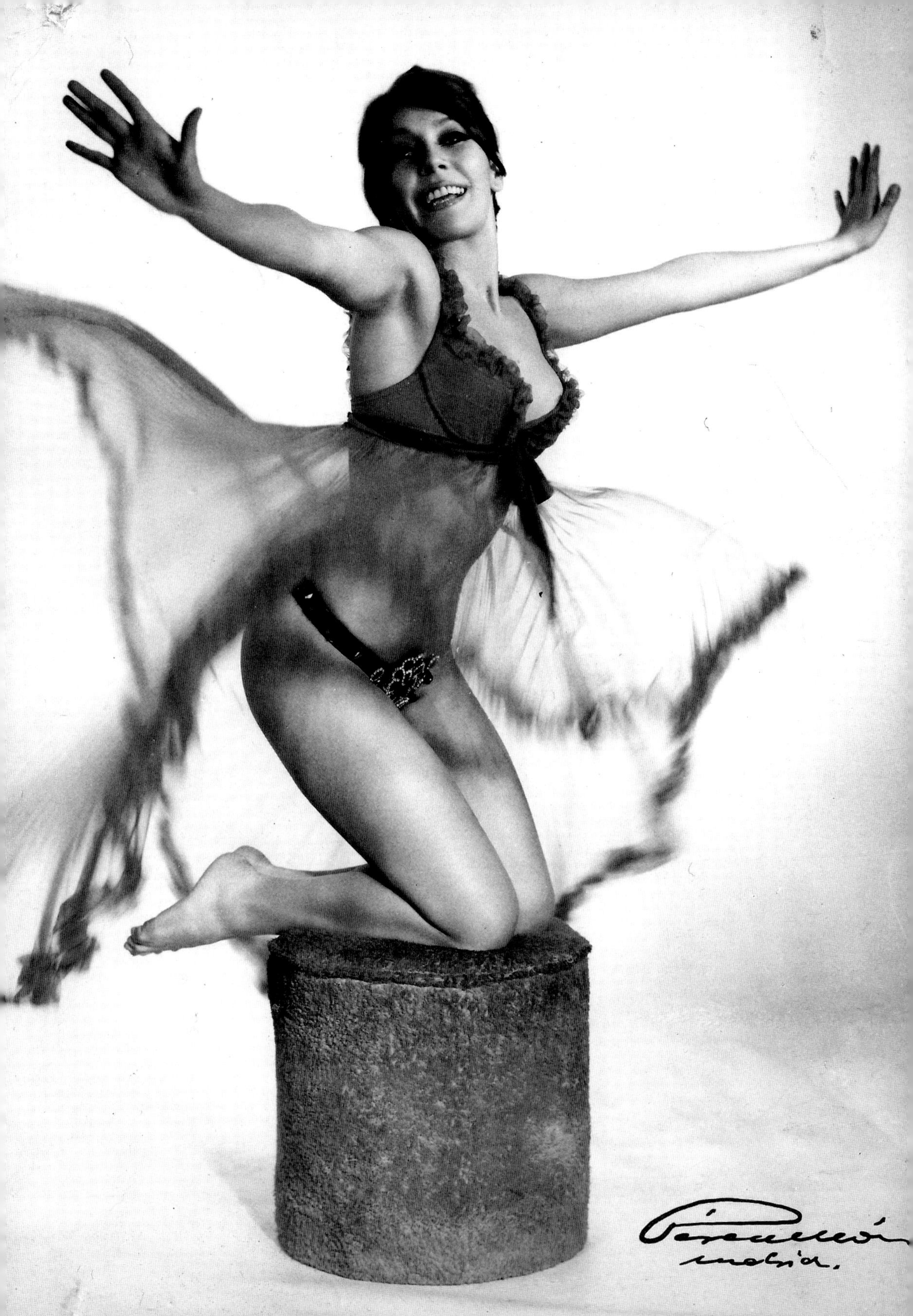

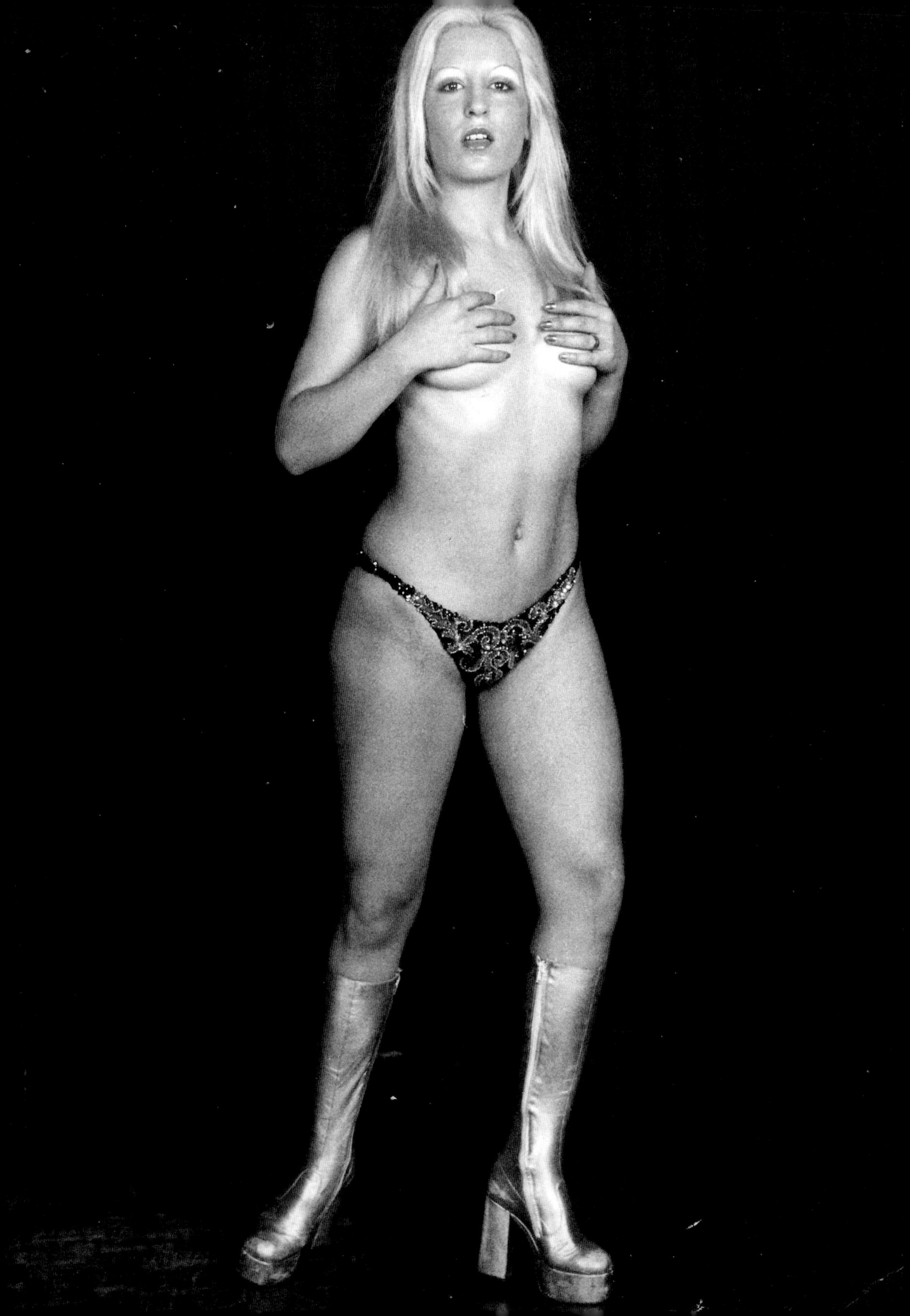

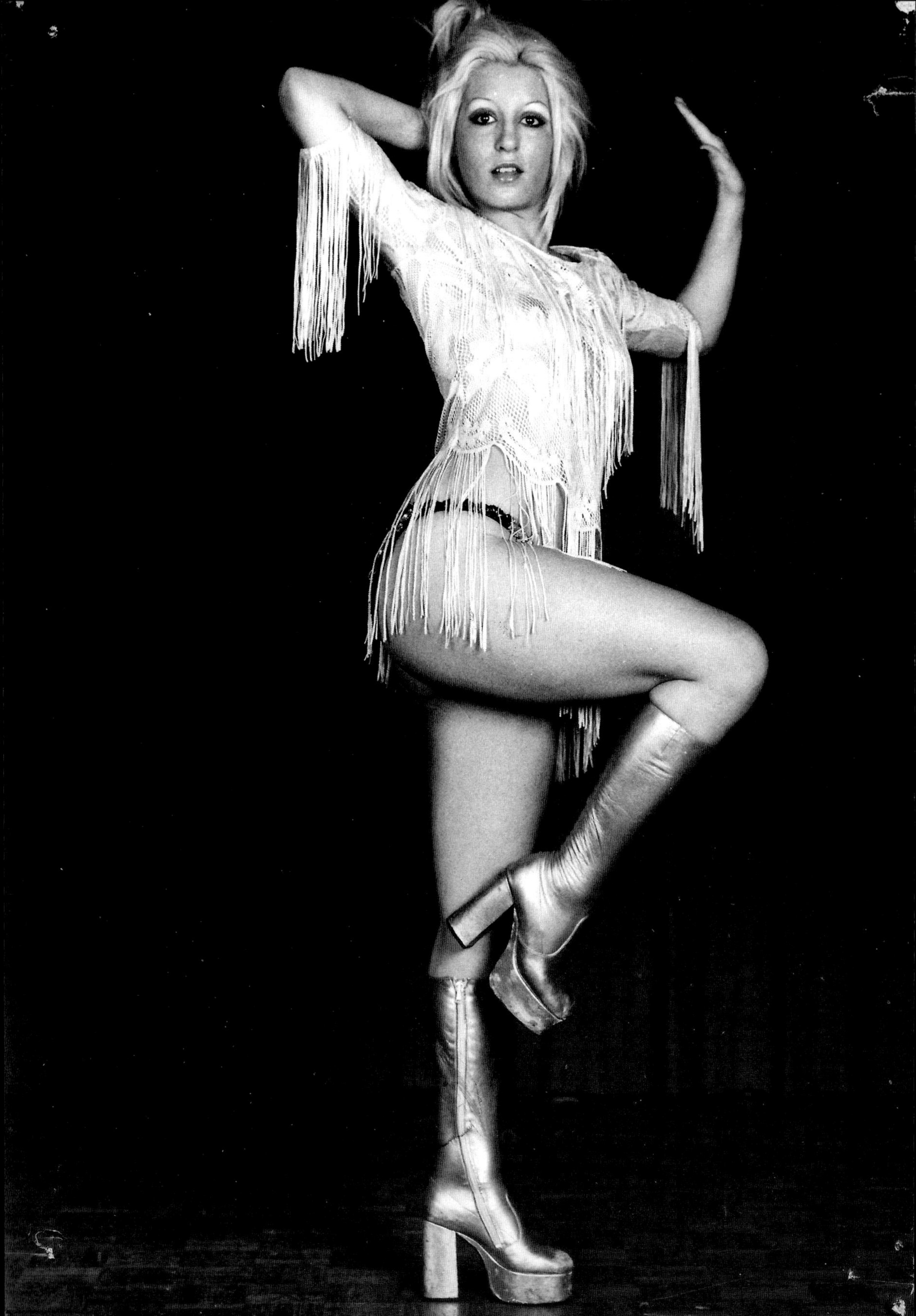

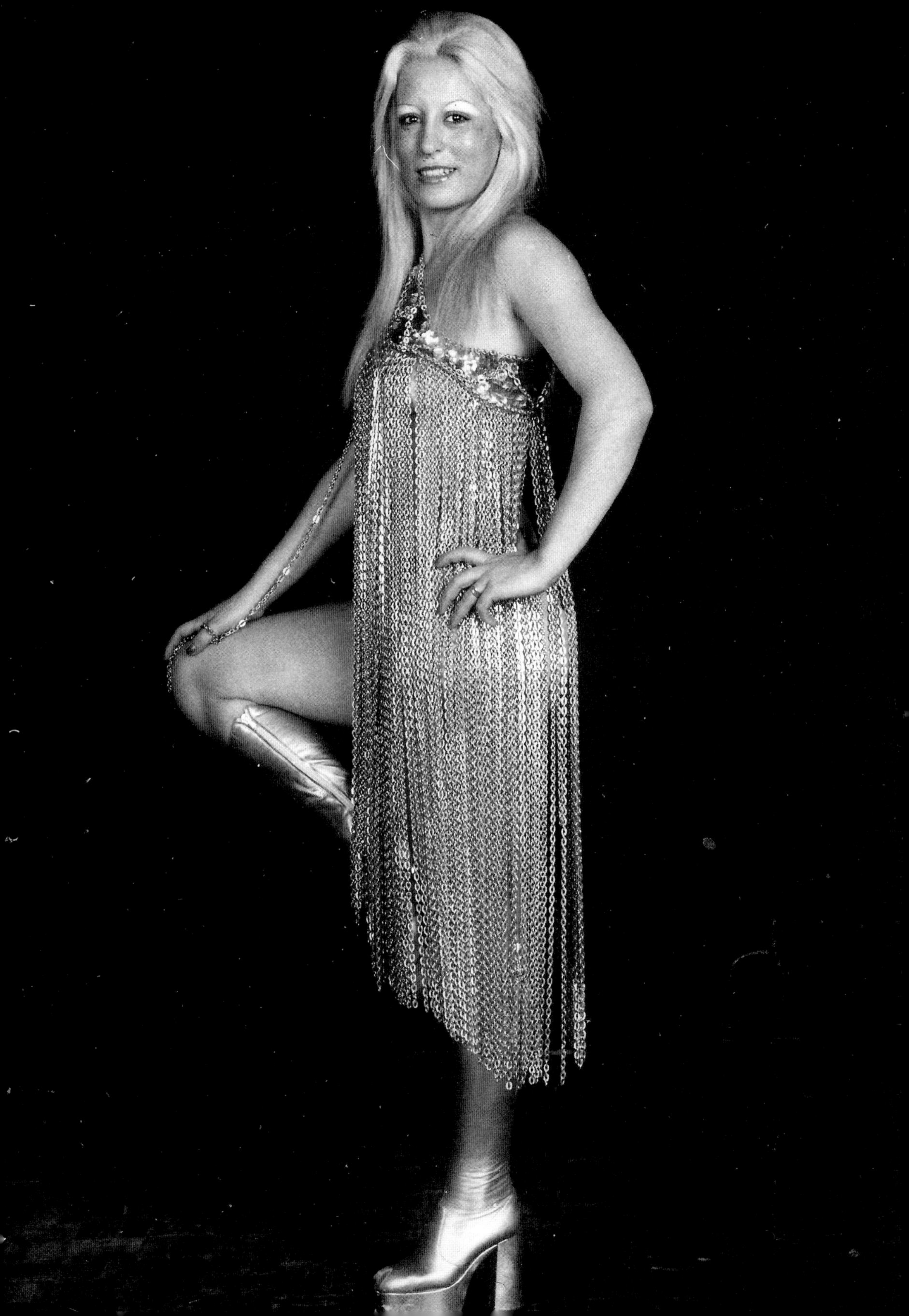

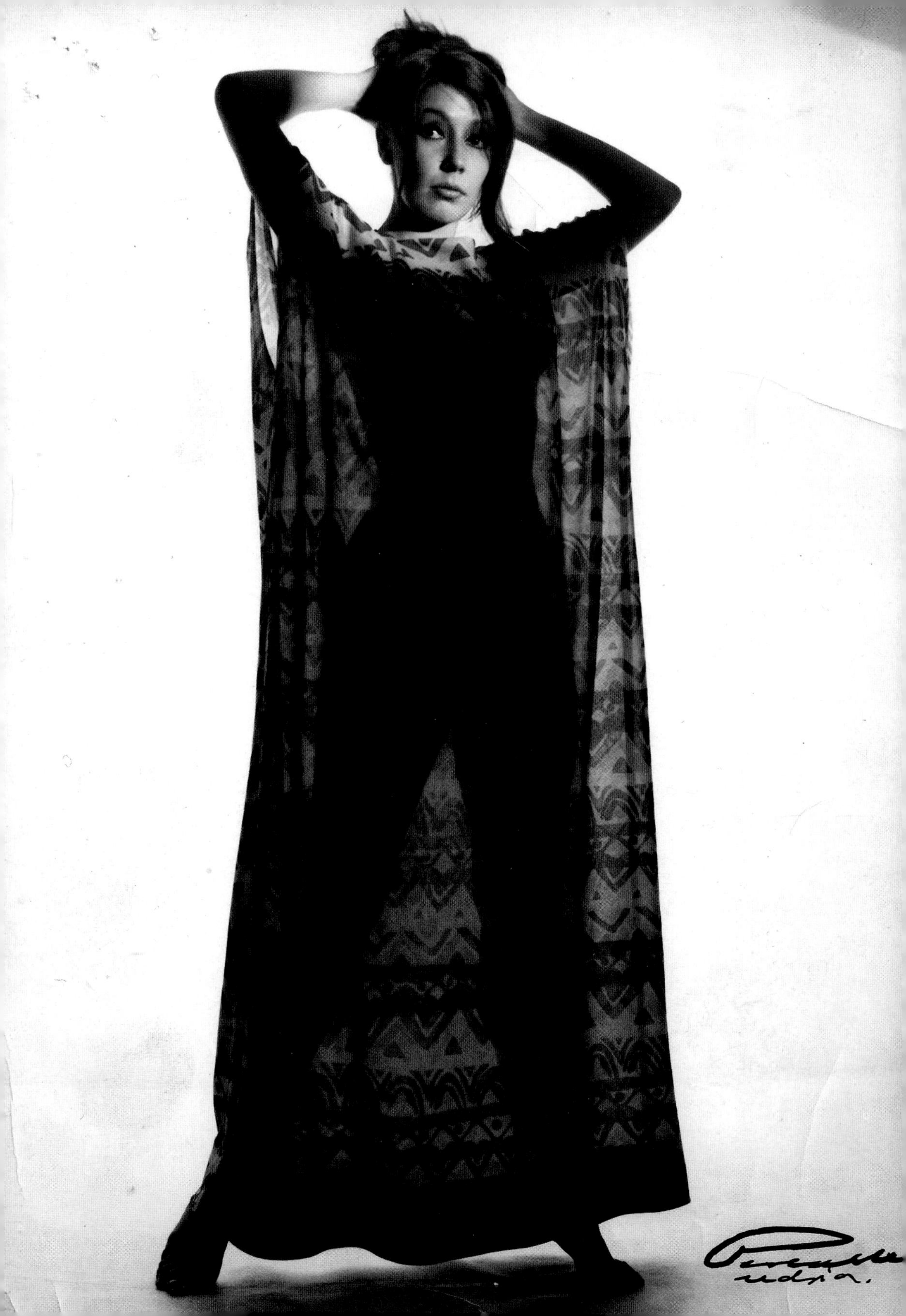

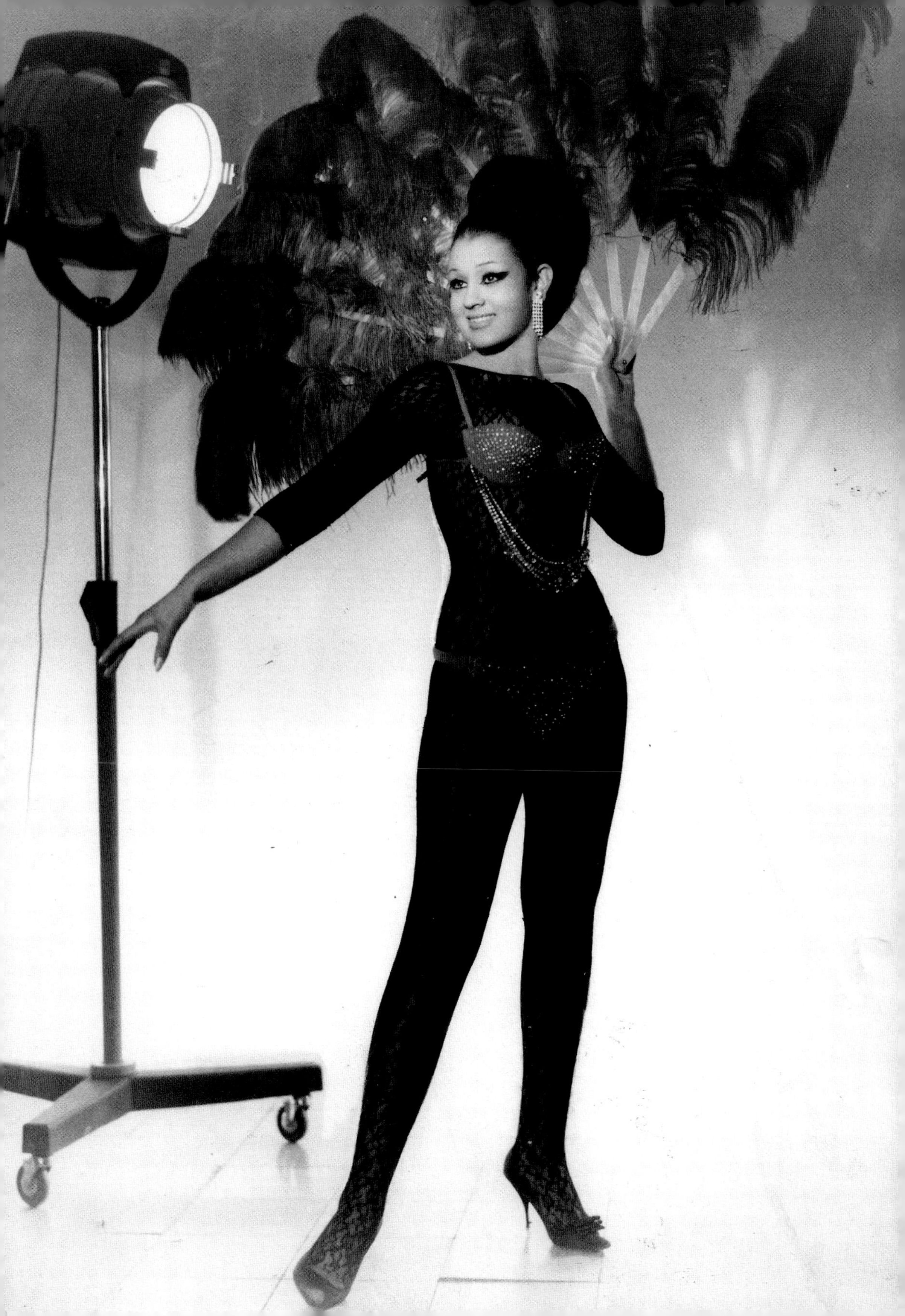

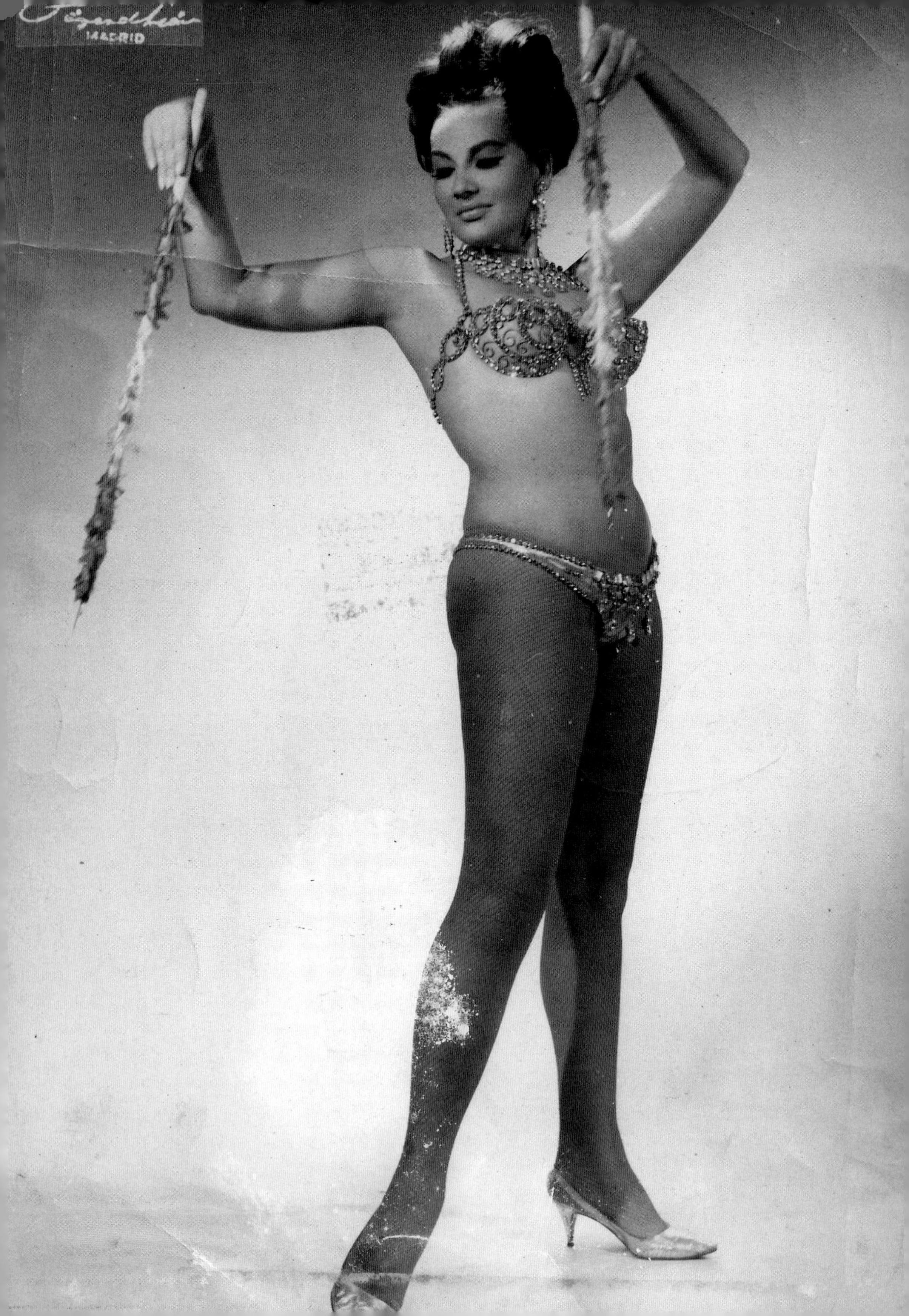

Madrid

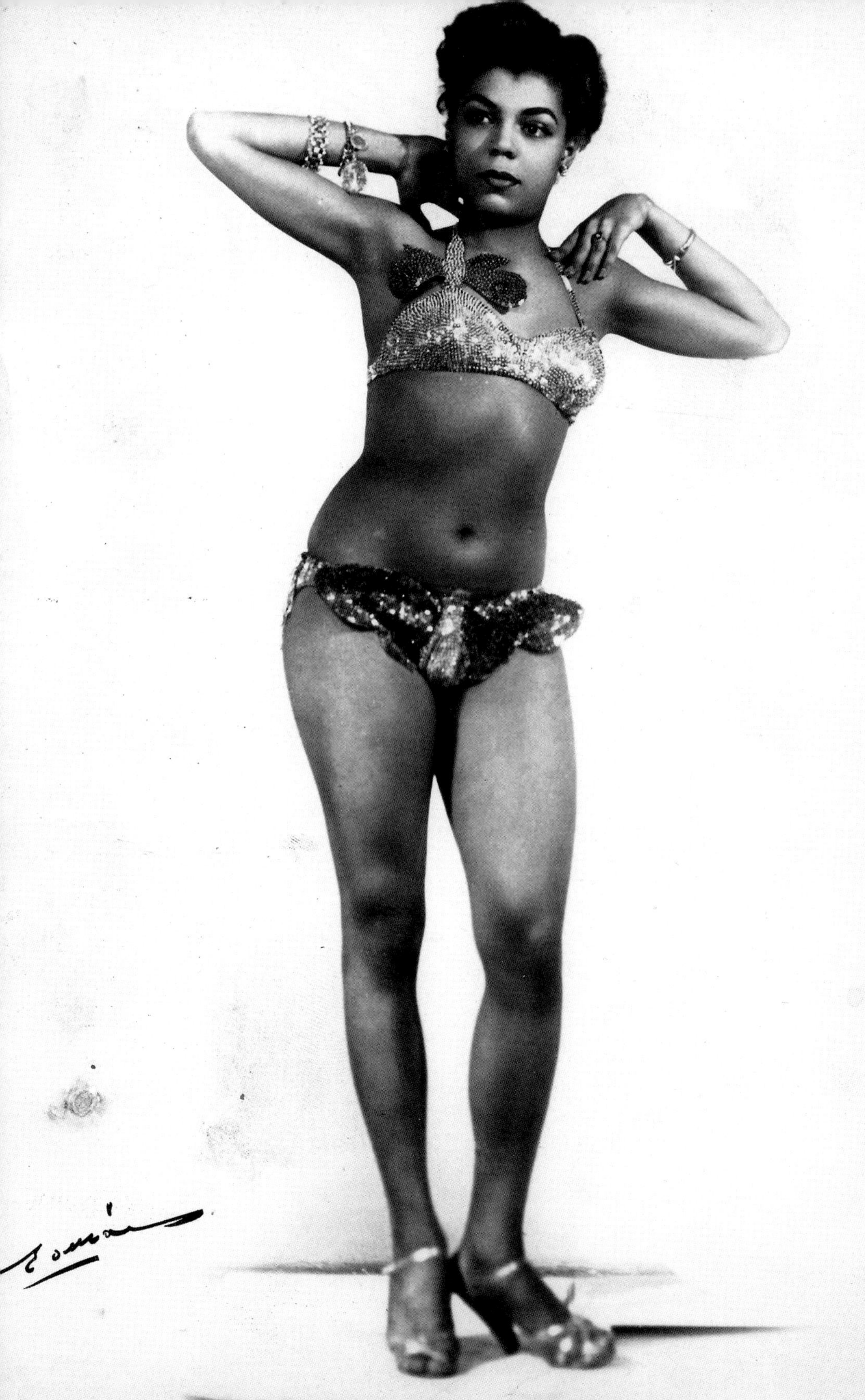

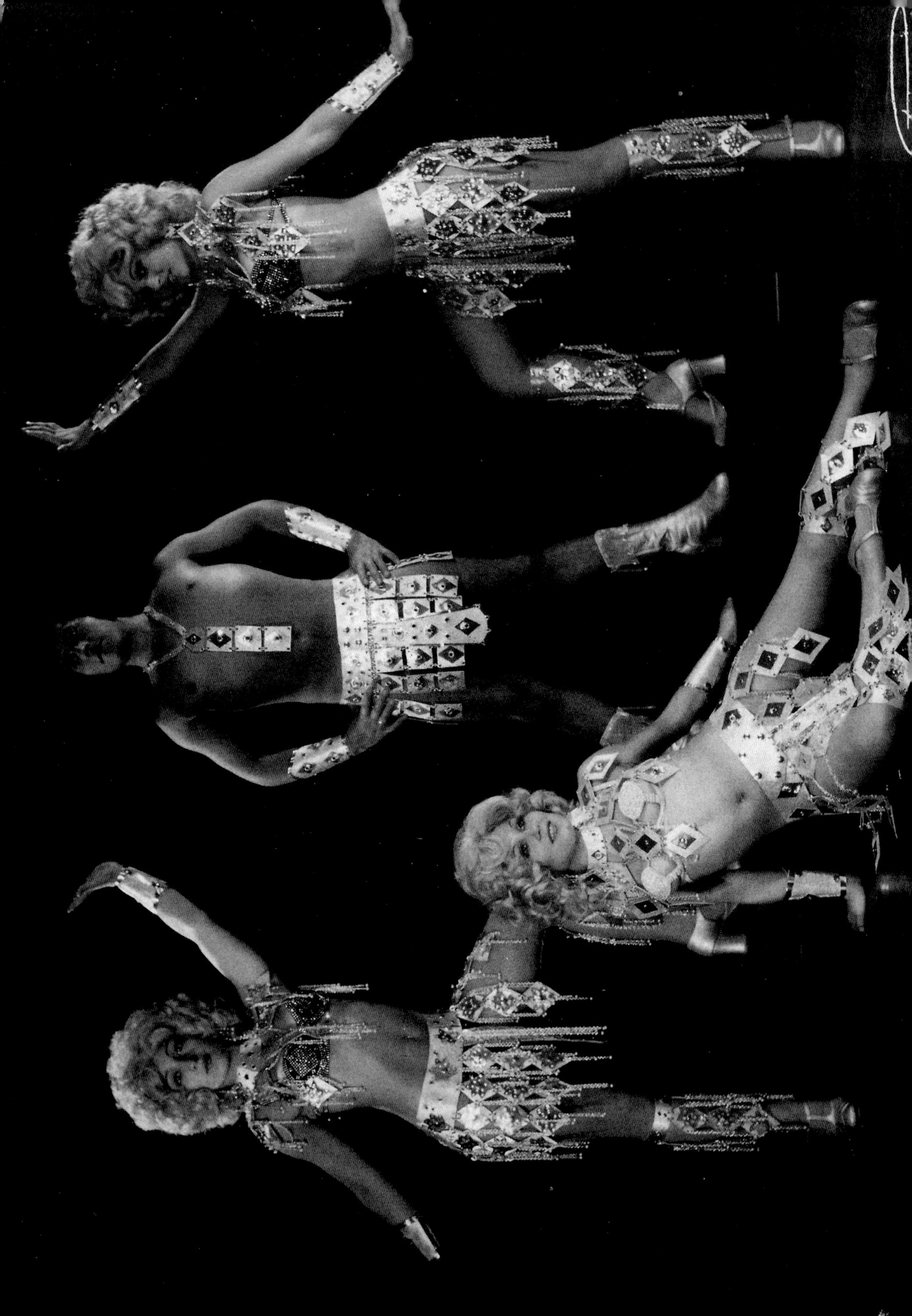

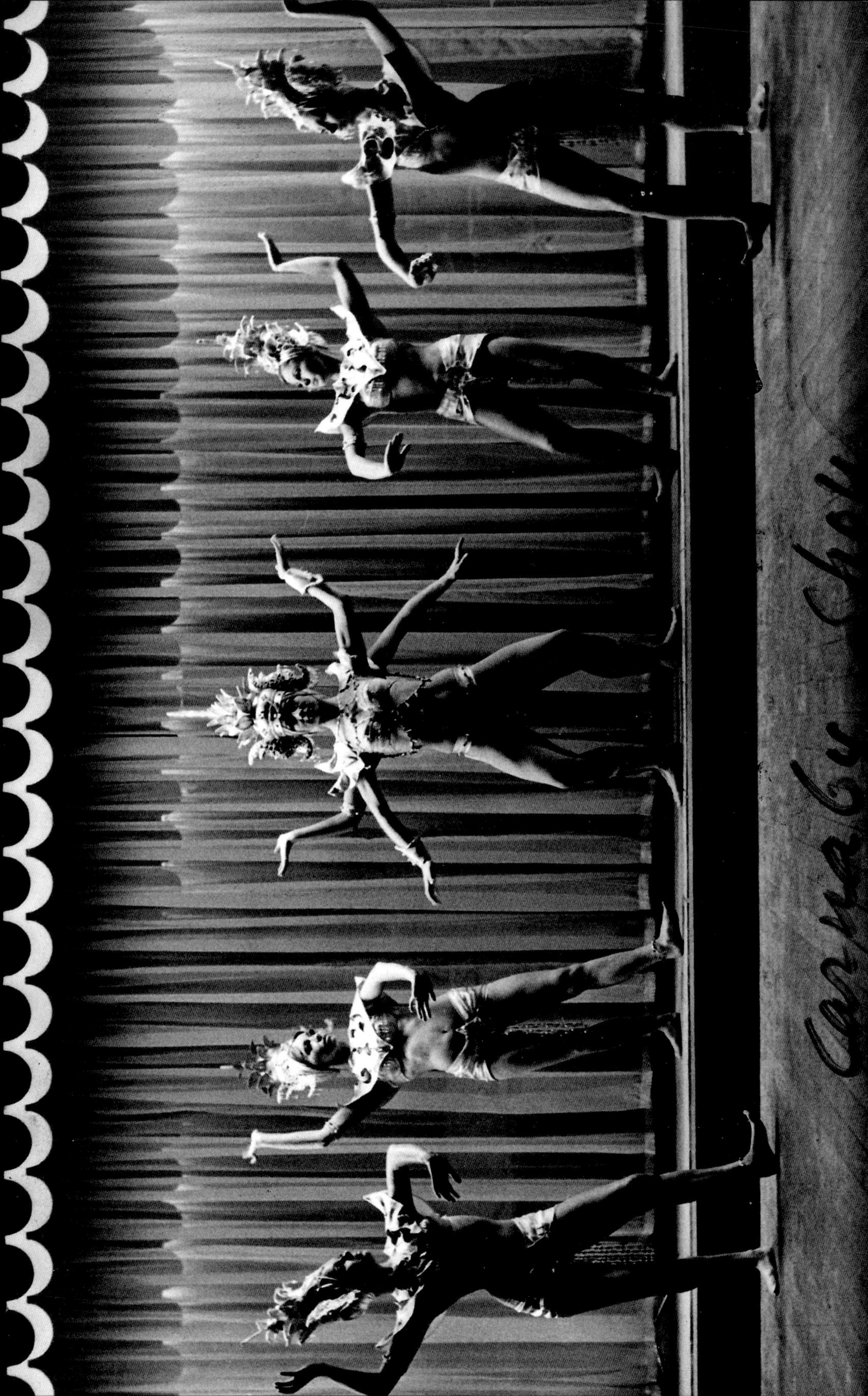

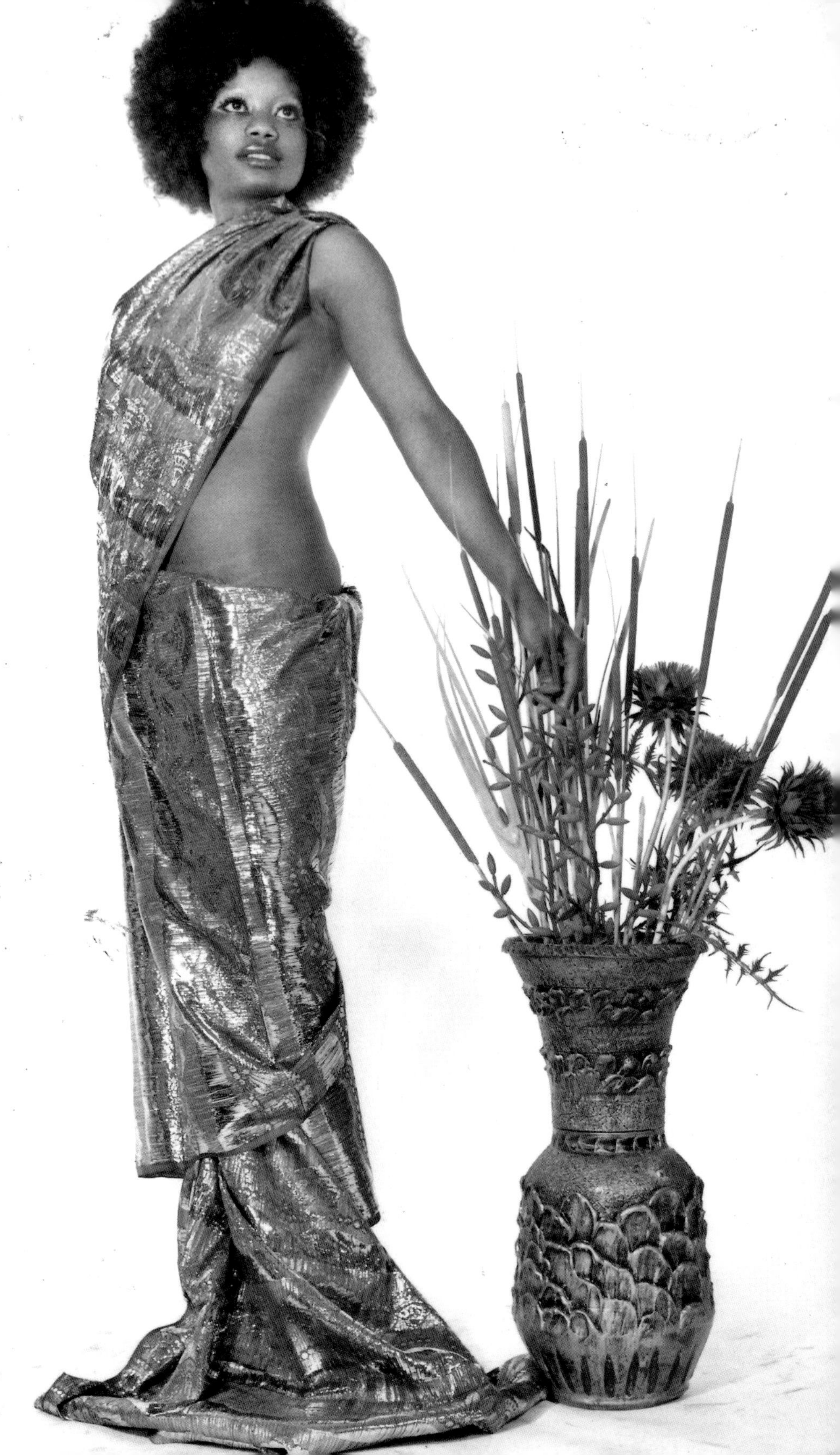
Gamez
ZARAGOZA

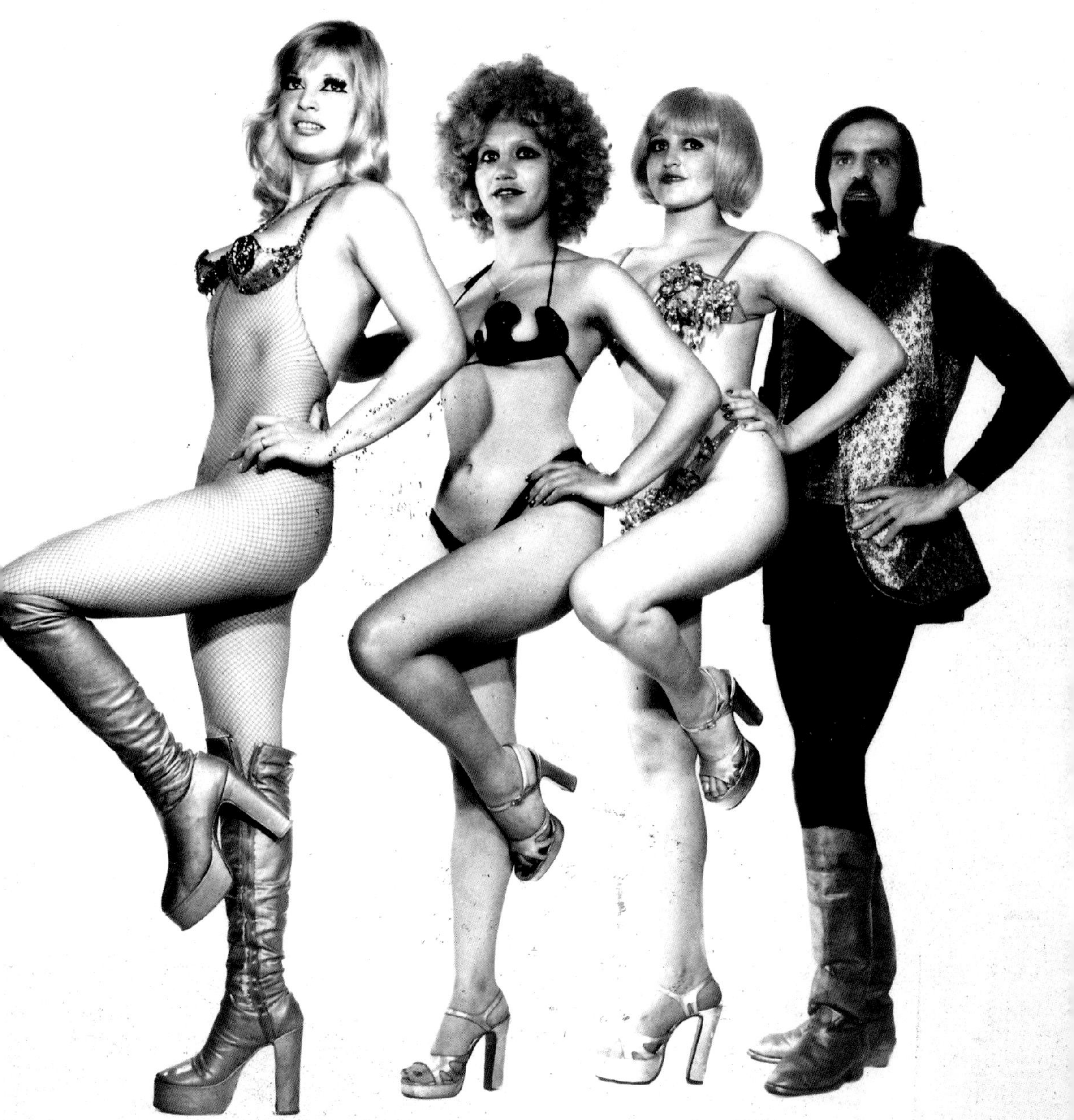

FOTO ESTUDIO Lusilata

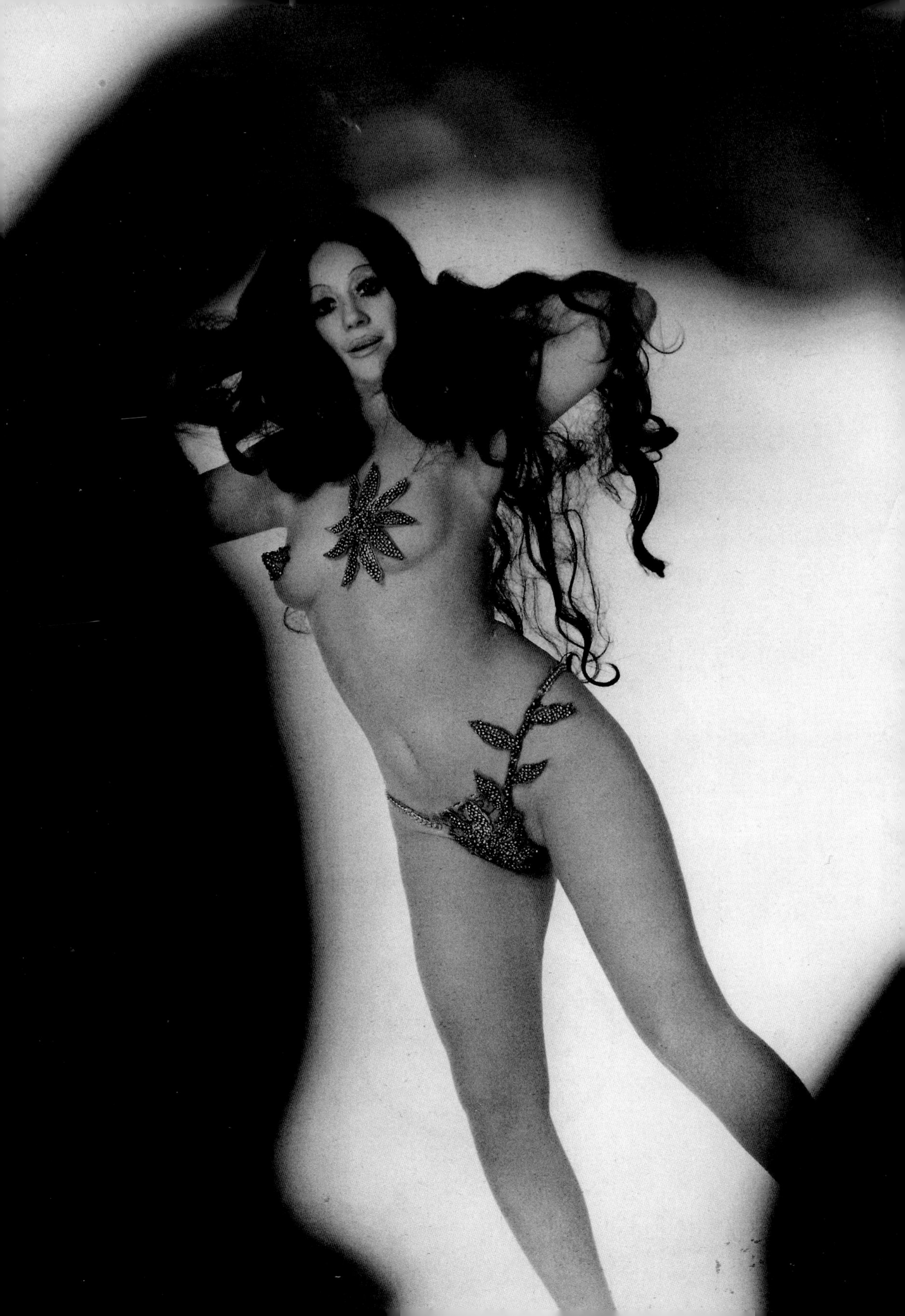

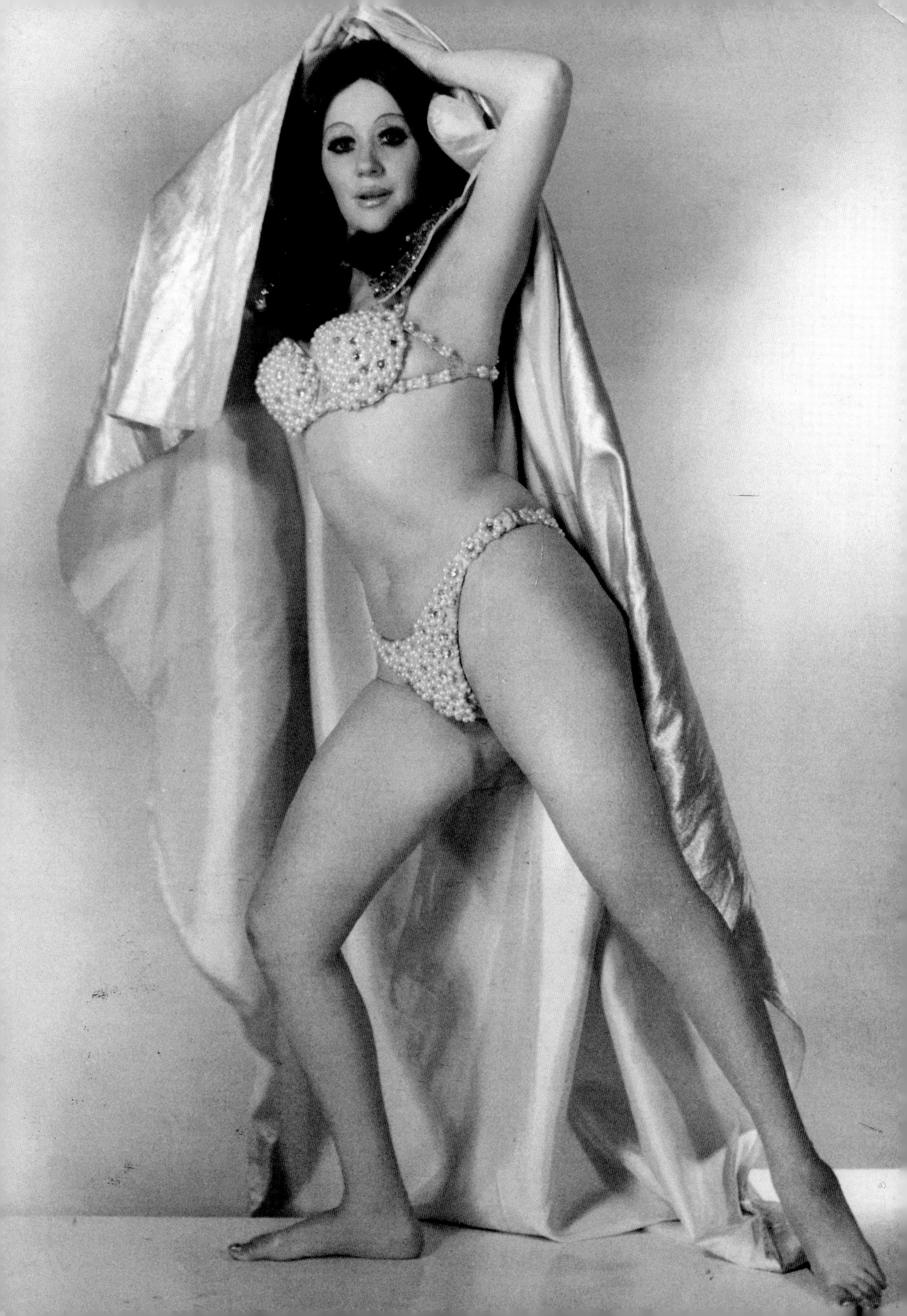

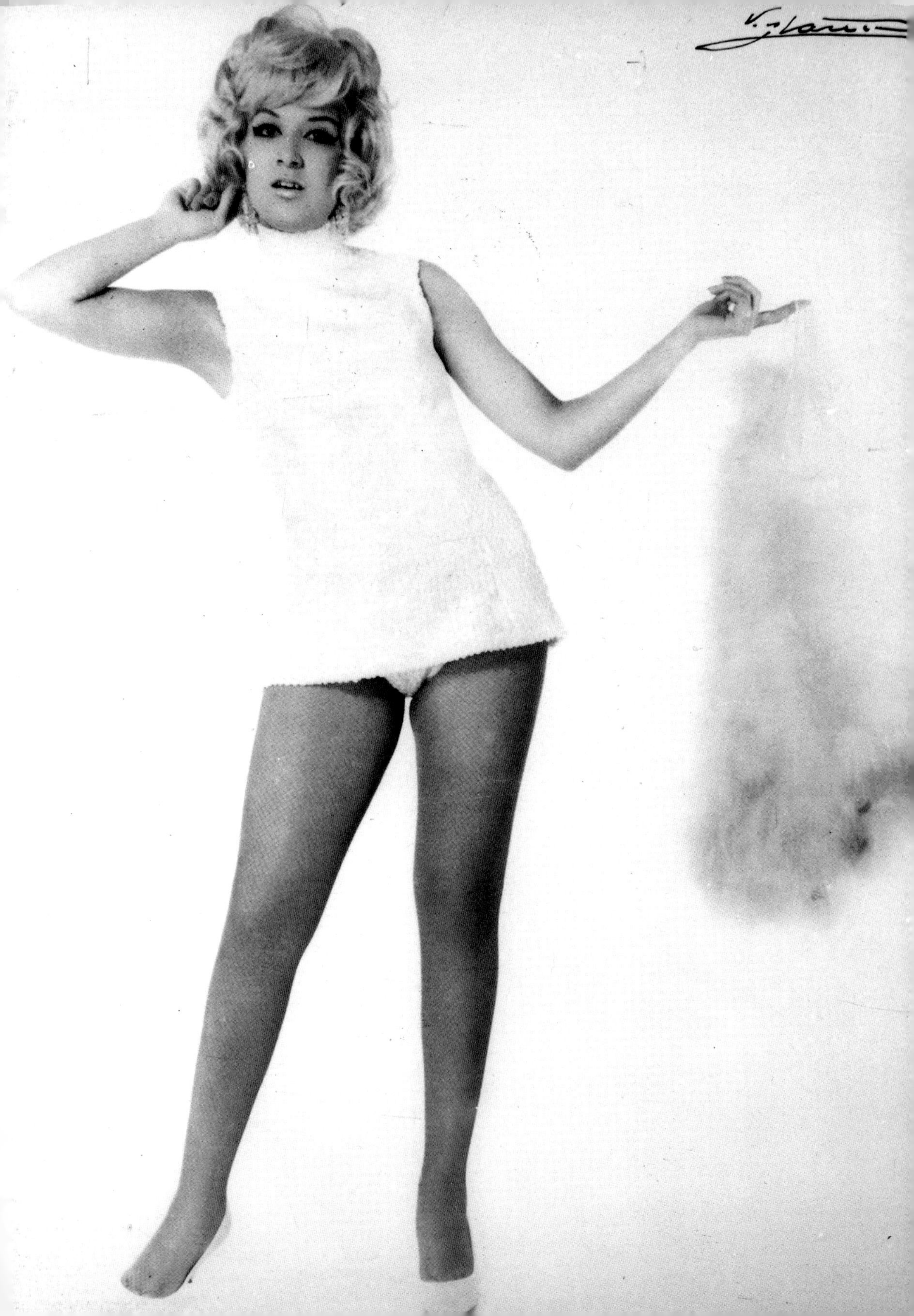

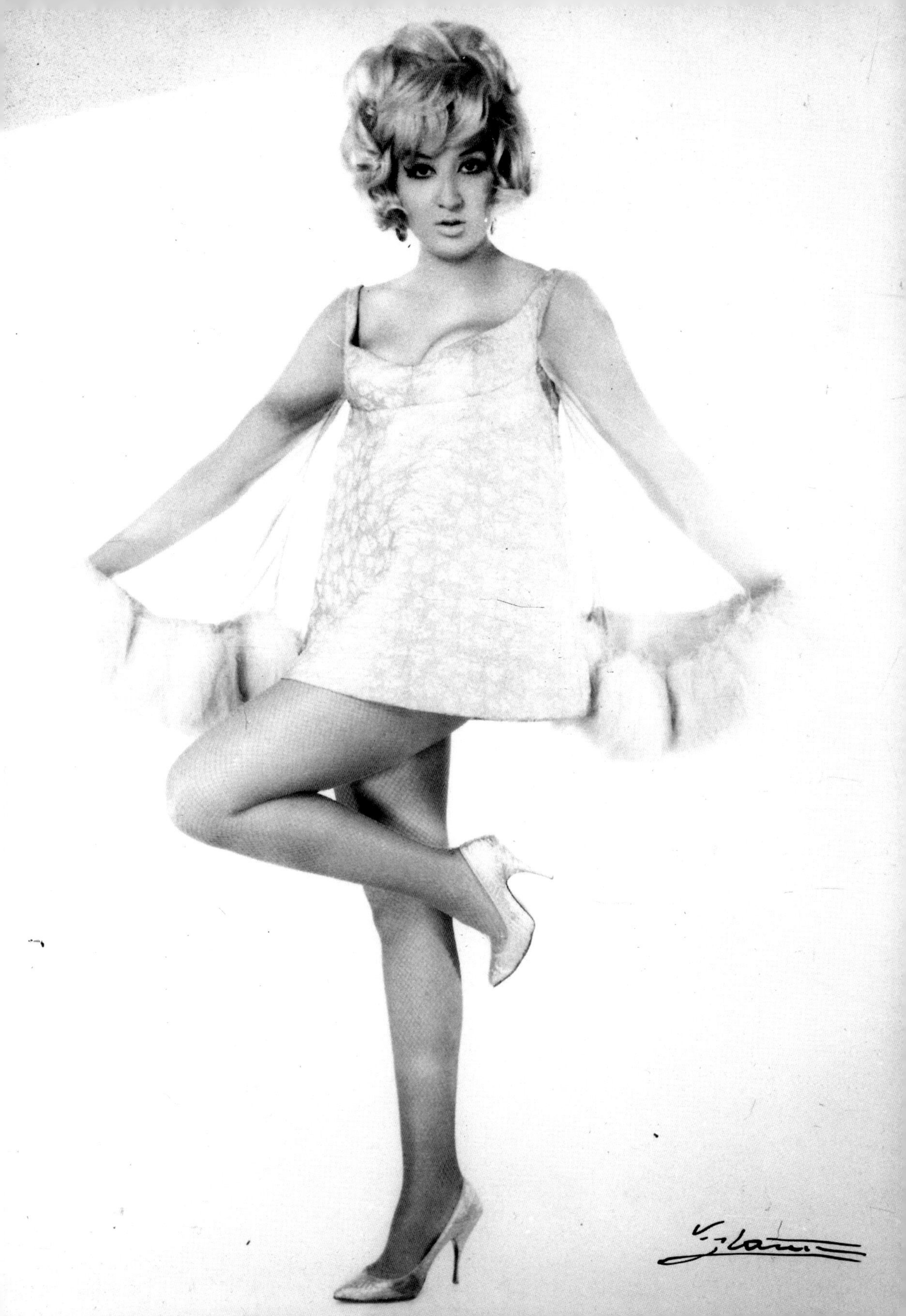

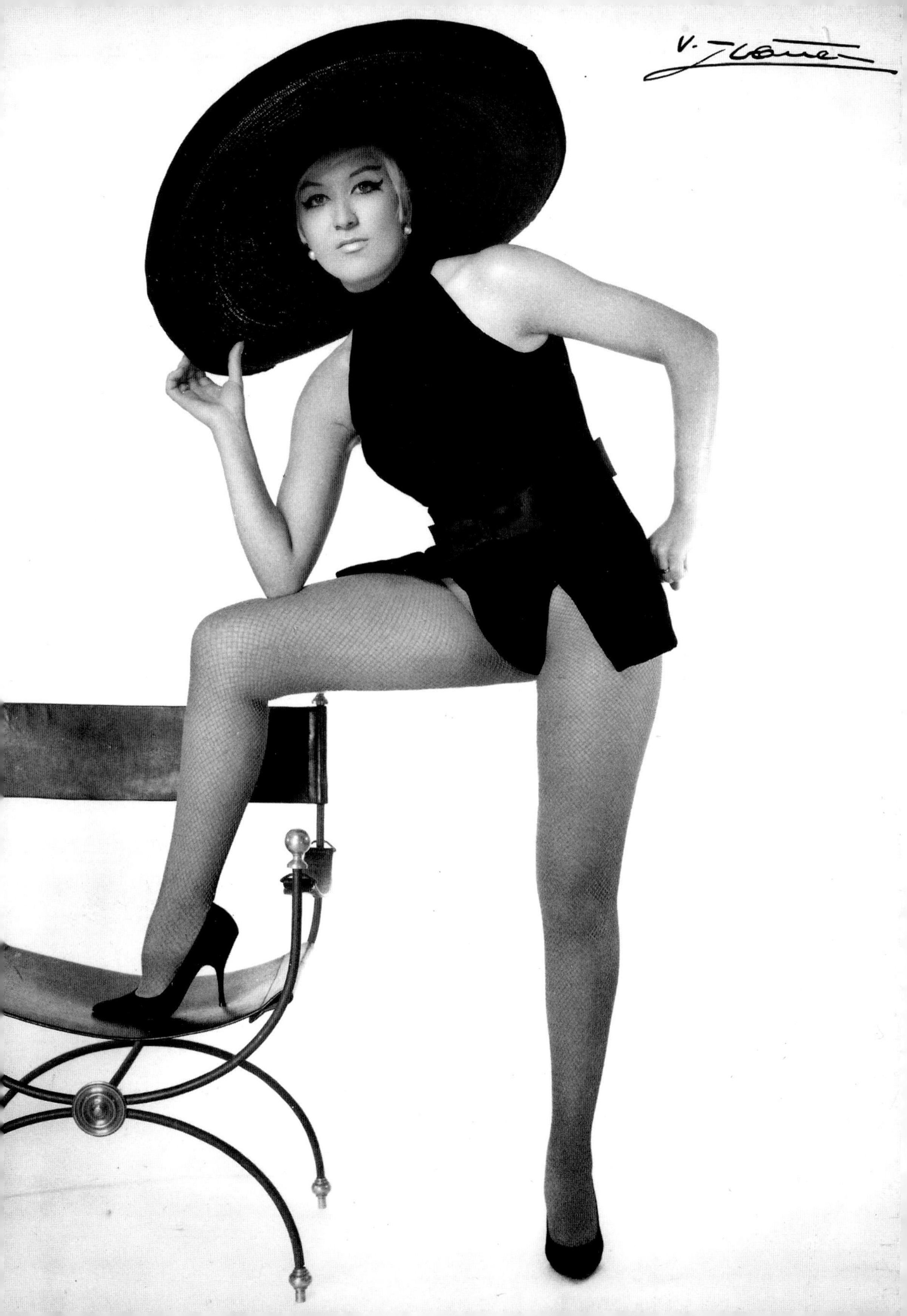

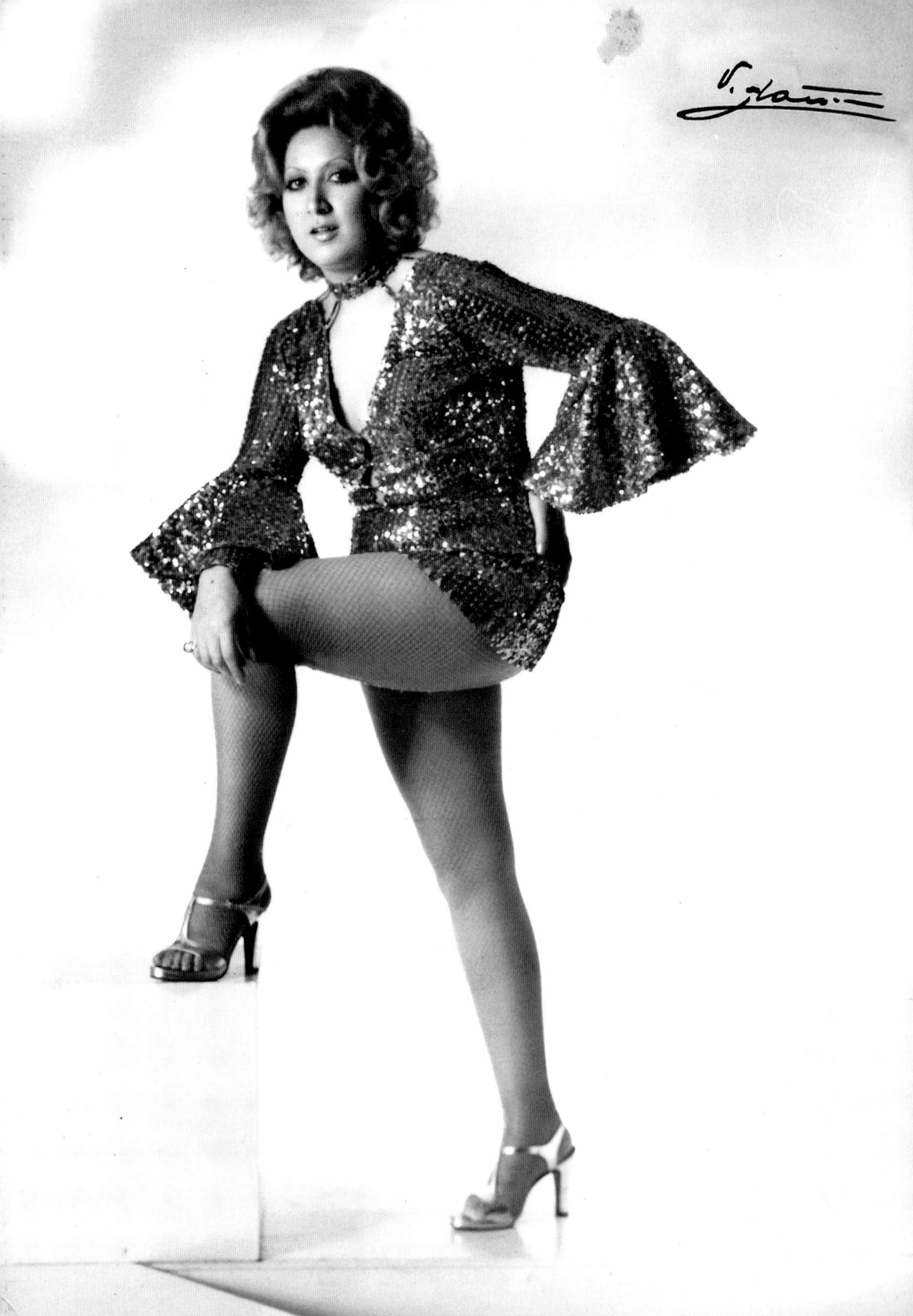

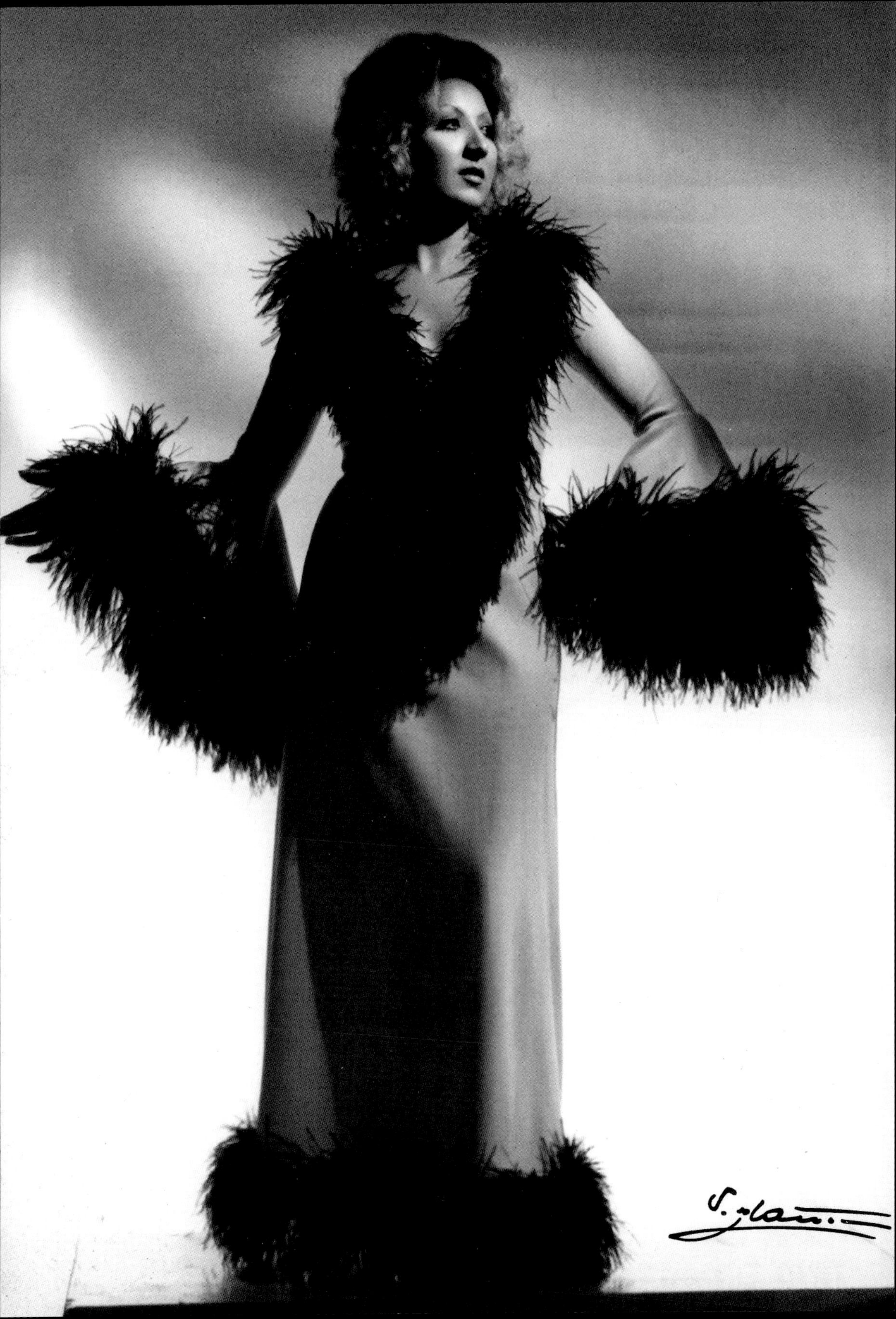

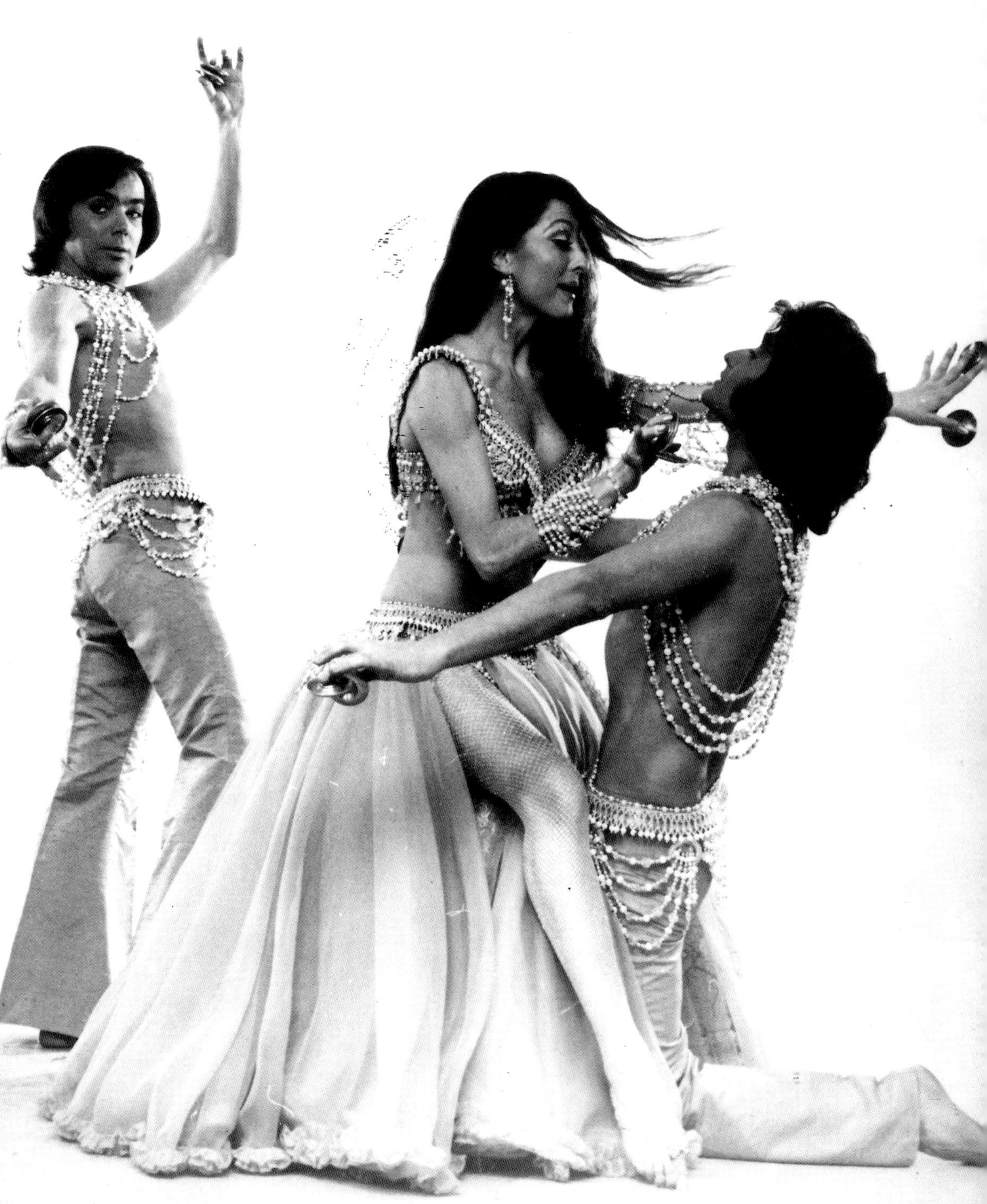

TRIO ERDOGAN

Photo NOGRADY Paris

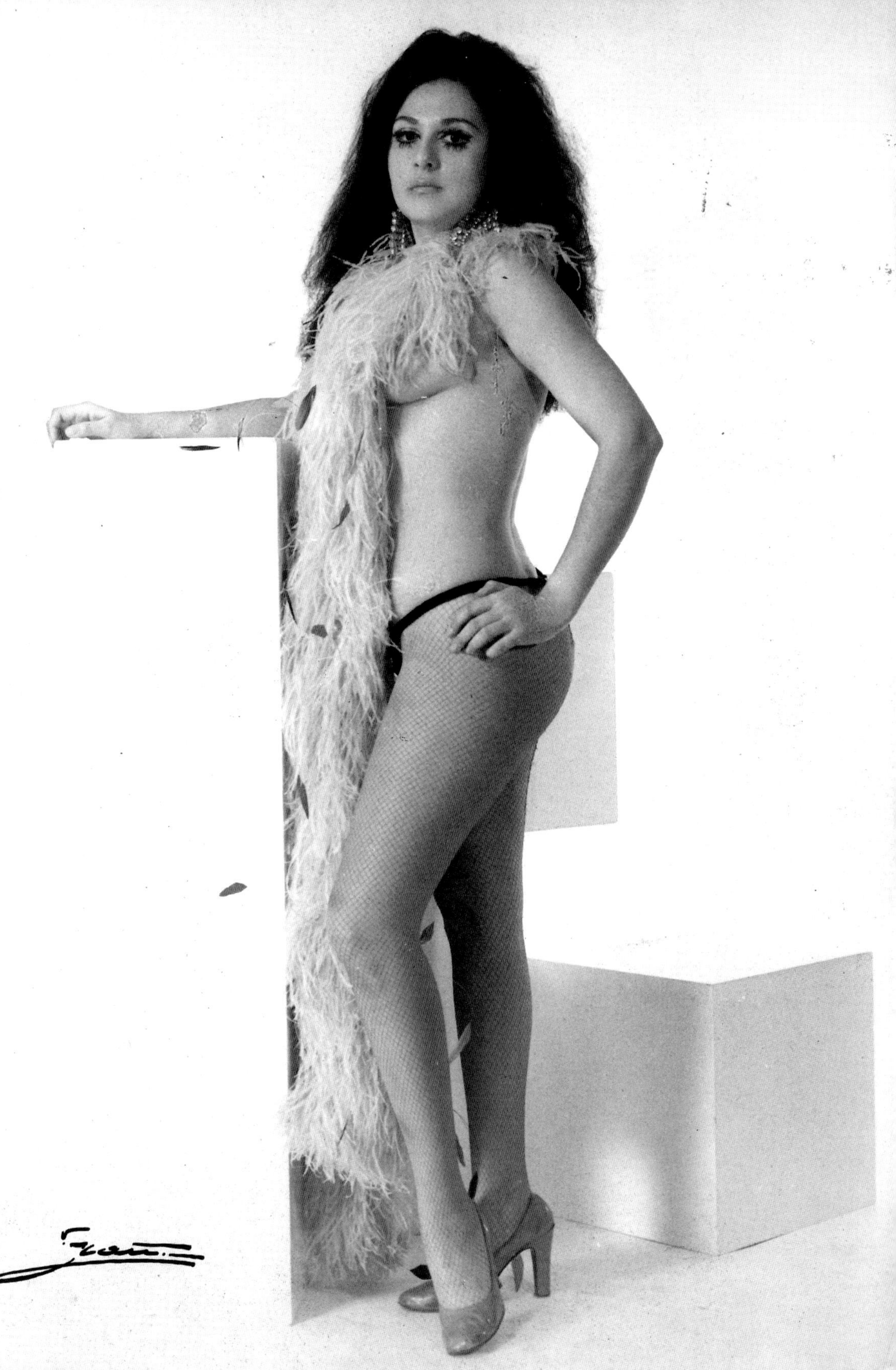

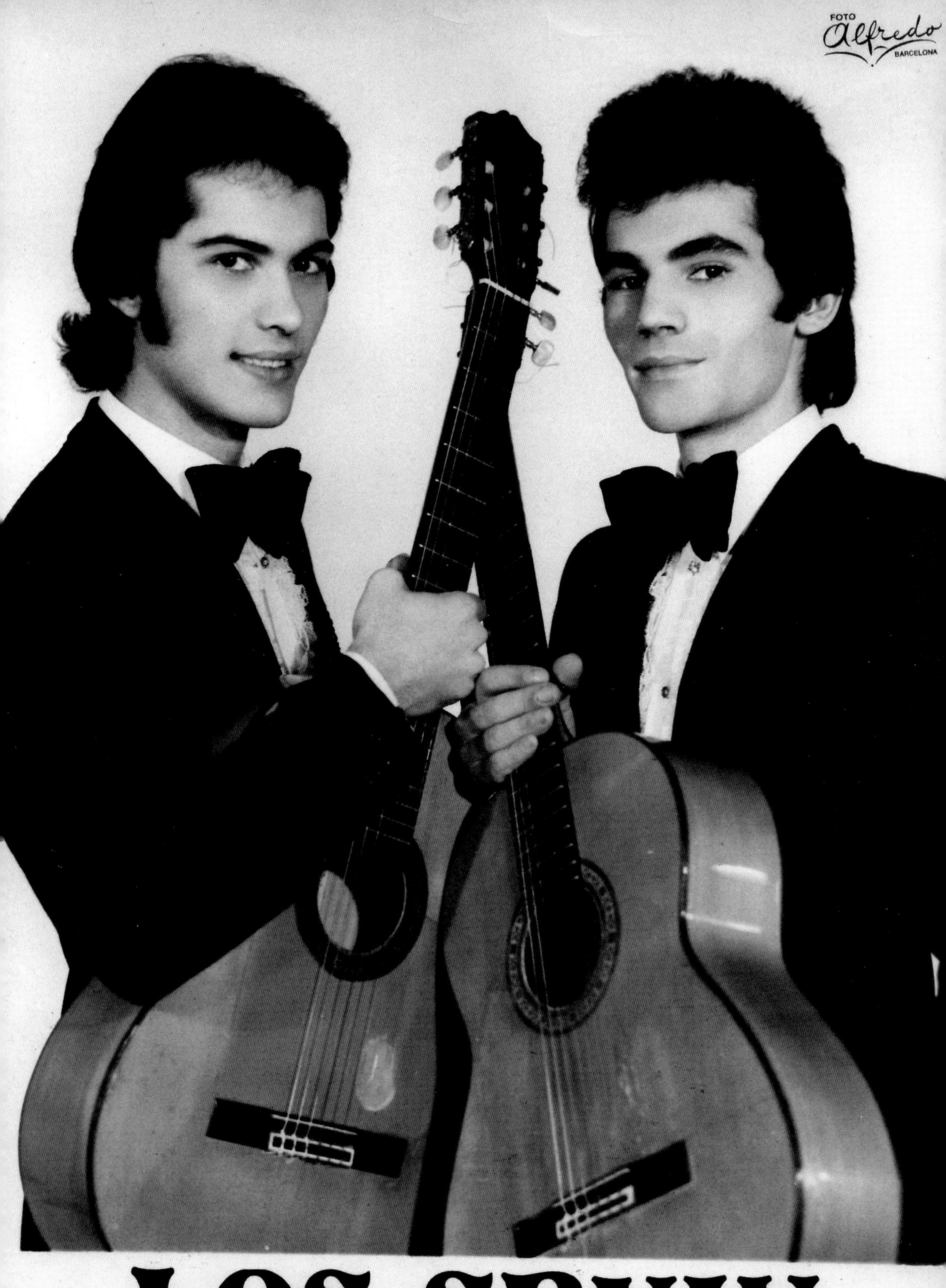

FOTO
Alfredo
BARCELONA
LOS SENIN

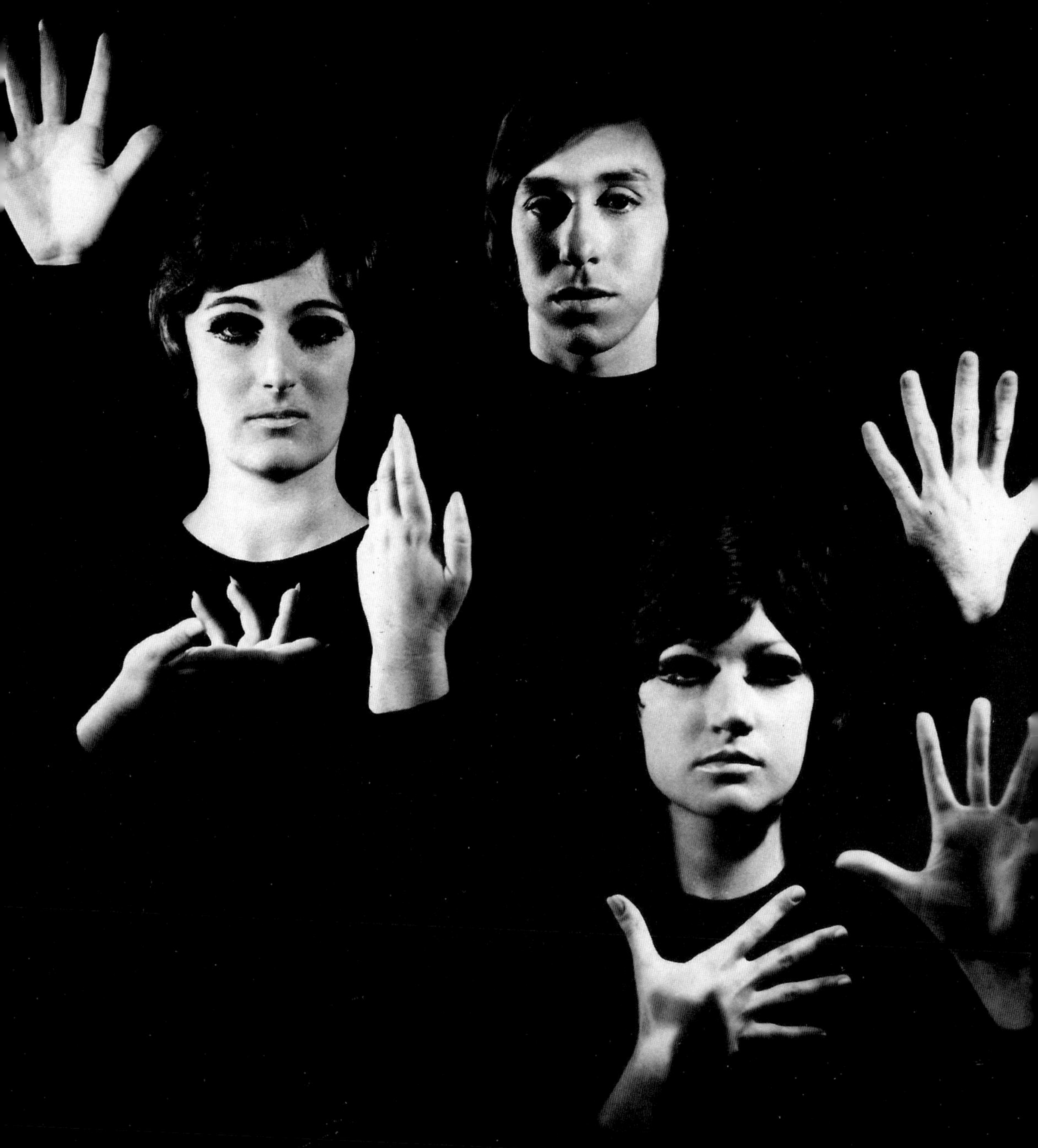
ARTE SHOW

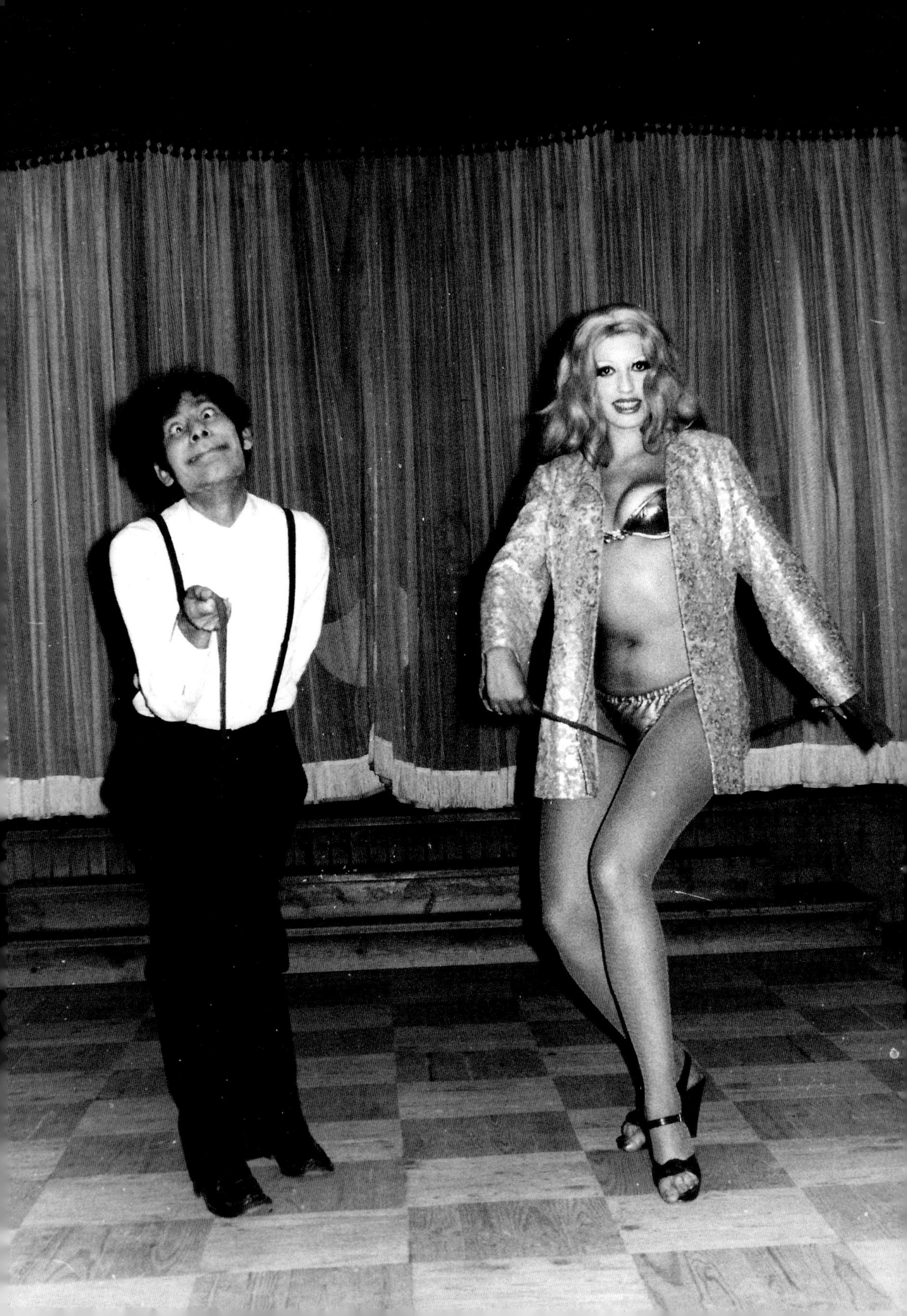

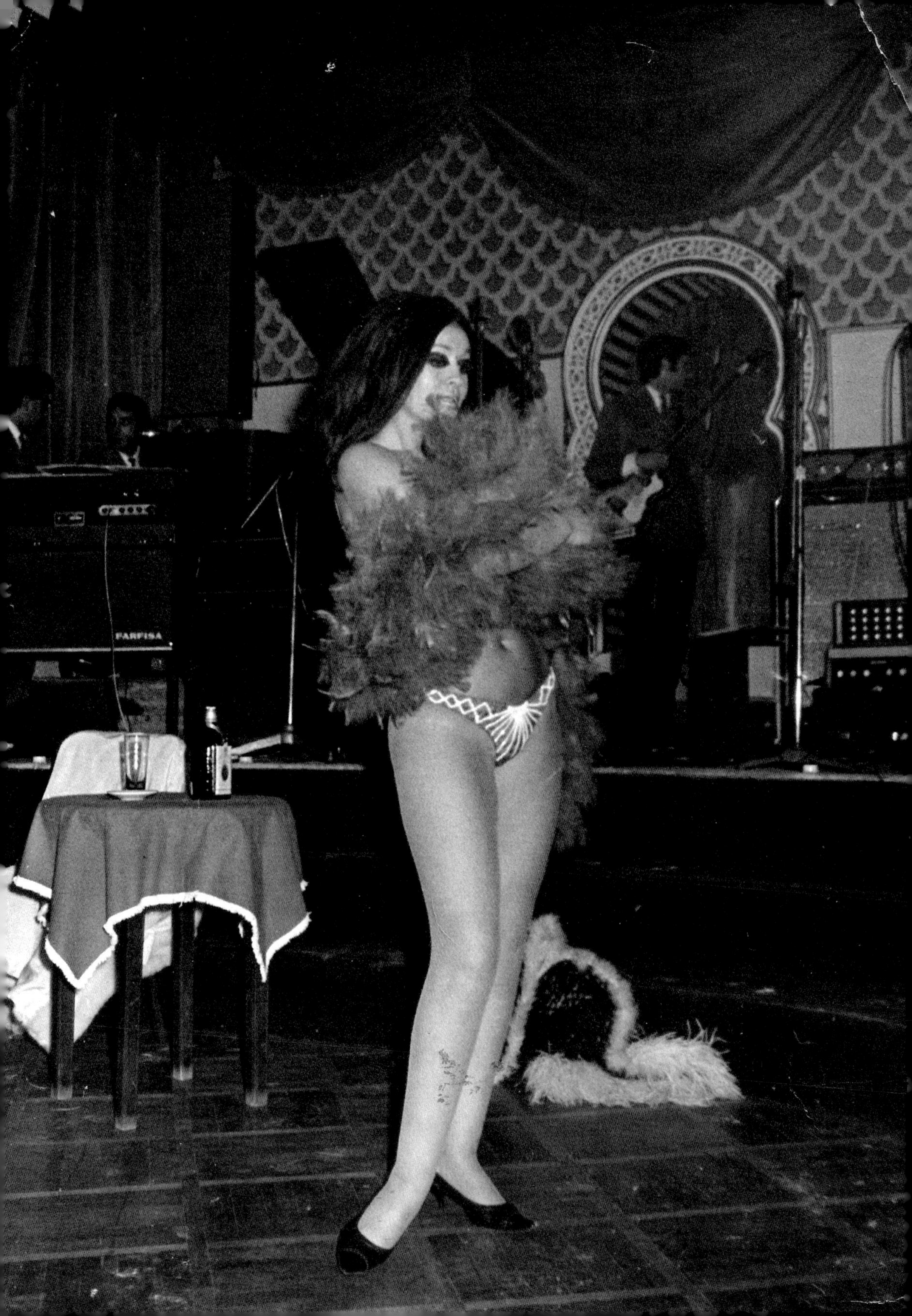

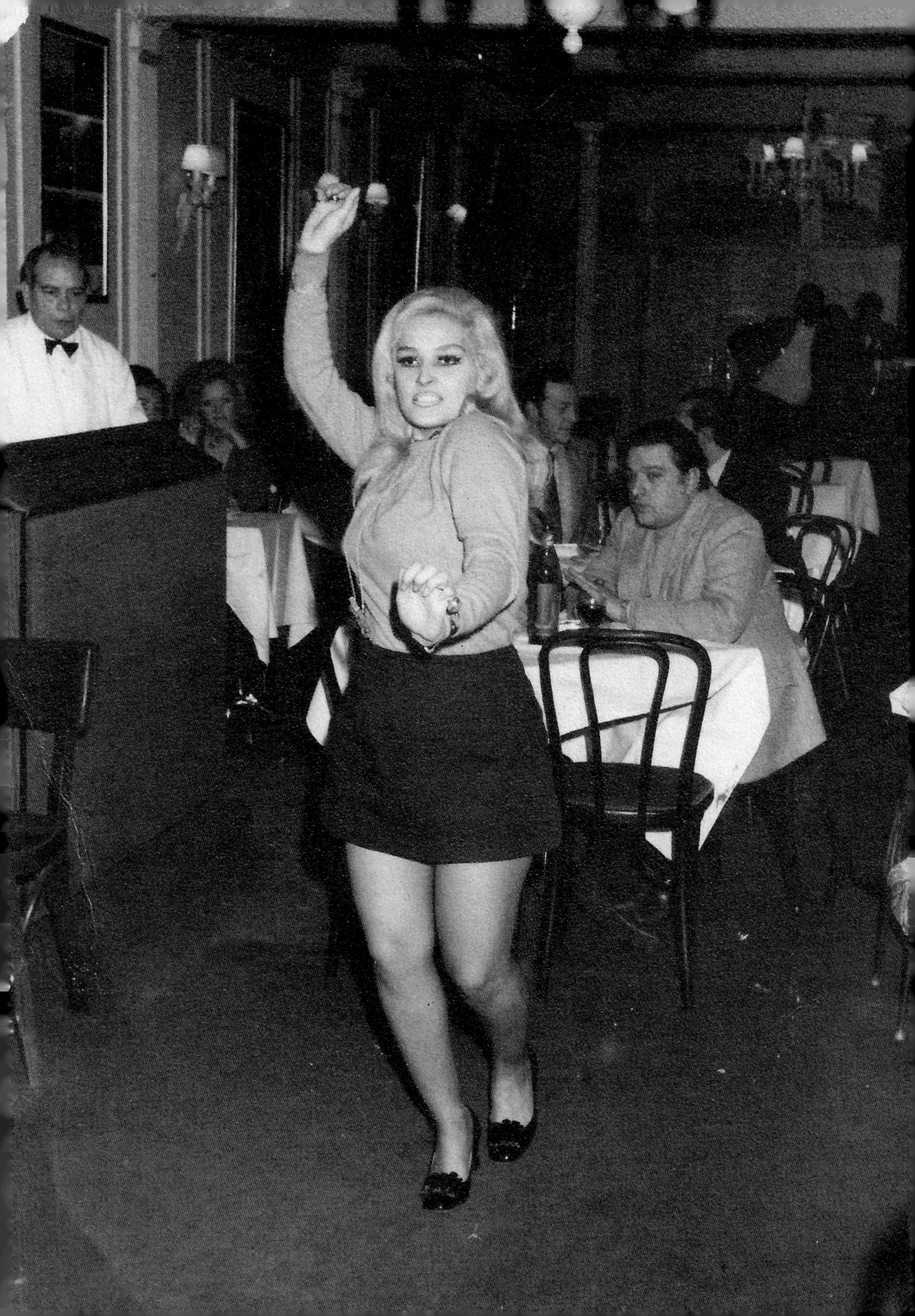

2   (detalle) Merche Mar. Foto Ramblas, Barcelona.

5   (detalle) Foto Ramblas, Barcelona.

14-15   s/t. Foto Pérez de León, Madrid.

17   Adelita. 1935.

18   s/t. Foto Peñalara, Madrid.

19   s/t. Foto Peñalara, Madrid.

20   Pepita Manzanilla. Foto Edén, Barcelona.

21   Alaine et Alain. Foto Paul Koruna, París.

22   María Gracette.

23   s/t.

24   Mony Moreau. Studio Hollywood.

25   Katrina Ranieri. Foto Lumachi, Florencia-Italia.

26   s/t. Foto Román, Barcelona.

27   Maite de Oro. Foto Román, Barcelona.

28   Trío Marivelli. Studio Jacques Verrier, París.

29   Dilia y Risco. Le Studio, París. 1949.

30   s/t. Foto E. Rodríguez, Madrid.

31   s/t. Foto Venegas, Madrid.

32   s/t.

33   Elena. Foto Monumental, Rosario-Argentina.

34   s/t. Vicente Ibáñez, Madrid.

35   Katyna Ranieri.

36   s/t. Foto Venegas, Madrid.

37   Raúl Alcazar, cante y baile especial. Foto Edén, Barcelona.

38   Hermanas Suárez.

39   Isabel y Rafa, bailes clásicos. Foto Peñalara, Madrid.

40   s/t. Foto José Manuel.

41   s/t. Foto E. Rodríguez.

42   Macareno. 1951.

43   Fernando Vargas.

44   s/t. Foto Venegas, Madrid.

45   s/t. Foto Peñalara, Madrid.

46   Nievelina.

47   Najas Comedian´s, contorsionistas. Foto Paul Koruna, París.

48   Trío Rivals. Le Studio, París.

49   Jackie Vanger. Studio Jacques Verrier, París. 1929.

51   s/t. Informaciones gráficas Torremocha.

52   Hermanas Magán. Ibáñez, Madrid.

53   Hermanas Magán. Ibáñez, Madrid.

54   Pepita Manzanilla. Foto Camera, Marsella.

55   Encarnita Linares, estrella frívola de la canción moderna. Foto E. Rodríguez, Madrid.

56   s/t. Foto Pérez de León, Madrid.

57   s/t. Foto Pérez de León, Madrid.

58   s/t. Foto Rafael.

59   s/t. Foto Rafael.

60   s/t. Foto E. Rodríguez, Madrid.

61   M. Esther. Foto Peñalara, Madrid

62   Hermanos España. Foto Herranz, Madrid.

63   Hermanos España. Foto Herranz, Madrid.

64   Esmeralda de Levante, cancionista moderna. Foto Peñalara, Madrid.

65   Niña de la Huerta, cantaora de flamenco. Foto Peñalara, Madrid.

67   Dick y Biondi. Foto Herman.

68   s/t. Foto Peñalara, Madrid.

69   s/t. Foto Santiago Sabes, Madrid.

70   Carmen Bertol, «Carmenchu», *vedette*. Foto Eléctrica, Zaragoza.

71   Julita del Vallle, *vedette*. Foto Riego, Orense.

72   s/t. Foto Pérez de León, Madrid.

73   s/t. Foto Pérez de León, Madrid.

74   s/t. Foto Peñalara, Madrid.

75   s/t. Foto Peñalara, Madrid.

76   Moni Cruz, cantante «yeyé». Foto Barbosa.

77   s/t. Foto Peñalara, Madrid.

78   s/t. Foto Félix.

79   s/t.

80   Ibon Laoss. Foto Cabrera, Madrid.

81   Elena María. Foto Pérez de León, Madrid.

82   Lita y Redy, parodistas de la danza. Foto Pérez de León, Madrid.

83   Dorit and Red, bailarines excéntricos. Foto Maxter, Madrid.

84   Udo Bolay. Foto Nogrady, París.

85   s/t. Foto Olga Masa, Buenos Aires.

86   s/t. Foto Ramblas, Barcelona.

87   s/t. Foto Ramblas, Barcelona.

88   Dunia y Fernando. Foto Cabrera, Madrid.

89   Dunia y Fernando. Foto Cabrera, Madrid.

90-91   Ballet Las Chicas Cante, Madrid.

92   Mariola.

93   Mariola.

94   Mariola.

95   Mariola.

96   Peky.

97   Enrica Sommers. Foto André Lemière, Charleroi - Bélgica.

98   Vicky Gurtt, *striptease*. Foto Abel, Caracas - Venezuela.

99   Zulema. Foto Freddy Armas, Venezuela.

100   Veruska, de Veruska y Jenny.

101   Veruska, de Veruska y Jenny.

102   The Udo Bolay Show.

103   Tomás, el genio del baile, con su Show Español.

104   s/t. Foto Vicente Ibáñez, Madrid.

105   Los Dominicanos. Foto Pérez de León, Madrid.

106   Martin Dancers. Foto Vicente Ibáñez, Madrid. 1971.

107   Ingrid. Foto Pereira, Buenos Aires.

108   Jenny Salazar.

109   Shirley, cantante internacional. Foto Luisita, Buenos Aires.

111   Nita Ron.

112   Veruska y Jenny.

113   Veruska, de Veruska y Jenny.

114-115 Paloma Neupavert. Foto Peciña, Madrid. Fotógrafo exclusivo de la sala Pasapog

117   Julia Kimono.

118-119 Julia Kimono.

120   De Raymond. Foto Pérez de León, Madrid.

121   De Raymond. Foto Vicente Ibáñez, Madrid.

122   Escamillo. Foto Alfredo, Barcelona.

123   Escamillo. Foto Alfredo, Barcelona.

124-125 Alkas, atracción internacional. Foto Alfredo, Barcelona.

126-127 Alkas, atracción internacional. Foto Alfredo, Barcelona.

128   Gogó Rojo. Foto Pérez de León, Madrid.

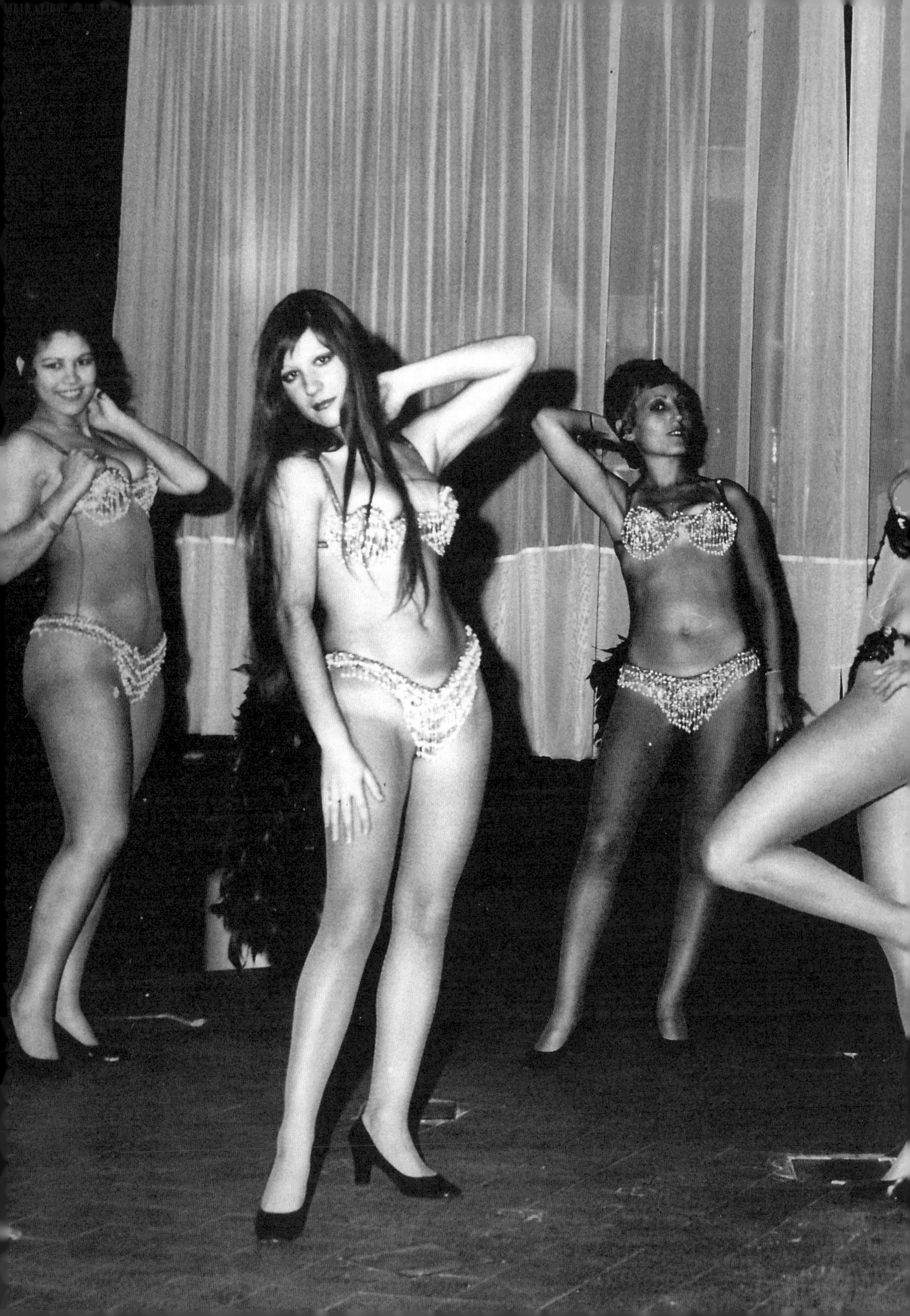